巻頭言（終刊の辞）

佐伯啓思

本誌はこの第10号をもって終刊としたい。年に2回、5年間の刊行であった。当初より、5年、10冊をめどにしていたので、一応の目的は達したことになる。

本誌のアート・ディレクターであり編集にも深くかかわってこられた芦澤泰偉さんと、初期の編集長であった澤村修治さん、そして私の三名は、評論家の西部邁氏を介して知り合った。以前より、われわれは三者三様に西部氏の発する強力な磁場のなかにあって、その保守思想の影響を強[illegible]いた。そして、2018年、東京に大雪の積もる前日、一月の凍[illegible]に西部氏は自死された。この自死がその近くにいた者たちへ[illegible]れない。われわれとても同じであった。

その後、芦澤さんが音頭を取り、保守主義を背骨に[illegible]文明論を論じる雑誌を作ろうという企画が始動した。A&F[illegible]賛同いただき出版を引き受けていただいた。芦澤さんも私も[illegible]始めてである。赤津さんももともと出版業とは無縁である。[illegible]の欠如をカバーするという素人による無鉄砲な船出であった。[illegible]手探りの出帆は、出版の逆風のなか、途中で、編集長を大畑峰幸さんに代わり、最後までおぼつかない航海を続けた。

芦澤さんも私も、イギリスを手本とした西部流儀の保守主義に強い共感をもっているが、『ひらく』そのものは、べつに保守主義の啓蒙を目指した雑誌ではない。むしろ保守主義から距離をとる方々にも執筆いただいた。「保守」と「リベラル」もしくは、「右派」と「左翼」が過度に政治的・イデオロギー的に対立する今日の論壇状況は決して望ましいものではない。その種の党派を超えて、今日、われわれの前に立ちはだかる本当に深刻な課題があり、そこに大きな論点がある。それは、端的にいえば、確かな価値の喪失、社会秩序の混乱、人間の精神の混迷を伴って生じる現代文明の崩壊、という事態である。

この事態を「ニヒリズム状況」と呼ぶならば、「ニヒリズムに陥った現代文明」との戦いほど、今日の知的活動にとっての枢要な課題はない。そして、私が保守思想に関心を持つのも、保守思想こそが、国や地域に固有の文化・歴史をたえず想起することで、ニヒリズムの斜面を滑り落ちる現代文明に対して少しでも抵抗の拠点となりうると思うからである。そのことを私は西部氏から学んだ。

この5年間は時間としては短いものの、世界にとっては計り知れない意味をもっていた。たった5年であるが、それを「歴史的」なものとしたのは、何よりもコロナ・パンデミックとロシア・ウクライナ戦争であった。だが、イスラエルとハマスとの戦い、歴史的なインフレ時代の到来、トランプに翻弄されるアメリカ、米中対立と並べれば、確かに「現代文明の崩壊」という印象は決して大げさではない。

現代文明は画一的な秩序を求める。それゆえ、今日のグローバリズムは、「画一的グローバリズム」である。しかし、本来、世界は様々な歴史と文化をもつ多様な民族・国民の集合体である。そのように世界を捉えれば、そこには「多元的グローバリズム」が想像されるはずである。本来、目指すべき方向はこちらであろう。しかし、西洋発の近代主義は普遍的な思想と歴史観のもとに「画一的グローバリズム」を推進してきた。そして、今日の世界にみられる亀裂や確執は、その帰結とさえいえる。

では、われわれ日本人は、どのような歴史意識と文化的蓄積、そしてどのような価値観を持っているのだろうか。そのことを改めてわれわれは自問するべきであろう。現代文明の崩壊を回避するには、われわれには何ができるのか。そのような問いが常にこの雑誌の根底にあった。答えなど容易には出せない。本誌はひとまず終刊になるが、できればその問いを、若い人たちに引き継いでもらいたいと思う。最後に、『ひらく』にご執筆いただき、対談にご登場いただいた方々、それに読者諸氏に深くお礼を申しあげる。

ひらく 10

目次 ひらくⅠ期終了 **佐伯啓思**監修
京都大学 人と社会の未来研究院 特任教授

特集
日本とは何か、日本人とは？

特集論考

［表紙・目次］菱田春草
《落葉》（一部）1909年 永青文庫蔵

巻頭特集アート

日本人の絵画

琳派からの再検討

古田亮
Furuta Ryo
東京藝術大学大学美術館教授

P A

尾形光琳《紅白梅図屏風》18世紀 MOA美術館蔵

R I M

菱田春草《落葉》1909年 永青文庫蔵

川端龍子《草の実》1931年 大田区立龍子記念館蔵

俵屋宗達《風神雷神図屛風》17世紀 建仁寺蔵

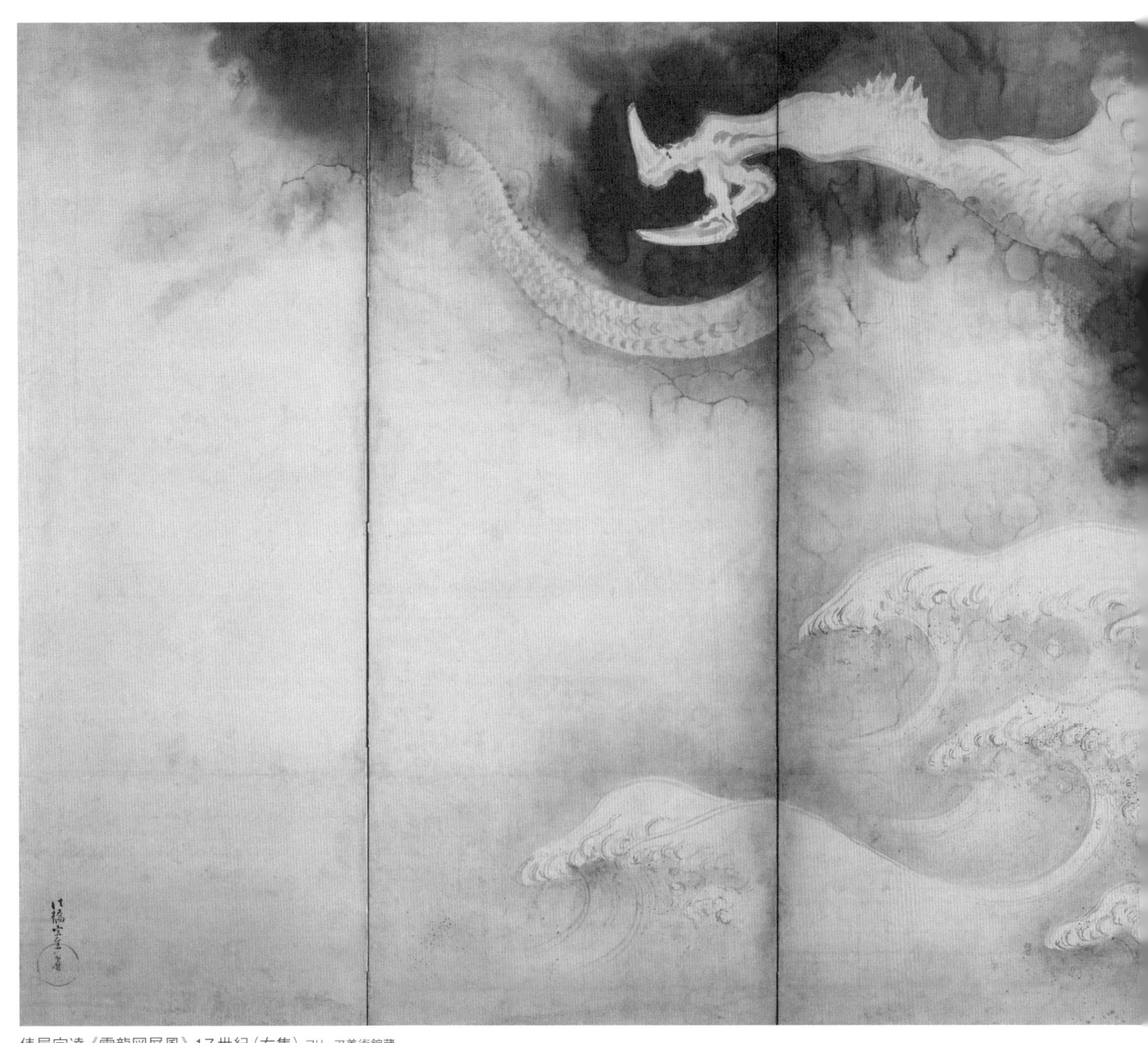

俵屋宗達《雲龍図屏風》17世紀（右隻） フリーア美術館蔵

俵屋宗達《雲龍図屏風》17世紀（左隻）フリーア美術館蔵

今村紫紅《龍虎》1913年 埼玉県立近代美術館蔵

これからの日本人が将来に伝えていくべき絵画とは何かと問われたならば、まず振り返るべきは琳派なのではないか。そう思わせるひとつの理由は、琳派に特有の不思議な性質、〈あるようでないようなもの〉だというその特性にある。その曖昧さこそに、限定ではなく可能性と広がりとが期待できると、私には感じられる。

あるようで、というのは確かに琳派の呼称は近代以降、主に美術史学者によってそう称せられた概念があるからである。ないような、というのは、琳派という流派または運動体があったわけではないし正統な継承方法があったわけでもないからだ。また、少なくとも近世において琳派を名乗った絵師は一人もいない。日本美術史上、琳派とは何かという問いほど難しいものはない。

曖昧な美術史用語ということでは、やまと絵や日本画という用語にも通じるが、根本的に違うことは、やまと絵には唐絵（漢画）、日本画には洋画というカウンターパートがあってこそ誕生し存在し得るという、ある程度の規定があるのに対して、琳派は大きなくくりではやまと絵の中に含まれるものの、何か（たとえば狩野派）への反発から生まれたというような誕生動機がない。宗達は古土佐の、光琳は宗達の、抱一は光琳の影を追ったに過ぎない。琳派とは、過去の作品へのリスペクトやオマージュから生まれ、私淑という方法で学ばれ、つながっている点にその本質がある。

あるようでないものとしての琳派。そこには過去のものとしてだけではなく、常に現在のものとして語ることのできる余地が生まれる。「このようなものを琳派と呼ぼう」という考え方が開かれる所以である。２００４年のことなので20年ほども前のことになるが、そうしたことを念頭に『琳派ＲＩＭＰＡ』という展覧会を東京国立近代美術館で開催したことがある。琳派を近代の視点から見直し、さらには20世紀モダニズムとの関連性にまで踏み込んだ企画であった。近代に琳派は何をもたらしたのかというこの展覧会のテーマを振り返りつつ、本論では、近代日本画から〈現代の日本絵画〉を模索する時代にあって、今改めて琳派から考え直すとすればそれは何かという問題を探ってみたい。

琳派の近代

桃山から江戸初期に俵屋宗達（生没年不詳、17世紀初めに京都で活躍）が革新的な造形芸術を興し、元禄期に尾形光琳（１６５８-１７１６、呉服商雁金屋の次男、京都生まれ）が宗達を継承しつつ光琳独自の装飾様式を完成させ、さらに19世紀になって酒井抱一（１７６１-１８２９、姫路藩主酒井家の次男、江戸生まれ）が光琳を顕彰しつつ、情緒豊かな江戸琳派を新たに創造した。これが、一般に言われるところの近世琳派の系譜である。しかし彼らは一人として自ら「琳派」を名乗ったことはないし、お互いに直接の師弟関係でもない。つまり、実は、琳派とは近代という後の時代が彼らを別々に見出し、価値づけ、歴史化してきた概念なのである。

それはジャポニスムの渦の中で光琳が見出されたことに端を発している。１８８３年（明治16）、ルイ・ゴンスが『日本美術』の第6節「元禄時代—光琳—平民派の出現」で、光琳を「装飾芸術」「印象主義」の語により評価すると、ウィリアム・アンダーソンらがこれを引用し、ヨーロッパでは浮世絵だけでなく日本の装飾芸術にも強い関心を抱き始めた。１８９０年（明治23）に刊行された『藝術の日本』には、再びルイ・ゴンスが光琳について「この極限まで押しすすめられた単純さには、射竦（すく）めるような魅力、しみ入るようなえもいわれぬ香り、官能的な音楽のようにまとわりついてくる一種の均斉がある」（稲賀繁美訳、美術公論社、１９８１年）と称えている。

国内で光琳が注目されるようになるのは、このようなフランスでの紹介を経て、１９００年（明治33）のパリ万博でアール・ヌーボー様式が世界を席捲するのと期を同じくしている。この時編纂された『稿本日本帝国美術略史』では、光琳は宗達以上の評価で取り上げられている。その後すぐに刊行された『光琳派画集』には光琳から乾山、始興、抱一、其一らが掲載されているが、光悦、宗達は取り上げられていない。明治30年代には光琳だけが大いにもてはやされ、帝室博物館での特別展、三井呉服店による展覧会や光琳風裾模様の懸賞募集などがあった。

宗達が再評価されたのは大正期である。1913（大正2）年に日本美術協会主催の「俵屋宗達記念会」が開催され、同時に『宗達画集』が刊行された。若き小林古径がこの展覧会を見て「少なからず刺激を僕に与へた」と感想を残したように、宗達が近代日本画家たちに新鮮な古典として受け取られた様子がわかる。

このように、明治中期にまず光琳が発見され、その後に宗達が高く評価されるようになったが、抱一はその都度取り上げられることはあっても光琳と宗達と同等には扱われなかった。抱一への美術史学的関心は戦後まで比較的薄かったというのが近代における琳派評価の歴史である。改めてそれぞれが見直された理由に注目するならば、光琳はそのデザイン性の国際的な評価、宗達は20世紀モダニズム絵画との関係性、そして抱一は失われた江戸情緒への回帰ということになり、それぞれ、その時々の文化的情勢と人々の関心の有り様を反映している。〈琳派の近代〉はこうして作られていった。

装飾性について

クールな光琳、ホットな宗達、ウエットな抱一。三者三様の特徴があるなかで、そこに共通したものを見出そうとする際に、装飾性というキーワードが思い浮かぶ。装飾性は万国に通じる普遍的な概念であるものの、日本人の持つ固有な美意識としての装飾性は、外来思想の受容史とは一応切り離して考えてよいもののひとつである（西洋モダニズムとの関係については後に補足する）。装飾には何かを伝えようとするはっきりとした目的はない。しかし、それでいて私たちが日常的に目にする視覚世界と確実に結びつき、民族的記憶を呼び覚ましてくれる。日本人が持っている飾りの精神の表れのひとつでもあろう。

一口に装飾といっても様々で、煌びやかで複雑なものもあれば、枯淡でシンプルなものもある。琳派の装飾性は、金や銀などが用いられる点では煌びやかな一面がある一方で、画面全体では造形的なリズムとパターンを巧みに使いながらシンプルなものを求める傾向がある。東洋絵画の伝統を振り返れば、禅画には「描かない」という手法によって創り出されるシンプリシティがあることはよく知られている。自然の持つ複雑な現実を科学的に描き出そうとはせずに、自然あるいは人の営みを内側から捉えることに精神性という意味を見出したからに他ならない。その一方で、日本人は、自然を見て感じる際には風や水の流れといった時間までもそのまま形として捉える能力をそなえていた。物事を内側から捉える精神性は武家たちの領域で尊ばれ、一方、自然を造形的に捉える装飾性は中世までは貴族層、近世以降は町衆や富裕層の領域で重要な価値を持った。

そうした伝統を背景に、日本の近代美術は西洋化という確たる方向性をもってスタートした。それは、非写実的な日本の伝統絵画に西洋の写実主義をいかにして受容するかという課題に集約される。同時期の西洋では19世紀後半からのジャポニズムに端を発しアール・ヌーボーで花開いた装飾的芸術の隆盛があった。旧弊と感じられはじめた写実主義から抜け出す方法の一つとして、装飾へ関心が向けられていたのである。日本美術の近代は、少なからずこの西洋の装飾主義をも意識しながら展開していくことになった。

欧米では琳派を観念主義派に対する装飾主義派のひとつとして扱ってきた。これに対して、中国美術研究者のジェームス・ケーヒルは、1972年の琳派展に対する感想として、室町水墨画などの観念主義派に比して琳派は本当に知的内容に欠けているのかという疑問を掲げた。日常的なものから遠ざかることなく、そのままの美へ変形していくのが琳派であって、それは問題意識がないというのとは違うと言う。「世界中の美術すべてのうちで、装飾主義の様式が、〝単に装飾的〟なる限界を超えたものがあるとすれば、まさしく琳派がそれであり、その作品がもっている繊細さと大胆さと感動的なることとは、宗教的ないし人間的内容が高度の芸術性をもって表現されている作品に比べて決して劣るものではない」（「中国美術史家の見た琳派展」『藝術新潮』１９７２年12月）と結論づけたケーヒルの言説はいまだにその重要性を失わない。

図式的に見れば、装飾には精神性（思想）がないということにもなるが、むしろ思想がないという思想、それが琳派における装飾性の存在理由なのかもしれない。本来、意味や思想を伴わない装飾に、何らかの価値を見出したのは広くはモダニズムという今日の美術史学そのものを支えている思想体系であった。

近代の琳派

このように近代になって近世までの琳派が再評価され再定義されていく流れのなかで、重要な役割を担ったのは学者というよりも画家たちだった。

菱田春草の《落葉》（１９０９年）が発表された時、洋画家の石井柏亭は、光琳と西洋の装飾画との結婚であると評した。春草自身は冷静な態度で自作を分析し、「速かに改善すべきは従来ゴッチャにされて居た距離といふことで、これは日本画も洋画と同様大に考へねばなるまい」（『多都美』４巻４号、１９１０年３月）が、それが「画の面白味」と矛盾衝突してしまいがちであり、《落葉》にもそうした苦労があったと述べている。「距離」とは西洋的画法による奥行きである。春草は、画面内の距離感がかえって絵の面白味を損ねることがあると考え、奥行きを犠牲にしたというのだ。《落葉》における装飾的絵画空間は、春草が遠近法的な写実的空間を描くことを乗り越えたところに生まれた、知的空間なのである。

《黒き猫》（１９１０年）では、光琳から江戸琳派、とくに鈴木其一にいたる様々な要素が織り込まれ、批評家たちは「装飾的」「デコラティブ」の形容で評した。春草晩年の展開は、日本画界全体に大きな影響を与え、文展ではしばらくの間《落葉》や《黒き猫》を模倣した作例が続いた。１９１１年に春草が他界した時、岡倉天心は春草の仕事は光琳一派の再解釈と西洋画の受容に苦心したところにあると述べている。岡倉はこの直ぐ後で、西洋画の歴史も一通りではなく「最近の後印象派（ポストインプレッショニスト）に至つては更らに陰影を没却したもの、即ち我が光琳の如きものを画くやうに為つて来た」（「日本画壇と春草」『研精画誌』54号、１９１１年10月）と彼らしい歴史観を示している。

ポスト・インプレッショニズムと宗達を見事に融合し日本画に新たな地平を拓いたのは今村紫紅だった。紫紅はいち早く宗達に注目し、《風神雷神》（１９１１年）、《龍虎》（１９１３年）を経て《熱国之巻》（１９１４年）へと向かう。その過程は、近代における光琳から宗達へ、つまり西洋の視点が関与しているとすれば、それは西洋人の見出した光琳ではなく、ポスト・インプレッショニズムを介して日本人が見出した宗達への回帰的憧憬を意味している。

春草、紫紅の後を継いで、大正初期には琳派的技法やモチーフを用いた作例が数多く制作された。平福百穂（ひらふくひゃくすい）《七面鳥》（１９１４年）、下村観山《白狐》（１９１４年）、平福百穂《朝露》（１９１５年）、横山大観《紅葉》（１９１７年）、冨田溪仙《風神雷神》（１９１７年）などがそれで、こうした作例には光琳、宗達にとどまらず抱一、其一的な要素も見られるようになる。近代日本画における琳派ブームである。

そして、装飾主義ないしは琳派的傾向の高まりが再び見られるのは、大正後期の徹底した写実主義を経験した後の昭和初期であった。近代日本画史では写実主義と装飾主義とが交互に表面化してきたのだと見ることもできるだろう。速水御舟の場合、大正後期に見せた細密描写の実験は、「自分の目で見ろ、写実に徹し、写実を捨てて抽象に向かえ」と論じていたという京都の著名なパトロン内貴清兵衛の強い影響力のもとで行われたと考えられるが、内貴のいう抽象という語は装飾と置換が可能なものだった。というのも、御舟が向かったその先には、椿の花や葉の部分的な表現が写実的であるにもかかわらず全体としては琳派的かつ装飾的な《名樹散椿（めいじゅちりつばき）》（1929年）という近代日本画のひとつの到達点といってよい作品に至っているからである。

川端龍子の場合はどうだろうか。1913年（大正2）に渡米した時にボストン美術館で古絵巻を見たことが画業の転機となり、帰国後、洋画から日本画に転向した。龍子は大正初期を振り返って「琳派憧憬」という文章を書いているが、洋画から転じて日本画を描いていくにあたっての指針になったのは光琳だったという。日本美術の変遷とその代表的作品を学んだところで「最も自分の諒解の出来た――自分のやらうとする気持ちに一致したのは光琳の作品であつた。／然も琳派の代表者としての名声に押へられて、たゞ光琳あるを知つて、光悦、宗達の大先達もその当時の私の念頭には何等の支配権も無かつた。つまるところがその時分には、私は光琳だけをしか知らなかつたのだ」と述べ、「其の頃の私には、光琳といふ名は無上なものに響いてゐた」「光琳崇拝者としての私」とさえ記している（『画室の解放』中央美術社、1924年）。そうして描かれた《狐の径》は残念ながら現存しないが、それから15年後の作品《草炎》（1930年）や翌年の《草の実》（1931年）は光琳と抱一を合わせてかつ龍子の写実が加味されている。

戦後の琳派観

戦後、岡本太郎は光琳芸術のことを「非情美」という彼独自の表現で説明した。芸術は作品と鑑賞者との相互関係の場に成立するのであるから、見方受け取り方はあらゆる時代、個人によって相違するのだと前置きした上で、現代（1950年代）では古美術は「新鮮な世代の精神」に直観せられることによって新しい生命を受けるのであって固定的な鑑賞法は常に否定されていかねばならないと岡本は主張した。

抽象創造というアヴァンギャルド運動に参加していたパリ時代、ふと街角で光琳画集を見た岡本は、表紙の《紅白梅図屏風》に「優美であるのに激しくて完璧な美学」を見出した。それは人情的な絆とは反対な「非情の世界」でもあるという。

> 宗達の作品には微風が漂い、吹き抜けて行く音さえかすかに聞えるようであるのに、光琳の画面は総てを拒否する。鑑賞者は夢みることも許されない。たゞ作者の気合、それによって作り出された世界のみが厳存する。そこには空気さえも見られない。
>
> そして認めなければならないもっと恐しい事実――彼の梅からは梅の何ものをも感じられない。美しい流れには実は何も流れて居らず、あの燕子花の大群の周囲には地も水もない。あの群青の花弁の群りはたゞ真空の中に咲き誇っているのである。凡ゆる幻想も思い出も拒否される。画面以外に何ものもない世界。これ等こそ我が国の芸術には極めて稀な、非情美をたたえた傑作である。（「光琳論　―非情美の本質―」『三彩』1950年3月号）

岡本が身を置いていた20世紀前半の潮流は、具象よりも抽象を、再現性よりも芸術性を重んじながら、マティス、ピカソ、カンディンスキー、モンドリアン、ポロックといった流れを擁護してきた。1960年代にはクレメント・グリーンバーグが抽象表現主義にある種の思想性を付与したように、いわばそうした近代思想から逆照射されることによって、モダニズム絵画の正統性が理論化されていったということもできる。日本の20世紀絵画もまたそうした評価基準に照らされていたのであり、日本人画家たちの眼や心が自ずと西洋由来（戦前はパリ、戦後は主にニューヨーク）のモダニズム論に向けられていたことは否定しようがない。岡本太郎もまた、そうした芸術史観の中で光琳を捉え直した結果、「非情美」という新たな眼差しをもって捉えることができたのである。

　ところで、近代日本における装飾の問題は、日本画のみならず洋画界でも独自の展開を見せていた。とくにシャバンヌの影響を受けた小杉未醒と新日本画と評された長原孝太郎の存在は重要であり、かれらの周辺では装飾的傾向の著しい作例が見られた。大正期から戦後にかけて、当然、洋画家たちはマティス以降のヨーロッパ絵画の潮流を必然のものとし、一方で日本の伝統性にも目を向けることを怠らなかった。藤島武二、藤田嗣治、児島善三郎、梅原龍三郎といった画家たちのそれぞれの闘いがあったことを忘れるべきではない。

　そうした前史を踏まえ、ちょうど岡本太郎がパリで光琳を発見した頃、梅原龍三郎は《噴煙》（１９５０-53年）を描いている。『日本美術の特質』という大著がある西洋美術史家の矢代幸雄をして「今様宗達」と言わしめた梅原の代表作である。金泥、群青、緑青などのやまと絵的画材の使用だけでなく、大胆なデフォルメと構図法には、確かに光琳とは対照的な、桃山的な熱い装飾性が感じられる。

　グリーンバーグは琳派作品を論じることはなかったが、次のような言説を引けば、それが宗達の《風神雷神図屏風》や《雲龍図屏風》の描写にも当てはまることに気づくだろう。光琳とは違う感情的な表現を持つ宗達画には、グリーンバーグが言うところの「絵画性」に結びつく可能性がひらかれている。

> もしも「抽象表現主義」という用語が、確証し得る何かを意味するとすれば、それは「絵画的であること（ペインタリネス）」の謂である。つまり、解放的な素早い描き方、もしくはそのように見える描き方。はっきりと描かれた形体ではなくて、にじんで溶解したようなマッス。大まかで荒いリズム。激しい色彩。むらのある絵画の染み込みや濃度。絵筆、ナイフ、指、布切れの跡——手短に言えば、ヴェルフリンが、バロックの芸術からマーレリッシュという彼の概念を抽き出した時に定義づけたような物理的な諸特徴の集合のことである。（「After Abstract Expressionism（抽象表現主義以後）」１９６２年、藤枝晃雄編訳『グリーンバーグ批評選集』勁草書房、２００５年）

　こうした20世紀絵画理論とともに、私は宗達の持つ芸術的特性がマティス以降のモダニズム絵画のもとめた「絵画性」と相通じるものがあると見ているのだが、同時に、安田靫彦や小倉遊亀が宗達を見出したという評価史にも注目している。１９５１年に「宗達光琳派絵展覧会」が国立博物館で開催された時、安田靫彦は「宗達の展観が、偶然にも〔マティス展と〕同時に開かれた事は意外な仕合せであった。この両展観から、又その比較から、吾々の得るところ多大である。そうして宗達展を一番に見せたい人はマチス翁であって、その人の感想をきゝたいとおもうのである」（「マチス展を見て」『アトリヱ』２９４号、１９５１年６月）と述べている。

　岡本太郎にしてもグリーンバーグにしても、装飾として片づけることのできない美意識や抽象主義について語る時、現代（同時代）の生きた絵画と結びつけようとすることに躊躇はない。「非情美」とはひとつの現代的美意識であって、光琳画の装飾美に潜むモダニズムの概念である「絵画性」は、古今東西を繋ぐ包括力のある言葉でもあるが、装飾と抽象を現代美術において有機的に結びつける上で、今なおその有効性は失われてはいない。

琳派の主題性

　ここまで、装飾的表現が無思想的傾向を持つこと、装飾は抽象に置き換えられること、あるいは20世紀絵画からみてその造形性が再評価されたことなどを論点に、琳派への再検討を試みてきた。しかし、そのことは琳派の絵画に伝統的主題性がないということを意味しているのではない。いや、むしろ、江戸絵画の豊かさは、主題の豊かさそのものであったといってもよい。

　主題面から琳派の諸作例を見なおしてみれば、「歌枕」「能」「物語」「神仙」といったテーマが多く見られ、日本の伝統的な詩歌、芸能、文学、教養と強い関連があったことは明らかである。そして動物、植物という自然からのモティーフ、抱一に至って江戸の暮らしや俳諧の世界が加わった。

　近世近代を通じて受け継がれて描かれた《風神雷神図屏風》は、千手観音の眷属が宗達の独創によって二神だけを描く独立した画題にしたものである。その意図は未だに解明されていないが、構図に関連性のある《雲龍図屏風》と合わせて考えれば、共通するのは雨乞いという日本の風土に根ざした主題性が想起される。また、琳派において松、竹、梅、鶴などが好んでモティーフとして選ばれたのはその吉祥性に由来するが、四季草花図、十二ヶ月花鳥図といった人と自然とを結ぶ眼差しもまた重要なテーマとなっていた。

　宗達は、伝統的主題を巧みにあるいは敢えてズラしたり剽窃したり（これはポストモダンの手法でもある）して、作品に新鮮な印象を与える工夫をした人である。光琳は宗達のそうした主意性よりも形態の面白さを受け継いだが、花のみを描いた《燕子花図屏風》には能の『杜若』（原典は伊勢物語の八橋）が暗示されているように、また、《紅白梅図屏風》が同じく能『東北』に由来する婚礼調度品であったとする説があるように、そのデザイン性の背景には観る側のイマジネーションをそそる仕掛けがあった。抱一はむしろ光琳画のそうした文学的芸術性に惹かれたのかもしれない。光琳の《風神雷神図屏風》の裏面に銀地の夏秋草図を描いたのは、抱一の俳諧的諧謔味からくる見事な主題性の変容なのである。

未来の琳派

　以上、日本人が将来に伝えていくべき絵画を念頭に、琳派の特徴や評価史を振り返って検討してきたが、私はそれを過去の遺物としてではなく、後世への遺物として述べたつもりである。未来に琳派があるかどうか、それは誰も知り得ないが、私は自然発生的に新たな琳派が登場するのではないかとみる。過去４００年の歴史が、そう予想させるからである。

　最後に、20年前の『琳派ＲＩＭＰＡ』展の図録テキストから私自身のメッセージを引いて、次の20年への期待としたい。

　この展覧会では、最後にウォーホルおよび数名の日本の現代作家を選びＲＩＭＰＡ作品として展示している。今日、意識的に琳派的イメージを使った作品も多く見られるが、伝統とは守ろうとした瞬間に生気を失いかねないきわめて危ういものである、というのが琳派四百年の教訓とわきまえ、展覧会の最後には加えなかった。今、私たちが新しいＲＩＭＰＡ作品に求めていることは、四百年前、宗達が桃山時代に登場したときのインパクトそのものなのだ。「これは絵じゃない」「こんなものは見たことがない」という驚きの声とともに琳派は幕を開けた。そして、その後、もしも琳派が何らかの意味で続いたとするならば、それは決して「型」を守ろうとしてきたからではない。そうではなく、光琳が宗達を、抱一が光琳を、明治が光琳を、大正が宗達を、その時代ごとに新しく発見してきたからこそ、琳派は常に新鮮だったということを、この展覧会の出品作品が語ってくれているはずである。

時代には時代の琳派を！

特集

日本とは何か、日本人とは？

佐伯啓思
松岡正剛
前田英樹
西平 直
黒鉄ヒロシ
長谷川三千子
與那覇 潤
施 光恒

竹梅図屏風 東京国立博物館蔵 出典：ColBase

日本人とは何なのか

「空気」と「自然」

社会思想家
佐伯啓思
Saeki Keishi

❶

「日本人ほど日本人論が好きな国民はいない」とよくいわれる。確かにそうかもしれない。イギリス人やフランス人から、「イギリス人とは何か」とか「フランス人とは何か」などという議論は聞いたことがないし、アメリカ人は、比較的「アメリカ人とは何か」を問題にする国民であるが、これは、アメリカという国の成り立ち上、そのアイデンティティが常に確認される必要があるからであろう。

では、日本人の日本人論好きはどうしたことであろうか。なぜ、日本人は、「日本とはどういう国なのか」という、見様によっては自家中毒的な、あるいは奇妙な自己愛的なテーマにこれほど関心を示すのだろうか。

それには理由がないわけではない。端的にいえば、明治以来の日本の近代社会形成が、常に西洋への意識的な接近という独特の形において行われたからである。「私は何者なのか」というアイデンティティに関わる自覚的な問いは、すぐれて近代的な自我意識の一形態であり、しかも、そのような自我意識を哲学の領域にまで高めたのが西洋近代であった。となれば、その西洋にすり寄ることで近代へと突入した日本人が、「日本人とは何なのか」という問いへと誘い込まれるのは当然ともいえよう。ただそれは見方によっては、なんとも不安な自己懐疑、もしくは、危なっかしい自己喪失の一歩手前にあったことをも示している。

その結果、ここには、その特異な事情がもたらすある独特の歪みが生じるのだが、それは次のふたつであった。第一に、日本の近代化が、事実上、西洋化であったため、その近代化に対し「それで日本は本当によいのか」という名状しがたい不安と、「日本人は何か

「山水図」拙宗（雪舟）筆　正木美術館蔵

大事なものを見失ったのではないか」という疑念をわれわれにうえつけた。第二に、この「日本とは何か」という問いは、常に、西洋との対比において論じられるというバイアスを生んだ。西洋という他者の視線を借りて、その視線に映し出される自己（日本）を見るという、一種の倒錯がそこにある。そしてまた、その反動として、「日本とは何か」という問いは、時として日本の独自性を過度に強調するナショナリズムを生み、それはしばしば過剰な排外的傾向を持つことにもなった。

明治から昭和の大戦前にいたる日本の知識人を捉え、かつ苦しめていた問題は、まさにこの問題であった。つまり、西洋的な自意識の形成と、その自意識が逆に、「では、日本人であるお前は何者なのか」というのっぴきならない問いを突き付けてくる、という事態である。欧化の進展と日本回帰が同時に進行するのである。それは、漱石や鷗外から萩原朔太郎に至るまで、一人の作家の中においても、その葛藤は解決されなかったのである。

では、日本の近代化のもつ矛盾が頂点に達し、あの悲惨な戦争へと雪崩れ込んでゆく戦前はともかくとして、戦後になるとどうであろうか。実は、戦後の日本的なものへの関心は戦前よりはるかに複雑で深刻な様相を呈したといわねばならない。

問題はふたつあった。

ひとつは、あの無謀な戦争へと突き進んだ背後には、単に当時の世界状況や軍部の暴走などでは説明しえない、何か独特の「日本的なもの」があったのではないか、というかなり深刻な問いである。そして第二に、あれほど鬼畜米英、天皇陛下万歳を高唱していた日本人が、8月15日の終戦を境にまるっきり態度が変わってしまったのはなぜか、という問いである。確かに、これは「日本人の謎」というべきものであろう。

とりわけ前者は、戦後の日本を立ち上げるには、是非とも処理しておかねばならない問題であった。あまりの無残な敗北によってボロボロに傷ついた日本人を立ち直らせるには、何らかの答えを見出さねばならなかったのであろう。

この課題に対して、いち早く模範的解答を与えたのは、戦後すぐの『超国家主義の論理と心理』に始まる一連の論文を発表した丸山眞男である。彼に続く戦後進歩派知識人の日本論が果たした役割はきわめて大きい。それは、あの戦争を日本の侵略戦争と断じた上で、その原因を、地域の共同体を構成する親分・子分関係やその情緒的なつながり、社会のあらゆる局面に現れる上下関係や権威主義、その結果として誰も責任をとらない無責任体制、その頂点に天皇を戴いて日本を巨大な家父長的家族とみなす天皇制国家体制にあるとした。これらを総称して「日本ファシズムの特異性」とした丸山理論は、戦後の「日本像」の重要な準拠になった。「抑圧の移譲」や「無責任の体系」という丸山の言葉は、今日でもしばしばお目にかかる。

早押しクイズではないが、ＧＨＱの監視下で言論が再開されるやいなや、いち早くボタンを押した丸山の回答が、その後のひとつの「日本論」をリードしたことは間違いない。それは、必ずしも正確な歴史分析でも政治分析でもなかったが、そこに描かれた日本論の素描はある意味で多くの人が感じていたことでもあったのだろう。戦後のひとつの定型的な日本人像がつくり出されたわけである。

この定型は、わかりやすいが、あまり気持ちのよいものではない。それは、家や地域や共同体や権威主義的人間関係に縛られた日本人といういかにも後進的民族の姿であった。その場合、日本人の自己意識の脆弱さを日本人の「無責任の体系」と呼び、集団の権威主義的性格を「抑圧の移譲」と呼ぶことができたのは、進歩派知識人が「西洋近代」の市民社会なるものを、日本を映し出す鏡として想定していたからである。ここには、よく言えば、ある善良な思い込み、悪く言えば、ある意図的な詐術があった。

私は、これを悪い方で捉えたいので、次のようにいっておきたい。彼らは、西洋近代を理想化された「理念」においてとらえ、その視点から日本の現実を批判した。といえばまだ聞こえはよいが、同じことを別のいい方をすれば、日本の現実を批判するために、彼らは、彼らにとって都合のよいように「西洋近代」なるものを持ち出したということである。

もっとも、そこにも詐術があって、丸山にせよ、いわゆる進歩派知識人の多くは、正面から西洋近代とは何か、西洋市民社会とは何か、西洋の民主主義とは何か、を論じているわけではない。「西洋近代」なるものの実像はあくまで背後に隠されている。それは見えない。理想化された西洋近代が、あたかも西洋社会の現実であるかのように暗示されている。この暗黙の「地」の上に、近代化できない日本の現実の「図」が描き出される。こうして西洋近代に対して「遅れた日本」が浮かびあがる仕掛けができあがった。

実は、それこそが、明治以来の日本論・日本人論のひとつの伝統なのである。

洋行帰りの政治家、官僚、学者、ジャーナリストは、彼らが見聞してまわった西洋社会の一面を旅行カバンに詰めて、また、彼らが交流を深めた西洋人の価値観を胸に秘めて、意気揚々と帰国する。そこでおもむろに、西洋産の鏡を持ち出してそこに「遅れた日本像」を映し出すのである。カバンに詰まった西洋は、後進国日本へ向けた爆弾になる。

ここには、ひとつの先入見とひとつの特権意識があった。先入見とは次のようなものである。まず、「西洋＝先進国、日本＝後進国」という文明論的な図式がある。この図式はまた、後進国日本は、うまくやれば西洋型の先進国になりえる、というあまり根拠のない希望へと直結する。そのことがまた、西洋通の指導者や知識人を特権化できるのである。後進国日本にいながら先進国西洋の側に立つことで、彼らはエリートの立場を確保できる。

すると、この特権意識と結びついて「進歩」という言葉が格別の意味を帯びてくる。「進歩」の側に立つ者は、確かな未来へ向かっていることになるであろう。こうなると、日本の「後進性」を相当な悪意をもって暴き出し、その非合理性を批判し、西洋人と日本人の違いを論じれば、「進歩」の側につくことができる。かくて戦後の「進歩派知識人」という知的特権階級が生み出された。丸山のいい方を皮肉れば、進歩派知識人は「夜店」を出せば結構よい商売になることを見つけたのであった。

私のいい方は少々、悪意を含んでいるように聞こえるかもしれないが、決してそうではない。戦後進歩派知識人に見られる自己特権化のこの構造こそ、日本の歴史を通じてみられるかなり根深い「伝統」というべきものであった。

その根底には、まず日本人の辺境意識があった。それは根深く、史料の残るところを最初期までさかのぼれば邪馬台国の時代までゆくであろうし、もう少し手前にもってくれば、倭の五王、もっと確実なところを押さえれば、遣隋使や仏教導入の推古朝を想起してもよかろうし、唐の律令体制を本格的に取りいれ、天皇の称号を導入した天武、持統の時代まで下ってきてもよい。

要は、「中国という文明大国の辺境にある日本」という構造である。現実に、大陸からの文明移植によって日本は国家体制を整備するほかなかったのは事実であり、また、その導入は、つねにそのつど「日本化」されたものであったことも事実である。しかしそのために、天皇やその側近、官僚エリートは、自国における彼らの権威を先進文明の外国に求めたわけである。

日本のエリート層による先進文明の導入は、確かに日本の文明を一歩前進させた。自ら積極的に先進文明を受け入れるという柔軟性にこそ「日本人のすごさ」がある、ということも不可能ではない。それはその通りであろう。しかし、この現実に張り合わされた心理的事情は、ある屈折を社会に与えるものではなかったであろうか。なぜなら、文明の中心に対する辺境の意識は、どうしてもある劣等感を植え付け、対外的な卑屈を生み出す。その劣等感の裏返しで、先進文明を知るエリートたちは、国内で自らの権威を振りかざすことになろう。この対外的な卑屈と、そのゆえの国内における自己特権化や横柄さ、この心理が、常に「日本の文明化」を複雑なものとする。そして他方で、海外の先進文明など知らない国内の大衆は、文明通のエリートに反発しつつも追従するのである。逆にいえば、大衆は、この種のエリートを尊敬し追従するふりを装いながら、内心では反発しているのだ。

構図はきわめて簡単なものである。小さな村共同体がある。そのなかの優れたものが都市へでかけて勉強して帰ってくる。確かに彼らは有能であり村を変革しようとする。りっぱなエリートである。しかし、この文明帰りの心性はいささか複雑であろう。彼は、都市に圧倒され、自分がいかに遅れているかという劣等感にさいなまれている。しかし、帰村すれば、その不満を、まったく都市生活を知らない村人に講釈し、自己満足と優越感を満たすことができる。

一方、都市など見たこともない村人は、最初は都市帰りのエリートを尊敬し追従しているとしても、やがて、それが自らの利益にならないとなると、決してエリートには従おうとしないだろう。むろん、村は多少は「都市化」する。制度文物は村を変える。視野も広がり「民度」も多少は上がるだろう。しかし、この村社会の根本の構造は何ひとつ変わることはないだろう。「村」を土着的に支えているいわば「常民」の意識はほとんど変化しないであろう。

ここで大事なことは、中国や西洋という文明国の表象を一部の文明通が持ち込むことでこそ村共同体は成り立っているのである。村共同体とはいえ、まったく孤立して存続することはできない。決して閉ざされた集団ではない。共同体はそれなりに世界へ開けているのである。しかし、まさにそのことが、「文明国の表象」を掲げるエリート支配という形で共同体の秩序を与えるのである。大衆は、エリートに追従しつつ反発する。「文明国の表象」など本当は信じていないのである。関心があるのは、共同体のなかにおける自分の生活や利益だけであり、共同体が昨日と同じように明日も続けばよいのである。

しかも、エリート支配も、真の支配とはいいがたい。なぜなら、ここには、ある国が他国を侵攻し制圧し、隷従させるような圧倒的な権力がない。日本の支配層はみずからが無慈悲で残虐な圧倒的権力を持つことはついぞなかった。日本の支配層は、彼らより上位にある「何ものか」を担ぎ出すことによって自らを権威づけようとするのである。この「何ものか」を共有できる限りで、日本の支配構造は自動的に機能する。そもそも「エリートの支配」という観念は、上から下まで「何ものか」の共有によって成り立つのであって、それは圧倒的な権力による支配ではない。それは、よかれあしかれ、ヘーゲルの考えた主人と奴隷の関係でもなければ、ましてやマルクスの階級対立などとはまったく無縁のものであった。

この基本構造を理解すれば、次のようなしばしば論じられる日本社会の特質はしごく当然のものとなろう。それは、「日本の近代は、よく西洋模倣だといわれるが、実際には、まったく西洋化しないではないか。結局、日本は先進文明のよいところだけを持ち込み、『日本的なもの』はずっと残っていくではないか」という論評である。

これは何も不思議なことではない。先進文明の導入者といえども、先進文明（たとえば西洋）自体に関心があるわけではない。彼らの関心は「日本」なのである。日本を「先進化」することだけが関心の的なのである。とすれば、「西洋を適当につまみ食い」するのは当然であろう。

そしてまた、「日本的なもの」が残り続けるのもまた当然となろう。大衆庶民は、そもそも本当の意味での西洋化などには当初から関心がないからである。生活がよくなり、快適で便利になればいくらでも受け入れるだけである。もとより「西洋近代」などという理念にはまったく関心など持ちようもないであろう。社会の基底に変化しないものが残るのは当然である。それを「日本的なもの」と表現するのである。そこで、そこに日本社会の独特の粘着性を見出し、丸山のように「日本社会の底を流れる執拗低音」といってみたり、加藤周一のように「日本の雑種文化」などということはできるが、さして特別な事情というわけでもない。

　いずれにせよ、この種の「対外的な従属あるいは卑屈」と「国内へ向けた権威の標榜」、その二重性こそが日本社会の支配構造の基本であった。この支配が可能であったのは、外国の「文明」とはひとつのマジックワードであり、人々、つまり庶民は、文明の内実など何も知らないし、さしたる関心ももたないからであった。

　その点では、日本が陸続きの大陸国家ではなく、東アジアの海上にこじんまりと浮かぶ島国であったことは大きい。大衆庶民は、海の彼方の実情など知りようもなく、それゆえに、そこには神秘的な「何か」がある、と漠然と考えた。無理もなかろう。だからその神秘的な「何か」を見聞してきたと称する者をまつり上げる。しかし、その「文明のもつ何か」の何たるかは実証の仕様もないのであり、厳密にいえば、この内実は「空」であり「無」である。「空無」としかいいようがないのである。ただ何かそこに「すごいもの」がありそうに思える。だがその内実は知られていないがゆえに、そこに虚構の権威が成立し、大衆は、それに追従する。彼らの生活がうまくゆけばよいのである。そのためには、むしろ、大衆のほうがこうした「虚構の権威」を必要としているのであった。それによって「村」がまとまることが大事なのである。

　かくて都市へ出かけて行って一年程度で戻って来た者が「都市では……」と得意満面に話せば、一種の権威をもってムラを支配することができる。今も昔も、情報の落差は権威の源泉になるのであって、その権威をうまく身にまとった者が影響力をもつ。

　今日でも、どこそこの海外通や専門家を自称する者がマスメディアで影響力をもつ。これもまた、暗黙裡の「抑圧の移譲」とでもいうべきものであろう。しかし、より正確にいえば、大衆もまたそれを求めているのであり、こういう構造こそが、ムラ社会の基本原理なのである。今日でも、テレビにでるから「有識者」だと思われるのであって、「有識者」だからテレビにでているわけではない。その意味では、いまも日本社会は壮大なムラ社会というほかない。そこでは対外的な権威に対する従属が国内で支配の源泉になる。対外的な権威に対する卑屈な心理が、国内では逆転して権威の顕示になるのだ。

　それゆえ、「対外的な従属あるいは卑屈」の相手である「外国」、つまり「文明」を指し示すものは、明快な実体をもった具体物ではない方がよい。外国通のエリートが「かの文明国では……」といえばよいのである。隋では、唐では、宋では、イギリスでは、アメリカでは、といえばその後に続く「……」はそれなりの権威をもつ。かつて、漢の国が倭の奴国に与えた金印は、日本人にとっては見たこともない魔術を有しているように見えた。仏教をもたらした渡来人や留学生が持ち込んだ仏像や経典は、誰もまったく見たことも触れたこともなかったからこそ、たいそう立派に思えた。その意味で、「……」は空無でよい。「金印」や「仏典」が何を意味するか知らないからそれは「虚構の権威」となる。そこにある特別の情緒が湧き出し、ある神秘性が暗示される。それはもっともらしい虚構となる。

　そして、人々は、その虚構を、ほとんど虚構と知りつつ祭り上げる。そうすれば村がまとまることを知っているからである。かつて森鷗外は、この空無の虚構を「空車（むなぐるま）」と呼んだ。なかに何が入っているのか誰も知らない。実はからっぽなのである。だからこそ、人は、それをいっそう大きく感じるのである。それは空でよいのである。ただ繰り返すが、この「空車」の構造が成り立つには、さしあたりは、自分たちの置かれている場所が文明的辺境である、という一種の劣等意識がなければならないであろう。

こういう相当に日本独特の歴史的構造は、古代だけのことではなく、明治の近代化から戦後の現代に至るまでずっと続いている。むろん、古代の遣唐使や明治国家の立役者が果たした役割には並々ならぬものがあり、それを空虚な権威に寄りかかった虚構の権威の顕示だということはできない。確かに日本は「近代化」したのだ。だが、ここでいうのは、それを可能にした日本特有の「構造」についてである。日本人の持つ文明的後進の意識がわれわれの心理に根を張っている限り、中国であれ、ヨーロッパであれ、アメリカであれ、先進国からの文明移入は、その内実はともかく、その移入それ自体によって国内で権威の源泉となりえた。それが張り子のトラのような無内容なものか、はたまたきわめて有用かつ意義深いものであるかは、当面どちらでもよい。一時は、「スターリンのソ連」や「毛沢東の中国」がある人々には権威の源泉だったのである。持ち上げた者は、誰も、ソ連の実態も毛沢東の実像も知らなかったのだ。

いうまでもなく、この権威の源泉は常に海外にあるとは限らない。「空車」にはもう一つ別種のものもあって、それは、海の向こうではなく、いわば空の彼方である。天といってもよいし、一種の神的世界である。要するに「神」である。

古代日本では、多くの場合、日本国内の世俗的権威の源泉は海外の高度文明にあったが、天武・持続王朝は、それとは別個にまったく異なった画期的な創出作業を行った。「他律的な日本」を「自立的な日本」へ変えようとした一歩といってもよいかもしれない。それは天皇制度であり、天皇の権威を「記紀」の描く「神々の世界」へと遡及したのである。

古代世界の巨大な権力者である大王を、中国風に天皇と称して、しかもそれを「記紀」という日本独自の神話世界によって根拠づけるというアクロバティックな試みは、飛鳥から奈良にいたる古代世界の完成であり、「日本」という国の厳密な意味での成立であった。

もしも、世俗の大王をそのまま権力者にすれば、その権威と正統性を担保するのは難しい。そこに力の闘争しかなくなるのは必定であろう。この難題を解決するひとつの方策が、まずは中国の冊封体制への編入による権威付けであり、実際、先進国からの文物や人物を導入して文明の発展をはかることであった。海の彼方の「文明」による他律的な権威付けである。いわば「横軸の権威」である。

しかし、この「横軸による権威付け」は、中国王朝の動乱や変遷による不安定性に晒され、また、下手をすれば我が国に攻め入るかもしれない。したがって、一方で、海外の文明国に臣従しつつ一定の距離を保ち、別個の「縦軸の権威」を作り出すというのが天武・持統朝の創意であり、そこに「日本」が成立するといってよい。天皇の称号は、対外関係において、先進文明国とそれなりに対等な国家であることの宣言であると同時に、国内におけるひとつの政治的、文化的共同体の形成を意味していた。「一君万民」の成立である。その意味で、「日本」の成立と「天皇」は切り離すことができない。

天皇という制度は、実に不思議なものであると同時に、ある意味ではきわめて単純なものである。天皇制度の正統性とは、ただ、いまここに天皇が存在することによってのみ保証されているからである。天皇という制度の存続という事実だけで、それは正統なものとされる。形の上で正統性を与えるのは「記紀」であるが、実際にはその逆なのである。いまここに現に天皇が存在するという事実こそが「記紀」に神話的正統性を与えているのである。

だから「記紀」が事実であろうと物語であろうと、そんな詮索をしても意味はない。そうした実証的な詮索を超えて、「記紀」はそのものとして存在するのであり、「記紀」を存続させているものは、実際に皇室が存続しているという現実そのものである。そしてその上で、今度は、「記紀」の内容ではなく、「記紀」が書かれたという事実そのものが天皇に神格を付与するのである。何とも不思議でかつ実に巧妙な体系である。世界に類がないのも当然であろう。

確かに、ここに日本の天皇制度のもつ比類ない独自性が生み出された。それは、天皇の神格もまた、何か具体的な内実を持つものではなく、天皇という生身の身体や人格そのものに由来するのでもなく、またその権力や過去の業績、事績に由来するのでもなく、「記紀」に発出した何かがそのまま存在し続けるというこの「形」によってのみ保証されるのである。天皇が「天つ神」の子孫であればよい。そのことの是非など問う必要はない。天孫降臨によって与えられた「形」の維持だけが決定的なのである。「形」が維持されることで天皇は正統なものとなる。だから天皇制度の永続とは、常に「いまここ」に天皇がいるということである。永遠の「いまここ」に天皇はある。そのこと自体が権威の源泉になる。これが、天武王朝が生み出した「縦軸の権威」というきわめて独創的な工夫であった。

興味深いことに、この天武・持統王朝とほとんど同様の構造が生み出したのが明治維新であった。明治維新の「復古」とは、天武王朝への復古である。非合法的なクーデターによって政権を奪った薩長の志士たちは、明治政府の正統性を二つの軸に求めた。ひとつは、開国によって文明国との交流を独占したこと、もうひとつは、天皇の神格化の再確認である。「横軸の権威」と「縦軸の権威」である。

明治政府の立役者たちは、一方で、欧米文明の導入という文明開化によって自らの権威を確保し、他方では、天皇の神性の確認によって、その側近としての自らの権威を確保した。大衆庶民にとってはほとんど未知の海外の文明と、誰もまったく知らない高天原の神を、ともどもこの現実世界に媒介する特権的役割を、天皇の側近である明治のリーダーは担ったのである。

それは、必ずしも、明治政府が尊王を掲げ、討幕から始まったという事情によるだけではなく、海外の文明よりもいっそう絶対的でゆるぎない「何か」を求めたからであろう。天皇は、世俗的現実からすれば、いわば「空」である。姓をもたず、現実世界での具体的人格をもたない。「天皇」という「形」が大事なのである。「現人神」とは神の顕現であるが、「神」は、この場合、この現実世界においてあるべき場所も果たすべき職業もない。ただただ、そういうものが高天原にいればよいのであり、その意味でも、日本の「神」は、内容の「空無」な「形」であればよい。それは、「記紀」にいかなる神の所業が書かれているかとは無関係のことなのである。日本にやってきて、「皇居は空虚だ」といったのはロラン・バルトだったが、確かに「現人神」である天皇は「空無の形」なのである。

こうして、絶対的空である神＝天皇をもって、日本人は、自らをひとつの権威に結集させる場を作りだした。近代日本とはそういう場であった。一君万民の天皇を戴く絶対的な空の場は、日本全体を満遍なく包摂するからである。日本の全歴史と全空間と全人民はすべて天皇に包摂される。天皇は具体的な何ものかに偏した存在ではないがゆえに、それは西田哲学の用語を使えば、「絶対無の場所」として日本および日本人の全体性を包摂し、「日本」なるものをその場所に映すのである。

いうまでもなく、昭和期にはいると、「現人神」としての天皇こそが、絶対無謬の万世一系の存在としてあらゆる権威の源泉となる。日本も帝国主義の新参者として世界へと進出する時期ともなれば、もはや「海外通」は権威の源泉たりえなくなった。したがって、日本も帝国主義に参入することで初めて本当に「世界」と直面することとなる。

戦争とは、国際関係の真っただなかへの暴力的な登場に他ならない。「世界」において他国と文字通りに踵を接することである。だから本当は戦争する国家は閉鎖的どころではない。だが、その時には外国の先進文明はもはや権威の源泉とはならないのであり、それに代わって、縦軸の別の権威を過度なまでに強く求めるのであり、そこに天皇を戴いた日本のウルトラ・ナショナリズムが具体的な形をとる。

いうまでもないが、それは天皇支配国家ではない。天皇は決してドイツ第三帝国の総統と同じではない。天皇は権力の頂点で総統の役割を果たしたのではなく、ただそこに存在するだけで権威の源泉となったのである。天皇制ファシズムなどというものは存在しない。もしくは、もしあえてそう呼びうるものを想定できるとしても、それは、人々が「絶対無の場」としての天皇を必要とした、というだけのことである。天皇はただそこに「ある」だけの存在であって、何かを「為す」存在ではない。

だから天皇は、日本という国の頂点に立っていたのではなく、日本をその根底から支えていたのである。天皇は日本というものの「純粋象徴」であり、時空をすべて含めて日本なるものの一切を包摂する形であった。そういう日本の「純粋象徴」としての天皇を日本は必要とした、ということである。

かりにレヴィ=ストロースのいい方を借りることができれば、天皇とは「ゼロ・シンボル」なのである。特定の内実をもたない、それゆえすべてを包摂する、それゆえ内実が「ゼロ（無）」であるような純粋な形式。だから、事情によっては、何でもすべて天皇に結び付けられうるのであり、そこに何か超現実的な不可思議な力を暗示することにもなるのである。それが日本の天皇であった。ファシズムの時代には、天皇はファシズムを内包したがしかし、天皇がファシズムを生み出したわけではない。民主主義の時代には天皇は民主政治を包摂する。天皇制ファシズムがあるというなら、天皇制民主主義もまたある。近代日本の悲劇とは、その天皇にまた西欧的君主の外衣を着せてしまった点にある。

とすれば、敗戦とGHQの占領によって、天皇制ファシズムを排し、軍事力を排除し、民主化した「戦後」になれば、もはや「抑圧の移譲」も「無責任の体系」も消え去ると考えてよいのであろうか。いや、それはあまりに楽観的過ぎる。「天皇」が「神」ではなく「人」となれば、人々は別の天皇を求める。1945年の8月15日が過ぎてしばらくたてば、人々は天皇陛下万歳をマッカーサー万歳に取り換えた。さらに時間が経過すれば、それはまた、平和憲法万歳、民主主義万歳に代わるのである。

山本七平がある人の言葉を引用しているが、「一学期に黒板に『大和魂』と書いた教師が二学期に黒板に『民主主義』と書」くのである。しかしだからといって何らかの変化が起きるはずもない。教師も生徒もその日常性においては数か月前のままである。変わったのは、その日常性の上に乗っかっている虚構だけだ。こう山本はいう（山本七平『「水=通常性」の研究』）。

「大和魂」から「民主主義」への大転換がどうしてかくもあっけなく生じたのか、われわれは不思議に思うし、しばしばこの変わり身の速さに日本人のいかにも無節操な杜撰さをみる。また長いものに巻かれろ的な機会主義をみる。しかし、実際には何も変わっていないのだ。「普通の人」の「日常性（通常性）」からすれば、変わったのは、黒板上の文字だけだった、ということもできるのであって、それは、日常性からすれば、天皇もまた民主主義も一種のシンボル=虚構であり、「空車」だったということであった。

ひとつの虚構を別の虚構に取り換えても本質的には何の違いもない。祭りの神輿の中身は変わっても、神輿を担ぐ人々は何も変わらない。なぜなら、その虚構を、なかばそうと知りつつ担いでいたのもまた「日常性」を生きる大衆だからである。そして、大衆とは、毎日それなりにうまい飯が食え、それなりの愉楽があり、今日はやりの言葉でいえば、「持続可能」な生が続けば、神輿の中身など何でもよい。

戦前に天皇という名前で登場した「空車」は、占領期にはマッカーサーになり、戦後には、平和憲法や民主主義やあるいは日米同盟になった。端的にいってしまえば「アメリカ」になった。「アメリカ」の内実は空無である。平和憲法も民主主義も空無である。いずれも、自分自身の本当の意味での実感に発するものではなく、日常の「通常性」に密着したものではないからである。大事なことは、何かを担がなければならない、という点のみにあった。「祭りの原理」が日本を可能にしており、何らかの「空車」を担ぐことで日本という国家が成立しているのである。

したがって、何か強力な「権力者」が日本を支配しているわけではない。そうではなく、大衆庶民の方が、神輿を担ぎ出すのである。するとそこにある種の「権威」が生じる。そして次に、大衆庶民は、その「権威」に服する、もしくは服したふりをする。こういう倒錯的な構造によって日本という国は成り立つ。この全体が「空車」の構造なのだ。

ただ、戦後になると、さすがに「縦軸の権威」であった「天皇」はもはや権威の源泉とはならず、「横軸の権威」であった西洋やアメリカももはやさしたる権威ではなくなった。神格性も神秘性もなくなってしまった。そこで、担ぎ出すものは、今日ではコロコロ変わる。「グローバリズム」、「構造改革」、「IT革命」、「日米同盟」、「ウクライナ支援」、「多様性」、「SDGs」など目まぐるしく動く。すべてその場しのぎに過ぎない。虚構であれ、共同で担ぎ出す確かなものがもはやないのだ。安心できる虚構さえ不可能になってしまったのである。

これは日本だけのことではなさそうであるが、少なくとも、「空車」を担ぐという、いわば「祭りの原理」こそが日本社会の基本構造であったとすれば、「お祭り」が難しくなった今日の日本で、政治がうまく機能せず、社会が不安定化するのも当然のことであろう。「政治（まつりごと）」の原型は、あくまで「祭り」なのである。

❸

ところで日本社会では、しばしば「同調圧力」が働く、といわれる。蔓延するコロナの時期にも「外出自粛」という同調圧力が働いたようだ。この「同調圧力」とは、ほとんどの場合、日本社会は窮屈だという苦情の表明なのであって、その場合、いかにも部外者のような顔をして苦言を呈しているその当人がたいていはいかにも日本人的であって、すっぽりと同調圧力に同化しているものである。

もともと「同調圧力」は強制ではないのだから、別に従う必要もない。それにもかかわらず、「日本の同調圧力は息苦しい、オレはもっと個性的で自由に生きたいんだ」という典型的な言い草そのものが一種の弁明になって、日本の同質的社会はしっかりと作動してゆくのである。確かに日本人の「甘えの構造」（土居健郎）というほかない。

日本は同調圧力があって生きにくい、という人は次のような事情のもとにある。日本の場合、社会がまずあって、たいていの人はそのなかで生息していて、そのことに決定的な不満や苦渋があるわけでもない。多くの場合、「普通の人々」はそれなりに分相応の生活に満足している。しかし、むろん万事うまくゆくはずはないし、窮屈なこともあろう。そこで、自分はもっとよい生活をしたい。もっと社会から評価されたい。こんなはずではないと、と思う者がでてくる。特に近代という時代はこういう不満を大量生産する時代であった。そこで、彼は、この窮屈さを「同調圧力」といい、自分は、この同質社会からはみ出しているという。かくて、社会からはみ出した形で「私」がでてくる。「社会」というひとつの集団からの偏差においてようやく「私」が定義されてくる。同時にまた、自分がはみ出している社会は「同質社会」として意識される。

ということは、「同質社会」や「同調圧力」というものがなければ、「私」や「個性」も実は存在しないのであり、「私」も「個性」も、同質社会を前提とし、同質社会を必要とする。しかも、実は、「私」はあくまでこの社会の内側にいるのである。外国人のような本当の部外者なわけではない。この同質社会を仮に「世間」と呼んでおこう。漱石は、「智に働けば角が立つ。情に棹させば流される。意地を通せば窮屈だ。とかくに人の世は住みにくい」といった。世間は窮屈だ。自我を通せば生きにくい。しかし、そうはいっても、この世間で生きるほかない。「人の世を作ったものは神でもなければ鬼でもない。やはり向う三軒両隣りにちらちらするただの人である」のだ。ただの人が世間を作っているのなら、同じただの人である自分も同調するほかない。それなりの分限に生きよう。こういうのである。

考えてもみよう。もし本当に、個性をもった人がいれば、そもそも「世間」など最初から気にしてはいないだろう。ただ自然に自分の生き方を通すだろう。結果として、それは「個性」と呼ばれるのである。「あの人は個性的だ」とか「彼は自分を持っている」などということは、それこそ「世間」が決めることであって、当人が「オレは個性的だ」などといっても仕方ない。個性的な人はそんなことなど気にもかけない。人は、わざわざ個性的であろうとしてもできるものではない。おのずとそうなってしまうのである。

しかしまた、あらゆる人は、何らかの意味で、ごく自然に独自性、つまり個性を持っている。これもまた事実であって、いかに同質社会とはいっても、誰でもそこから何センチかははみ出しているものであろう。頭のてっぺんから足のつま先まですっぽりとこの同質社会に入り浸っている人などいない。誰もが頭頂ぐらいははみ出しているから、結局、あらゆる人が、「世間」から「同調圧力」を感じているのである。だから誰もが頭のてっぺんぐらいは寒々としているのだ。

そして、この「世間」を窮屈極まりないと考えるがゆえに、そこに「私」という「個性」が摘出されてくる。近代日本の「自我意識」などというものも、ほとんどは「世間」からのはみ出しの自覚にほかならない。そしてこの「私」を社会の部外者の位置に置いて、そこから「世間」の同調圧力を批判する。その結果、たいていは、みなが自分は世間の部外者だと思っており、こうなると、誰もがみな「同調圧力」を感じているのである。

奇妙なことに、この場合、「同質社会」は、すべての人がこの「同質社会＝同調性」を批判することによって成り立っていることになる。だから、「同質社会」は、自らの「同質性」への批判をもその内部に含み持った社会といわねばならない。誰もが「同じように」この社会を窮屈だなどと苦情を呈し非難する点においても「同質」なのである。そして誰もが「世間」を批判しながら、この「世間」に安住し、そして「世間」は機能する。日本を窮屈だと批判する人々が集まって日本を作っているようなものである。

まことに奇妙な構造に見える。だがこの奇妙な構造は、先に述べた「横軸の権威」の構造ときわめて似ていることに注意していただきたい。日本の歴史のかなりの部分において、日本社会は、その外部、とりわけ海外の先進文明の視線によって、自らの社会を特徴づけてきた。先進文明の側に立つのは、多くの場合、日本を一歩離れた海外通であり、海外通の立場にひとたび身を置くことで、彼らは日本社会の後進性を難じ、改革を訴え、そのことによって、特権的立場を享受できた。自分だけは、外部から同質な日本社会を客観的に見ていると装うことができたのである。

「同調圧力批判」で生じていることは、これと同じことである。今日の大衆・情報社会では、誰もが「同質社会」＝「世間」の外へ出たかのように自己暗示をかける。この自己催眠が十分にきけば、気持ちよく「世間」の同調圧力を批判できる。

この「世間」を端的に「日本」といってよかろう。今日では、ほんのひと握りのエリートだけではなく、ほとんどの人が、かつてのエリートのように、「外国では……」とか「世界では……」という。それは、実際に海外体験があるかどうかの問題ではない。われわれは降り注ぐようなあまたの情報によって、今日、「世界」に晒されているのである。だから、かつての海外通のひと握りの者ではなく、大衆そのものが、中途半端なエリートであり、中途半端な知識人となる。そして、この「意識高い系」の人々こそが、オルテガが現代の「大衆」と呼んで批判したものであった。

いや、それだけではない。もっと重要なことがある。それは、戦後の「進歩派知識人」を中心とする、「欧米の先進性」に対する「日本の後進性」という宣伝がすでに戦後の日本人に刷り込まれてしまい、誰もがその刷り込みを意識することがないままに身に着けてしまった。それは、欧米は、個人の自由や自己責任、権利の観念が発達した先進市民社会であるのに対して、日本は個人の自由や責任観念が希薄な集団主義社会だという思い込みである。

そこで、日本の同調圧力や窮屈さという批判は、実際には、ある種の思想の焼き直しなのである。それは、「欧米の自由な個人主義」と「日本の抑圧的な集団主義」という図式であり、「集団主義の日本では個人の自由が抑圧され、個人が自己の能力を発揮できない」という何度となく繰り返されてきた言辞なのである。

言い古された感があるが、それが今日でもまだ繰り返されるという事実は、1990年代以降の構造改革論や行政改革論を振り返ればすぐにわかるであろう。陳腐だからといって使い捨てられるわけではない。陳腐だからこそ、人は安心してそこに寄りかかることもできる。にもかかわらず、「陳腐である」とは最悪のレッテルなのであった。そしてこの原型を与えたのは、戦後進歩主義者の市民社会論や近代化論であったが、今日では、新自由主義者や保守派の方がむしろこのような口ぶりに親しんでしまった。そのゆえに、今日の日本では、もはや「保守VSリベラル」という対立が意味を失ってしまったのである。

こうなると、少し極端にいえば、天武天皇の時代から今日の21世紀に至るまで、日本人の「日本論」の基本構造はまったく変わっていないともいいたくなるのではなかろうか。自らを「日本」という共同体から少しずらし、海を越えた向こう側へ置くことによって、その立場を特権化し、日本の後進性をもって日本社会を特徴づけるという構造。この場合、この「横軸の権威」は、本当のところいかなる内実を持っているかは誰にもわからない。ただ、それは「ここにはない」ものであって、つまり内容空疎な「無」であるからこそ権威をもちうる。「何かありそうにみえる」ためには「何もない」方が効果的である。

古代社会では、その構造を最大限に利用しえたのは、天皇の側近や貴族、官僚、留学生、帰化人といったエリート行政官や知識人であり、実際、彼らは日本近代化に大きな役割を果たした。明治の近代社会でも同様である。洋行帰りの西欧通が明治政府を構成し、西欧型の知識人が日本の近代化を進めた。

戦後になると、まずは欧米を準拠とする進歩派知識人が、続いて「アメリカ」を準拠とする親米的知識人や政治家が、それぞれなりの日本の近代化を推進した。そしてそのすべてが、一段落ついたグローバリズムの時代になると、あらゆる人が、それぞれなりに、「世界」へ身をおき、「日本」という共同体を批判する。その結果、最後まで残ったのは、「同質社会日本」であった。当然のことである。自分を、日本社会から一度、切り離して、単なる「個人」として「世界」の側に身を置けば、その向こうに見えるのは「同質な集団」以外にはありえないだろう。

ところが、今日、この「同質社会」の中で実際に暮らしてみれば、「同質性」や「集団主義」で呼ばれるのとは相当に異なった風景が広がっている。「同質性」や「集団性」が暗示する「圧力」や「抑圧」どころではない。むしろその逆で、人々をまとめる道徳的規範や習慣はほころび、規律や規範の源泉であるはずの「家族や家庭」、「学校」、「地域」、「宗教的なもの」、それに「企業組織」や「官僚組織」といった集団はほとんど崩壊状態に近い。そしてこれも奇妙なことに、この、個性だの多様性だのを合言葉とするバラバラな個人からなるこの社会こそ、まことに今日の窮屈な「同質社会」なのである。

集団的であることを決してよしとはしない個人はいくらでもいるが、それは「個人主義」とはいえない。このことは大事なことである。いくら、戦後進歩派や今日の新自由主義者が「個人」を屹立させようともがいても、それは個人主義ではない。個人主義は、高度に西洋的な観念であり、それは、集団的社会からの「はみ出し」の意識において成立するものではなく、まったく別の伝統のなかからでてきたものだからである。その背後には、ギリシャやローマの古典世界の共和主義的市民像やキリスト教の神の前で絶望的な孤独に打ち震える個人像があり、個人主義とはその正統な後継者であった。日本の個人がそのもとで生息する理念型は、決して集団主義でも個人主義でもなく、しかし確かに「世間」は存在するのである。これは一体、どういうことであろうか。

そこで「同調圧力」を少し違う言葉でいえば「空気の支配」ということになる。山本七平が卓抜な日本社会論で世に広めた「空気の支配」は、たいていの場合、これまた日本社会の窮屈さを表現するために今日でもしばしば使われる。

確かに、ひとつの「空気」が作られると、どうもその「空気」に反対しがたくなる。「空気」からずれた者は、KY（空気を読まない）といわれる。もっとも、今日、日常生活のあちこちでKYに出くわすので、「空気の支配」構造も相当ほころびがでてきているようにも思えるが。

ある空気ができれば、そこに暗黙のルールができてしまい、自分で自分をそれに縛り付ける。それは、誰かに強制されるものでもなく、また議論のあげくにできた約束事でもない。いつのまにか、おのずとそれはひとつの規範となってゆき、暗黙裡に全体を拘束する。「個」は空気によって抑圧される。

先ほどの、「縦軸の権威」も「横軸の権威」も、その権威が確かな内実もないのにもかかわらず社会全体を覆うのは「空気」の作用といってよかろう。山本がもともと関心を持ったのは、あの大東亜戦争における日本軍、さらには日本人全般にわたる態度であり、どうして日本があの無謀な戦争に突入したか、というのっぴきならない問題であった。「天皇陛下は神である」といえば、もはや天皇を担ぎ出した者に対して何もいえない。「日本は戦争に負ける」などといえない暗黙の「空気」ができる。誰もが自分をそこに縛り付ける。

そして、戦争が終わり天皇が人間宣言を出してもまた別種の「空気」がやってくる。「戦争がおかしい」が禁句であった戦争が終わったら、8月15日を境にして今度は「あの戦争は正しかった」が禁句になる。また、「民主主義はすばらしい」に反対できないような「空気」が醸成される。「空気」は一夜で変わるのだ。確かに、「空気が一変した」などとわれわれはいう。「空気」は状況の関数である。それは、状況が変わればいかようにも変わるのである。

自らが依拠できる確かな価値基準の喪失は、人々を、ただひたすら「社会」に調子を合わせるよう仕向けるであろう。「世間」というものは別に日本人の独創というわけでもなく、どこにでもあるのだ。自ら頼るべき価値がなくなれば、人は「世間」を標準とする。ちょうど、子供が親に新発売のゲームをねだる時、「みんなが持っているから」というのと同じことである。「みんな」が価値基準になっているのであるが、この「みんな」が何者なのか、誰にもわからない。しかし、この「みんな」が一つの空気を作るのである。大人とて同じことで、ある内閣の評価を尋ねられれば、だいたい「世間では評判が悪い」などということが判断基準になるのだ。確かな価値の基準が失われて驀進する今日の大衆社会、言い換えれば徹底した価値相対主義の現代社会では、多かれ少なかれ「空気の支配」は生じるであろう。

❹

さて、ただそれだけなら、日本の「空気の支配」など、世界に先駆けて日本が大衆社会化したからだ、といえばすむ話であろう。しかし、そうではない。実は、ここには相当程度に日本独特の何かがあって、そのことを無視するわけにはいかない。

それは、山本七平の言葉を使えば、「臨在感的把握」である。日本の場合、「空気の支配」をもたらすのは「臨在感的把握」だ、というのである。

こういうことを山本は述べている。イスラエルでのある遺跡の調査のおり古代墓地が発掘され、人骨がごろごろ出てきた。必要なサンプル以外は他の場所に投棄するのだが、この作業の最中、イスラエル人はまったくどうもないのに、日本人の調査員2名ほどが病人同様になってしまった。ところが作業が終わると両名ともけろっとしているのである。

骨は純粋に物質である。イスラエル人にとっては、それは石ころと同じであった。しかし日本人にとっては、この物質は決して石ころと同列にはならない。そこには何か非物質的なものがまとわりついているのである。それが、日本人のこころに働きかけた。その心理的影響は身体的不調を引き起こすほどのものであった。山本は、少し冗談めかして、この二人の日本人に必要だったのは「おはらい」だったと述べているが、冗談ではなく、「おはらい」をすれば何事もなかったかもしれない（山本七平『「空気」の研究』）。

ではこれが本当に石ころだったとしても、日本人は気分が悪くなったのだろうか。そうではあるまい。骨は単なる物質である。しかしその物質の背後に何かが臨在していると感じ、そのものから強い心的な影響を受ける。これは単なる物理的存在ではなく、人の心理にある影響を及ぼす力をもっている。これが「臨在感的把握」である。

どうしてこういうことが起きるのか。いうまでもなく、骨には死者の何かが宿っているとわれわれは感じるからだ。戦没者の遺骨収集など戦後半世紀以上もたっても、はるばる南方の島々まででかけるという遺族の苦労はそれを例証するし、われわれは、死者ののどぼとけや骨壺を飾っておくなどということもしばしばある。骨にはその人の霊的な何か、「魂」が宿っている、とわれわれは考えるのである。骨は、霊的なものと人の内面を媒介している。霊的な「魂」とわれわれの内なる「魂」が骨によって共鳴を起こすといってもよかろう。骨自体を単なる物質として客観的に対象化できないのである。

この場合の、物質への感情移入、主体と客体の間の分離を不可能とするような対象把握、それが日本人に独自のものかどうかは即断できないが、少なくとも西洋文化の中心的な伝統には希薄であろうし、ましてや、西洋近代的な合理主義的思考においては一笑に付されるであろう。

日本の場合、この「魂」、あるいは「霊的なもの」の概念が拡張されて、森羅万象、ありとあらゆる存在にそれが宿る可能性が開かれている点に大きな特徴がある。だから場合によっては単なる石ころにも霊的なものは宿りうるのである。しかもそれは通常いう物質だけにとどまらない。ある種の文字や音声（それもまた物質である）さえも、その文字通りの定義的意味を超えた霊的なエネルギーをもちうる。しばしば言霊と呼ばれるものであり、それは古代人にはよく知られたことであった。

その大規模な顕現が、戦前における「天皇陛下」である。この文字や音声、さらにはその写真は、文字通りの意味をはるかに超えた、背筋をピンと伸ばしたくなるようなある独特の感情を引きおこし、精神を引き締める倫理的効果をもたらした。戦後にあっては、「平和憲法」や「民主主義」の言葉も、ある人々にとっては、額面的な意味をはるかに水増しした「規範」となった。今日でも「世論」や「民意」は規範性をおびている。もともとある事項を指すだけの言葉が、何らかの「臨在感的把握」をもたらすのである。

いずれもこれらは「言霊（コトダマ）」である。先ほどの骨ならば「物霊（ブッダマ）」ということになろう。ある種の言葉にも、また物質にも「タマ」が宿るのである。どのような物質や言葉に「霊」が宿るかは状況によって違うのである。

「霊（タマ）」はまた「魂（タマ）」である。両方合わせれば「霊魂」であるが、言葉や物質の背後に何か目には見えない、しかも、人間の合理的な理性や通常の感性を超えた何ものかの作用がある。それは、必ずしも死者にのみ宿るわけではない。なつかしい人の思い出の品であったり、一枚の写真であったり、先祖から伝わった食器であったり、時には木綿のハンカチであったりする。

むろん、こうした個人的な事項ではなく、森の巨木であったり、津波に流されずに残った一本の木であったり、山に突き出した岩であったりする。柳田国男は、少年の頃、近所にある石の小さな祠をそっと覗いてみた。するとそこにきれいな蠟石の珠が置いてあった。それをみた柳田は何ともいえない奇矯な感じに襲われ、そのままましゃがんでしまった。そして晴れた昼間の空を見るとそこには星が光っていた。その時の不思議な感覚を彼は生涯忘れずにいた。蠟石には隠れた何かが「臨在」していたのである。

確かに、程度の問題はあるとしても、これらは別に日本独特というわけではない。個人的な思い出の物体に何かが宿るなどという現象はどこにでもあるだろう。それは徹底して合理主義といわれる近代の欧米にもあるだろう。そもそも、合理主義とは、言い換えれば、人間理性なるものについての原理主義的信仰であり、それも「理性」という何だかよくわからないものの臨在的把握ともいえよう。

一般論としていえば、人間の世界への関与、あるいは世界の捉え方の仕方には三つの次元がある。「理性的」「感性的」そして「霊性的」である。前二者はともかく、「世界の霊性的把握」とは、世界の様々な事物や現象の背後に、通常の理性や感性ではとらえきれない何らかの神秘的な力や作用を看取するものである。

おそらく、民族を問わず、あらゆる人々がこの三つの次元において世界へ関与するであろう。別に日本人だけのことでもない。アメリカ人にとっては、星条旗はあたかも霊性的な把握の対象となるだろうし、フランス人にとっては「フランス革命」という語は今日でもまだ相当に「言霊」的威力を発揮するであろう。ある種のイギリス人にとっては「女王陛下」はまだ神通力をもっている。

それでは、日本の独自性はどこにあるのだろうか。日本的な「霊性」の一つの決定的な特質は、その「霊性」が「カミ」と深く結びついている、ということであろう。われわれは、言葉や物事の背後の霊的な作用に「カミ（神）」の働きを見る。死者の霊魂は広い意味で「カミ」となる。「タマ」とは「カミ」である。「カミ」が顕現するのは、典型的には、ある特定の場所や物事であり、いわゆる「依り代」であるにせよ、あらゆる物事に「カミ」は宿りうる。トイレにまで神はいたりする。かくて万物の背後には「カミ」が隠れている。その現われは状況次第である。

だから、状況が変われば、「霊性的作用」の仕方は一変する。「臨在的把握」もすっかり変わる。戦前には天皇という言葉やその写真に「カミ＝タマ」が宿った。戦後になると、ある人たちにとっては、平和憲法に「カミ＝タマ」が降臨した。いずれも、問答無用の神格化は一種の信仰である。それが可能となるのは、あらゆる物事に潜在的な「霊性」を見ようとするからだ。状況が変われば、「空気」も一変するのであり、霊的なもの、つまり「臨在感的把握」の対象も一変する。しかし、何ものかを「臨在感的把握」の対象として、そこに「空気」を作り上げるという日本の社会構成の仕方は何一つ変わっていない。だから、「日本人は状況追従的で、コロコロ変わって無節操だ」といういい方は不可能ではないとしても、事態の半面しか見ていないことになる。ある意味では、何も変わっていないのである。

そして、この場合にもうひとつ重要なことは、このような「カミ」の臨在感的把握は、日本人の自然観と深くかかわっているということだ。そこで関心の焦点を、日本人の心性の深くに流れる「自然観」に向けてみたい。

日本人の自然観を述べる前に、西洋では、言霊や物霊が比較的排除されやすいのはどうしてなのかを少し論じておこう。これは山本七平も書いているように、ユダヤ教やキリスト教（とりわけプロテスタント）、そしてイスラム教には「偶像禁止」があるが、その理由を、山本は次のように述べている。

神のみが絶対者であるとすれば、被造物のこの世界はすべて相対的であって、その中の特定のものを崇拝することは神に対する冒瀆となる。人間の相対世界による絶対世界の侵犯である。だから、ヒトラーであれ、スターリンであれ、神の被造物の崇拝は神に対する冒瀆だ。同様に、イエス・キリストや聖人などの図像や彫像という物質の崇拝も間違っている。物質は物質なのであり、物質の背後に何か霊的なものが臨在すると見なし、これを礼拝するなどということは被造物に支配されることを意味し、それもまた神に対する冒瀆を意味するのである。

確かに『創世記』では、絶対的で超越的な神が万物を作った。創造主である神はむろん物ではない。一方、被造物はすべて物なのである。自然も世界もすべて物質的なものでできている。自然や生き物をすべて創造した最後に、神は人間を自らに似せて作り、肉体という物質性に神的なものである魂、精神を吹き込んだのである。

この精神という神的なものを与えられたがゆえに、人間は物的な自然を支配し、世界を管理することができる。この思想が、やがて近代社会ともなると、神は後景に退き、人があたかも神であるかのように、理性の力で自然から途方もないエネルギーを引き出し、自然を自らに便利なように作り変える。こうして、科学や技術が自然を征服し、そのエネルギーによって社会を進歩させるという近代の神話が生み出された。

同様のことは、古代ギリシャを振り返ってもわかるであろう。ソクラテス以前のギリシャの「自然（フュシス）」は、もともと宇宙世界、森羅万象の全体を指す壮大な概念であり、しかもそれは、たえず生成、展開、変化しつつもそこに恒常的な秩序をもつものであった。そこでギリシャ人は、その「自然（フュシス）」の内に、それを動かし、また支え、秩序を生み出すある根源的な働きを探り、そのすべてを構成している基本的な要素を見出そうとした。イオニア学派の四元素やデモクリトスのアトムなどであり、ヘラクレイトスが考えた運動も同じである。そこにまた、「自然（フュシス）」が現代の「自然（ネイチャー）」となり、物事の「本質」を意味することとなる理由もあった。

だが、大きな転換はプラトンによって生じた。プラトンは、あらゆる存在物の究極を、人間の目には見えず、決して現象としても経験としても把握できない「イデア」にみた。そしてこの世界の一切を、イデアの写しとみなした。これは、ギリシャ思想を一変させたのである。なぜなら、イデアの登場によって、宇宙も世界も人間も社会も含めて万物が持っている一つの秩序という「自然（フュシス）」観念は破綻し、イデアという高度な精神的なもの、あるいは霊的なものが、「自然（フュシス）」から分離されたからである。

こうして、「自然（フュシス）」は、天界のイデアによって初めて命を吹き込まれる物質的な素材となった。そこに、アリストテレスのいう「形相（エイドス）」と「素材（フュレイ）」の分離が生じる。イデアが人間の精神の側に移行し、「自然（フュシス）」は、それが働きかける単なる「素材（フュレイ）」になったわけである。

人は頭の中にある、もしくは深い精神作用によって観照されるイデアをもとに、「自然」という物質界に働きかけて、自らのために何ものかを制作するのである。「つくる」ことが決定的となった。塑像であれ、宮殿であれ、はたまた都市であれ、政治制度であれ、ギリシャ人は、それをできるだけイデア（理想）に近づけて「つくる」のである。こうして、人間が「自然」に働きかけて、何かを「つくる」ことこそが西洋文化の根底にある。

これに対して、日本の自然観は大きく異なっている。何よりもまず、それは、そのもともとの読みである「自然＝ジネン」に示されているように、「おのずからある」あるいは「おのずからなる」という意味であり、とりわけ「おのずからなる」といった時には、そこにはあきらかに「生成」の意味が含まれてくる。その場合、生成とは、何らかの外的な意思や力の作用による運動変化ではなく、そのもののうちに宿るある働きによる生成・変化にほかならない。相良亨『日本の思想』によると、「ある」と連動した「あり」の語には「アラワレ」と共通する「出生・出現」の意味があり、そうすると、「ある」にせよ、「なる」にせよ、その「アラワレ」の背後には、出現・生成をもたらす根源的な力が想定されている。根源的な力は、今日の科学のように、何らかの分析的な形式において捉えうる力学的運動ではなく、あたかも、花のつぼみが開花するように、何らかの働きによって現れ出るのである。そこには、神秘的な作用があるといってもよい。日本の自然観によれば、何かが「ある」ということは、「おのずとなることの帰結としてそこにある（アラワレル）」ということなのだ。

そして、日本人は、物事が人為的・意図的に作り出されるというよりも、物事が「自然にできあがる」とか「自然のままにある」といった方を好む傾向をもつ。ものがあるということ、つまり「存在」のプロト・タイプとなっているのは、あくまで「自然（ジネン）」概念であって、その基調を作っているものは「おのずからある・なる」なのである。「あるもの（存在）」は、「おのずからなったものとしてそこにある」というわけである。

よく知られるように、丸山眞男は、江戸期の日本思想を論じるなかで、この日本的な「自然」概念に対して、荻生徂徠の唱えた古の聖人の道（制度）のうちに「作為」の契機を見出した。日本的な「自然」に対して西洋近代的な「作為」が対比される。そして、徂徠の古文辞学のなかに、日本の「近代化」のかすかな萌芽を見出そうとしたのであった。

確かに、西洋の存在思想には、「つくる」の発想が連綿と続いている。この世界のあらゆるものは、基本的に、誰か、もしくは何か（たとえば、神）によって「つくられた」ものだという理解である。ただそれは、西洋近代に限られたことではない。ハイデガーが述べたように、古代ギリシャから中世キリスト教、そして、近代の合理的思考まで一貫して西洋文化の水脈において引き継がれてきたものであった。

キリスト教的思考を拒否したデカルトの合理主義においてさえ、「主体＝精神」と「客体＝物的なもの」の分離が前提となり、主体が、合理的な精神によって自然に働きかけ、それを数学的といってもよいやり方で再構成するのである。精神が、合理的に自然や世界を構成するのである。これも「つくる」の発想にほかならない。

このような発想は日本にはきわめて薄い。だが日本の近代化の不徹底の原因が、日本の伝統的な自然観にあるとすれば、問題はかなりやっかいなものとなる。それは、果たして近代化の程度の問題なのであろうか。そうではなく、日本と西洋の自然についての「類型」の相違ではないのか。それは歴史の「段階」の問題ではなく、文化と思想の「類型」の相違ではないのか。

後年になって丸山は、世界の神話の基本的な範疇を「つくる」「うむ」「なる」の三つに区別し、特に「つくる」と「なる」の対照的な位置に注目した。そして『古事記』を素材に、「なる」こそが日本神話の発想の根底にある、という。いうまでもなく、これは日本の自然観とパラレルであった。神々の誕生のように、あらゆる事物が、次から次へと、おのずと「なってゆく」。そこには、「作為」もなく、当然、物事を動かす責任を背負った「主体」もない。

いわゆる進歩派知識人からすれば、「つくる」と「なる」の対比、「作為」と「自然」の対比、あるいは、丸山の『日本の思想』における「すること」と「であること」の対比。これらはすべて、日本における「主体」の欠如を指し示す強力な状況証拠であった。そしてそれこそが、日本における「無責任の体系」を生み出し、近代的な民主主義や自己責任意識の形成に失敗した原因だということになろう。

このような理解がありうることを私は否定しないが、それでは、日本人のもつ「自然観」の決定的な論点が見えてこないように思われる。

「おのずからある・なる」の自然観には、万物を無窮の生成変化において理解するという独特の存在意識がある。自然の森羅万象を生成変化させるものは、その中に隠されたある種の生命的な力であり、古代の日本人は、それを「カミ」といい、また「魂（タマ）」といった。一種の霊妙な力であり、作用である。植物は地中から芽を出し、成長し、開花し、やがて枯れて大地へと消えてゆく。しかし、季節がめぐれば、それはまた芽を出す。『古事記』では、神は葦から成ったかのように記述しているが、人もまた同じである。

こうして、人も山河も植物も森林も石ころも、ありとあらゆる存在は、それをすべて包括する宇宙的な生々流転のなかで、生死を繰り返す。しかし、その生々流転の背後には「カミ」というべき生命の働きがある。

おそらく、『方丈記』のよく知られた書き出しほど、日本人の自然観と死生観を示しているものはないであろう。人の生死など、河の流れのなかに浮かんでは消えてゆくうたかたのごときものである。河の水も刻々変わってゆく。しかし、河の流れは決して絶えることはない。河の水も、また人の生も、果たしてどこからきてどこへゆくのか、誰にもわからない……。

これが、日本人の「自然（ジネン）」である。これをやはり「万物は流転する」という主張で知られるギリシャの哲学者ヘラクレイトスと対比してみよう。彼はこういっているのである。「同じ川にはいる人には次々と違う水が流れてくる」と。人は同じ川には二度は入れない、という。ここには確かに人がいる。相当に接近した自然観を持っていたヘラクレイトスでも、鴨長明とは大きく違っているのだ。

『方丈記』では、河の流れのなかでは、人は浮かんでは消えるうたかたにすぎない。水の流れに、何か、人知では捉えられず、人力ではいかんともしがたい霊妙な力を感じ取った日本人は、この、自然にしたがって「おのずからある」ものの中に「カミ」を見ようとした。霊性の最初の発動である。

人の一生ももちろん、この「自然（ジネン）」に従ってある。生も死も「おのずからある」という達観がその根底にある。現実には、生は苦痛に満ち、死は恐ろしい。この恐怖を何とかやり過ごし、生の幸福と快楽を求めようとする。しかし、いくら幸福を実現しようとしても、そんな「作為」など、壮大な「自然（ジネン）」の働きの前ではまったく無力である。

日本人は、時には、現実的な人間だといわれ、また時には、死にさえも親近感をもち、生に恬淡としているといわれるが、そのことについて相良は次のように書いている。

「おのずから」という自然観からすれば、この世の生を生きることは無窮の生成の一齣に生きることであり、死もまた無窮の生成、つまり自然そのものへ帰ることであり、生の終わりを悲しみつつ、それは、なおかつ「あきらめ」うるものであった。

日本人は現実主義的、現世中心的だと言われる。それはまた、しばしば、日本には、ユダヤ・キリスト教のような一神教の絶対神が存在しないからだ、といわれる。そのために、日本には、個人主義や契約の思想や、社会を改造するという発想が生まれなかった。こういわれる。しかし、逆にいえば、現実を超越した永遠の神という絶対神の不在こそが、日本に独特の自然観・死生観を可能としたということもできよう。

福田恆存は、ユダヤ・キリスト教のような絶対的神をもたなかった点に、日本の「近代」が西洋とは大きく異なった根本原因をみているが、それは近代だけの問題ではない。絶対神を持たないがゆえに、日本では、「現実」そのものがきわめて複雑なものとなった。

現世を超越した絶対的な神を想定しなかったがゆえに、日本の「カミ」は、西洋の「神」とはまったく異なり、自然のなかに宿り、万物の生命をつないだ。日本人は、そこに、万物に宿る「魂」を見た。それはまた、仏教の導入とともに、万物のなかに「仏性」を見ることとなった。一切の衆生はすべて仏性をもって成仏するというのである。草木国土悉皆成仏である。ここで仏性は、日本の自然観がもつ「カミ」と重なり合う。「カミ」と「ホトケ」が等置されてゆく。一種の神仏習合である。

「カミ」といっても「仏性」といってもよいが、そこにあるのは、いずれ、ありとあらゆる存在に宿っている「魂」であった。独特の霊性である。この自然のうちに霊性をみるという古代人の想像力の上に、日本の密教もまた天台本覚思想も可能となったのである。

しかも、重要なことは、そのすべてが、われわれが現に存在するこの現実世界（現世）での話なのである。「向こう三軒両隣の世間」なのである。しかしそこに「魂」も「霊魂」も「カミ」も「仏性」も入ってくる。すべてこの世のなかにある何ものかである。もちろん、それは、山や木や鹿や人間といった物理的・生物的存在ではない。それは目にはみえず、耳には聞こえず、触れてわかるものではない。ただ、「感じる」ものである。しかし、それでも、われわれは「この世」で、山や木や鹿や、それに人を通して、それを感じるのである。だから日本人にとっては「見る」や「考える」よりも「感じる」ことが重視される。それはユダヤ・キリスト教のような「あの世」ではない。現実世界とは別に死後の超越世界があるわけではない。すべて、現実世界だけなのである。

そのことから、ある意味で、恐るべき日本思想の根底が見えてくる。それは、日本人にとって、この世の現実は常に二重になっており、いわば「双面構造」をなしている、ということだ。

われわれが現に生きているこの現実世界は、いっさいが夢幻であり、生も死もすべて幻影だという見方が日本人の精神文化のなかには脈々と続いてきた。中世人やそして近世の武士は、人生など一期の夢幻と考えていたし、こういう思いは今日でもどこかにある。現実世界のこういう捉え方が可能となったのは、われわれの考える現実が二重性を帯びているからである。だから日本人にとっては、西洋思想に見られるような「現象」と「本質」の区別はあまり意味をなさない。「現象」といえば「現象」しかない。あるいは「現象」がそのまま「本質」でもある。

生も死も無窮の生成、つまり自然の霊妙な作用による一時の出来事だとすれば、人間の意思や作為の所作など一瞬の泡沫に過ぎない。それでもわれわれは、その一瞬の泡のなかで踊ったり狂ったりしている。だがこの一時の泡沫を楽しむその背後には、それでも静かに流れる河がある。流れる河の生々流転こそが、この世の現実を創り出している。泡のなかで快楽を追いかけている者には、背後に流れる河は見えない。その見えない河が実は泡（現実）を創り出しているのである。そして、見える泡と見えない河が重なり合って「現実」を構成しているのだ。

そこには一神教のような「神」も、プラトンのような「イデア」もない。河には作者はいない。そこには「おのずから」があるだけだ。河は「おのずから」流れてゆく。この「おのずから」の働きが、われわれの生きているこの現実を生み出しているのである。

われわれの現実は、こうして双面性をもっているのではなかろうか。われわれの生が、かりに一瞬の泡沫だとしても、泡ができては消えるまでのわずかな時間もまた確かに「現実」であり、その「現実」において、人々の生が交差し、そこに、うまいものを食いたい、もっといい暮らしをしたい、人から羨ましがられたい、などという「世間」が成立する。「世間」は舞台の登場人物が変わっても延々と続くのである。これもまた「現実」であり、人はその「世間」を現実的に生きるほかない。「智に働いたり、情に棹さしたり、意地をはったり」する。浮世の快楽や苦痛のやりくりをする。

と同時に、泡を生み出してはまた飲み込む河の流れがある。泡と河の流れを区別することはできない。河の流れは、泡の背面に張り付いた現実である。水面の泡だけをみていてはみえない河の流れもまた「現実」なのである。

しかしまた、そこにふたつの現実があるわけではない。それは、切り離すことはできない。つまり、ひとつの「現実」のふたつの面であり相である。これが「双面性」をもった現実である。そして、日本人は、この双面的な、つまり重なり合った二重の現実を同時に生きている。それが、日本人の「現実」に対する態度をきわめて複雑なものにしているのだ。

日本人の現実主義とは、しばしば、状況にうまく身を寄せて実利をとる状況追従主義であり、また機会主義ともみられがちである。以前にも述べた、戦前と戦後での人々の態度の一変などもその例証に出される。そしてその理由として、しばしば引きあいに出されるのが「おのずから・なる」の自然観にほかならない。それは、状況任せの日本人の「無思想」とも言われるし、「無節操さ」でもある。

しかしそれは誤解というものであろう。現実主義の表面だけを見れば、確かにそのように見えよう。

しかし、この現実には、「おのずから」の働きを促す霊性が隠されている。本居宣長風にいえば「神ながらの道」が背後に隠されている。「仏性」でいえば、覚りへ向けた境地がそこにはある。平田篤胤のようにいえば、決して目には見えない「魂＝カミ」がある。この「目には見えない」霊妙な作用、それが現実世界の背面に張り付いている。この日常の意識の裏に張り付き、隠された霊性をわれわれは常に感じている。そして、この霊妙な世界は、人の意思でも作為でもどうにもならないものである限り、その「おのずから」の流れに任せるほかないであろう。

表面を飛び跳ねる泡からすれば、まったく見えない背後の水の流れの「おのずから」を少しでも感じ取った時、その「おのずから」に身をまかせるほかなかろう。この現実の表面の現象世界という「顕の世界」と、その背後にある目には見えない霊性的な「幽の世界」が張り合わされているのが現実なのである。それが「双面構造」の世界であった。

『方丈記』が譬えた泡の背後にある河の流れは、いずれは大海へ至るであろう。大海では、表面をみれば、風がふけば波がたつ。波だけみていれば、その背面にある海の静寂はわからない。しかし、少しその波から意識を離して、深層のささやきに耳をすませば、永遠の静寂へと身を置くこともできよう。仏教はそれを覚りの境地という。『大乗起信論』は、この「海」とは人の「こころ」であり、それは自性清浄なのだという。そこには如来がおり仏性が宿る。

海とはまた、「世界のすべて」の譬えと見ることもできよう。「すべて」とは「一切合切」、つまり存在するもの万象であり、それは「無限のもの」すなわち「神」そのものであろう。それをひっくりかえしていえば、まさしく西田哲学がいうように、「絶対的な無」となろう。「無」もまたその場所に一切合切を包摂するのである。それは、いわば「宇宙的な無」といってもよかろう。「すべて」である大海は「宇宙的な無」と呼ぶべきものであり、そして、その壮大な「絶対無」こそが、「かつ消え、かつ結びて、久しく留まりたるためしなし」のはかない泡を支えているのである。

この二重性こそが、われわれの考える「現実」である。だから、はかない一抹の泡にも、一切である「宇宙的なもの」は宿っているのである。どんな塵埃にも「宇宙」は宿っている。いかなる卑小なものにも、「永遠」であり「絶対無」である「宇宙」は宿っている。これは『華厳経』が強調したことであった。そのような思想の上に、いかなる森羅万象にも仏性が宿るという天台本覚系の考えもでてくる。

かくて、ありとあらゆるものを、いのちあるものとして理解し、わが身と繋がった存在としてめでたり、いとおしんだりするという日本人の自然愛もでてこよう。また同時に、人間の作為など一瞬に破壊する自然の恐るべき脅威にも随順するのである。自然愛とは、恐るべき自然の力への畏怖をも含んでいる。だからこそ、あらゆるものに「霊性」をみるという「臨在感的把握」もでてくるのであろう。

また逆に、花が散り、都が荒廃し、人が死ぬという出来事にも、どうしようもない「無常」や「はかなさ」を感じる。しかもその「無常」はただ悲哀や虚無ではない、ある種の慰籍でもある。ひと時のあぶくの栄華の終わりを「無常」と感じるのは、その底に、目には見えない永遠の「無」をみるからである。「無」はすべてを飲みこむ救いでありなぐさめでもある。われわれの活動の一切合切の背後に「絶対無」があることを心底で了解しているからこそ、われわれは、ひと時のこの現前の生を夢幻とみながらも、「一期は夢よ、ただ狂え」などといいながら、それを充実させようとするのである。そしてこの生の「無常」に悲哀と安堵の両方を感じとる。「一期の夢」である泡沫からすれば、生は悲哀に満ちていても、その背面には、いわば絶対的な救済である「絶対無」（宇宙的無）が張り付いている。日本人の「現世主義」とは、この二重性、つまり「双面構造」において理解しなければならないであろう。

だからこの「現世主義」をただただ「現実」の表層においてのみ解し、無条件に「おのずから」と理解しては、大事なことがすっぽりと抜け落ちてしまう。その次元だけで見れば、「臨在感的把握」も、何ともえたいの知れないアニミズム的思考の残滓のようにもみえよう。「空気の支配」は無責任な主体性の欠如にしかみえないであろう。しかし、それは、日本の「おのずから」の自然観のうちにある霊性を見損ねたための誤解である。いや、われわれ日本人自身がそのように誤解している。そのために、われわれの生きる「現実」は随分と窮屈なものになってしまい、味気ないものとなってしまった。われわれが生きているこの「現実」は、あくまで、目に見える現象世界と、その背後にある目には見えない霊性的次元との二重性によって成り立っている。それは、われわれが考えている以上にはるかに複雑でかつ豊かなものなのである。

その複雑な現実のなかを生きるにはどうすればいいか。九鬼周造は、日本文化の特質を三つあげている。「自然」、「諦念」、「意気」である。九鬼が述べたように、この場合もっとも根底にあるのは「自然（ジネン）」である。確かにそれは「おのずからあるがまま」である。しかしそれは、多くの人が誤解するように、ただ状況追従の「ありのまま主義」では決してない。森羅万象の自然のうちに、もしくはその作用のうちに、ある種の霊性・聖性を観取したからこそ、「ジネン」への信頼と、そのゆえの追従がうまれる。それは、人間の驕りや自意識や私心への執着を排し、謙虚たれとわれわれに自省を迫る。日本人の没主体化とはそういうことであった。決して西洋流の自我の未成熟や「空気への追従」といったものではない。

このような意味での「自然観」が前提になるからこそ、その自然への随順を、九鬼は「諦念」といい、その恬淡としたさめた現実主義の上に、一期の生をまっとうするある覚悟を求め、ある使命をわれわれは自らに課す。それを九鬼は「意気」と呼んだのである。「あきらめと覚悟」といってよいであろう。九鬼をヒントにしていえば、これが、日本人の人生観ということになろう。そのことの意味を、われわれは改めて考えてみるべきではなかろうか。

特集　日本とは何か、日本人とは？

日本の中のデーモンとゴースト

いったい何を考えていけばいいのか

編集工学研究所所長
松岡正剛
Matsuoka Seigow

1　生成AIとキャンセル・ソサエティ

日本の話をしようと思う。そう思ってはいるのだが、あまりに日本が劣化しているようなので、叱咤激励する気力が立ち上がってこない。困ったことだ。これまでも日本のことについてはさまざまな角度で幾つかの重要な話をしてきたつもりだが、私の見解が躍動をもって迎えられたという気がしない。私の言い方がわかりにくいのだろうものの、それはそれで振り上げた拳の下ろす先が撞着してしまう。

気力を振り絞るために、さしずめ二つの話を枕にする。ひとつはＣｈａｔＧＰＴなどの生成ＡＩによって企画や報告を済ませようという動向だ。

ＡＩがビッグデータを材料にして、お題を転ばせると適度にスマートな文脈にしてくれるというので、このソフトに猫も杓子もとびついている。とくにビジネスマンと学生はめろめろだ。これは何が迎えられたのかというと、「失敗のない平均点以上」の成果にみんなが満足しつつあるということだ。編集的思索を称揚している私の立場からすると、おいおいちょっと待ちなさい、やらずぶったくりをこのまま黙認していくのかよということになる。ＡＩを参考にすることは結構だが、ＡＩ将棋は練習用のもので、相手のある将棋では自分で駒を打たなくてはいけない。

もうひとつ気になるのは、何かがバレれば一巻のおわりの世の中が驀進しているという趨勢だ。政治家であれポップスターであれ、金メダルのアスリートであれ、芸能プロダクションの経営者であれ、それまでの栄光が一日にしてキャンセルされる。犯罪的行為がバレればその罪が問われるのは当然であるが、被害者の告発ではなく、

千夜千冊エディション
（角川ソフィア文庫）

メディアの記事やSNSに書きたてられるだけでも、当事者は苦境に追い込まれる。市川猿之助やジャニーズの事件がそういうものだった。

これは、「失敗を早くバラして世の中をクリーンにしておいてね」というキャンセル・ソサエティが迎えられているということだ。デリート・メンタリティがそこいらじゅうに蹲っているということだ。気に食わなければキャンセルかデリートすればいいというのは、あまりに安直だ。

二つとも、失敗が損益分岐点になっているのがゾッとする。失敗は発明の母ではなくなったのである。失敗を避けたいというなら、それなら昨今は正解や正義がどこかで罷り通っているのかといえば、とんでもない。アメリカニズムにもロシアニズムにも、北欧にも中東にも、G7にも一帯一路にも、哲学にも文化にもそんな兆候は見つからない。マイケル・サンデルの正義論も國分功一郎の中動態議論もマルクス・ガブリエルの世界議論も、つまらない。ウェルビーイングのおすすめ品はもっとつまらない。以上が枕のお話だ。

かつてフロギストンという物質が想定されていたことがある。「燃素」と訳す。物が燃えるのは物の中にフロギストンという「燃える元素」があるからで、その昇華の過程で発火や燃焼がおこるとされた。

ヘラクレイトス以来の考え方で、パラケルススやプリーストリーはフロギストンの正体を究明しようとしたが、むりだった。代わってラヴォアジェが登場して燃焼は空気中の「酸素」の関与による現象であることをつきとめ、酸化作用こそが燃えるプロセスでおこっていることをあきらかにした。

湯川秀樹が中間子を想定したとき、科学者たちは中間子を実在しているものとは考えていなかった。しばらくして実験によって中間子の実在が確認されると、さまざまな不具合が生じた。というよりも、それは湯川が当初に想定したものとは少しちがっていた。やがて実験が進み、最初に発見された中間子はミュー中間子で、あとから発見されたものが湯川の予想した中間子であることが判明した。こちらはパイ中間子と命名された。

湯川は日本人として初のノーベル賞をもらったが、その後は自分が中間子を予測した背景やルーツを考えるようになって、自分の科学思想が多分に東洋的な発想にもとづいていることを掘り下げた。こうして晩年に向かっては非局所場や素領域という独得の構想を展開するのだが、また空海や三浦梅園の思想に注目するのだが、多くの科学者はその構想についていかなかった。それでも湯川は「素粒子の中にはハンケチがたためるくらいの時空があるんや」と言いつづけていた。

何が実在しているかということは、科学のなかでも容易には決まらない。そのせいもあって、コンピュータ上の仮想現実（ヴァーチャル・リアリティ）やゲームやネットの中でのメタヴァースが大流行しているが、科学や哲学は古代このかたずうっと仮想物質とか仮想世界を相手に仕事をしてきたようなものだった。

バーバラ・マクリントックという細胞遺伝学者がいた。トウモロコシの染色体を独自に研究してトランスポゾンという物質を発見した。DNAのしくみが提唱される前のことだ。あまりに突飛な仮想物質だということで軽視され、彼女がノーベル賞を受賞したのはなんと八一歳になってからのことだった。いまでは誰もトランスポゾン（転移遺伝子）の実在を疑わない。

こういうことは大小さまざま、のべつおこっている。「スタップ細胞は、あります」と、理研の小保方晴子研究員が記者会見で見得を切ったにもかかわらず、スタップ細胞（多能性幹細胞）の実在は確認されなかった。そのうち論文作成の不始末が問題になり、指導に当たった笹井芳樹教授が自殺した。この事件はいろいろのことを考えさせた。「スタップ細胞という考え方は、あります」なら、いまなお継承されていいはずだ。昨今の日本に欠けているのは、この「考え方」を持ち出す勇気なのである。

科学や技術の業界では仮説や失敗はめずらしくない。燃素に似た仮想物質「光素」が想定されていたこともあった。外の世界が見えるのは、眼球から光素が放射されてそれが対象物に当たって戻ってくるからだという説なのだが、レオナルド・ダ・ヴィンチやフェルメールは、このことを信じていた。そのおかげでカメラ・オブスクラという視覚装置が工夫され、ダ・ヴィンチもフェルメールもそれによって油絵を組み立てた。

いつの時代にも思索的な活動や表現的な成果には「実在を求めるためのフロギストン」が待ちかまえているものである。待ちかまえているぶん、どこからエビデンスが出てくるかということが世の中の話題になる。鬼の首をとるかとらないかになっていく。しかしだからといって、そのことと世の中がキャンセル・ソサエティになっていくこととは、ほとんど関係がない。キャンセル・ソサエティは抹殺幻想をはびこらせ、デリート・メンタリティを蔓延させる。人の抹殺は、才能や研究力の減衰につながっていく。

何が実在しているかを問うことは、実在していないものを否定することにはつながらない。よくよく留意すべきことだ。存在と実在はべつものなのである。考え方こそ浮上したほうがいい。

2　神と鬼のあいだ

日本は「神の国」だと思われているが、神道がかたちをあらわしはじめたのは本地垂迹説などの影響であって、神道五部書などが登場した中世以降のことである。

ではそれまでは「神の国」ではなかったのかといえば、そうとは言えない。聖徳太子以来の政権では「仏の国」（鎮護仏教）という考え方が重視されていたものの、それでも列島の隅々に神々はいた。八百万（やおよろず）もいたかどうかはさだかではないけれど、また神と仏が神仏習合していたことも多かったけれど、記紀神話には相当の数にのぼる神々の動向が示されて、その去来を感じていた日本人はかなりいた。西行はそこを、こう詠んだ。「何事のおはしますかは知らねども　かたじけなさに涙こぼるる」。

そういう神々が、さあ、実在していたかどうかといえば、森羅万象のそこかしこに、また心の中に実在していたとしか言いようがない。日本の神々は客神（きゃくしん）だから、神さまがやってこられそうなところを注連縄（しめなわ）で結界して、そこに神籬（ひもろぎ）をつくって来臨の気配を感じて神さまの存在をそこはかとなく噂してきたと言うしかない。何事がおはしますかは明示されてはこなかったのだ。これは神の面影によって神の思し召しを感じるという方法だ。

そんな言い方ばかりでは、日本の神々はリアリティに乏しくて真の実在とは言えなそうであるが、そんなことはない。神々もフロギストンだったのである。光素や燃素だった。とくに日本においては実在の確証よりも「存在の継承」が重視されてきた。ただ近代以降の日本人は、そのような考え方が未熟であると思いすぎた。

実在を問うにあたって、真偽ばかりを問題にするのは悪いクセである。ヨーロッパの哲学や科学では、プラトンやユークリッドこのかた真偽を問うことによって論証のレベルを高次化していくという論法が重視されてきたため、合理的なロジカル・シンキングが鍛え抜かれてきたが、そのせいで「ほんもの」と「にせもの」を峻別するロジックが発達しすぎたきらいが強い。

とくにニュートンの力学とデカルトの哲学が確立されていってからは、真偽を問うことと「偽」を排撃することが純化されていった。その純化のステージの上にコモンセンスが組み上げられ、今日の多数決型の民主主義にまで波及していった。これは悪いクセである。

ヨーロッパにはこのことに反論する識者もいた。その第一号はジャンバッティスタ・ヴィーコだ。十八世紀前後のナポリのインヴェスティガンティ（探求者）を代表する知識人で、デカルトが「真と偽」ですべての事実や真相を見極めようとするのに反対して、むしろ「真らしさ」や「偽らしさ」を含めた学究態度こそが必要だと説いて、『新しい学』（一七二五）を提唱した。ヴィーコはアナロジーやメタファーによって「ほんものっぽさ」や「にせものっぽさ」を排除することなく思考が進められる学問を提唱し、「真理と事実は置き換えられる」とさえ述べて、コモンセンスはこちらのほうに育まれるべきだと説いたのである。

私は若いときから編集工学を標榜してきたのだが、そのスタートにはこのヴィーコの考え方が生きている。編集工学は歴史や思想をできるかぎり編集的にあらわす動的な方法のことである。この方法を「生命に学ぶ、歴史を展（ひら）く、文化と遊ぶ」という方針にあてはめて、さまざまな場面で組み立てていくことをめざしてきた。その組み立てにあたって、必ずや「らしさ」や「ぽさ」を含められるようなスコープを仮設した。「らしさ」や「ぽさ」をキャンセルしたりデリートしてはまずいのだ。

さて、この考え方を日本流に言うとどうなるかというと、ずばり「もどき」（擬）の存在学というものになる。「もどき」の存在学とは何か。いったんこの話をしておきたい。

古語の「もどく」は、何かと張り合っていかにもそれらしく振る舞うという意味だった。何かの威力が感染して気張っていくことが「もどき」だった。この振る舞いがそれなりの所作や音曲や掛け声を伴って古代中世の各地の芸能に採り入れられていくうちに、「神を擬く」という行為を象徴するものとなっていった。折口信夫が縷々分析したように、神楽も田楽も風流踊りも、花祭りも能仕舞も歌舞伎も、この「もどきの芸能」の系譜だったのである。

かくして神は「もどき」としてあらわれ、鬼もまた神の「もどき」になりうるということになった。鬼だけではない。「翁」や「童」や「修羅」や「天神」や、「分類不能の者」や「見失われた者」や「隠れた者」がそういう〈もの〉だった。

この〈もの〉とは「ものすごい」「ものさびしい」「ものめずらしい」「ものごっつい」の〈もの〉である。「霊」であって「物」であって「者」であるような〈もの〉である。つまりは「ものがたり」の〈もの〉だ。日本においては物語とは、〈もの〉に語らしめるということなのである。

以上のことから、「真」と「偽」とのあいだには、あるいは実在するものと実在しないもののあいだには、いくつもの「もどき」たちが出入りしているということになる。そのように見立ててかまわない、そういうスコープのもとで思索や表現を展開していってかまわない、いや、そうであるように仕向けることこそ日本文化や日本芸能を解く決め手になる。そういう見方が成立する。これは、実在を問うような真偽の判定を性急にくださないほうがずっといいという考え方だ。

性急な判定をくださないと、どうなるか。たとえば世阿弥の複式夢幻能はここに着地した。そして「もどき」と「物学（ものまね）」の重要を訴え、橋掛かりの向こうから登場するものたちの素性を神や亡霊や思いが果たせなかった者たちにして、その「残念」を深く語らせ、華麗に舞わせてみせたのである。

世阿弥は分類不能や失敗や失意をキャンセルしなかったのだ。むしろ失敗者や失意者をシテにしてみせた。詳しくは私の『擬』（春秋社）や『日本数寄』（ちくま学芸文庫）や『面影日本』（角川ソフィア文庫）などを参照していただきたい。

江戸中期の十七世紀半ばに山崎闇斎（あんさい）という儒学者がいた。当初は朱子学の土佐南学派として君臣の上下関係や大義名分を説いていたのだが、ある時期に京都の吉川惟足の神道観にふれると一旋し、儒学と神道を重ね合わせる「神儒」に挑み、一人独断の垂加神道を提唱するに及んだ。

やがて闇斎の門からは佐藤直方、浅見絅斎、三宅尚斎、谷秦山、安井算哲（渋川春海）、土御門泰福らが出て、その一部が尊王思想の担い手になった。垂加神道は神祇神道からすれば異端もいいところというものではあったけれど、闇斎も門人もそんなことはおかまいなしだっただけでなく、幕末近く、垂加神道が水戸学とまざって国体思想に結びついていっても、とくにそれを称揚することもなく、またなんら弁解がましいことも洩らさなかった。

闇斎の例は、実在しないものAと実在しないものBを重ね合わせるという例である。神道と儒学が重なって「神儒」になるなんて、思想の「もどき」としてはお化けのようなものであるが、かつてはこういう「新しい学」がさまざまに登場したのである。仁斎と徂徠から出て、契沖と真淵を組み合わせていった本居宣長の「国学」だって、そういうものだった。

話を戻して、日本が「神の国」であるかどうかということは、日本を「神の国」とも「仏の国」とも「鬼の国」とも見立てられる多様や別様を怖れない思想によってのみ語りうるということなのである。それなら日本の特色を「公武の国」とも「天皇の国」とも「修羅の国」とも「百姓の国」とも語っていてもぶれないはずだ。

ただし、そのように語るには、日本を平然と多様と別様の中で引きずっていく敢然たる思想力（考え方）が必要だ。日米同盟に頼ってばかりいては、こうはいかない。

このこと、日本を「神の国」と呼びたいらしい首相になる前の安倍晋三に説明したことがあったけれど、ちんぷんかんぷんだったようだ。そこで、清沢満之と内村鑑三を持ち出して、清沢の「二項同体」と内村の「ボーダーランド・ステート」が日本を編集する鍵か鍵穴なんですよと付け加えたのだが、安倍さんは清沢が仏教者で、内村がキリスト者であることにひっかかっていた。

これではますます「神の国」すら説明できないままになる。日本はときに「鬼の国」でもあったはずなのである。それなのに戦後の日本は「内なる鬼」が持ち出せないまま、日本の語り方を薄っぺらにしてきてしまったようだ。日本を語るにはデーモンやゴーストの存在を抜いてはならなかったのだ。

3 アニメと編集工学

突然ながら、宮崎駿のアニメ『君たちはどう生きるか』について、正直な感想を言う。感想は二つあるので、よくよく摑まえてほしい。

まず、このアニメはおもしろくなかった。私は宮崎作品の『風の谷のナウシカ』以来のほぼすべての作品を激賞しながら見てきた一ファンであるけれど、『君たち』には残念ながら退屈した。前作のゼロ戦設計の経緯を背景にした『風立ちぬ』も退屈だった。

筋書きや技法についてのことを省いて言うと、『君たち』は吉野源三郎が少国民文庫のために昭和十二年に書き下ろした文章を下敷きにして作られた作品である。吉野はその後、岩波の総合誌「世界」の編集長として日本の良識を問いつづけた気骨のある編集者で、思想者である。けれどもアニメの中身は時代と主人公の少年の設定をのぞいて吉野の文章にはとらわれず、すっかり宮崎調になっている。登場キャラの青サギもワラワラもよくできていたが、けれどもおもしろくなかった。

なぜ退屈だったのか、はっきり言おう。『君たち』と『風立ちぬ』にはデーモンとゴーストが出てこなかったからだ。宮崎アニメは日本のデーモンとゴーストにまつわる有象無象をふんだんに、かつ格別の作分で出してきたから、宮崎なのである。デーモンとゴーストを描くとはどういうことかということは、とくに日本においてどういう意味をもつのかということはあとで説明するが、ともかく宮崎は近作二本でそれをしなかった。そのかわり根っこだけを描いた。退屈なのは当然だった。

しかし急いで言うが、私はこの作品をこのように作った宮崎駿の覚悟に脱帽した。深い敬意を抱いた。これが二つ目の、かなり大事な感想だ。

その理由を説明するのはかんたんではないが、宮崎はどうしてもデーモンやゴーストに頼らない作品をまっとうしたかったのだと思う。エンタメにしたくなかったわけではないだろうが、エンタメになりすぎることにブレーキをかけた。ひょっとすると『鬼滅の刃』などが大当たりしてしまう現象に責任を感じたのかもしれない。そのへんはわからないが、そうだとしたら、封印と言ったほうがいい。

これはかなり覚悟がいることだ。チャップリンや手塚治虫も、ウッディ・アレンもスピルバーグも、この覚悟をどのように作品として見せるかに悩んできたはずだ。

実は私も「そのこと」に長らく悩んできた。長らくといっても七〇歳を迎える前後からのことなので、たいした年月ではないけれど（いま私は七九歳）、しだいに「そのこと」がアタマを擡げてきた。「そのこと」というのは、わかりやすくいえば自分の考え方を「白状する」という覚悟のことだ。何を白状しようというのか、少しだけ説明しておく。

私はアニメも作らないし、ジブリのように大当たりを連打したこともなく、それどころか映画や小説にもエンタメにもかかわってこなかったし、ベストセラーさえ書いてこなかったけれど、自分が書いてきた文章や仕事を一緒にしてきた読者や仲間に対して、どこかで本音を言わなかったように思ってきた。隠したのではなく、デーモンやゴーストと一緒くたに思想を言述するほうを選んだのだ。そこまでは手塚や宮崎とおんなじだ。

もっとも私の仕事は小説や映画やマンガのように作品を通すというものではないので、主人公がいない。可愛いナウシカも勇敢なアシタカもいない。そこには中心のキャラが抜けている。そのため主人公は松岡正剛で通してきた。文章を書いている当人が主人公なのである。これは文章を仕事にしている者ならほぼ誰もがそうしていることなので、特別なことではないのだが、ただし私の場合は、登場人物のキャラのほうはふんだんにふやしてきた。松岡正剛が交わるキャラであるからだ。四半世紀にわたって「千夜千冊」を綴ってきたのは、私がどんなふうに著者や画家や科学者や職人に揺さぶられてきたか、そこを描写するためだった。

ところが、どうしてこういうことを徹底することにしたのか、そのことの説明を省いて仕事をしてきたのだった。それゆえ「そのこと」について、なんらかのかっこうでいつかは「白状する」ことが必要だと思っていたのである。それなのに、ついつい証文を出し遅れたままにしてきた。

私はこれまで概念や用語によってさまざまなリテラル・デーモンやリテラル・ゴーストを独自に散りばめながら、編集の仕事をしてきた。そしてこの作業をできるだけ「生命に学ぶ、歴史を展く、文化と遊ぶ」の場面に通すようにしてきた。そう感じてもらえるかどうかは、私の仕事を見聞してきた諸姉諸兄の判断にまかせるしかないけれど、とくに科学系と文化系とが出会う場面に、デーモンやゴーストが介在してくることを重視した。

このことについては、さきほどヴィーコに示唆されたということを書いておいたが、マイケル・ポランニーにも示唆されたので一言加えておく。

ポランニーは暗黙知の研究者であるが、暗黙知とは「取り出しがたい知」のことではなくて、科学的な発見や創造的な仕事の作用にいつのまにか出入りして、そこにむくむくと創発してきた知のことをいう。「知ること」（knowing）と「在ること」（being）のあいだに出没するもの、それが暗黙知だ。ポランニーはそのためにはダイナミック・オブジェクティブ・カップリング（動的対象結合）という作業が肝要になると見た。編集工学はここを継承した。

まあ、以上のようなことをもっと順を追いながら白状すべきだったのであるが、とはいえ、これがなかなか踏み切れない。覚悟はできたとしても、どんなふうに白状するのか、その様式や方法に辿りつけなかったのである。私は読者を退屈させることを怖れてはいけなかったのだ。

4　デーモンとゴーストの正体

デモンストレーション（demonstration）という言葉にはモンスター（monster）が隠れている。デ・モンスターとは隠れた怪物を見せますよという意味だ。デモンストレーションとはモンスターを見せるということだ。

文明というもの、その当初からかまけていたことがあった。国づくり、生産力の向上、管理のしくみ、法と裁定の確立、敵の設定、軍事力の増強、富の蓄積、領土の拡張である。しかし、このような国づくりが始まる以前に、文明は揺籃期にさまざまな「落としもの」を連れ添っていた。それらの多くはモンスター（怪物）として、退治されたり陶冶されたりしたものたちだ。ギルガメシュの叙事詩、ギリシア神話、インドの長大な『ラーマーヤナ』にはそうしたモンスター退治のエピソードがかぎりなく出てくる。

このことは、のちの日本神話におけるスサノオやヤマトタケルの物語にも、ニーベルンゲン伝承にも、アーサー王伝説にも、ダンテの『神曲』にも、のべつ描かれてきた。どんな国のどんな風土にも、桃太郎はいっぱいいだったのだ。しかしながら、これらの退治されたモンスターは、ほぼひとしく英雄伝説の敵役（かたきやく）になっていったため、その正体が詳しく語られるということはない。勝ち組は負け組の魅力など語らない。

たとえば桃太郎伝説は、古代ヤマトの政権（崇神天皇紀）が派遣した四道（しどう）将軍の一人の吉備津彦（きびつひこ）が、当時の吉備地方に君臨していたウラという豪族の専横を制した出来事から派生して、これが桃太郎の鬼退治に変換されていったものだった。モンスターは英雄のデ・モンストレーョンの相手役にさせられ、語らぬ者になっていったのである。

それなら、モンスターはそのまま文明の片隅に追いやられていったのかといえば、そうではなかった。人々の記憶には別のかっこうでヴァーチャルに去来することになった。これがデーモンやゴーストである。

一般にデーモン（demon）は悪魔や鬼や悪霊のことだと思われているが、もともとはギリシア語のダイモーン（daimon）に由来する。守護神や超越神や霊的存在者のことをさしていた。ホメロスの叙事詩では、ほぼ神や超越者と同義に扱っている。ギリシア神話ではアポロンに対比されたデュオニソス（バッカス）がダイモーンを代表する。

そのダイモーンがデーモンとして悪魔化されていったのは、ヨーロッパ文明を主導する唯一絶対神としてヤーウェやキリストやアラーが選ばれたからで、これら万人のためのメシア（救世主）の活動を邪魔する者として、ダイモーンを変貌させたデーモンを悪魔にしてしまう必要があった。

一方のゴースト（ghost）は、一般には幽霊や亡霊や幻影物を意味するものとして使われているが、もともとは実在や実態を失ったか、あるいは実在や実態が確認できないものか、もしくは変身してしまったもののことを意味していた。

これは何かといえば、意外にもわれわれの心の動揺や鬱屈の反映のようでもある。したがってドイツ語のガイスト（geist）がそうなっているのだが、精神や意識もゴーストなのである。もっともそのガイストも、たとえばポルターガイストなどと使われて「騒がしい幽霊」の一味扱いされてもいる。しかしゲーテは一貫してガイストを「精神の原形質」というふうに解釈していた。本来のゴーストである。『胎児の世界』（中公新書）の解剖学生理学者、三木成夫はこれを「面影」と訳していた。

このようにデーモンやゴーストは、文明がモンスターを敵役にしたのちにも、人々の記憶や人生に出入りするものとして、面影の担い手のごとくに語り継がれてきた異様の者であって、異形の者なのである。

文明社会は秩序が大好きで、秩序に反するものを断罪するように成長してきた。そのためコンプライアンスが文明秩序の維持に欠かせないのだが、デーモンやゴーストは「顕るるもの」というより「隠るるもの」なので、たいていの秩序には引っかかる。こうしてデーモンやゴーストはオモテ社会では生きにくくなっていく。そのうち埒外の者として放逐される。これがおよそのデーモンとゴーストをめぐる気の毒な星勘定だ。

ところが、ここに意外な見方が浮上してきたのである。デーモンやゴーストこそ忘れられた全知全能者であろうというものだ。このことは近代の科学者や哲学者が持ち出した。たとえば「ラプラスの魔」（Laplace's demon）であった。

近代科学や近代社会はニュートンの力学的世界観に従っている。ニュートン力学では絶対時間と絶対空間が維持されていて、微積分を用いればどんな一瞬の出来事も世界座標の現象として記述できると考える。

そこで、この世界観では「原因がわかっていれば結果の予想はつく」、あるいは「すべての出来事はそれ以前の出来事によって決定されている」という決定論が君臨するようになった。実際にも太陽系の惑星はこの方法で予測され、その通りに発見された。

ナポレオン時代の天文物理学者であって確率論の提案者であったピエール＝シモン・ラプラスは、一八一二年の『確率の解析的理論』にこう書いた。「もしもある瞬間における全ての物質の力学的状態と力を知ることができ、かつ、もしもそれらのデータを解析できるだけの能力の知性がいるとすれば、この知性にとっては、不確実なことは何もなくなり、その目には未来も（過去同様に）、全て見えているであろう」。

ラプラスは全世界の物質の運動と位置が予測できる「仮想の知性」を想定してみせたのだ。

ラプラスは知性と呼んだのだが、ドイツの電気生理学者のエミール・デュ・ボア＝レーモンはこれを「ラプラスの霊」（ゴースト）と呼び、その後、この考え方が科学界と哲学界に広まるうちに「ラプラスの魔」（デーモン）となった。なんとゴーストとデーモンが全知全能の神のごとく扱われたのだ。

その後、「ラプラスの魔」は哲学者からは自由意志論によって、天文学からは宇宙背景の後退理論によって、量子力学ではシュレディンガー方程式によって、さらにカオス理論では初期条件と拘束条件の設定によって、それぞれ反論されることになるのだが、他方、世界の予定調和を想定したい思潮からはかえって好意的に迎えられ、全知全能の創造主を歴史の大前提においたユダヤ＝キリスト教からはデーモンに全知全能が手渡されたようなパラドキシカルな展開に居心地の悪さを感じられ、ＡＩの可能性を全面化したいコンピュータ業界には、だったらデーモンを作ってみせようかという邪まな意気軒昂を与えていったのである。

私は「ラプラスの魔」の議論はすでに量子力学でもカオス理論でも破られているので、とくにこれ以上のコメントをここでは持ち出すつもりはない。とはいえ近現代社会において、このようにデーモンやゴーストが取り沙汰されること自体には、看過できない問題がうごめいているとも思うので、この話をもう少し続けたい。とくに日本の話につなげたい。

その前に老婆心ながら断っておくが、私はAIがシンギュラーポイント（技術的特異点）を超えて全知全能をめざす時期がそのうち到来するとは、まったく思っていないので、あしからず。

5　日本という虚実皮膜

ずうっと気がかりになっていることがある。日本の保守思想がつまらないということだ。薄っぺらで、拠点主義的で、類型に乏しいうえに、思いきった突起力がない。べつだん保守思想を応援強化したいわけではないから、当方はそれで困るわけではないが、それがもし政治や地方行政や経済界やあちこちで垂れ流されているままだとすると、見るもの、聞くもの、従わざるをえないものがつまらないのだから、これはちょっとチャンチャンバラバラしたくなる。

米軍基地をなんとかしろよ、陽明学はどうするんだよ、あんなものがLGBT法なのかよ、マイナンバーを金科玉条にするなよ、西郷や三島について本気な見解を述べてみろよ、新幹線でもタバコを喫わせろよということになる。

思うに、日本を構想するための考え方の基礎が甘くなってしまったのだ。一には欧米の保守思想の解釈が浅いままである。たとえばヒューム、エドマンド・バーク、フランク・ナイトを日本にあてはめられていない。二に慈円・新井白石・福沢諭吉から福田恆存・高坂正堯・西部邁までが一気通貫できていないままにある。識者たちの理解に得意不得意がありすぎるのだ。三に金融工学的経済思想とコンサヴァティズムの双頭の鷲を落とせていない。そのため経済界のリーダーたちの保守的見解がひどく幼稚なままになっている。

しかし、病状はそれだけにあらわれているのではない。日本の保守思想にとりくむのなら、日本文化の本来をどう掬えばいいかということに挑んでいなさすぎるのではないかと思う。

一例をいえば、保守派には谷崎潤一郎の陰翳礼讃論を嬉しそうに引く者が多いのだが、あれでは何も言っていないにひとしく、もしそこを強化したいなら明かりと影の対比などではなく、書や文房四宝や水墨山水の動向と変容に迫るべきだし、また昨今の歌舞伎や日本舞踊の体たらくをいったん痛罵しておくべきなのである。それにはいったん岡倉天心や内藤湖南に戻って、中華思想のありかたと西洋による東洋文化解釈を左手で摑まえ、右手で漱石や和辻や網野を引き寄せることである。

できればそこで三枝博音による徳川唯物思想の教えを乞うておくのがいい。保守の真骨頂は科学哲学思想にあるのだが、近代日本がマルクス主義に見舞われる前、どんな唯物思想をもっていたかということは、保守派にとっても看過できない問題であるからだ。

参考のために、ごくかんたんに三枝の先駆的な分析を紹介すると、日本思想の特質には三つの型があると言う。

Aは外国文化の輸入とその日本化によって生じた型である。最澄の天台教学、林羅山の宋儒学、仁斎や徂徠の日本儒学がその例だ。Bは「表現の真相を心の領域に入れる」という型だ。空海、西行、世阿弥、宗祇、利休、芭蕉が試みた。わかりやすくは花鳥風月である。Cは三枝が独自に強調した型で、三枝の言い方では「人の世をかくかくにあらせたいという理想の自然的根拠を考える」というものだ。これはAやBが先行していることを考慮しつつ、そこを日本の風土や日本人の気質で受けとめようというもので、徳川中期からしだいに濃厚になっていった。三枝はその先駆として貝原益軒をあげ、そこから皆川淇園、山片蟠桃、海保青陵、三浦梅園、本居宣長、安藤昌益が見えてくると読んだ。

けれども、私がもっと重視したほうがいいと思うことがある。それは近松や芭蕉の「虚実皮膜」の考え方をどう受けとめるかということだ。近松も芭蕉も、日本の虚実は綯い交ぜなものだから、その趣向を存分に遊びなさいなどと言っているわけではない。虚実皮膜とは玉虫色でいくということではない。そうではなくて、虚を怖れるなということだ。そうであるのなら、芭蕉が「実に居て虚に遊ぶは難し。虚に居て実を行ふべし」と述べたことに特段留意したほうがいい。

虚実皮膜という用語は近松門左衛門が持ち出したものである。『難波土産』ではこんな説明がされている。

ある人が言うには、この頃は理詰めで実らしさを説得しないと人々が納得しないようになっている。歌舞伎の役者もこのことをよく噛みしめて、立役の家老を演じるときは本の家老に似せ、大名を演じるときは見るからに大名になっていなければならない、と。しかし私（＝近松）はそうは思わない。この意見は芸の真骨頂を見誤っている。芸の力というものは、実と虚の間にあるもので、そもそも歌舞伎の家老は赤脂や白粉を顔に塗りたくっているのだ。そんな派手な家老はどこにもいない。それでいて、役者の芸というものは家老を感じさせるのである。芸は虚実の皮膜（あいだ）にあるものなのだ。

近松は芸事についての虚実皮膜のことを言っているのだが、芭蕉が「実に居て虚に遊ぶは難し。虚に居て実を行ふべし」と言っているのは、俳諧のことである。しかし、二人とも芸や俳諧を通して驚くべき真相を告げていた。

これは、実（リアル）から虚（ヴァーチャル）に移るのではなく、また実（ほんもの）から虚（ほんものらしさ）を生み出そうというのではない。そうではなくて、虚に移っておいてから実を描写するのだという意図の表明なのである。当初において、デーモンやゴーストが舞い散る「虚」を受け入れ、そのうえで「実」を表現しなさいという意味なのである。

一見、逆コースを奨めているようだが、そうではない。すでに歌舞伎の舞台や俳諧の場が世間なのである。その世間は聖徳太子が世間虚仮と言ったように、もとより半端な仮想現実や仮想概念で出来ている。そんな世間虚仮にいて、そこから新たな回答をカッコよくもたらしてみせること、それが「虚に居て実を行ふべし」なのである。このこと、よほどに重大な意図、また企図だった。

どこが重大なのか。理由はただ一つ、日本はそもそもが「日本という方法」で成立してきた国であるからだ。合理で作ったリアリズムがあるとしても、それは日本の歴史的現実ではなく、日本のリアリズムとは「日本という方法」が示す虚実皮膜状のものなのだ。内村鑑三はそこをボーダーランド・ステート（境界国家）と呼んだのである。

6　別様の可能性：LGBTQ＋

さて話を結ぶ前に、いくつか保留しておいたことを説明しておかなければならない。ひとつは私がデーモンやゴーストをどうしてきたのかということ、もうひとつは今日の日本において何をもってデーモンやゴーストと見立てればいいのかということだ。

私が試みてきたことは、文章（言述）の中にデーモンやゴーストを入れ込むということである。へぎ蕎麦に海草を、茶蕎麦に茶葉の粉末を練り込むように、またカレーに何種類ものスパイスを、餃子にネギとニンニクを混ぜ込むように、文章をデーモン混じりにして、ゴースト味付けにする。これである。

たとえば私の最初の著書は『自然学曼陀羅』（工作舎）という本なのだが、そこでは幾何学や量子力学の隙間から神秘分子を混ぜ込んだ。また初期の本に『ルナティックス』（中公文庫）と『フラジャイル』（ちくま学芸文庫）があるのだが、前者では極上の科学的成果と文学作品をすべて月っぽいものに染め替え、後者では最も強靭な思想をピアニッシモな弱さの奥に混ぜ込んだ。

こうした手法を意図的に連打していったのは千夜千冊である。千夜千冊は古今東西の著書を好きにナビゲートするというもので、ふつうならその本の要約をするか読書時の感想を述べていればいいのだろうが、私はその本の文脈のどこかにひそむデーモンを引っ張り出し、その本の著者が隠そうとしているゴーストをお出ましさせるというふうにした。

たとえばポーのときは十一人の別々のポーが自作を語るというふうにし、馬琴の『南総里見八犬伝』を案内するときは、筋書き（ゴースト）が知りたい聞き手の女子を制して語り手のセンセイが余計な戯作論（デーモン）を披露しつづけるという仕立てにし、ジャン・コクトーの『白書』では、コクトーが付き合った男女のプロフィールをいちいち執拗に交ぜながら文章が進捗していくというふうにした。

このデーモン混じり、ゴースト味付けの文章作法は３Ａに準じている。アナロジー、アブダクション、アフォーダンスの３Ａだ。できるだけアナロジカルに、必ず仮説形成（アブダクション）のプロセスを交え、その本の中身と著者が私をどんなふうにアフォードしたかということを書くように努めたのである。

つまり私はその本によって何を誘惑され、拉致されかかったのかということを、３Ａの揃い踏みをもって綴ってきたのだった。これが私がデーモンとゴーストとをできるだけ一緒にしてきたという意味である。

日本のデーモンとゴーストについては、すでに読者諸君のほうでも見当がついたのではないかと思うけれど、端的にいえば次のようになる。

（1）この国はデーモンで出来上がり、ゴーストの思い出によってその特色をあらわしてきた。たとえばスサノオ、アラハバキ、役行者、良弁、明恵、御霊や怨霊、西行、後鳥羽院、一休、宮本武蔵、赤穂浪士、エレキテル、上田秋成、国体、会沢正志斎、岡倉天心、森鷗外、北一輝、中島敦、石原莞爾、ゼロ戦、川端康成、岸信介、石川淳、ゴジラ、小野田寛郎、田中角栄、萩尾望都、中上健次、ポケモン、椎名林檎、初音ミクなどである。

（2）この国のデーモンは敗走者と復活者を代弁し、ゴーストは必ずや和歌的なるものをベースにその心情を吐露してきた。宣長は歴史の変遷を語るには「タダの言葉」でよいが、そこに浮き沈みする本質を語るには「アヤの言葉」を彫琢するしかありませんぞと断定したものだ。

（3）この国のデーモンはその正体がわかりにくくなったのち、バサラ、かぶき者、町奴、遊女、博徒、やくざ、右翼と左翼、不良少年などによって擬装され、またゴーストも出家遁世の者、遊行者、数寄者、雲水、芸能者、戯作者、風俗営業者、ポップアーティストなどによって代行されてきた。これらの内なるデーモンとゴーストの本性こそいちはやく理解されるべきである。

（4）この国は近代になってグローバルルールを導入してしまったので、国際法にもとづくデーモンを取り締り、サブカルチャーをやたらにゴースト扱いするようになった。これでは日本は再発見できまい。

（5）この国のデーモンはいまやサムライ・ジャパンや新日本プロレスとして残留するか、もしくは精神的存在にならざるをえなくなっている。この国のゴーストは俳句の読み手やアニメの主人公化やボカロの歌詞にしか残響しなくなっている。そうなったのはコンプラに怯えているか、キャンセルされるのが怖いか、みんながみんなリスクテイクをしなくなったからだ。

昭和の一時期までなら、どこかでふんづまりを打開するべく、一丁、無法松をやってみるかというふうになったのだろうが、そんなことはまずしない。赤信号はみんなで渡れば怖くないのではなく、防犯カメラに映っていればみんなが逮捕されるのである。そこで何もしなくなる。とくに変事を避けていく。いわば魂にまで除菌スプレーを当てるのだ。これではどんな有事の準備もしないことになる。

みんなで危険と変事を避けることになる。この調子でいるかぎりデーモンにもゴーストにも出会えない。

だいたい、こんなところで辻褄が見えてきただろうけれど、結びの話はいささかぶっとんだ話でおわりたい。LGBTに話題をふってみる。


私はLGBTの本来はLGBTQ+の「TQ+」によって屹立できると思っている。このTはトランスジェンダーのこと、Qは「クィア」（Queer）のQである。奇妙な、変わった、おかしなという意味だが、かつてはヘンタイと呼び捨てられてきた感覚を逆手にとってQを標榜したものだ。「+」はそのTQをさらにきわきわにした感覚だ。

最後になってこんなことを言い出したのは、今日の日本思想や保守思想に、このこと（TQ+）こそが欠如していると感じるからである。それにTQ+はデーモンやゴーストを明示化する可能性にとても充ちている。

おかしな恰好や変なことをしたほうがいいと言っているのではない。日本文化や日本思想の説明には、どうしてもTQ+についての説明が欠かせないと言っているのだ。

そもそもLGBTQ+を語るということは、存在学的な「別様の可能性」を語るということである。別様の可能性とはコンティンジェンシー（contingency）という言葉の意訳だが、次のような意味を秘めている。

ある存在やあるシステムには、その存在やシステムを維持するための自重が生じ、自重は存在やシステムに過剰な負担をもたらし、矛盾や葛藤がたまっていく。そのためコストがかかり、ストレスがたまる。多くの存在やシステムはシステミック・リスクを抱えることになる（国ならソブリン・リスクをかかえる）。成長しつつある企業ならここで株式を公開して資金を集めたり、M&Aをしたりして組織を太らせることもできるのだが、そういうところにいない企業や存在や組織は往々にしてジリ貧になる。

このようになっていくのは可能性の矛先を「成長する方向」に求めようとするからである。そうではなく、そこには「別様の可能性」があるかもしれないと見直してみてはどうか。変化や変身をしてみてはどうか。これがコンティンジェントな発想だ。すなわち「内なる別様性」を存在やシステムの外にあえてあらわしていくという発想だ。

LGBTQ+では、社会的に規定されてきたジェンダーの自重にとらわれることなく、すなわち生物学的なオス・メスの区別がもたらす社会活動に限定されることなく、そこに別様の性を発現させていくということになる。

結びの話としては大胆すぎる示唆になってしまったが、もう少し詳しい話は千夜千冊エディションの最新刊で『性の境界』（角川ソフィア文庫）を刊行したばかりなので、そちらを覗いていただきたい。口絵に、私がいま最も期待しているトランスジェンダー（ドラァグクイーン）のドリアン・ロロブリジーダによるレインボーファッションの撮り下ろし写真を入れておいた。

この話、かんたんではない。複雑でもあるし、多くの既存の社会規範にぶつかるところも少なくない。しかし、それでも私は日本のデーモンとゴーストの本来を理解するには、ここを語ってみることを避けないほうがいいと確信する。もっと踏みこんでいえば、こんなふうになるだろうか。保守思想は伝統を重んじるものだけれど、その伝統的な日舞や茶の湯にもTQ+が摩滅している現状だということに、いま少し本気の警鐘を鳴らしてみてはどうなのか、というような……。

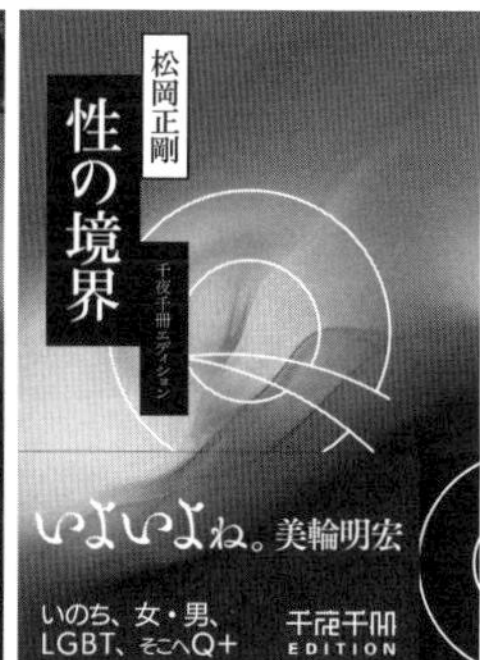

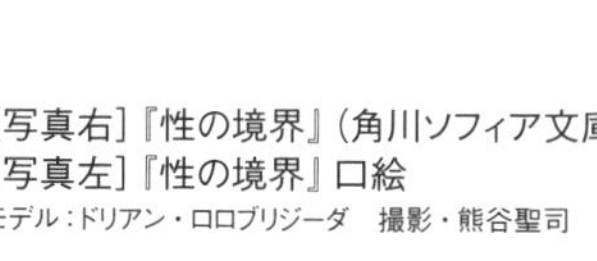
[写真右]『性の境界』（角川ソフィア文庫）
[写真左]『性の境界』口絵
モデル：ドリアン・ロロブリジーダ　撮影・熊谷聖司

特集　日本とは何か、日本人とは？

われらの土地（くに）に名のあること

批評家
前田英樹
Maeda Hideki

寛永版本 古事記、初版　出典：國學院大學古事記学センター蔵

一　国の号（な）とは何か

本居宣長は、『古事記伝』の序説にあたる「一之巻」のなかで「書紀の論ひ（アゲツラ）」という一節を設けている。巻の冒頭にある節は「古記典等総論（イニシヘブミドモノスベテノサダ）」と称し、『古事記』とはどのようにして成り立った文であり、その文によって伝わる事実がどれほど大切かを一気に説くのだが、それに続く「書紀の論ひ（アゲツラ）」では、翻って『日本書紀』の不確かさ、そこから物を知ることの危うさを、また一気に説き切っている。冒頭に置かれるこれら二つの節の息を詰めた連続には、千万人の敵に独り向かうかのような、見事な言葉の緊張がある。

その箇所で、宣長は言っている。『古事記』をこれから解（と）こうとする時に、なぜすぐに「書紀の論ひ（アゲツラ）」を述べねばならないか。それは、古くから世の中がおしなべて『日本書紀』をのみ重んじ、時の物識りたちがみな、これに「いたく心をくだきつゝ」、特にその神代の巻には「言痛（コチタ）きまで」に注釈をほどこしてきた歴史があるからだ。その裏で、『古事記』は、ただなおざりにされ、「心を用ひむ物としも思ひたらず」。何故であるか。宣長の答は、いたって簡明なものだ。世の人、「たゞ漢籍意（カラブミゴコロ）にのみなづみて、大御国［おおみくに］の古意（イニシヘゴコロ）を忘（ワス）れはてたればぞかし」、これ以外の理由にない。

奈良朝時代の知識人が、熟達した漢文の教養を以て克明に記した『日本書紀』は、説かれる理も深げに、出来事の区分は明確、年月の記載も整って、国の正史としてこれを漢国（からくに）に示したとて、いささかも恥ずかしくない。『古事記』はどうであろうか。これは、はるかな上古から、神話や物語として語り継がれてきた古語（ふるごと）を、その古語のままに漢字を借りて表記したものであるから、漢籍を習得した物識りびとには、まことに幼稚、浅々としてはかなく、言葉の区切

れも捉えにくい異様の文に見える。

われらの歴史、その命や暮らしの流れの道筋を、正しく示しているものは、どちらの書物であるか。答は明らかであろう。漢籍の流儀でなど、話しも考えも感じることもしなかった上つ代の心ばえ、神々の事績を、截然とした漢文に移し、もっともらしい粉飾でいっぱいの理の言葉をもって書き換えた『日本書紀』は、われらの眼から、まさにわれら自身の命の連続を覆い隠すものである。

宣長は書く。根本を言いだせば、「まづ日本書紀といふ題号こそ心得ね、こは漢の国史の、漢書晋書などいふ名に倣て、御国の号を標られたるなれども、漢国は代々に国号かはる故に、其代の号もて名づけざれば、分り難ければこそあれ、皇国は、天地の共遠長く天津日嗣続坐て、かはらせ賜ふことし無ければ、其と分て云べきにあらず、かゝることに国号をあぐるは、並ぶところある時のわざなるに、是は何に対ひたる名ぞや、たゞ漢国に対へられたりと見えて、彼に辺つらへる題号なりかし」(『書紀の論ひ』)。

ここで言われることを、国学者流の呆れた独善と簡単に読み過ごしてはならない。それでは、宣長の古学一切が、わけのわからぬ矛盾と狂信とに包まれたものになってしまう。彼は、『日本書紀』という題名だけを取り上げ、それに文句をつけているのではない。「日本」という国の号そのものが、すでにわれら自身のなかから出てきたものではないと言っているのである。

いまだ漢意に染まらぬはるかな上代の人々は、国なるものを押し立てて名をつけることなど、思いもしなかった。その必要を感じたことがなかった。このことは、未開を意味しているのではなく、われらの土地の始まりにあった真の自立を明らかにしている。大陸に打ち続く争いのなかで幾つもの国が打ち立てられては亡び、その度に、王は無惨なやり方で交替させられ、国の名は取り換えられてゆく。「漢書」「晋書」といった、編年体の明確な史書が作り設けられてきたのは、そのためである。

こうした題号を真似て国の名前をことさらに立て、『日本書紀』とする、これは一体何に向かっての書名なのか。宣長の憤りは、本の名だけを相手にしているのではあるまい。「日本」という漢字音読の国の名を、強いて押し立てんとした者たちの卑屈の心根に、抑えがたい怒りを覚えているのである。天孫をお護りして万世一系、米作りによる祭の暮らしを、天壌無窮に営んできたわれらの土地は、大陸式の国名のありようとは決して相容れぬ、馴染みもせぬ。漢籍に長じた物識りびとほど、この事実を知らないか、でなければ、少しも考えようとはしないかである。

「日本」という国号は、物識りびとが当然のごとく採用する漢語だが、元に在るのは、むろん「ひのもと」という和語であろう。この語には、抽象の意味合いはまったくなかった。われらの国の初めに在った水量豊かな稲作の地は、倭と呼ばれていた。このあたりは、現在の言葉でごく大ざっぱに言うならば、奈良県桜井市と天理市の一部に当たろうか。桜井の中央、北の初瀬川と南の粟原川とに挟まれた中洲のような平地「狭野」は、「しきしま」とも呼び慣わされ、歌に詠まれて「やまと」の枕詞にまでなった。「ひのもと」「しきしま」「やまと」、みなこのあたりの風景に基づく土地の名であった。

たとえば、「ひのもと」は、東につらなる初瀬の深々とした谷あいから昇り来る壮麗な朝日の印象を、ただそのままに述べたもの、それが土地の名となったのであろう。聖徳太子がこれを「日出づる国」と呼んだのは、外交上の虚勢ではない、そこに国の上下を争う子供じみた理屈などはない、実景を叙した素直な歌人の心があっただけだ。このことを、私にはっきりと教えたのは、この地のただなかに生まれ育った昭和の文人、保田與重郎であったが。

二　『古事記』のみが遺す国の姿

本居宣長にとって、『古事記』は、あくまで「ふることぶみ」と読みくだすべき古語であって、この書を「こじき」などと漢風に呼んではならぬ。宣長にとって、これほど重要なことはなかった。文字なき世の口伝え、これだけが文明と信仰との一切を遺漏なく支えて誤りがなかった上代を一心に想わねば、『古事記』の意味は、解かれはしないのである。

『日本書紀』が記述、編纂の素材としたものは、『古事記』の伝え事ではない。『古事記』の序文に「帝紀及本辞」と記されて、もはや伝わっていない漢文資料の類が、『日本書紀』叙述の中心資料となった、宣長はそう確信している。でなければ、「帝紀及本辞」なるものが早くに忘れられ、『古事記』が厳とした口伝えの詞そのままで、『日本書紀』と並行して遺った意味はわからないであろう。どうあっても遺さねばならない何ものかが、『古事記』の保存する詞それ自体のなかにはっきりとあったのだ。

その何ものかをわが国と呼ぶことに、私はもはや何のためらいも抱かなくなった。『古事記』が、その言葉によって護ろうとした国は、「しきしまのやまと」、「日出づる国」と呼ばれたこの小さな土地なのである。この国を、単に四囲への拡がりから見るならば、これはまことに小さいと言うほかない。しかし、この土地が、われらの歴史として、生きる原理として持ち来たった記憶の層は、限りなく深く、また大きい。その原理とは、肇国以来の、米作りによる祭の暮らしである。それが持っていた具体の仕組みである。

このような仕組みが、国の原理として説かれることは、ほとんどなかった。当然のことであろう。日々の暮らしのなかに溶け込み、自明の道、黙した信仰の振る舞いとなり切ったものを、仰々しい理の言葉で説き直す者などはいない。そういうことが起こるのは、道が廃れ、信仰が見失われ、人の心が荒んである時だ。だが、そのようにして語られているものは、もはや本有の原理ではない。必ず理の言葉をもって人を欺き、人に勝たんとする賢しらな私心であろう。道が廃れれば廃れるほど、世にはこの言葉がはびこり、栄え、止まることのない勢いとなる。

漢文をあくまでも拒んだ『古事記』の言葉は、われらの国の底深くを流れ続ける本有の命と響き合っている。そのことのために、この書物は一種の異様な努力をもって書かれている。宣長は、己の生きる時代のただなかにあって『古事記』本文を訓みとおす、という壮絶の苦闘から、この事実をじかに掴み切ったのである。

国の史書として見るなら、『日本書紀』が『古事記』に優ることは言うまでもない、「誠に書紀は、事を記さるゝこと広く、はた其年月日などまで詳にて、不足ことなき史」（「古記典等総論」）である。しかし、文字というもの、書物というもののない世に、口伝えをもって、心中で生きられていた記憶を、声の抑揚ある言葉のままに記すものは、『古事記』しかない。漢文をもって意を飾り、かの国の理に広く迎えられんとする『日本書紀』には、もはや古の事実というものはない、あるのは、これとは何か根本から異なる仮構の体系である。この違いには、どこまでも徹底して気づかねばならぬ、と宣長は言う。彼のよく知られた言葉を引こう。

> 抑意と事と言とは、みな相称へる物にして、上代は、意も事も言も上代、後代は、意も事も言も後代、漢国は、意も事も言も漢国なるを、書紀は、後代の意をもて、上代の事を記し、漢国の言を以、皇国の意を記されたる故に、あひかなはざること多かるを、此記は、いさゝかもさかしらを加へずて、古より云伝たるまゝに記されたれば、その意も事も言も相称て、皆上代の実なり、是もはら古の語言を主としたるが故ぞかし、すべて意も事も、言を以て伝るものなれば、書はその記せる言辞ぞ主には有ける。（『古事記伝』「古記典等総論」）

思えば、これほどわかりきったことはないのであるが、またこれほど注意もされず、よく考えられていないこともない。たとえば、ひとつの事実があり、それを「天地（てんち）」と呼ぼうが「天地（あめつち）」と呼ぼうが同じ意味を持ち、同じ事柄を、物を指す。実際、私たちは、そんな調子で大ざっぱに語り、元気にものを言う。

しかし、漢文での「てんち」と『古事記』での「あめつち」との間には、どちらで呼んでも差し支えないような、同じ意味も事実もありはしないのである。記紀二典の間にある言葉の上の差異は、すみずみまで徹底して、それぞれの意味にわたり、事実にわたっている。この差異を根柢から考え抜くものは、もはや文献学ではあるまい、やはりひとつの意味での哲学であろう。宣長の『古事記伝』は、疑いもなく、そうした意味での哲学であった。

『日本書紀』に書かれる「天皇」という漢語は、漢国のふりを真似て用いられたもの、われらの国の中心にあって、米作りによる祭の暮らしを「しろしめす」大君は必ず「すめらみこと」と呼ばれねばならぬ。「天皇」と「すめらみこと」、これらふたつの言葉の間では、「意」も「事」も根柢から異なっている。

『古事記』に記されている言葉は、「古言のまゝなるが故に、上代の言の文も、いと美麗しきもの」だが、では、なぜその言葉は「美麗し」いと感ぜられるのか。そこには、文字が課す語の区分という制度がなく、それらの区分が仮設するもろもろの観念がなく、言葉はただ「文」ある声の流れとして、あるいは、語もなく観念もない「意」の抑揚として動いている。それが「古言のまゝなる」この書物のさまである。言い換えれば、われらの国の歴史は、まったくそのままに文学、詩歌の歴史にほかならぬ、ということであろう。ただし、その歴史は、漢文を真似て、理の言葉をもって仮構され続けるもうひとつの国の歴史に絶えまなく覆い隠されてゆく。

むろん、宣長は、『日本書紀』を、それが漢国に向けて書かれねばならなかった国という現実を、『古事記』によって否定しているのではない。そのような否定は、空想にほかなるまい。しかし、われらの国は、観念による仮構や、政治軍事上の闘争の果てに、いつ変わるかもしれぬ均衡の一状態として成り立っているのではない。この国には、土地として守り継ぐべき原理が深々と潜んでいる。天地のあいだで窮まりなく生き続ける暮らしの原理が川床を流れているのである。そのことを悟ることも、信ずることもなく、漢文によるわが国の歴史を、嬉々として賢げに語る虚しさを知らねばならない。それを知らなければ、この日の本は、私たちの命の底から消え去るであろう。宣長は、そう言っているのだ。

三　ふたつの「くに」を生きる

『古事記』には、口伝えのこの書をまとめ、文字に移した太安万侶の端正な漢文が、「序」として添えられている。よく読むならば、そこには、この書が記された理由の何もかもが述べられている。安万侶が書き伝える「天皇」の、すなわち天武天皇の言葉は、こうである。

> 朕聞く、諸の家の賷てる帝紀と本辞と、既に正実に違ひ、多く虚偽を加へたり。今の時に当りて其の失を改めずは、幾ばくの年も経ずして其の旨滅びなむと欲。斯れ乃ち、邦家の経緯にして、王化の鴻基なり。故惟みれば、帝紀を撰ひ録し、旧辞を討ね覈め、偽を削り実を定めて、後葉に流へむと欲ふ。

今の言葉に言い換えれば、およそ次のようなことか。諸家に文字をもって（おそらくは一定の漢文で）伝わる古き代の伝えは、すでに「正実」を失い、「虚偽」を交えている。神代からの国の教えの根本であるこれらの伝えは、いまや漢語に染まった別種の言辞となりつつある。今の時に当たり、これを正さねば、わが日の本の暮らしの根幹は、すなわち天照大御神の教え（言依さし）に基づく国の原理は、崩れ去ってゆくであろう。

緊要なるものは言葉であり、実に言葉以外にはあり得なかった。言葉が違えば、意が変わる、意が生み出す事が変わり、何もかもが、根こそぎに変わる。その恐ろしさを知らず、言葉は意や事の単なる符牒と思い、それらの符牒を世の求めに応じ、時勢に阿って賢げに飾り、取り替えてゆく。そのとき、われらの国はその芯を腐らせ、人は俗世の制度のみを頼んで、生きる道を見失うであろう。

この「序」を注釈して、宣長の『古事記伝』は述べている、「天皇の此事おもほしめし立し大御意は、もはら古語に在けることをさとるべし」と。この「大御意」が発する源にあるものは、神代より続く言葉への信であり、愛であり、それが消えゆくことへの深い悲しみにほかならぬ。漢語による文字の区分を、それが形作る観念の構築物を、命の内側から破って流れる「古語」の手振りに、われらの土地に潜む神代以来の国の働きは在った。『古事記』の「序」は、すでにその事実をはっきりと記している。

『古事記』が「古語」の手振りを文字化する方法は、驚くべきものであった。この書の編纂時に、すでに文字としてあった「帝皇の日継」や「先代の旧辞」、その漢文ざまの言い回しを、稗田阿礼なる不思議の一人物が、民の親しむ口伝えの言葉へと戻し、諳んじ、「意」をも「事」をも元へと正しつつ、すべてを記憶し直した。文字に馴れ、頼り切った後の世から見れば、異様な能力というほかない。『古事記』の編者は、阿礼のこの訓み習わしを、漢字の音、訓をさまざまに借りながら、そのままに転記した。これもまた、異様の努力、想像を超えた辛苦であっただろう。

天皇の大御意に発してより三十有余年、一体何の力が、このような難事業を成就せしめたのか。宣長の『古事記伝』執筆を、休みなく前へと動かしていたものは、この問いであったように私には思える。舎人親王の手により『日本書紀』が成ったのは養老四年、『古事記』が完成した和銅五年から、まだ八年しか経っていない。

ふたつは、ほぼ並行して記されたものと言ってよい。見るからに異様の書『古事記』の不備、混乱を、知識人の整然たる漢文によって補い、正した史書が『日本書紀』なのではない。それでは、話しが逆になろう。『古事記』は、むしろ『日本書紀』を、漢文を駆使して書かれる言わばその時代の俗語を、古の雅を保つ口伝えへと慎重に返し、正すものとして在った。精神の緊張と反省、直観の努力と忍耐、そのいずれにおいても『古事記』は『日本書紀』の上に、しかも常に同時に置かれ、示されるのでなくてはならぬ。俗なるもの、現世の思惑にまみれたものは、「帝記」「旧辞」であり、さらに、それらの抜きん出た完成形たる『日本書紀』であった。

宣長が、『古事記伝』の巻頭で、まず何よりも説かねばならなかったのは、このことである。言と意と事とは、相かなう。紛れようもないはずのこの真実を、文字の賢しらにたぶらかされた私たちの知性は、どこでも常に見失っている。言の外にある意と事とを、理によってどこまでも論い、政治上の疑心、策謀に捕らえられては、互いに争い合う。俗中の俗にあって、現世に渦巻き続ける国の姿が、「日本」という土地の現のさまがそこにある。

これらのことは、根本を思えば、みな言葉の濁りから、「正実」を失いたるその虚ろな文字の賢しらからくる。『古事記』の「序」がはっきりと記しているのは、実の言葉が騒然と失われてゆくことへの天皇の深い歎き、悲しみ、さらには懼れである。これは、もちろん消えゆく古語を遺さねば、といった、悠長な文化施策上の問題なのではない、大陸の闘争に向き合わねばならぬ現実の私たちの国が、己の根と土壌と黙した信仰の祈りとを保ち、そこに生き続けられるかどうかの、始めにして最後の問題なのだ。こうしたものを失えば、われらの「土地」は、もはや人為の力を奪い合う虚ろな抽象の機構と化して世界に漂うであろう。

『古事記』を書き記して古語の手振りを伝えることと、精細緻密に事を列記する『日本書紀』の編纂とが、同じ代に並行して為し遂げられた。何度言ってもよいが、このことは真に驚異とすべき出来事である。二書が成った奈良朝の前半は、唐風の制度、文物の目まぐるしいまでの移入、定着があり、仏教への傾斜と寺院建立とが狂おしいまでに推し進められた時代である。だが、時流の表に立つ、現実世界のこの嵐の底には、静かに、淀むことなく流れ続ける無言の信仰が潜んでいる。仏教を柔らかな命あるものとし、天平の諸仏造形を開化させたもの、あるいはついに『萬葉集』編纂を成り立たせたものは、万古を貫いて在るこの流れ以外の何ものでもあるまい。

『古事記』と『日本書紀』とが、互いに照らし合って示すこの避け得ない二重の性質――「日本」とは何か、という問いへの私の答は、ここにのみある。往還し、保ち続けられるほかないこの二重の性質を失い切ったところでは、われらのこの土地が、ひとつの国として恒久に生き延びる、その価値は、決して見出されはしないであろう。

特集　日本とは何か、日本人とは？

二重の見

同に非ず、異に非ず（非同非異）

上智大学グリーフケア研究所・教授
西平 直
Nishihira Tadashi

非同非異

どちらでもよい

「是 Yes」か「非 No」か。「どちらでもよい」。

この「どちらでもよい」の感覚は欧米人には伝わらないと聞いたことがあるが、しかしそんなことはない。例えばドイツ語の日常会話には「エガール」という言葉がよく出てくる（正確には Das ist mir egal）。ところがこの表現には「気のない返事（重要ではない、興味ない、どっちでもいい）」のニュアンスが含まれているから、場面によっては、たいそう失礼なことになる。その場合は、Für mich ist beides gut（beides gleich）.と答えるのがよいと教えられた。「私にとってはどちらも好都合です」といったニュアンスなのだろう。

日本語の「どちらでもよい」は両方のニュアンスを持つ。投げやりな「どっちでもよい」も、心を込めた「どちらもありがたい」も。同じ言葉が、声の調子や雰囲気で、微妙に異なるニュアンスを伝えていることになる。

そうした「どちらでもよい」が、日本文化の中では、時に、精神的な成熟の表われと評されることがある。対立した議論の中で「是 Yes」と「非 No」を争うよりも、少し離れたところから冷静に「どちらでもよい」と受け容れる方が、大人の対応と理解される。あるいは、互いに相手を非難するより、喧嘩両成敗。どちらか一方だけが正しいのではない。両者ともに是があり非もある（「どっちもどっち」）。そうした態度の方が、より成熟した姿として、日本文化の中では、好まれてきた。

しかしこれは、見方を変えれば、批判的精神の欠如である。どちらが正しいか、議論を尽くすことなく、曖昧なところで、うやむやにしてしまう。例えば、社会的に優位な立場にある者が、自分にとって都合の悪い批判に対して、反論するのでもなく反省するのでもなく、「どちらでもよい」と曖昧にする。正義の論理で言えば「ずるい」。「どちらでもよい」はずるいのではないか。

以前から気になりながら、どう考えたらよいのか、手がつかずにいる。今回もその手前の話である。そもそも「どちらでもよい」とはどういうことか。いかなる「論理」なのか、それとも「論理の破綻」か。

ちなみに、最近の英語の文章には、時々、“Yes/No”という表現を見かける。この「スラッシュ」記号は、andとorを同時に意味し、“yes/no”とは、‘yes and no’と‘yes or no’の両方の意味を併せ持つというのだが、これは「ずるい」。肝心な点を曖昧なまま塗りつぶしている。

「どちらでもよい」も同じなのか。その背景をなす東洋の伝統思想に登場する「矛盾を内に含んだ論理」はどうか。それらはいかなる「論理」を持っているのか。

二重写し

まず「二重写し」という言葉を手掛かりにする。晩年の井筒俊彦が用いた言葉である。井筒は、東洋の伝統思想を解き明かすに際して、この言葉を、おそらく不本意ながら（誤解されることを承知で）使った。

実は、「二重写し」だけが重要なのではない。この言葉が独り歩きすることは危険である。それを承知の上で、しかし《ある理解》に対するアンチテーゼとして、この言葉を使ってみせた。《無だけに固執する理解》、井筒の言葉で言えば、《無分節へと向かうベクトルだけを特権的に強調する理解》。それに対して、「無」とは逆方向に向かうベクトルを「二重写し」という視覚的イメージで提示してみせた。

無は重要である。無分節へと向かうベクトルは不可欠である。しかしその一方向だけでは足りない。むしろそこに固執することになっては危険である。その先がある。その先に向かう方向を「二重写し」と語ってみせたことになる。

井筒は東洋哲学を「行」と捉える。東洋の哲学は「ものの見方の変革（認識の変化・人格の変化）」を目指していたのみならず、「行」として実践的な人格変容を伴って初めて成り立つと理解した。そして、その目指す先を「東洋の賢者（「東洋的哲人」）」に託して解き明かした。賢者は「二重写しに観る」というのである（拙著『井筒俊彦と二重の見』未来哲学研究所・ぷねうま舎、二〇二一年）。例えば、賢者は「表層意識」と「深層意識」を二重写しに観る。

> 深層意識と表層意識とを二つながら同時に機能させることによって、「存在」の無と有とをいわば二重写しに観ることのできる、こうした東洋的哲人のあり方（『意識と本質』I、岩波文庫、一八頁）

意識の表層は「有」を見、意識の深層は「無」を見る。賢者はこの二つの機能を同時に働かせる。つまり、存在の「有」と「無」を、いわば二重写しに観る。この「いわば」は、この場面では詳細を語ることはできないが、「有」と「無」という枠組みで語るとすれば、二重写しと表現しておくしかなかろう、という意味なのだろう。

そこで少し立ち入ってみる。私たち凡人は表層意識を生きている。それゆえ「深層」という言葉が新鮮に響く。「表層」に留まることなく「深層」に降りてゆくこと。深層意識を拓くことによって「無」の世界を見ること。無分節へと向かうベクトルである。

しかしそのベクトルがすべてではない。東洋の賢者の最終目標は、「無」の世界を見ることではない。そうではなくて、あらためて、意識の表層を取り戻す。意識の表層に現れる「有」の世界も大切にする。元に戻るのではない。二重写しに観る。「表層意識」と「深層意識」を二重写しに観る。

つまり、井筒は、《「有」から離れて「無」に向かうベクトルだけを特権的に重視する》東洋哲学理解に対して、それは「往道」に過ぎないという。その先に「還道」がある。そしてその「還った」先を「二重写し」のメタファーで提示する。「無」と「有」を二重に観る。「深層」と「表層」を二重に観る。

単に表層に戻るのではなくて、深層の目を保ちながら、表層を回復する。表層を回復するのだが、深層と二重写しになっている。井筒はそう解き明かした。

東洋の賢者は「二重の見」を持つというのである。

二重操作

ところが、以上の説明では、「表層」と「深層」の重ね合わせと誤解されてしまう。それぞれ別個に存在していた「表層」と「深層」が加算されて同居するという誤解。

「表層」と「深層」の「二重写し」は複雑である。一方では、賢者の眼は「表層」と「深層」をひとつながりに見る。両者を分断していた境界線が薄くなり、段々ぼかしのグラデーションになってゆく。境界線を越えるのではなく、徐々に移ってゆき、いつしか向こう側にいる。

ところが、他方では、東洋の賢者は「表層」と「深層」を区別する。両者を混在させない。違いを明確に意識する。その代わり、境界線を自由に行き来する。そして、ある時は「表層」に身を置き、ある時は「深層」に身を置く。

ということは、東洋の賢者は、表層と深層を分断するわけではないが、一体化してしまうわけでもない。表層と深層をひとつながりのグラデーションとして観ることもできるし、「表層」と「深層」を区別して、それぞれ別の視点と観ることもできる。区別することもできるし、区別しないこともできる。

日本語は「囚われない」という。対立した二つのものの見方のどちらにも囚われない。「表層」も「深層」もどちらの視点も自在に取ることができる。のみならず（メタレベルにおいて）、「表層」と「深層」を区別することもできるし、区別しないこともできる。「表層」と「深層」をそれぞれ別個に観ることもできるし、両者を区別せずに観ることもできる。

そこで井筒は「二重の見」を、「二重操作」と説明する。二つの操作が同時に生じる。入れ替わる（入れ替える）のではない。同時に二つの操作を行う。

> 境界線をはずして見る、それからまた、はめて見る、のではなくて、はずして見ながらはめて見る、はめて見ながらはずして見る。（『コスモスとアンチコスモス』岩波書店、一九八九年、二〇頁）

境界線を「設定する（枠をはめる）」と区別が生じる。井筒は「分節」と呼ぶ。

境界線が「消える（枠をはずす）」と区別も消える。井筒は「無分節」と呼ぶ。

賢者は「分節」と「無分節」を、同時に、観る。境界線が「ある」と「ない」を同時に体験する。その出来事を井筒は、「はずして見ながらはめて見る、はめて見ながらはずして見る」と解き明かした。二つの操作を同時に行うという語り方である。

しかしこの場合も井筒は、「同時に行う」と語って話を終わりにしなかった。読者の理解を助けるために、修行上の段階として、順に説明する。

（一）修行前は境界線のある世界を見ていた。（二）学問（行）が深まるにつれて、徐々に境界線が薄まり、境界線のない世界を見るに至った。(三) しかし境界線のない世界に留まることなく、更にその先に進んだ。(四) すると境界線が戻ってきた。しかし以前のように固定した境界線ではなく、そのつど生成する暫定的な境界線であった。

この最後のステージに到達した賢者の「眼」は、一方では「境界線のない世界」を観つつ、他方では「境界線のある世界」を観ている(二重写しに観ている)。あるいは、境界線の枠を「はめる」と「はずす」という二つの操作を同時に遂行している。

井筒は、東洋の賢者を、そのように解き明かした(なお、「見る」と「観る」を区別して、後者を「二重写し」の場合に限るのは、本稿の用語法である。この点については、井筒は、明確な区別を設けなかった)。

即

禅は「即」という。「即」は、単に「同じ」なのではない。「同」であるが、「同」というわけでもない。例えば、「是即非、非即是」という。「是 Yes」と「非 No」が「即」である。それをそのまま、「是も非も同じ」と理解してしまうと、肝心な点が消えてしまう。「是即非、非即是」は、確かに「是 VS 非」の二項対立を越えている。《どちらでもよい・どちらも共に both》である。しかしそれだけではない。《どちらでもない neither》という。「是」も「非」も否定する。「是」でもない、「非」でもない。

この場合、「是 Yes」の否定は分かりやすいが、「非 No」の否定は分かりにくい。「非」ではないならば「是」ではないかと思いたくなるのだが、まさにその「是 Yes」も否定されているのだから、行き場がない。《どちらでもない neither》。

《是 VS 非の二項対立》には納まらない。「是 Yes」か「非 No」か、どちらか一方という、対立した地平から飛び出てしまう。《どちらでもない》。

「二重写し」は「是 Yes」も「非 No」も肯定した。両肯定である。「是」も「非」も共に受け入れる。《どちらでもよい・どちらも共に》。それに対して、《どちらでもない》は両否定である。「是」も「非」も否定する。この地平を禅は「無」と呼ぶ。「是 VS 非」の二項対立が「有」の地平であったのに対して、「是」も「非」も否定するのは「無」の地平である。

ということは、《是 VS 非の二項対立》の地平に対して、あたかもそれと直交するかのように、「両肯定《どちらでもよい both》」と「両否定《どちらでもない neither》」が待ち構えている。

＊山内得立「テトラレンマ(四つのレンマ)」との異同については今後の課題とする。山内は、龍樹(ナーガルジュナ)『中論』に依拠しながら、1「A(肯定)」、2「非A(否定)」、3「Aでもなく非Aでもない(両非)」、4「Aでもあり非Aでもある(両是)」と説いた(山内得立『ロゴスとレンマ』岩波書店、一九七四年)。「3両非」と「4両是」の順序は重要な論点を含んでいるが、その検討は大乗仏教の精神史を掘り起こす壮大な作業になる。

「是」も「非」も「両肯定」も「両否定」も

では、「両肯定」と「両否定」に優劣の差はあるか。井筒は優劣を見ない。東洋の賢者の究極の視点から見る時、「両肯定」と「両否定」に優劣はないという。

のみならず、『臨済録』の「四料簡」を解き明かした論文の中では、究極の視点から言えば、「是 Yes」も「非 No」も同じ資格で体験されるという。つまり、「是」も「非」も「両肯定」も「両否定」も(四つの異なる立場すべてが)、実は同じ「生命エネルギー」の顕れである(井筒俊彦「禅における言語的意味の問題」『意識と本質』所収）。

ここで「生命エネルギー」と語られた、ある種の《究極的存在》は、井筒の文章の中では、様々に言い換えられる。例えば、「フィールド」という。「主客をいわば上から包みこむような形で現成する全体的意識フィールド」（論文「禅的意識のフィールド構造」一九八八年）。あるいは、「一と多」で言えば、「一」に当たる（後述）。いずれにせよ、《究極的存在》を体験した賢者の眼には、「是」も「非」も「両肯定」も「両否定」もすべて、この《究極的存在》の自己顕現として、同じ資格で体験されるというのである（拙著『無心のダイナミズム』岩波現代全書、二〇一四年、第五章）。

ところが、修行プロセスにおいては、順序がある。まず、1《是 VS 非の二項対立》の地平が体験され、2「是」に対して「非」が強調される。続いて、3《是 VS 非の二項対立》の地平から飛び出る場面がある。ところが、この飛び出る方向が、「両肯定《どちらでもよい both》」が先か、「両否定《どちらでもない neither》」が先か、はっきりしない（場面によって異なる）。

一方に、《是 VS 非の二項対立》を越えて「両肯定《どちらでもよい both》」に向かう場合がある。単なる「是」と「非」の合算ではない。もはや「是」でもなく、「非」でもない地平において《どちらでもよい》。

「非」と対立する中で（排他的に）「是」を主張するのではなくて、「非」の視点も受け容れたうえで、どちらかと言えば「是」。仕方がないから、「是にして非、非にして是」などと語られる。あるいは、「相互透入」、「相即互転」などと説明されたりする。

他方、《是 VS 非の二項対立》を越えて「両否定《どちらでもない neither》」に向かう場合もある。この場合は、話が厄介である。例えば、《どちらでもない》という両否定から、いかにして《どちらでもよい》という両肯定が生じるのか。

井筒は（直接的にこの問いを提起したことはなかったが）、様々な場面で、これに関連するテーマを繰り返している。《どちらでもない》という否定を突き詰めてゆくと、《どちらでもよい》という肯定が生じざるを得ないというのである。

井筒は否定に安住することを嫌う。「無」を究極の境地と固定的に捉える理解に対しては、執拗に警告した。例えば、「無分節を静寂とだけ理解してはならない」という。

> 絶対無分節は自己分節するからこそ絶対無分節なのである。分節に向ってダイナミックに動いていかない無分節はただの無であり、一つの死物にすぎない。（『意識と本質』VI、一五九頁）

必ず反転する。無分節に向かうベクトルは、必ず反転して、自己分節を開始する。そしていずれ分節に向かうベクトルも、また反転して、無分節に向かう。

呼吸と同じである。息を吐き切ったら、あとは、吸うしかない。吐き切ったところで止まる理想（クンバカ・止息法）は、ある場面では貴重であるが、それを究極の境地と思い誤るのは危険である。吐いて吸って、吸って吐いて、反転し続ける動きが、生きた呼吸である。

同様に、《どちらでもない》と《どちらでもよい》も反転する。賢者は自在に行き来する。賢者は両者を同時に体験する。この出来事を井筒は「同時現成」という。《どちらでもない》と《どちらでもよい》が同時に成り立つ。矛盾する両者が同時に現成する。「並列する」だけではない。「その都度、同時に、新たに生じてくる」。どちらでもあるし、どちらでもない。「非同非異」である。

＊この視点から、鈴木大拙が語る「即」を見ると、その「即」は、実は「即と非即の同時現成」であったことになる。その複雑な

出来事が、一言、「即」と名付けられていた。あるいは、「即」は「即非」であると、結論だけが語られていたことになる。

非同非異の原風景

さて、この「非同非異」は『大乗起信論』に登場する（以下、『起信論』と記す）。

正確には、『起信論』の表記は「一に非ず、異に非ず（「非一非異」）」であるが、本稿は「非同非異」とする。内容は同じ。《どちらでもよい》わけではないが、《どちらでもない》わけでもない。

『起信論』は言葉を問題にする。究極的真理は言葉になるか（語られた真理は究極的な真理か、それとも、その「写し」にすぎないか）。「同じ」ではないが、「異なる」わけでもない。「是」でもなく「非」でもない。「非同非異」である。これでは、まるで論理の破綻（ムチャクチャ）に聞こえるのだが、順にみてゆくと、その話の骨組みは強固である。

東洋の賢者は言葉を大切にする。むろん言葉を超えた位相を大切にするのだが、言葉を超えた位相だけが真理なのではない。まして「言葉」をその堕落した姿とは見ない。《言葉を超えた真理》と《言葉になった真理》の両者を共に「真如（真理）」と観る。

しかし両者が同一であるというわけではない。「言葉を超えた真理」と「言葉になった真理」は違う。この違いを『起信論』は強調する。ということは、『起信論』は「言葉を超えた真如」と「言葉となった真如」を区別するのだが、同時にどちらも「真如」と観る。

これを、表面と深層の区別に対応させて、表面的に見ると異なるが深層においては異ならない、と理解する場合もあるが、『起信論』が語ろうとするのは、その区別ではない。むしろ、その表層と深層が同時現成するという論理である。『起信論』は対立させると同時に、両立させる。非同非異である。

ところが、その際、『起信論』にはひとつの前提が潜んでいた。《真如は言葉の内に顕れ出ようとする》という前提である。『起信論』はそれを必然と見る。決して疑わない。

なぜ真如が言葉の内に顕れ出ようとするのか。その問いは『起信論』には登場しない。《真如は言葉の内に顕れ出ようとする》。その前提から『起信論』は出発するのである。

真如は言葉を超えている。しかし真如は言葉の内に顕れ出ようとする。真如の内には「自己顕現への志向性」が内在している。顕れ出ようとしない真如は、真如ではない。あるいは、言葉の内に顕れ出ようとする真如のみを『起信論』は「真如」と認めたことになる。

＊この点を含め、『起信論』が始めから「あらゆる事象や可能性を仕舞込んで置いて、すべてをそこから演繹的に説明する」という批判がある（袴谷憲昭「『大乗起信論』に関する批判的覚え書き」平川彰編『如来蔵と大乗起信論』春秋社、一九九〇年、拙著『西田幾多郎と双面性』未来哲学研究所・ぷねうま舎、二〇二一年、一六四頁）。

『大乗起信論』の構図

そうした前提を理解した上で、あらためて、問題は「言葉を超えた真理」と「言葉となった真理」である。『起信論』研究では、伝統的に、前者を「離言真如」と呼び、後者を「依言真如」と呼ぶ。「離言真如」が「言」から離れた（言葉を超えた・無分節態の）真如であるのに対して、「依言真如」は「言」に依拠した（言葉で語られる・分節態の）真如である。

『起信論』は、離言真如だけが真如なのではない、という。離言真如も依言真如も、どちらも大切。井筒の表現を借りれば、「「真如」の真相を把握するためには、我々は「離言」「依言」両側面を、いわば両睨みにし、双方を同時に一つの全体として見なければな

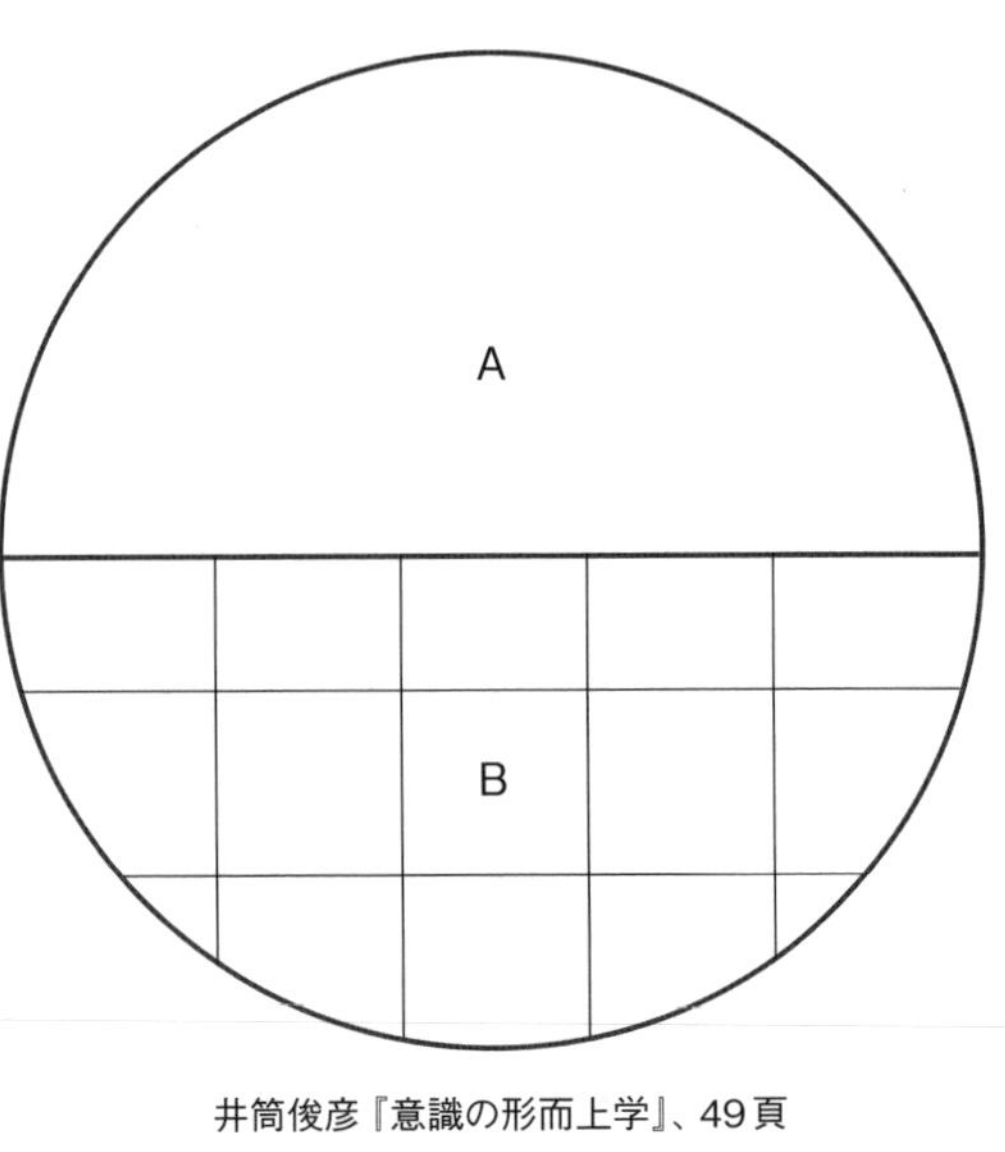

井筒俊彦『意識の形而上学』、49頁

らない」（井筒俊彦『意識の形而上学』中央公論社、一九九三年、四六頁）。

しかしそれは、あくまで最終的な到達地点であって、『起信論』の語りは、その手前から、順に進んでゆく。

まず、A（言葉を超えた・無分節態）とB（言葉で語られる・分節態）を分ける。次に、第一段階として、《Aのみを真如と認める立場》を説き（以後、α理解と呼ぶ）、第二段階として、《AもBも「真如」と認める立場》を説く（以後、β理解と呼ぶ）。

第一段階（α理解）によれば、A（無分節）のみが真如であり、B（分節）は「妄想」の所産にすぎない。つまり、真如は言葉にならない。言葉として表れた「語られた真如（B）」は、人間の妄想が作り出したものに過ぎない。AとBは峻別される。

それに対して、第二段階（β理解）によれば、AもBも「真如」である。「言葉の内に顕れた姿（依言真如）」も真如である。「言葉を超えた姿（離言真如）」だけが真如なのではない。逆に言えば、真如は、言葉を超えた（説明を拒否した）姿には留まらないが、言葉において語られる（説明された）姿にも留まらない。

なぜか。先の前提の通り、《真如は言葉の内に顕れ出ようとする》ためである。『起信論』はまず、真如が「言葉を超えている」という点から出発し（第一段階・α理解）、しかし、そこに留まらない。真如は言葉の内に顕れ出るという。

そこに第二段階（β理解）が登場する。「言葉を超えた姿」も「言葉の内に顕れた姿」も、どちらも真如である。正確には、B（言葉の内に顕れた姿）をA（言葉を超えた姿）の自己分節した姿と理解し、AとBの全体こそ、全一的真実在としての真如と観る。そう理解するなら、Bは妄念の所産などではない。Bも、現象世界における真実在そのものであると理解されることになる。

こうして真如は、それ自体としては、言葉以前（無分節）であるのだが、現実の言葉の世界（分節的世界）と無関係ではない。分節的世界は「真如」自身が分節した姿である。言葉以前の真如が、言葉の区切りに従って、「名」をもって現実世界の中に顕れ出てくる。井筒は「無分節の自己分節」と呼ぶ。

では、なぜ無分節が自己分節を始めるのか。その初発の動因については、井筒は説明しなかった。と言ってしまっては、実は、正確ではない。井筒は『起信論』の「忽然念起」という言葉を紹介しながら、こう語っていたからである

> いつ、どこからともなく、これという理由もなしに、突如として吹き起る風のように、こころの深層にかすかな揺らぎが起り、「念」すなわちコトバの意味分節機能、が生起してくる、
> （前掲『意識の形而上学』六一頁）

その理由は示されないのだが、《真如は言葉の内に顕れ出ようと

する》。非現実態から現実態へと次元転換する。「これという理由もなしに、突如として吹き起る風のように」)、真如は、言葉の内に、顕れ出ようとする（「言語的に意味分節される」）。

その結果として、「言葉を超えた真理」と「言葉となった真理」が、対立すると同時に両立する。『起信論』は、一方では、この対立を際立たせ、真如を「言葉を超えた真理」として独立させる（α理解）。ところが、他方では、その対立を解消してしまい、「言葉となった真理」（B）を「言葉を超えた真理」（A）の顕れとみる。そしてAとBの双面的な全体こそが真如であると説く（β理解）。

α理解とβ理解は異なる。にもかかわらず、その両面が、矛盾し合いながら結びついている。「一に非ず、異に非ず」。合致するわけではないが、別々でもない。

井筒はこうした「双面性」を、賢者の眼を借りて「二重の見」と呼んだ。事の真相を「非同非異」としてそのまま「同時に見通すことのできる人、そういう超越的綜観的覚識をもつ人こそ、『起信論』の理想とする完璧な知の達人（いわゆる「悟達の人」）なのである」（同書、一七―一八頁）。

「一」と「多」

井筒によれば、こうした論理は『起信論』に限らない。東洋の哲学においては、様々な場面で、異なる形をとって語られる。例えば、スーフィズムを論じた場面では、井筒は、その「形而上学的直観」の最高段階を、《「一」が「多」となり「多」が「一」となる》と解き明かす（『スーフィズムと老荘思想』仁子寿晴訳、慶應義塾大学出版会、二〇一九年、第三部、前掲拙著『井筒俊彦と二重の見』第四章・第三節）。

「一」と「多」は、凡人の眼には、対立する（欧米語の文法で言えば、単数形か複数形か、どちらか一方である）。ところが、「形而上学的直観の最高段階」に至った賢者の眼は、両者を同時に「直観する」。賢者は多様な事物を観ながら、その背後に（目に見えない）「一」を観る。逆に、形而上の「一」を観ながら、その中に（目に見える）「多」を観る。

単に「多」があるのではない。「一」はそのつど自らを分節する。「一」が不断におのれを差異化させ、無数の事物となって現象した姿が「多」である。自己分節することのない「一」は存在しない。「一」は自己分節の動きそのものであり、「一」は常に無数の事物となって現象する。先の《真如は言葉の内に顕れ出ようとする》という前提と同じ論理である。

賢者の眼は、そうした動的な出来事を観ている。そこで、多様な事物の背後に形而上の「一」を直観し、同時に、その「一」が不断におのれを差異化させ無数の「多」となって現象する姿を直観する。

ところが、この場面において、「一」は「多」の中に解消してしまわない。「一」が差異化して「多」となるのであれば、もはや「一」として存在しないように見えるのだが、そうではない。「一」はあくまで「一」として、その超越性を維持する。にもかかわらず、不断におのれを差異化させ、無数の「多」となって現象する。

この矛盾した「一」の在り方を、井上克人は「覆蔵」と呼ぶ。あるいは、「蔵身（自己蔵身）」とも呼ぶ。「一」は「超越的に自己自身のうちに蔵身しつつ、同時に自ら顕現せしめたすべてのものの中に内在する」（井上克人『〈時〉と〈鏡〉超越的覆蔵性の哲学』関西大学出版部、二〇一五年、二三四―二三五頁）。あるいは、「一」は、「現象へと自らを展開しつつも、それ自身はその超越性を維持すべく自己自身へと遡源的に翻る、つまり自己蔵身する」（同書、二三五―二三六頁）。

「一」は不断におのれを差異化させ、無数の「多」となって現象するのだが、「多」の中に解消してしまうことなく、「自己自身へと遡源的に翻る」。「一」は、別の在り方へと変容（自己顕現）するのだが、しかし「超越的に自己自身の内に蔵身」する。動かずに留まっているのではない。無数の「多」となって現象しながら「遡源的に翻る」という仕方で、その超越性を維持している。

動かずに留まるのでもなく、外に流れ出てしまうのでもない。「自己自身へと遡源的に翻る」と説明する以外に語りようのない仕方で、「一」の超越性を保ち続ける。「一」の超越性は「多」から切り離れない。「多」の中にありつつ、「多」に回収されない。非同非異である。

『起信論』の「真如」も同じである。言葉の中に顕れるのだが、「自己自身へと遡源的に翻る」仕方で言葉の内に解消してしまわない。表面は言葉になるが深層は言葉にならないというのではない。すべて言葉となって顕れるのだが、同時に、覆蔵する（超越的に自己自身へと翻る）。顕現態と覆蔵態という「存在論的にはどこまでも背反する両面を持」つ（同書、一〇八頁他）。

「超越的なものは現象へと自らを展開しつゝも、それ自身は現象に非ず（即非）という仕方でどこまでも超越的なものに留まり、〔…〕自己覆蔵的なものにならざるをえない」（同書、三〇四頁）。

「真如」が言葉に解消してしまうわけではない。言葉の内に顕れても、真如は真如であり続ける。個々の言葉に内在しつつ、しかし真如としての超越性を保ち続ける。

裏からいえば、「真如」の超越性は、言葉から離れて成り立つわけではない。言葉に顕れるという仕方で、初めてその特殊な超越性を保ち続けることになる。

＊こうした「蔵身」の在り方を、西田幾多郎は論文「場所的論理と宗教的世界観」の中で、「絶対無に対する」と論じた。あるいは、「自己が自己矛盾的に自己自身に対する」とも、「無が無自身に対して立つ」とも言う（『西田幾多郎全集』第10巻、二〇〇四年、三一五-三一六頁）。また、前掲拙著『西田幾多郎と双面性』第四章）。

どちらでもよい

「是Yes」か「非No」か。「どちらでもよい」。

この「どちらでもよい」を掘り下げてゆくと、私たちは、常識とはかなり異なる地平に連れ出されてしまう。井筒に倣って「東洋哲学」と呼んでみるなら、東洋哲学の伝統の中で展開されてきたこうした論理は、その奥が、途轍もなく深い。先人たちの鉱脈を掘り起こす仕事は大変な時間と労力を要する。

しかし同時に、それだけではなく、私たちの日々の暮らしの中で、こうした論理が、いかなる意味を持つのか。いかなる倫理として働くのか。現代の倫理と噛み合うのか、齟齬をきたすのか。ここでも二面性が必要になる。そして、おそらく、「非同非異」となる。

特集　日本とは何か、日本人とは？

類を見ない不思議の国

漫画家　黒鉄ヒロシ
Kurogane Hiroshi

「あれこそ「武士道」というモノ」

「日本」及び、「日本人」について、思うところを述べよ――との注文。

「得たりやおう」の心地。

他国のヒトと、その歴史と文化を、日本人のそれと比べると、随分と違っているように思えるが、この感懐は客観的とは云えない。

輸入した他国の情報と見比べてのことで、日本人として日本に生まれ、そこに住まいし、今日に至るが、その間、アメリカ人にも、ヨーロッパ人にも、中国人にも、ロシア人にもなったことは無いから、主観に寄り掛かるのは致し方無い。

ウクライナ戦争に於けるロシア軍の振る舞いを見れば判るように、その国柄と気質が、最も露（あらわ）となるのは〈戦争〉であろう。

戦争にも新旧があり、日清、日露の両戦も例には事欠かないが、勝敗によっても景色に差が出ようから、例は大東亜戦争から取るのが妥当と思う。

昭和十七年（一九四二）、二月二十七日から三月一日にかけて、場所はスマトラ島とジャワ島の間のスンダ海峡。

「スラバヤ沖海戦」である。

日本海軍が戦った相手は英国海軍。

日本の駆逐艦「雷」に対するは英国駆逐艦「エンカウンター」。

勝敗はあっけなく日本の勝利に終わるが、もちろん眼目はそこにはなく、その後である。

撃沈され海に投げ出された「エンカウンター」の乗組員達が海上に浮いている。

それを見た「雷」が停止する。

甲板に立つ「雷」艦長、工藤俊作海軍少佐は或る命令を下す。

マストに救難活動中を示す国際信号旗を掲げさせたのだ。

勝ったとは云え、戦闘は継続しており、この状況下での洋上の艦の停止は自殺行為に等しい。

続いて工藤は、第三艦隊司令長官高橋中将宛てに打電する。

「我、タダ今ヨリ、敵将兵多数ヲ救助スル」

これを許した司令長官高橋も見逃せない。

救助の為、海上に向かって「雷」から多くの竹竿が差し出されるが、救われた安堵感からか、竿先を握ったまま英兵は沈んでいく。

工藤に命じられる前に、なんと「雷」の乗組員達はロープを身体に巻いて飛び込んでいた。

艦上の乗員も必死でロープをたぐり寄せようとするが、数が多く重量も釣り合わない。

工藤が叫ぶ。「デリックを使え!」

デリックとは、魚雷など重いモノを積み込む際に用いる旋回式巻き上げ機である。

かくして、救助した英兵の数、四二二名。

既に救助され、甲板にあった英兵、フォールの感想は「信じられない、こんなコトがあるとは！　有り得ない!!」

重油まみれの英兵の身体を、日本兵がアルコールで洗い、海上では貴重な真水まで与えてくれた。更に、洋上の強烈な日差しから我々を守る為に天幕まで張ってくれた。更に更に、衣服から運動靴まで支給――。温かい牛乳とビスケットまで――。

戦後、このサムエル・フォールは外交官として各国の大使を歴任し、「卿」の称号を受け「騎士」に列されている。

後に彼は、この救出劇を新聞に投稿。

「――あの時、甲板に居並ぶ、助けられた我々英兵に向かって、ミスター・クドーは、こう云った――『あなた方は、勇敢に戦われた。今やあなた方は日本帝国海軍のゲストである』」

フォールは、信じ難い日本人の行為を理解しようとする。

「日本人の、あの親切、いや、美徳、奇跡的なる〝ナニカ〟、『騎士道』ならぬ、あれこそ『武士道』というモノであろうか――」

今や、日本人ですら理解するヒトは少なかろうが、はたして英国人であるフォールに「武士道」が理解出来たであろうか。

独特なるは日本の位置する列島の自然、その風土から生まれた「あはれ」や「幽玄」の発想、この文化と結び付いたところの「武士道」。

「雷」の乗組員達の、その後である。

戦後、英兵救出の行為を口にした者が、一人としていなかったという、異様、徹底。

それは、たまたまの偶然で、「雷」に「良き人間」が集団で乗り合わせただけの、日本でも奇跡の部類に入るのではないのか？

下劣なコトしか考えられない人間は、相手も下劣だとしか考えられない。

下劣な発想に答える代わりに、「雷」の僚艦「電」の話。

「電」が戦ったのは英重巡「エクセター」。

日本の放った魚雷によって「エクセター」は大きく傾斜、まさに沈没せんとするとき、「電」艦長、竹内一少佐は、総員を甲板に集め、一つの動作を命じる。

「沈みゆく敵艦、『エクセター』に対し、敬礼！」

「エクセター」の乗組員達は「エンカウンター」と同様、海に投げ出されたが、その後の行動は同様ではなかった。

海中の「エクセター」の乗組員達は、なんと、「電」目掛けて泳いでくる。

あの国や、この国なら一斉射撃で皆殺しにするところだが、あの国やこの国ではない日本は当然のように、救ける。

「エクセター」に乗っていた海軍大尉、グレム・アレンが証言を遺している。

「わたしは以前、戦艦『プリンスオブウェールズ』に乗っていたが、マレー沖海戦に於いて、日本軍機の雷撃によって、退艦を余儀なくされ、海へと逃れたが、日本機は海上に浮かぶ我々英艦隊の水兵達を撃つことなく、生存者を救助した駆逐艦がシンガポールへと逃れていく時も、一発の機銃も撃ってこなかった――」

「プリンスオブウェールズ」の経験が、アレンをして、日本軍に対する強い確信を持たらしめた。

「日本軍と日本人は、いざ戦となれば死力を尽くして戦うが、戦が終われば、勝者も敗者もなく、ただ健闘を讃え合う特性を持つ国民性、稀有なる民族なのであろう――」

アレンと同様の感懐を、日本軍と戦った英軍兵は持ったようである。

だからこそ、「エクセター」の乗組員は「電」へと向かって泳いだのだろう。

「電」が「エクセター」の乗組員三七六名を救出したのは、「雷」が「エンカウンター」の四二二名を救出する前日のことである。

たまたまの偶然で、「雷」、「電」の二隻に「良き人間」が――

勝ち誇るは見苦し、沈黙こそ美徳

あの国や、この国の人間にはとても信じ難く、まずは嘘だろうと疑い、事実だと知ると、特殊なケースだと、奇跡の領域の噺と片付けたがる。

重巡「羽黒」、駆逐艦「江風」、同「山風」――その他、数多くの日本艦が驚くべき数の敵兵を救助している。

たまたま、スラバヤ沖海戦では、どんな人間をも「良き人間」にしてしまうウイルスが――そんなウイルスはいない。

では、英国人が好きだったのではないか⁉

米豪と戦ったバタビア沖海戦に於いても、米重巡「ヒューストン」の三六八名、豪軽巡「パース」の三二九名を救助している。

では、では、ロシア人や中国人でも救けてくれるのか⁉

考えておこう。

さて、自画自賛、我田引水、手前味噌、身内贔屓、贔屓の引き倒し――と云われようが、断じてかつての日本人は上等に過ぎたようである。

多くの命と引き替えに、揉みに揉んで到達した美徳も、徳が過ぎて、「雷」の工藤をはじめ、他の艦長達も、一人としてこれを語らず黙した。

工藤の如きは、戦後となっても、家族にすら一言も語ってはいない。

日本人は自慢を恥とし、勝ち誇るは見苦し、沈黙こそ美徳――の域に到達してしまっていた。

フォールの証言があったればこそ、後の世も知ることができたが、語られることなく埋もれた日本人の善行は百倍、いや千倍以上はあったと思われる。

限られた海戦だけでも、この数である。

数で他国を圧倒するとしても、もちろん善行は日本人の専売などではなく、世界中の歴史に記録され、語り継がれてはいるが、ほとんどが平時に多いように思う。

黙して語ろうとしなかった理由は、彼等の行動が自己完結していたからで、善行と意識する前に反射的に動いてしまう様に日本人にいき亘っていたからだろう。

この魔法を解いてみたい。

　善行のエッセンスを儒学に探せば、孔子の説く「恕（私事として他人を思いやる）」と、孟子の「四端説」に行き着く。

　孟子は、人には先天的に「惻隠（あわれむ心）」「羞悪（恥じる心）」「辞譲（譲り合う心）」「是非（善悪を判断する心）」の四つの感情が内在すると説く。

　孟子の、「惻隠の心は仁の端なり」の「心」の部分は、「大学」に於いては、「惻隠之情」となり、「絜矩の道（他人の心を推し量り、相手の好むことをしてやる心情、態度）」と、孔子と同じ「恕」の思想を載せる。

　平時に於いてはこれで結構だろうが、先に引いた例は、更なる厳しい状況下に於ける判断が求められたのではなかろうか。

「義を見てせざるは勇無きなり」も、これまた『論語』だが、不足の分のエネルギーを日本人は〈武士道〉の覚悟をもって埋めた。

　両先生は、人の素質、素材に就いて云うのである。

玉磨かざれば光なし。

人なる玉の原石を、日本人は〈武士道〉によって磨いた――と思われる。

　日本はもちろん、今や他国の人も知る〈武士道〉であるが、その多くが、「ｏｈ！　日本刀！　カブト！　ヨロイ！　チョンマゲ！　ハラキリ！　カミカゼ――」の辺りに留まるのではないか。

　尻に「道」と付くから、ついその全てもシステムであるかのように考えがちだが、長い歳月の末に奇跡的に醸成された一種のエレメントのようなモノととらえた方が判り易いのではないか。

　すなわち、言語と行動との境界線上に浮遊するエレメント。

「武士道」のシステム化された部分については周知のこととしても、幽体のような不思議が日本に現出した理由。

　北から南へと延びる四季に恵まれた自然環境を土台として、度重なる災害が日本人をニヒリズムの方向に押す。

言語的支柱として仏教を選択したが、宗教としてよりも哲学の面に目を向けた。

　文化面も重要で、骨頂のところは無常観に行き着くのではないか。

　冒頭から長く例に引いた〈戦時に於いても善行を選択する日本人〉のバックボーンを〈武士道〉に求めて、長く落着していたのだが、ふと、それが、時代を超えてかくも日本人に、あまねく全土に拡散し浸透した理由に就いての不足に気付いた。

　答えの尻尾を吉田松陰に見付ける。

　尻尾は弟子の高杉晋作にも握られていた。

　この時点で「あ、アレか！」とお気付きの貴方は「スラバヤ沖海戦」か、「マレー沖」か、「バタビア沖」の、三つの何れの海戦にでも、参加する資格があります。

　松陰の家系は「山鹿流」を伝承する家で、その薫陶を受けた晋作は、妻に『忠臣蔵』を講談風に書き直した『いろは文庫』を贈っている。

　更に密航の罪で、唐丸籠で江戸通過の際、泉岳寺の前を通りかかった時に詠んだ歌が、

かくすれば
かくなるものと知りながら
やむにやまれぬ
大和魂

「全てが愛らしく晴れやか」

　この時点でお気付きのお方は、〈日本人善行列伝〉にその名が刻まれます。

　おふざけはさて措き、凡そエンターテインメントの範疇に組み込まれたかのように思われる『忠臣蔵』だが、角度を変えて眺め直すと、日本人の〈武士道教育〉の、教則本の役割を担ったと思われる。

『忠臣蔵』が、日本人にとっての教則本とは、買い被り過ぎで、そ

もそも、史実と虚構が入り混った大衆迎合劇に過ぎないではないか？

確かに、事件勃発以来、時代を超えて、多数のアイデア、ひとつは創作欲求、ひとつは経済欲求、ひとつは——と様々な私欲が加わり、今日の『忠臣蔵』が誕生したが、途中で数多の日本文化も吸い寄せたから、この世非ざるスケールと美と奥深さを合わせ持つ〈物語〉が完成した。

集団劇の構成だから、読む人、聴く人、観る人は、登場人物の誰かに自らを投影することも出来る。

体制の如何に拘らず、何時の時代にも〝マス〟は現われる。

マスは、モノゴトの判断を自らはしようとはせず、付和雷同の事なかれ主義、万事、他人まかせの性格を持つ。

この〝マス化〟現象は下へとばかりとは限らず、上へも延びるようで、主君の仇を討った四十七人の義士達は、元禄の世の武士の中にあっても少数派で、多くの武士達は事件に驚嘆した。

武士階級も〝マス化〟が進んでいた訳である。

いっかな高邁な思想、哲学と雖も、いつしか歳月とともに劣化、良くて宗教化してしまう。

〈武士道〉も同様にヘタレ始める。

元禄期、武家組織の三角形の頂点部の老中達も〝マス化〟。

武士のヘタレらを横目に、『忠臣蔵』を知った町人達は〈武士道〉を真似てか、〈町人道〉〈商人道〉のようなモノに目覚めた——。

やがて、職種を超えて〈忠臣蔵魂〉のようなモノが、日本全土に広く、深く、時代を超えて浸透していった。

〈忠臣蔵魂〉を再度、腑分けしてみる。

まず、物語の分母は儒教、全編を貫く〈武士道〉。

〈武士道〉を支えるエレメントは、様々なカタチの日本的情愛。

加えての芸術、風俗、習慣、——

これらが、各時代の才ある作家達にもみにもまれ、書物、語り、演劇として反復——

江戸、明治、大正、昭和——　続く平成、令和まで繋がっているかは不明も、昭和までの世代は知らず知らずのうちに、幼少期より『忠臣蔵魂』を学習——と云うか、擦り込まれ続け、気付かぬまま、日本名物、義、情、風流を身に付ける。

云わば、昭和までの日本人は、眼には見えぬ〈忠臣蔵大学〉の卒業生であったのだ。

——と、ここまで説明しても、日本人による日本人論など、ロシアによるウクライナ侵攻の正当化論に似て、信用など断じて出来るものではない。

では、来日して日本人の特異性に気付いた外の国の人の証言。

日本を気に入り過ぎて、のちに「小泉八雲」を名乗ったラフカディオ・ハーンが来日した明治の日本人なら、百パーセントが『忠臣蔵』を知っていて、彼も当然に読んだ筈である。

ハーンの日本人を評して曰く。

「死の上に、恥を据えた日本人の発想、日常は穏やかにして慎ましく、あくまで謙虚、しかして一旦ことあらば、躊躇することなく死を選ぶ——」

そして「世界にも類を見ない不思議の国」と書く。

英国人イザベラ・バード女史も、評言こそ違うが同様のニュアンスを伝えている。

ついにこの人まで、賛辞を遺している。

「この国は、全てが愛らしく晴れやか——。かくなる国を地球上に創り給うたことを、神に感謝します」

のちに、彼が神に感謝したこの国に原爆が投下されたことを知って激しく後悔する。

アインシュタインである。

冒頭の日清と日露の両戦には、違うカタチで登場して貰う。

日清、日露の戦争に勝利できたココロの筋肉は、明治なる時代の持つ背骨の強靭さにこそあった。

背骨とは何か。

人は一代にして成る者に非ずして、その集合が動く時代もまた、前の呼吸を引き継いでいる。

明治の背骨は、江戸の細胞に拠って立つ。

江戸の細胞——とは、武士の残滓、三百年をかけて醸成された、ひとつの「精神のカタチ」。

この資質を代々、バトンタッチを繰り返して、日本人の多くは生まれ育った。

明治と云う時代に意志を持たせてみると、日清、日露を闘った明治人のココロの腹筋は武士力によって鍛えられた。

武士力——とは、緻密なる予測力、判断力、決断のあとの、一歩も引かぬ実践力。

さすがに全員がこれを実践するとなると、夢の国の夢噺だが、ほとんどが識っていた時代。

知ると知らぬとでは大きな違いが生じる。

『忠臣蔵』が、その役を果たしてきた——と固く信じる。

面白可笑しく楽しみ乍ら、長ずれば、知らぬうちにココロの筋肉を蓄えている。

今日の子供は、若者は、いや大人も『忠臣蔵』を知っているのだろうか——。

アナクロと云う人は『忠臣蔵』を知らない。

なんとか、ならぬものか——。

わたしながらに、なんとかした。

『忠臣蔵』の虚実を明らかにしながら、面白可笑しくの伝統に則り、四巻本を上梓した。

末尾に本の宣伝をするとは、語るに落ちるとは——断じて違い申す。

買ってくれなどとは云っていない。

本屋さんには悪いが、立ち読みで結構。

身近に所持する人の居るなら借りてお読みあれ。

『忠臣蔵大学』の優等生を自認するわたしは、品の無い利を拒否する。

只々、『忠臣蔵魂』の不足したとしか思えない今日の日本に、七十五年の歳月を過ごさせてくれた御礼のつもりで描き申した。

願わくば、義の国日本、善行の国日本、善行を誇らずとも理解してくれる他の国の有る世界の復活を心底より祈念して、この駄文を閉じて、いざ、世界の悪に討ち入らん。

特集 日本とは何か、日本人とは？

知的冒険としての日本論

埼玉大学名誉教授
長谷川三千子
Hasegawa Michiko

いまの世に、「日本論」や「日本人論」といつた言葉を耳にすると、失笑する人も多いことであらう。四、五十年まへ、日本が「産業大国」だと持ち上げられ、「日本に学べ」などといふ声が上つてゐた頃であればともかく、いまどき「日本論」だの「日本人論」だのと言つてみても、自惚れ鏡にすらなるまい——そんな意地悪を言ふ人もあるかも知れない。

たしかに、いはゆる「日本論」がはやりだつた頃には、そんな悪口があてはまりさうな例もしばしば見かけた。しかしその一方で、知的冒険の意欲に燃えた本物の日本論の試みも、なくはなかつたのである。

たとへば、国際日本文化研究センターが出来上つたばかりの頃、濱口惠俊（えしゅん）氏の主宰する研究会に集まつた人々は、誰もが知的冒険の予感にワクワクしてゐた。濱口氏の著書『間人主義の社会 日本』は、世間では、いはゆる〈日本特殊論〉の一つとして批判されたり、逆に「日本的経営」の成功を解き明かすものとして歓迎されたりしたのであるが、この著作が目指してゐたのは、それとは次元の違ふことがらであつた。そもそも、日本人は特異だなどと言ふとき、そこで基準にされてゐるのは、西洋近代の「個人」といふ人間モデルなのではないか。日本人はそれとは異なる人間モデルで分析され、理解されなければならないのであつて、その「分析パラダイムの革新」こそが重要なのだ——さういふ野心的な氏の意図を理解し、それに共感する人々が、その研究会に集まつたのであつた。社会学者のみならず、文化人類学者、経済学者、比較言語学や哲学の研究者などが和気藹々と、しかし真剣に議論し合つた日文研でのひとときを、今も懐しく思ひ出す。

けれども、それから三十年余りがすぎたいま、濱口氏の目指した

DISCOURS
DE LA METHODE
Pour bien conduire sa raison, & chercher
la verité dans les sciences.
PLUS
LA DIOPTRIQUE.
LES METEORES.
ET
LA GEOMETRIE.
Qui sont des essais de cete METHODE.

A LEYDE
De l'Imprimerie de IAN MAIRE.
CIↃ IↃ C XXXVII.
Auec Priuilege.

ルネ・デカルト『方法序説』

「分析パラダイムの革新」が成就したのかと言へば、否と言ふほかあるまい。国内外を問はず、相変らず大多数の人間は「個人」をもつて普遍的な人間モデルであると考へてをり、「間人」モデルによる社会分析といつたものは、とんと見かけない。そもそも「間人」といふ言葉自体、耳にすることがなくなつてしまつた。ふり返つてみるとそれは、パラダイムの革新といふ企てそのものが間違つてゐたのではない。ただ、さうした企てに不可欠の〈蛮勇〉が不足してゐただけなのだつた、と今にして思ふ。

知だけをもつてしては、知的冒険は成就しない。真の知的冒険に不可欠なものは蛮勇である。たとへば、その典型的な一例がデカルトの『方法序説』である。

これは、なかば自叙伝のやうな形をとりつつ、自らの学んできた学問全体を根本から見直さうといふ意図をもつて書かれてゐる。それも、ちまちまと批判を重ねるのではなく、「ほんの少しでも疑いをかけうるものは全部、絶対的に誤りとして廃棄すべき」であるといふ、いはゆる「方法的懐疑」なるやり方で、根本から旧来の学問全体を切り捨てるのである。思想史全体を見渡しても、これ以上の蛮勇はちよつと見あたらない。なにしろ、感覚といふものは時として我々をあざむくから、感覚が伝へる事物は全部存在しないものと考へようといふ、とんでもない「懐疑」なのである。

そのやうな「方法的懐疑」を重ねていつて、この世界には真なるもの、真に存在するものは何一つない、と思はれた瞬間、いや、さうして疑つてゐる者、つまり私自身は確かに存在してゐる（さもなければ方法的懐疑そのものが成立しなくなつてしまふ）といふことに彼は気がつく。これが有名な「我思ふ故に我在り」である。そして、この唯一疑ひ得ない真理を基点として、彼はあらためて、方法的懐疑が投げ捨てたものを、今度は〈確実な知的財産〉として回収するのである。

いささかアクロバティックなこの新学問の構築は、すでに当時から（そして現代に至るまで）多くの批判を呼びおこしてきた。しかし、それにもかかはらず、この〈意識主体としての自己〉なるものは、近代西洋の「個人」といふ人間モデルの思想的基盤として居坐りつづけてきたのである。

したがつて、本当に近代西洋の「個人」といふ人間モデルに挑まうとするならば、その出発点であるデカルトの『方法序説』そのものに挑戦状をつきつける必要がある。しかも、単にそれを批判して終はるのではなく、彼がそこで取り逃してしまつた大魚をわがものとして獲へなほし、料理しなければならない。それであつてはじめて「知的冒険」と呼ぶにふさはしい日本論が可能となるはずなのである。

いま『方法序説』の核心をなす、あの「方法的懐疑」の過程をふり返つてみよう。彼が試みたのは「ほんの少しでも疑いをかけうるものは全部、絶対的に誤りとして廃棄すべき」であるといふ、徹底した懐疑であつた。そこではいささか強引に、3＋2＝5のやうな数学的真理すら、疑はれ、捨てられたのである。ところが、あらためてふり返つてみれば、方法的懐疑の全過程を通じて、「言葉」はただの一度も懐疑の対象となつてゐない。「疑いをかけうるもの」としては万人がその筆頭にあげるであらう「言葉」ひとりが、何の疑ひをかけられることもなく、平然と居坐つてゐる。あまりにも平然と居坐つてゐるので、そのことをうつかり見逃してしまひさうになる位である。しかし、これはどう見ても、周到なはずの方法的懐疑のどまん中にあいた大穴と言ふべきものであらう。

しかも、これは単なる見落としなどといつたことではない。もし仮りに、この見落としに気付いた彼が、懐疑のほこ先をしつかりと言葉に向けなほしたらどうなるか――いま現に方法的懐疑を遂行してゐる「言葉」そのものを「全部、絶対的に誤りとして廃棄」したとたん、ちやうどいきなりパソコンの電源が切れて画面が真暗になるやうな具合に、そこで方法的懐疑は消え去り、ただ空白が残るのみであらう。つまり、方法的懐疑にとつて「言葉」を疑ふことは、方法的懐疑の自殺にほかならない。言ふならば、「言葉」は方法的懐疑の根本的パラドクスそのものなのである。

はたして、デカルト自身はこのことに気づいてゐなかつたのだらうか？　それとも、彼のあの極端なまでの「言葉」に対する無関心ぶりは、このパラドクスの重大さに気づいてゐたからこその〈知らんぷり〉だつたのだらうか？　そのどちらであるにしても、『方法序説』第六部のしめくくりに置かれた次の一文は、それまでの言葉への無関心ぶりとは際立つた対照をなしてゐて、我々をとまどはせる。

「わたしが、自分の国のことばであるフランス語で書いて、わたしの先生たちのことばであるラテン語で書かないのも、自然〔生まれつき〕の理性だけをまったく純粋に働かせる人たちのほうが、古い書物だけしか信じない人たちよりも、いっそう正しくわたしの意見を判断してくれるだろうと期待するからである。」

当時は、学問的な論文といへばすべてラテン語で書かれてゐた。そこに、新たな学問の基礎をうちたてるための論文を、土着の俗語であるフランス語で書くといふのは、そのこと自体、反逆者・革新者の振舞ひである。言ひかへれば、『方法序説』はその書かれた内容のみならず、それを語る言語そのものによつて、旧来の学問に挑戦状を投げつけてゐるのである。これはどう見ても「言葉」に無関心な人の態度とは思はれない。ここに示された、「自分の国のことば」への絶大な信頼のさまは、ほとんど本居宣長(1)を思はせるほどである。いつたい、彼のこの絶大なる信頼は、どこから得られてゐるのだらうか？

実は、いま見た『方法序説』第六部の一文は、第一部冒頭の有名な一言、「良識はこの世でもっとも公平に分け与えられているものである」にぴたりと呼応してゐる。そして、彼の「自分の国のことば」への絶大な信頼は、そこに発してゐるのである。

ここに言ふ「ボンサンス」は、いはゆる「良識」といふより、端的な「理性」といふ意味で使はれてをり、彼はこれを「正しく判断し、真と偽を区別する能力」のことなのだと言ふ。そして、さういふ能力は「すべての人に生まれつき平等に具わっている」と語る。

すなはち、土着の自然言語であるフランス語は、かうした「生まれつき平等に具わっている」自然の理性と直結してをり、ラテン語のやうに古くさい学問のしがらみを背負つてはゐない。だからこそ、純粋に理性をはたらかせて築き上げる新しい学問を世に問ふには、フランス語で伝へる方がはるかによい、といふわけなのである。

たしかにこれは、彼がなぜフランス語で『方法序説』を書いたのか、といふことの立派な理由づけになつてはゐる。しかし、よく見ると、彼の視線はフランス語そのものには向けられてゐない。彼の視線はただもつぱら「ボンサンス」そのものに向けられてゐて、フランス語は単に、そこに余計な夾雑物をもち込まないといふことで選ばれてゐるにすぎないのである。彼が「良い精神を持っているだけでは十分でなく、大切なのはそれを良く用いることだ」と言ふときにも、「それを良く用いること」にフランス語がどうかかはつてゐるのか、といふことは全く語られてゐない。あたかも「ボンサンス」が（言語などといふものなしで）直接に判断したり真偽を区別したりしてゐるかのごとくなのである。なんのことはない、彼のフランス語への絶大な信頼と見えたものは、言語としてのフランス語に対する無関心にすぎなかつたのだ、といふことになる。

ただし、大多数の人間にとつて、「自分の国のことば」とは、実

（1）本居宣長こそは、「自分の国のことば」を縦に掘り下げることによつて自らの思考の形をさぐるといふ道をきり拓いた先人であり、知的冒険としての日本研究を志す者にとつての貴重な導き手であると言へる。

はさういふものなのである。いつ習ひ覚えたとも気付かぬうちに自在に使ひこなせるやうになつてはゐる自国語は、使つてゐる本人にとつて、二重の意味での透明性をもつてゐる。すなはち、そこに使はれてゐる言葉の意味が完璧にわかる、と同時に、そこで言葉が使はれてゐるといふこと自体がまつたく見えない——さういふ二重の透明性が「自分の国のことば」の特色なのである。だから、デカルトはまことに典型的な〈自国語使用者〉の姿を見せてゐるだけなのだとも言へる。要するに、『方法序説』全般を通じての、彼の言葉への無関心ぶりと、第六部での「自分の国のことば」礼讃とは、少しも矛盾しない。それどころか、両者は同じ一つの事柄の二側面であるとさへ言へるのである。

従来の学問の伝統をうち破つて、「自分の国のことば」で学問の基礎づけを行つたことが、そこにひそむ重大なパラドクスの見落としをさそつたのだとすれば、まことに皮肉なことと言はざるを得ない。しかも、デカルトの『方法序説』が体現してゐる〈皮肉〉は、ただそれだけのものではない。少し大袈裟に言へば、それは西洋の哲学の歴史そのものが抱へる〈皮肉〉であり盲点なのである。

たしかに、自国語といふものは見えにくい。その見えにくさをのり越えて、現にいま自分の用ゐてゐる言語そのものに視線を向け、それがいつたいどんな風にして自分の思考の道筋をつくり上げてゐるのかを探究する、といふことは決してたやすいことではない。その難事業を、デカルトより二千年も前にやつてのけたのがアリストテレスである。しかし、いはゆる「論理学」（ロゴスの学）の名で後世に伝へられたものは、単なる論述のための教則本といつたかたちで教へられるやうになり、その出発点に、「言葉」そのものに対する新鮮な驚きと、それをさぐつてゆく知的冒険があつたといふことは忘れられていつたふしがある。『方法序説』第二部にデカルトの語つてゐる論理学への失望ぶりを見ると、まさに「ロゴスの学」の陳腐化、といつた言葉がうかんでくる。あまりにも早くに「ロゴスの学」が出来上り、しかもそれがアリストテレス哲学といふ権威を背負つて確立してしまつたことが、その陳腐化をまねいた、といふ見方もありえよう。また、もう一つ忘れてはならないのは、アリストテレスの「ロゴスの学」を引き継いだヨーロッパ諸国が、基本的には、ギリシア語と同じ印欧諸語に属する言語を使用してゐた、といふことである。アリストテレスの行つた言語の分析の大筋は、それらの国々のことばにも通用するものであり、ヨーロッパの学者達はとりたてて大きな不都合を感じることなく、それを普遍的な「論理学」として使ふことができたのに違ひない。今更もう一度アリストテレスの向ふをはつて、「自分の国のことば」の分析をする必要は感じられなかつたのだと思はれる。

しかし、西洋の学問においては、もはや未知の原野が残されてゐないかに見える「自分の国のことば」の領域も、われわれにとつては、まだまだ豊かな可能性をひめた、「未知の原野」であると言つてよい。世の中にこれほど日本語論、日本語研究の著作があふれかへつてゐるなかで、なんたる世迷ひ言を、と嘲はれるであらうが、これまでに、日本語をたづさへてアリストテレスの「ロゴスの学」に挑戦状をつきつけた人間は、いつたい何人ゐたか、と尋ねてみれば、それが世迷ひ言とばかりは言へないことが見えてこよう。

或る意味で、デカルトは我々のよい手本である。なにか新しいものをうち立てようとするときには、古い建物をその一番の土台から覆さなければならない——その伝でゆけば、本当に「日本論」を学問としてうち立てようと企てるなら、アリストテレス以来の「ロゴスの学」を根本から洗ひ直すことが不可欠になる。そして、それは間違ひなく、心躍らせる知的冒険となるはずなのである。

参考文献

『方法序説』デカルト著　谷川多佳子訳（岩波文庫）
『デカルト『方法序説』を読む』谷川多佳子著（岩波現代文庫）

特集　日本とは何か、日本人とは？

「お母さま」としての天皇

太宰治『斜陽』論

評論家
與那覇潤
Yonaha Jun

平成の約30年間を終えたとき、私たちの目に見えたことはふたつだった。ひとつは、この日本では大きな変革は、たとえ一時は時代の趨勢と呼ぶほかない熱狂的な支持を得たにせよ、常に拒まれるということ。もうひとつは、日本人はそうした蹉跌から得たものを続く世代に継承することなく、むしろ絶えざる若い世代からの突き上げに迎合して、ゼロからの新たな挫折を積み重ねるということである(1)。

その反省を措いていま、語るべき日本人論があるように私には思われない。直近の時代に私たちが直面した失敗を、それ自体が伝統でありかつての反復だったとして検証すること。令和という時代になお、日本史ないし日本文化論に意味があるとしたら、そうした作業の形をとるほかないだろう。

一　恋と革命

敗戦後、私たちは世間のおとなを信頼しなくなって、何でもあのひとたちの言うことの反対のほうに本当の生きる道があるような気がして来て、革命も恋も、実はこの世で最もよくて、おいしいことで、あまりいいことだから、おとなのひとたちは意地わるく私たちに青い葡萄だと嘘ついて教えていたのに違いないと思うようになったのだ(2)。（傍線引用者）

(1)　拙著『平成史　昨日の世界のすべて』文藝春秋、2021年、特に460～3頁。

(2)　太宰治『斜陽 人間失格 桜桃 走れメロス　外七篇』文春文庫、2000年、122頁。以降、同書からの引用は本文中に頁数を記し、注記を略す。

太宰治『斜陽』のこの一節には、よく知られているように下敷きがある。当時、太宰の愛人だった太田静子の手になる『斜陽日記』（以下、慣例に従い『日記』と略すが、厳密には回想録）で、引用部に続く「人間は恋と革命のために生まれて来たのだ」（傍点原文）という名高い一節も、もとは静子の手になるものだった(3)。

一方で『日記』には相当する文面がなく、太宰がみずからの創意で書き加えたのは傍線部である。ここにある亀裂は大きく深い。モデルとなった静子が素朴に「恋と革命」の可能性を信じて『日記』を著したのに対し、太宰は脚色に際して、そうした恋と革命への信仰は単に、敗戦にともない権威を失墜させた「世間のおとな」に対する逆張りにすぎないとする懐疑を附した。

正しかったのは太宰である。『斜陽』の主人公かず子はこの後、彼女が「恋と革命」の対象として見出した作家・上原二郎の現実に接して、手ひどい幻滅を味わう。そして周知のとおり、現実の敗戦直後の日本でも、このとき夢見られた革命は成就せずに潰えた。

日本は「革命の起きない国」だとよく言われる。政治的な党派の左右は、それを恥じるのか誇るのかが異なるにすぎない。しかし、なぜ革命はつねに挫折するのか。『斜陽』は、没落する戦前の支配層をパセティックに描く同時代文学である以上に、そうした日本文化の根底を探る探究の書でもあった。

婚外子として太宰と静子のあいだに生まれ、母から父をめぐる回想を聞いて育った太田治子によれば、静子は太宰に「コミュニストをどうしてやめたのかを書いていただきたいの。〔戦前に〕地下運動を脱落した時の本当の気持」と要望していたらしい。また静子の妊娠を知る直前の太宰は、ふたりで京都へ転居しての新生活の希望を口にしており、『斜陽』が同様のハッピーエンドで著される可能性もあり得たという(4)。

なぜそれは、小説の中ですら実らなかったのか。そう問うことは太宰と静子の「恋」のゆくえを超えて、この国で「革命」を流産させる機構に迫ることにつながるだろう。

二　太宰と江藤

太宰に対して否定的だった文学者に江藤淳がいる。江藤は1963年に著した短い太宰論に、「私はひとりの批評家としてこの作家の作品に対したことはないだろう。将来もそうすることはないだろう」と記した。筑摩書房版の『太宰治全集』別巻に寄せて書いたのだから、かなり強い意思表示である。

むろん言い分はある。1948年6月13日の太宰の自殺に際し、当時中学生だった江藤は「ひとつの時代が終り、別の時代がはじまることを告げている象徴的な事件」だと直感し、「芥川龍之介の自殺が、当時の青年に及ぼした衝撃はこのようなものだったろうかと想像して、私はひとりで昂奮していた」と回想する。つまり太宰治という存在には歴史的な意義を認めつつ、しかしその作品は世相を揺るがした彼の生涯に比して、内実が弱すぎるというのが批判の骨子だ。

> 祖母は太宰より三カ月ほど前に、死んだ。そのとき、彼女の枕元には鋭い光沢をはなって輝く抜身の懐剣がおかれ、座敷には誰かが手折って来た桜の枝が一杯にかざられた。……このような祖母は、ある意味で太宰治の『斜陽』の「お母さま」を思わせないでもなかった。しかし、私には「お母さま」よりむしろ祖母のほうが、毅然とした貴族らしい価値を代表していると思われた(5)。

江藤（本名は江頭淳夫）の祖母米子は、海軍中将で「未来の海軍大臣」にも擬された江頭安太郎を夫に持ったことを誇りとする士族で、敗戦の玉音放送を「陛下は明治さまになんと申訳をなさる」と罵った猛女だった。その後3年も待たずに彼女を看取った江藤には、『斜陽』が描く戦前日本の崩壊は中途半端に映り、「充分に悲劇的でもなければ充分に喜劇的でもない、要するに感傷的なのだ」と切り捨てられる。

だが天国で太宰が江藤の評言を目にしたら、思わず苦笑しただろう。太宰もまた江藤と同じく、実母が病弱だったため、祖母が女主人のごとく日常を支配する家庭で育った（太宰の本名は津島修治だが、津島家を明治に急成長させた実父の源右衛門は婿養子で、大正末に急逝。一方で祖母イシは、1946年7月死去）。彼女は戊辰戦争に際して官軍を泊めたことを誇りとし、皇族を総裁に戴き理事は華族と定めて1901年に発足した地元の「金木愛国婦人会」では、会長も務めた尊皇家だった。

江藤少年の記憶に刻まれた、臨終の祖母の枕元に置かれた懐剣も、当時はさほど珍しいものでもなかった。太田静子の『日記』によれば、彼女もまた米軍の上陸を覚悟していた大戦末期、万一の場合は母と娘で自害しようと「月山貞一（がっさんさだかず）」の懐刀を毎夜枕もとに置いて眠った」という(6)。なお『斜陽』では華族へと改作されたが、実際の静子は富裕な医師の家に生まれたものの、あくまで平民である。

太宰は1909年生で、江藤は32年生だから、ふた回りほど年が違う。しかし両名が青春期に辿った軌跡は、意外に近い。弘前高校から東京帝大（仏文科、中退）にかけて、太宰は非合法だった共産党の地下活動に、従来の想定よりも深く主体的にかかわっていた(7)。保守派の重鎮となる江藤も、太宰の死に接した湘南中学時代には、マルクス主義の歴史家・江口朴郎の私宅で勉強会を開き、しかも「こんな研究会には我慢がならない。実践運動をはじめなければだめだ、と」感じていたという（なお会の開催を持ちかけたのは、中学で一学年上の石原慎太郎）。

なにより太宰は無名の作家として苦吟にあえいだ戦前、四度の自殺未遂を繰り返したが、江藤もまた不遇だった慶応大学英文科時代（1954年）に薬物で自殺を試みたことが、平山周吉の調査で突きとめられている(8)。

魂の共鳴を起こしても不思議ではないはずの、繊細なふたりの文学者は、遠く隔たったまま——ともに自死によってその一生を終えた。このすれ違いが示すように、私たちの国ではある時代の切実な体験が、世代を超えては伝わらない。

しかし先行する世代を「世間のおとな」と切り捨てて、折々の若者が「恋と革命」を謳いあげるとき、すでに敗北は予定されていたのではないか？

三　左と右

> 何か、たまらない恥ずかしい思いに襲われた時に、あの奇妙な、あ、という幽かな叫び声が出るものなのだ。私の胸に、いま出し抜けにふうっと、六年前の私の離婚の時のことが色あざやかに思い浮かんで来て、たまらなくなり、思わず、あ、と言ってしまったのだが、お母さまの場合は、どうなのだろう。まさかお母さまに、私のような恥ずかしい過去があるわけはなし、いや、それとも、何か。（15頁）

没落華族の母親が、朝食のスープを前に「あ。」とつぶやいて始まる『斜陽』の冒頭部は広く知られる。同作は1947年、『新潮』

(3)　太田静子『斜陽日記』朝日文庫、2012年（原著1948年）、157頁。
(4)　太田治子『明るい方へ　父・太宰治と母・太田静子』朝日文庫、2012年（原著09年）、222・251〜2頁。
(5)　江藤淳『リアリズムの源流』河出書房新社、1989年、210〜2頁。
(6)　太田静子、95頁。
(7)　斉藤利彦『作家太宰治の誕生　「天皇」「帝大」からの解放』岩波書店、2014年、21〜22・32・134・165〜7頁。
(8)　平山周吉『江藤淳は甦える』新潮社、2019年、46〜47・214頁。

の7〜10月号に分載された後、12月に単行本となった。同書は文壇の片隅で糊口をしのいでいた太宰を一躍、時代を象徴する流行作家に押し上げてゆく。

この「あ。」もまた太宰の創作で、静子の『日記』にはない。娘の治子は、戦時下で静子の母（太田きさ）を太宰が病院に見舞った際、類似の発声を耳にしたものと憶測するが[9]、論拠として弱い。『斜陽』が発表された当時の世相に照らせば、「あ。」の背後に感じとるべきはむしろ、あらゆる日本人の耳目を集めた別の人の影であるような気がする。

昭和天皇その人である。天皇の肉声が電波に乗るのは、１９４５年８月15日の玉音放送が初だったが、日常的に「あ、そう。」とうなずく彼の癖は敗戦後、瞬く間に公の場でも広く知られた。46年５月19日の食糧メーデーでは、再建された日本共産党の徳田球一が「おれたちは飢えている。彼はどうだ。……天皇は「あっ、そう、あっ、そう」としか言えないのかもしれない」と揶揄する演説で喝采を浴びている[10]。

静子の『日記』はミッドウェー海戦後、戦局が悪化する１９４２年から書き起こされ、分量の過半は戦時下での疎開中の挿話である。しかし太宰は『斜陽』の母娘が東京を捨て、伊豆の山荘に移った時節を、「日本が無条件降伏をしたとしの、十二月のはじめ」（23頁）に設定した。46年元旦に、天皇がいわゆる人間宣言を発する直前の時期へと、物語の始点が動いているのだ。

転居以来「四月のきょうまで」（33頁）との表記から、『斜陽』の叙述は１９４６年４月から始まるとわかる。終幕は「昭和二十二年二月七日」（１７９頁）の日付の入ったかず子の手紙で、この47年２月は太宰が静子の『日記』を初めて手にした月だ。両者の狭間に回想として挿入される戦前の挿話を再構成すると、『斜陽』からは天皇の下に当時の日本人がたどった「恥ずかしい過去」の軌跡が、走馬灯のように浮かび上がる。

かず子の父が逝去し、母が未亡人となったのは「十年前」（19頁）、つまり１９３６年のこと（現実の静子の父の死去は、38年）。二・二六事件で、天皇を旗印に担ぐ「錦旗革命」の試みが挫折した年である。当日は太宰が渇望する芥川賞の第二回選考会の予定日でもあったから[11]、より鮮烈に記憶された可能性は高い。

『斜陽』の舞台となる「ちょっと支那ふうの山荘」（23頁）は、実際に太田母娘が疎開先とした（太宰も訪れた）、神奈川県下曾我の寓居を踏まえて描かれている。しかし当該の物件を手配し、転居の際にも同行した叔父（母の弟）が「以前の持主でいらした河田子爵と支那で遊んだころの失敗談」（29〜30頁）を語ったとする挿話は、小説にのみ見えて『日記』にはない。『斜陽』の世界で破綻してゆく一家の生活を、現実の日中戦争の蹉跌と重ねて読むことも可能にする、不吉な一行を太宰は書き加えた。

『斜陽』でかず子は１９４６年の春、薪の火を消し損ねる手違いからぼやを起こし、騒動となる。これも静子の実体験では、当初はＢ29の焼夷弾によるものと誤認された戦時下の挿話を、太宰が戦後に移し替えたものだ。そのため、『日記』では「空襲中だよ。……もう少し早かったらこの村全部が燃えたんだよ」[12]と記録された村人の怒声も、小説ではこう差し替えられる。

> 「宮様だか何さまだか知らないけれども、私は前から、あんたたち〔母娘〕のままごと遊びみたいな暮し方を、はらはらしながら見ていたんです。子供が二人で暮らしているみたいなんだから」（42頁）

かず子とその母の設定は華族だが、皇族ではない。敗戦という非常事態に際し、東久邇宮稔彦王が「宮様内閣」として執政するも、わずか54日間で倒れたのは１９４５年の10月。『斜陽』では火事を契機に母親の不調が悪化し、かず子に「お金がなくなったら、私たちの着物を売ったらいいじゃないの」（55頁）と啖呵を切らせることになるが、実際に47年10月16日の朝日新聞は、同月に皇籍離脱となった稔彦が新宿の闇市で開業している旨を報じたという⒀。

『斜陽』において本来なら家長であるべき父親は、錦旗革命が挫折した1936年に死んだ。そこから零落が始まったかず子の一家は、昭和天皇が「神」であることをやめた46年1月の直前から山荘に移り住み、そして「恋と革命」が挫折するさまを眺めてゆく。失敗した左右双方の革命に挟まる時節を舞台に、その幻滅の様相を解剖することが、「コミュニストをどうしてやめたのか」を描く太宰の主眼だったのではなかろうか。

四　父性と母性

敗戦の年の10月に太宰は、民話四編を当世の目線で改作した『お伽草紙』を刊行した。太宰は学生時代にプロレタリア文学に入れあげ、猿蟹合戦を地主と小作の争いに移し替えて評判をとった北村小松を口説いて同人誌に寄稿させせたこともあったから、手慣れた営みだったろう。

その『お伽草紙』に入っている「カチカチ山」に、まさに錦旗革命の論理を読み込む解釈がある。太宰版のかちかち山の狸は、白兎に裏切られ、「惚れたが悪いか」と叫び息絶える。「白兎のもつ双面は、明治政府が巧みに憲法内部に規定した天皇の、機関説的性格と統帥権的性格の双面に対応しており……狸は、いわばこの〔後者の、一君万民的な〕一側面に惚れ抜いたことで、前者すなわち機関説的性格から死の報復を受ける」⒁。

⑼ 太田治子、230～1頁。
⑽ ジョン・ダワー『増補版　敗北を抱きしめて　第二次大戦後の日本人　上』三浦陽一・高杉忠明訳、岩波書店、2004年（原著1999年）、339頁。
⑾ 『猪瀬直樹著作集4　ピカレスク　太宰治伝』小学館、2002年（原著00年）、254頁。
⑿ 太田静子、116頁。

三島由紀夫でもあるまいに、ではない。戦後の最初期に駆け出し時代の三島が、当時最大のスター作家だった太宰を侮蔑した挿話は有名だが、実はその太宰の方が三島に先んじて、天皇への「恋闕」とその裏切られるさまを、同時代の日本に問うていた。

そうした目で『斜陽』に現れる昭和天皇の影を追うと、太宰が『日記』における天皇への言及を、かなり意図的に取捨選択していることがわかる。

『日記』によれば、太田きさ・静子の母娘に別荘を提供した加来金升（印刷会社社長）は有力者に顔が利いたらしく、すでに8月12日の夕に「「無条件降伏」に決ったこと」を伝えていた。15日には、寄寓していた兄が「戦争に、死んで行った奴は馬鹿なんだ」「楠木正成は、あれは馬鹿なんだぜ。負けるに決っている戦さをするなんて」と罵り、数日後にトルーマン大統領が日本に上陸したとの流言が飛ぶと、住民は「もう、天皇陛下の値打がなくなる」と噂している。

どれも印象に残る挿話だが、太宰はこれらを『斜陽』に採用していない。とはいえ、それが太宰の「尊皇」ゆえかというと、さように単純でもない。

『日記』で死を迎えつつある母きさは、「新聞に陛下のお写真が出ていたようだけど、もう一度見せて」と頼む。文庫化の際に解説を附した出久根達郎が、戦前派の「日本人の、理想の象徴」と呼ぶ美しいシーンだ⒂。

『斜陽』についてもまた、「〈お母さま〉の臨終を戦時日本の共同体の運命そのものの象徴と捉える」⒃必要が言われてきた点は同じ

⒀ 猪瀬、384・41頁。
⒁ 山﨑正純『丸山眞男と文学の光景』洋々社、2008年、95頁。
⒂ 太田静子、126・131～4・185・236頁。
⒃ 安藤宏『太宰治　弱さを演じるということ』ちくま新書、2002年、181頁。

だ。しかし太宰は、こうした会話を付け足すことで、その死に皮肉な彩りを添えてゆく。

> 私は新聞のその箇所をお母さまのお顔の上にかざしてあげた。
> 「お老けになった。」
> 「いいえ、これは写真がわるいのよ。こないだのお写真なんか、とてもお若くて、はしゃいでいらしたわ。かえってこんな時代を、お喜びになっていらっしゃるんでしょう。」
> 「なぜ？」
> 「だって、陛下もこんど解放されたんですもの。」
> お母さまは、淋しそうにお笑いになった。（131頁）

作中時間では、この光景は1946年10月にあたる（123頁）。翌月の新憲法公布に向けて、大日本帝国憲法の改正案が帝国議会（同月7日）、枢密院（29日）で可決された月だ。天皇自身もそれを「解放」として「お喜び」だとするかず子に対し、母親は逆に、きっと「泣きたくても、もう、涙が出なくなったのよ」と受ける。――『日記』では本来、娘の愛情に感極まった母が内面を吐露したせりふだったものを(17)、太宰はなんと昭和天皇の内心を忖度する発言へとすり替える。つまり、「お母さま」はこのとき天皇となるのだ。

敗戦後の新聞に載った「陛下のお写真」といえば、誰もが想起するのは傲岸たるマッカーサーと並んで写るそれだろう（45年9月27日の第1回会見時に撮影）。江藤淳は後に主著『成熟と喪失』で、この写真の衝撃を「われわれにとって父性原理の中核をかたちづくっていた君主は、……「哀願する大人」に変貌した。その人は「父」の上に在る「父」として出現した背の高い異邦人の傍らに立って一語も発していなかった」と記す(18)。特に天皇が主題でもない、遠藤周作のカトリック小説を論ずる文脈にわざわざ書き込むのだから、よほどのトラウマだったことが知れる。

江藤は続けて、戦後の日本人は「この新しい異邦人である「父」の強制する世界像をうけいれ、どこかにかすかな痛みを覚えながら「母」を、つまりわれわれが馴れ親しんで来た生活の価値を否定した」と綴る。だが太宰が描く『斜陽』の母親、すなわち天皇と内心を共有する人物は、娘による「否定」に憤りはしない。同書を感傷的だと排した江藤に対して、もし太宰が存命であれば、わかっていないのはそちらだと返したろうか。

五　悲劇と喜劇

「たまらない恥ずかしい思い」を内心に抱えつつ（だから「あ。」と発声する）、娘の世代による自身の価値の否定を「淋しそうにお笑い」ながら受け流してゆく『斜陽』の母親。太田治子が言うように、『日記』と同じくその死によって作品を閉じ、かず子と「恋」の相手――太宰自身を投影した上原二郎が京都で新たな家庭を築く結末とすれば、『斜陽』の「革命」は喜劇として完結しただろう。逆に構想の段階では、太宰の故郷・津軽で二人が心中する悲劇のアイデアもあったらしい(19)。

モデルとなった静子が妊娠したことで、さすがの太宰も彼女を作中で殺すわけにはいかなくなった。代わりに太宰は、かず子が東京に上原を訪ねて幻滅し、むしろ孕んだ彼の子をひとりで育てることこそ「私の道徳革命の完成なのでございます」と突きつける、書簡体のエピローグを用意する。そこには当然、同書が刊行された1947年の日本の現実が投影される。

> 革命は、いったい、どこで行なわれているのでしょう。すくなくとも、私たちの身のまわりにおいては、古い道徳はやっぱりそのまま、みじんも変わらず、私たちの行く手をさえぎっています。（178頁）

かず子が手紙の最後で上原（＝成功した現在の太宰）に求めるのは、彼に憧れながら無頼派に徹しきれず自死を遂げた、みずからの弟・直治（＝青年期の太宰がモデル）への配慮だった。かず子が産んだ上原との私生児を、直治の遺児だと偽って、上原の正妻に抱かせよと言う。「直治というあの小さい犠牲者のために、どうしても、そうさせていただかなければならないのです」（179頁）。

いわば正統な家族に婚外子を接ぎ木することが、革命が実らない国における最後の願いだった。それはコミュニストから転向した過去を持つ太宰が、かつての自分を想起させる若く急進的な戦後世代を前に見せた、自分なりの責任のとり方でもあったろう。

事実、『斜陽』の連載開始を目前とした1947年5月3日、日本国憲法は施行された。GHQの草案に大きく依拠した点では、占領下で生まれた婚外子とも言えようが、しかしそれはあくまでも「帝国憲法の改正」として処理され、正統な規範を引き継ぐものだと観念された。

玉音放送の日に「八月革命」が起こり、法理矛盾のない改憲を可能にしたと示唆する宮沢俊義や丸山眞男の所説は、すでに46年の春には江湖に問われ、枢密院の審議でただ一人帝国憲法の改正に反対した美濃部達吉も、新憲法の講釈書を著すにあたっては「国体」は維持されたと述べた[20]。「押しつけ」ではなく、幣原喜重郎が第九条を発案したといった（史実に反する）神話もまた、今日に至るまで再生産されている[21]。

『斜陽』から美しく読み出せる「母としての昭和天皇」のように、この国の秩序は、みずからを脅かす革命への挑戦が起こるとき、必ずしもそれをひねり潰さない。かといってただ破壊されるのでもなく、淋しげな笑いとともに受け入れることで、逆に無力化する。

デモの場で昭和天皇の「あっ、そう」を嘲った徳田球一に対して、歴史家ジョン・ダワーの評価は手厳しい。天皇制の廃止を掲げた日本共産党が、その天皇への陳情という形で食糧メーデーを組織したこと自体が矛盾であって、「徳田は天皇裕仁を冗談の種にして喜んでいたかもしれないが、ほんとうの冗談は、彼の党が、この激しい衝突の瞬間に、君主制を認めてしまった点にあった」[22]。

そうした日本の構造を直観し、抗おうとした文学者たちは、みな戦後史の中で敗れ命を絶っていった――1948年の太宰治、70年の三島由紀夫、99年の江藤淳と。

しかし70年安保の激しい学生闘争を通過し、辛くも生き残った加藤典洋は、やがてこの国で「ねじれ」を抱えたまま生きのびるための方法の原点に、太宰を見出す[23]。傾いた日輪がふたたび昇ることがあるのかは、『斜陽』という古典を[24]、これからいかにわれわれが引き継げるのかにかかっている。

(17) 太田静子、188頁。
(18) 江藤淳『成熟と喪失 〝母〟の崩壊』講談社文芸文庫、1993年（原著67年）、176頁。
(19) 太田治子、35頁。
(20) 篠田英朗『ほんとうの憲法 戦後日本憲法学批判』ちくま新書、2017年、129〜137頁。
(21) その精緻な批判は、杉谷直哉「書評 笠原十九司『憲法九条と幣原喜重郎 日本国憲法原点の解明』」『道歴研年報』22号、2021年。
(22) ダワー、342頁。
(23) 拙稿「ねじれとの和解の先へ 敗戦後論・後の加藤典洋」、加藤典洋『完本 太宰と井伏 ふたつの戦後』講談社文芸文庫、2019年（加藤の原著は07年）。
(24) なぜ「古典」が必要とされるのかについては、拙著『危機のいま古典をよむ』而立書房、2023年。

特集　日本とは何か、日本人とは？

日本人論と保守の役割

九州大学大学院教授
施　光恒
Se Teruhisa

いわゆる日本人論、日本文化論があまり語られなくなって久しい。グローバル化推進が世界の流行になり、国づくりが重視されなくなったことが一因だ。しかし、より公正で安定した今後の世界を考えていくためには、各国の文化や国民性を語る議論は不可欠ではないか。日本人論、日本文化論の再興が求められている。

「日本人論」の衰退

いつのころからか明確ではないが、「日本人論」「日本文化論」を嫌がる一般的傾向が、政治学や社会学、文化人類学などの日本の社会科学分野の学界ではみられる。論壇でも日本人論、日本文化論は1990年代前半頃までの盛んだったころと比べて減ってしまった。

特に、日本や日本文化を肯定的に描き出すものは少なくなった。その一方、日本や日本文化を否定的に捉え、よりグローバルな性格なものへと変容すべきだと論じるものは現在でも少なからずある。戦前・戦中の日本の社会構造を批判した丸山眞男の「超国家主義の論理と心理」などは、私はかなり粗っぽい日本人論だと思うのだが、なぜか学界的にも比較的受け入れられている。日本の社会や文化の特徴を否定的に扱うものは受け入れられやすいようだ。

1990年代前半までは日本経済の国際的地位が高かったためか、論壇を中心に「日本人論」「日本文化論」は花盛りだった。日本の特徴をある程度、肯定的に描き出すものである。経営学や経済学における「日本型経営」「日本型資本主義」をめぐる議論などは、アカデミズムでも一分野を築いていた。だが1990年代後半以降、日本経済の地位低下が始まると、日本型経営、日本型資本主義の議論は、アカデミズムでも論壇でも勢いを失った。それに引きずられ

©shutterstock

るように、日本人論や日本文化論も学界、論壇を問わず、下火となってしまった。

日本人論、特に日本社会や日本文化の特徴をある程度肯定的に取り扱うものが、あまり見られなくなった最も大きな理由には、国民国家を否定し、グローバル化を称揚する世の流行があると言えるだろう。

二つのビジョン

「グローバル化」とは、一般に「国境の垣根を低くし、ヒト、モノ、カネ、サービスの国境を越える移動が自由化・活発化する現象」だと言える。グローバル化推進の路線は、国々の特徴を奪い、各国のルールや制度、文化、慣習を標準化していこうとするものだ。日本では１９９０年代半ばから始まった金融制度改革がグローバル化路線を本格化させた。「日本型経営」「日本型市場経済」を改め、「グローバル標準」により近いものへと日本経済を改めていくべきだという議論が盛んになった。

イスラエルの政治哲学者ヤエル・ハゾニーは、欧州の政治の伝統には世界秩序のあり方に関し、二つの理想的ビジョンが常に存在してきたと述べる。「多数の国々（ネイション）からなる世界」と「帝国」の二つのビジョンである。

前者は、それぞれ自分たちの文化や伝統、歴史、慣習を有する国々がそれらを活かして国を作り、そうした多様な国々が共存・共栄していく多元的世界こそが理想的な世界であるというビジョンである。後者は、合理的かつ普遍的な単一のルールや法に基づいて世界を一つの国に統合していこうというビジョンである。

ハゾニーによれば、両者のどちらが欧州の政治で主流の位置を占めていたかは時代によって異なる。旧約聖書の時代は「多数の国々からなる世界」が主流派のビジョンだった。「帝国」ビジョンのほうが優勢となったのは、ローマ帝国におけるキリスト教の国教化以降である。その後、欧州ではローマ・カトリック教会の力が強くなり、中世末まで「帝国」ビジョンが主流となった。

だが、宗教改革を契機として国民国家を志向する流れが力を得て、近代以降は「多数の国々からなる世界」が優勢となる。第一次大戦後にウィルソンが提示した「ネイションの自決」（national self-determination）の理念は「多数の国々からなる世界」が当時の知識人の間で理想だったことを示している。いわば国づくりビジョンが全盛だったと言える。

第二次大戦以降は、再び、「帝国」の理念が強くなってきたとハゾニーは捉える。戦時中のナチスの蛮行はドイツのナショナリズムがその要因であると欧米の多くの知識人が理解し、ナショナリズムや国民国家というものを野蛮なもの、遅れたものだと認識するようになったからである（ハゾニー自身は、ナチスは自ら「第三帝国」と称していたように、ナチスの行動原理は帝国主義であり、ナショナリズムではないと見る）。戦後、欧州諸国はＥＵの創設を目指してきたように、国民国家という単位を否定し、事実上「帝国」の理念を支持しているとハゾニーはみなすのである。

ハゾニーは、現代のグローバリズムも、「帝国」ビジョンに依拠するものだと理解する。国境の垣根を低くし、ビジネスしやすい「グローバル帝国」の創設を目指すものだと捉える。

ハゾニーの議論を念頭に置くと、近代以降の日本は、当初、国づくりビジョンから出発したが、戦後は徐々にグローバル化路線に移行したと解釈できよう。明治期の日本は、「多数の国々からなる世界」を理想とするビジョンに触れ、「国づくり」の優等生を目指し、近代的な国民国家の建設に励んだ。

だが戦後、ジャーナリストや大学教員といったいわゆる知識層は、欧米の各種影響を再び受け、ナショナリズムや国民国家を忌避、嫌悪する傾向に至った。他方、経済界など一般の人々は、明治以来の国づくり路線を戦後も半ば暗黙裡に支持していた。しかし１９９０

年代半ば以降、財界および政府が主導してグローバル化路線を日本でも取り入れるようになり、その結果、学界やジャーナリズムの世界だけでなく、経済界や論壇をはじめ、一般の風潮としてもグローバル化路線が主流となった。

「日本人論」「日本文化論」が流行らなくなったのは、この点が大きい。「国づくりパラダイム」で目指されるべきは、各国の一般的人々の生活の安定化や向上、また彼らの幸福である。そのため、各国の一般的人々の文化的傾向、心理的性向、慣習などをよく知る必要がある。例えば、一般に、どのようなときに仕事への動機づけが高まるか、どのような場合に幸福を感じるか、といったことに関するその国の人々の特徴を知った方がいい。そのほうが、当該国の人々の意欲や能力を引き出し、働きやすい環境を作り、彼らが安心して暮らしを営める国づくりに寄与するからである。

他方、「グローバル化パラダイム」の下では、日本人論や日本文化論など個別の文化を対象とする議論は当然ながら流行らない。グローバル化路線では、一国の経済政策の目標は、その国の一般国民の幸福ではなく、自国経済をいかにグローバル市場のなかに円滑に組み込むかである。文化的に特徴ある制度やルール、人々の考え方や慣習などがあれば、それはグローバル・ビジネスの障壁であり、除去するか修正し、「グローバル標準」だと考えられるものに適合させていかなければならないと考えられるようになったからである。

そのため、日本人論や日本文化論のなかでも日本の特徴を否定的に捉えるものは、受容されやすい。否定的特徴をあぶり出し、普遍的だとされるルールや制度、慣習に従うよう論じるものであれば、グローバル化に沿うものだからである。

国づくり路線の必要性

だが、ある特定のナショナルな文化の特徴を肯定的に描き出す議論は、私は今でも大いに必要だと思う。つまり、日本においては日本人論、日本文化論は必要だ。むろん、印象論にすぎないものや過度の一般化を招くものは意味がない。しかし、ナショナルな文化的差異は現実にある。それゆえ、それを描き出す知的営為としての日本人論には意義がある。

実際、一部の分野では現在でもナショナルな文化を描き出す作業が活発に行われている。例えば、「文化心理学」と称される分野だ。文化心理学では、社会心理学の様々な実証的手法を用いて、人々の心のプロセス、例えば思考、認知、感情、動機付けなどの文化的差異を分析する。文化心理学の研究蓄積によれば、これらの心のプロセスにはナショナルな文化によって明らかに違いがある。

従来の心理学では、心のプロセスは普遍という前提で研究が進められていた。だが文化心理学の前提は異なる。文化心理学の代表的研究者である北山忍は、心のプロセスは、人々の心と、国や社会の慣習や規範、制度といったものの相互作用の過程で理解する必要があると論じる（例えば、北山忍『自己と感情——文化心理学による問いかけ』共立出版、１９９８年）。

どの国や社会でも、伝統的な慣習や規範といったものが長い時間をかけて形成される。慣習や規範は各々の国や社会で多かれ少なかれ独自の特徴、つまり文化的特徴を帯びる。また、慣習や規範は、なかば無意識に形成される社会構造、ならびに意識的に作られる制度のあり方にも反映される。

各々の国や社会に生まれ落ちた個人は、そうした文化的特徴を備えた慣習や規範、社会構造、制度に参加するなかで自らの心のプロセスを形成していく。結果として、個々人の心のプロセスも社会ごとの文化的特徴を帯びたものとなる。また、心のプロセスの面で文化的特徴を共有する人々が、その社会の慣習や規範、構造、制度といったものを維持し、時代に応じて修正も施していく。

北山は、このように、慣習、規範、構造、制度などの周囲の事物と人々の心との間の相互構成（mutual constitution）の過程に注目する必要性を指摘する。

北山ら文化心理学の研究者が述べる個々人の「心のプロセス」とは、前述のとおり、思考、認知、感情、動機づけなどさまざまなものが含まれる。これらの「心のプロセス」とは、人々の明瞭な意識の作用よりも深層レベルで働くものがほとんどである。いわば半ば無意識のものである。

例を挙げれば、優勢な動機づけのあり方は文化によって異なる。北米の主流文化では、自分が意識的に選択した物事に、人々は強い動機づけを感じる傾向があると言われている。だが、日本の主流文化では、動機づけの大きな要因は重要な周囲の他者からの期待であることが多い。

加えて、幸福感や充実感をどのような場面で感じるかもネイションごとに相違が少なからずあることが報告されている。例をあげれば、日本では、自分が他者の役に立ち、集団全体のなかで適切な役割を果たしているとき、幸福感や充実感を感じることが多い。他方、欧米では、より個人主義的である。すなわち、自分が他者に影響を及ぼしたり、他者と比べて自分がすぐれていると感じられたりするとき、幸福感や充実感を意識することが多いと言われている。

「〇〇人論」が栄える世界に

グローバル化は、半ば必然的に、一部の富裕な投資家や大企業には有利であるが、一般庶民（特に日本のような先進国の庶民）には不利な世界、つまり暮らしにくい世界を作り上げてしまう。

グローバル化により、資本の国際的移動が自由になれば、グローバルな投資家や企業の影響力が、各国の一般庶民に比べて、非常に強くなる。彼らは「人件費を下げられるよう非正規労働者を雇用しやすくする改革を行え、さもなければ生産拠点をこの国から移す」「法人税を引き下げる税制改革を実行しないと貴国にはもう投資しない」などといった具合に、各国政府に圧力をかけられるようになるからである。その反面、各国の一般庶民の声は、相対的に弱くなり、各国政府にあまり届かなくなってしまう。

その結果、グローバル化以降、各国の法律や制度は、どうしてもグローバルな投資家や企業に有利なように変えられてしまった。彼らにとってビジネスしやすく稼ぎやすい環境ができた。だが、各国の一般庶民にとっては暮らしにくい社会となってしまった。

グローバル化を旗印にした構造改革の内容は各国で異なるが、グローバルな投資家や企業にとって稼ぎやすい経済空間を作り出そうとしてきた点では共通している。その空間では、各国の一般庶民は主人公にはなれない。暮らしにくく、また能力を磨き、発揮することも難しくなってしまったのである。

グローバル化路線を改め、国づくり重視へと戻らなければならない。各国の一般庶民の幸福を第一に考える世界経済秩序を築き直さなければならない。

「国づくり」路線では各国の一般庶民が主人公になれる社会を作ろうとする。社会の活力、国の活力は、その国の多数の庶民の能力を向上させ、引き出すことによって得られる。そのため、例えば、その国の多数の庶民の有する文化的特徴をよく知り、彼らに適切な動機づけを与え、やる気を引き出すことが重要となる。だとすれば、やはりナショナルな文化論が大いに求められることとなる。

保守と「〇〇人論」

しばしば指摘されるように、保守とリベラルとの違いは、人間の理性や知性といったものに重きを置く程度である。リベラルは人間の理性や知性を重んじる。人は理性や知性によって人生を導くべきだと捉える。国家や社会に関しても、リベラルは、典型的には社会契約論のように、人々が理性や知性を用いて設計し、作り出したものだと理解する。

保守は対照的に、人間の理性や知性の限界を強調する。国家や社会は、人々が理性や知性を用いて設計し、意図的に作り上げたものだとは見ない。保守は、国家や社会は、言語がそうであるように、過去の幾世代もの人々の半ば無意識の試行錯誤の積み重ねのなかからいわば自然発生的に生じてきたものだとみる。

また保守は、人間は、生まれ落ちた国や社会の文化や伝統に参加して初めて一人前になれると考える。つまり、人間の理性や知性といったものは、文化や伝統を学んでいくなかで形作られるとみる。例えば、人は、生まれ落ちた国の言語、つまり母語を身に付けていく中で知的に物事を認識し、思考し、判断できるようになる。これは、言語だけでなく、文化や伝統一般にも当てはまる。人は、文化や伝統を学んでいくなかで知性や理性と言われるものを身に付け、物事を認識し、感じ取り、思考し、判断できるようになっていく。

この捉え方は、さきほど見た文化心理学の理解と似ている。文化心理学と同様、保守も人間の心は、生まれ育った国の文化や伝統を学んでいくうえで育まれていくとみるのである。

保守は、人間の精神は、一国の文化や伝統から大きな影響を受けるという前提に立っている。それゆえ、保守は、自国の文化や伝統を良く知り、それを維持し、発展させていかなければならない。そのことが自分や同胞の精神のはたらきを円滑なものにし、能力を磨き、発揮しやすくすることに寄与すると考えるからである。

日本の保守は、日本人論、日本文化論がたくさん生まれ、多様な議論が繰り広げられる将来を目指すべきだ。また、日本の外では、多様な国や地域の文化論が展開され、各々の議論を手掛かりに自分たちにあったルールや制度をそれぞれの場所で形作っていこうとする多元的な世界を志向すべきなのである。

対談

アメリカニズムの衰退と日本の近代

Saeki Keishi　Fujimoto Ryuji

佐伯啓思×藤本龍児

――本誌『ひらく』が始まったのが2019年ですが、それからだけでも2020年には新型コロナウイルス・パンデミックが起こり、2021年にはアメリカのアフガニスタン撤退、2022年にはロシアのウクライナ侵攻があって、またそれらと並行してインドをはじめとするグローバル・サウスが台頭する、といったように世界は大きく動いています。

そうしたなかアメリカが相対的に力を失ってきているのではないか、という見方が強くなってきました。少なくとも20世紀のように、アメリカが世界をリードするような理念を提示できなくなっている。今日は、これまで1世紀にわたってアメリカニズムが世界を覆ってきた理由や、リベラル・デモクラシーが衰退してきた原因、これからのアメリカニズムと日本の関係などについて、思想や哲学の視点からお話ししてもらいたいと思います。

1　アメリカニズムの原動力はなにか？

佐伯 今回、藤本さんの『ポスト・アメリカニズムの世紀』（筑摩選書、2021年）という本を面白く読ませていただきました。現代における宗教復興の全般的傾向、トランプ現象の背後にある福音派の問題、それからアメリカにおける政教分離の歴史的な経緯。こういうことを私はよく知らないから、読んで勉強させてもらった。この本は読みやすくて、しかも凡庸な内容じゃない、と言ったら失礼かもしれませんが（笑）、かなりエキサイティングな内容なので楽しく読みました。藤本さんが前に書いた本、『アメリカの公共宗教』（NTT出版）は、10年ぐらい前でしたか？

藤本 あれは、博士論文がもとになったもので2009年に出しましたから、二冊目を出すまでに10年以上かかってしまいました。

佐伯 『ポスト・アメリカニズムの世紀』は、その続編ということになりますね。内容は重なるところもありますが、いろいろ発展させている。10年の時代の変化というのはかなりありますからね。

藤本 前の本でも社会哲学と宗教をテーマにしていましたし、「アメリカニズム」を主題としていたんですが、さらに学際的な観点が広がって「文明論」のようになっています。

佐伯 藤本さんがアメリカニズムのその次をどうやって見すえるか、そちらに少しずつシフトしてきていて、非常に面白かった。私もだいぶ前になりますけれども、30年近く前かな、『「アメリカニズム」の終焉』（現在：中公文庫）という本を書きました。

藤本 先生があの本を出されたのは1993年だったと思います。

佐伯 そうですか。そのときに考えていたこともあるし、今日は私のほうからいくつかコメントをして、アメリカニズムのことを話してみたい。まずは〈総かり立て体制〉、この問題です。これが、この本の大きな軸になっていると言っていいと思います。

藤本 そうですね。ハイデガーの技術論の言葉で、現代の技術文明の本質を示したものです。ドイツ語では〈Gestell〉で、ハイデガー研究では「集-立」というように訳されたりして、哲学的には存在を「顕現させる仕方」のことです。ですが、これではちょっと難しい。文明論的には、戦時中の「召集Gestellung」という言葉が重ねられていて、モノやヒトを「狩り・駆り立てる」という意味もあるので、〈総かり立て体制〉という訳語があてられます。これは、本誌『ひらく』にも何度か寄稿されているハイデガー研究者の森一郎先生のご研究によるものです。

いろいろな意味が重ねられていますが、端的にいえば、人間をふくめ全てを「役立つもの」に作り変え、「材料」として断片化し、流動化して、市場競争をはじめ、あらゆる競争のために総動員して循環させるシステムのことだと言えます。ハイデガーは、アメリカニズムの中心に、その〈総かり立て体制〉がある、と指摘しました。

佐伯 私が『「アメリカニズム」の終焉』という本で考えたアメリカニズムというのはアントニオ・グラムシを参考にしながらフォーディズムをモデルにして、それを少し拡大解釈したものです。フォーディズムというのは、二十世紀初頭のヘンリー・フォードによる自動車の生産システムを、新しい産業経済の考え方に拡張してアメリカ文明を特徴づける概念にしたものです。そのときには、三つくらいのポイントがありました。

一つは大量生産、大量消費によって膨大な中間層が出来上がっていく。技術によって一つの社会現象が生み出されるということ。しかもそれが大衆社会を作り、その背後に大量生産技術がある。これがフォーディズムの一つの特徴。

そしてそれが、事実上アメリカの民主主義と非常に深く関係しているということ。私なりに言えば「モノによる民主主義」「モノの民主主義」という言い方をしましたけれども、消費社会民主主義のことです。みんなが画一化された、似たような世界に住み、目に見える形で平等性が実現していく。これがフォーディズム＝〈イコール〉アメリカニズムの二つ目。

それから三つ目に考えたのは、フォーディズムが持っている大きな特徴は方法化なんです。あらゆることを方法化していく。大量生産技術というのは一つの方法です。大量消費も消費の様式化と言いますか、方式なんですね。フォードが考えたのは移民外国人をアメリカ化するということで、これも方式なんです。哲学者のホワイトヘッドが「19世紀の思想の最大の特徴は方法である」というようなことを言ってますけれども、アメリカは、万事を方法化することによってあらゆることを実証的なベースにおく。それから大衆化する。誰もがアクセスできる。そういう普遍性を与える。その典型がこのフォードの考え方です。

したがって、それを拡大すると自動的にグローバル化になっていくんですね。グローバルな形で世界中に発信できていく。現にマクドナルディゼーション（McDonaldization）という言葉がありますが、マクドナルドというのは世界中どこに行っても通用するような消費のスタイルを方法化した。これはアメリカ文明の大きな特徴でしょう。そういうことを主題として私は『アメリカニズムの終焉』という本を書きました。

藤本 アメリカニズムは端的には、アメリカ的なリベラル・デモクラシーと市場主義を普遍化すべきだ、とする思想ですが、フォーディズムはその原動力となった、と言えると思います。ぼくはフォーディズムの代わりに〈総かり立て体制〉を原動力だと考えました。

〈総かり立て体制〉には、フォーディズムも入ります。ただ、アメリカをはじめ先進諸国では、1960年代、70年代あたりから変化があって、ダニエル・ベルやアルビン・トフラーが言ったように「ポスト工業化」が進んでいく。それにつれて〈ポスト・フォーディズム〉が広がっていった。そのあたりのことも射程に入れて考えるには、〈総かり立て体制〉が有効だと考えたからです。

佐伯 たしかに、藤本さんが言うように、現代は製造業も大量生産化し、大量消費も新興国に移ってしまって、先進国の製造業は、労働人口でも非常に小さくなってしまいましたね。むしろ、とくに冷戦以降、金融や情報通信、それからさまざまな専門的なサービス業、こういうものが圧倒的に経済の中心を占め、大きな利益を上げるようになった。じゃあ、それを一体どういうふうに言えばいいのか。

君の考えはそれもアメリカニズムである、ということですね。フォーディズムをあまり狭くとってしまうと冷戦以降の新しい産業、新しい経済をうまく表現できない。それもアメリカニズムのいっそうの進展だというのは非常に面白い論点だと思います。そのばあい、それを論じるのにハイデガーの技術論を援用している。そこがこの本の一つのポイントですね。

藤本 アメリカが、フォーディズムの時代だけではなくて、1980年代以降も現代文明のモデルであり続けた理由を理解しておく必要があると考えました。アメリカニズムは、なぜ〈ポスト・フォーディズム〉の時代になっても衰えることなく、21世紀まで続いてきたのか。その原動力は何なのか。いまやアメリカニズムは転換点にあると思いますが、その動向を見きわめるためにも、それが衰退したあとの展望をもつためにも、そうした流れをつかんでおかないといけないと考えたんです。その点、ハイデガーの技術論は、射程がとても遠くまでのびていると思いました。

佐伯 それは面白いし、私も賛成です。私自身も『近代の虚妄』（東洋経済新報社、2020年）という本のなかでハイデガーをかなり借り、ハイデガーの技術論を現代文明の一つの中心的なテーマだと考えたんです。だから君のこの考えには触発されるし賛成なんですが、同時にちょっと危惧するところもあるのです。

それは、やはりハイデガーの〈総かり立て体制〉というのは概念的にかなり広いんです。これはもちろん、ハイデガーは冷戦以降の金融資本主義を考えているわけじゃなくて、第一次大戦から始まってナチスが出てきた、その前後の軍事と産業が一体化していく、それに労働者という形で人間が動員されていく。それが一体化していくような社会となった。それが戦後も実は続いているだろう。その全体を彼はこういう〈総かり立て体制〉という形で分析している。

そのばあいに、〈総かり立て体制〉というのはかなり難しい概念です。人によって理解の仕方も違うと思うけれども、大きなポイントは、ハイデガーの言葉だったか藤本さんの言葉だったか忘れましたけれども、〈総かり立て体制〉というのは知識の問題である、知の問題であるというふうなことを言っていますね。〈総かり立て体制〉というのは根本的に「知の様式」であると。

藤本 それはハイデガー自身が言っていることですね。すこし難しいですが、仰るように重要なポイントになります。技術の語源であるギリシャ語のテクネーは、ポイエーシス（制作）を導く「知」を意味していた、というところに注目するんです。技術をこのように見ると、技術について考えるときの盲点が見えてきます。

ハイデガーは、情報技術や生命科学、AI技術などの技術革新がなされれば産業がおこって、経済が成長し、社会も進歩するだろうというような、技術を万能視する楽観主義をとりません。逆に、原子力発電や遺伝子工学、ゲノム編集、人工知能などの技術支配が自然を汚染し、生命を冒涜し、機械を暴走させる、というように技術を危険視する悲観主義を唱えるわけでもないんです。

さらには、技術を善でも悪でもないとする「技術中立説」でもないんですよね。技術中立説というのは、ナイフや自動車、原子力など、どんなものであれ豊かさのために使うこともできるしテロに使うこともできる、というような考えです。問題は、技術を正しい方向に導けるかどうか、何を目的とするかであって、重要なのはテクノロジーをコントロールできるかどうかだ、というように考える。それで、正しさや目的を考えるための価値基準が必要だとして、価値の源泉となる文化や道徳、宗教を重視することになります。

ハイデガーは、それが責任のある議論であることは認めながらも、そこには技術を善とみたり悪とみたりする見解と同様に盲点がある、と言います。それらはみな技術を「道具」とみたり、道具を使う「行為」とみたり、目的を果たすための「手段」とみたりしている。しかし、技術というものの本質は、文化や道徳、宗教、政治などと同列にあるようなものではない。文明を構成する要素の一つではなくて、それらを規定する文明の根本要素、「知の様式」であって、そこを見ないと「技術における危機」が見えない、と言うんです。

佐伯 そう、「知の様式」なんですね。しかし、その「知の様式」を一体どういうふうに理解したらいいのか、ということです。私の理解は、要するに近代社会の合理主義、そして合理主義が生み出した科学、特に人間は物事をできるだけ実証的、事実的、論理的に認識しようとする。こういう方法が近代社会の人間の思考の中心的な形になりました。それは、人間を自然から解放するものであり、人間の自由をより拡大するものだと普通は考えられるのですが、ハイデガーはむしろ、人間が知識をもつ、合理的に物事を考える、科学を生み出した、そのことが人間を何かに縛りつけてしまい、人間を逆に極めて不自由なものにしてしまう、一つの型に閉じ込めてしまうというふうに考えているのだろうと思うんです。

だからハイデガーの技術論の一つの難点でありかつ重要なポイントは、現代技術を古典的技術からどこで区別するか、という点でしょう。簡単にいえば、電力を考えたばあいに、昔の風車とか水車とかそういうものと、現代の原子力発電は一体どこが違うのか、あるいは同じなのか、あるいは、根本は同じでただ延長上にあるものなのか。どこかで根本的に断絶しているものなのか。それは大きな論点になると思うんですね。

藤本 切断とまでいえるかは別として、どこで区別するかというと、たとえば風車と風力発電は区別されます。同じように風という自然の力を利用することは変わりません。ハイデガーの言い方はこうです。風車は、自然の中の一部として組み込まれ、そこから動力を得る。それに対して風力発電は、技術のシステムの中に風を組み込んで、そこからエネルギーを徴発する。こういうふうに区別しています。風車は、風がふくままに回るだけで、気流のもつエネルギーを開発して、貯蔵するようなことはしない、ということです。

佐伯 たしかにハイデガーは、そういうふうに言っていますね。でも、そこで区別できるのかな。風力のように具体的には捉えられないけれど、自然の中に隠された潜在力があって、それを人間が引き出すとすれば、決定的な違いはどこにあるのか、ということです。強いて言うと、そこに現代科学が入り込んでしまった。われわれが合理的に考え、物事を合理的にコントロールしようとする。自然をそこにあるものとして取り出すんじゃなくて、自然のなかにある物理法則を科学的・合理的、あるいは抽象的に取り出す。それが自然を変えてしまい、自然のなかから新たなエネルギーを取り出した。自然が、人間の知識という人為に操作されている。そういう人為的な操作にわれわれは取り込まれてしまった。人間は近代社会において物事を批判するにしろ利用するにしろ、合理的にしか物事を捉えることができなくなりましたから。

したがって、この合理性の枠のなかにわれわれは閉じ込められてしまって、合理的なものから逃れることができなくなった。そういうふうに考えているのかなと私はハイデガーの技術論を読んだときに解釈したんです。そうするとやはりウェーバーの近代化論に近いですね。ウェーバーの近代化論は、近代化の果てに人間は合理性の檻に取り込まれると言ってます。やはりハイデガーもその延長上にあるのかなという気はするんです。藤本さんはハイデガーとウェーバーはまた違うと書いていますね。その辺は問題になるところだという気はします。

藤本 ハイデガーは、ウェーバーと自分は「究極的に異質」だとはっきりと言っています。カール・ヤスパース宛の手紙のなかでそう書いているんです。ただ、ハイデガーの講義録なんかを読んでいると、ウェーバーの言っていることに似ているな、と思うところがよく出てきます。わざわざ「究極的に異質」だと言わなければいけないほど意識せざるをえなかった、とも考えられます。今回の本では、ウェーバーの合理性の問題や、「鉄の檻」と〈総かり立て体制〉の違いなどについて詳しく書きましたが、そうしたこともウェーバーの議論との重なりをおさえたうえで考えなければならない、というのはご指摘の通りだと思います。

佐伯 そうすると、このハイデガーの〈総かり立て体制〉を人間が合理的な科学を生み出して、その科学を使いながら物事を発展させて技術を発展させていく。それがどんどん人間の思考様式まで取り込んでいってしまう。そういうふうに考えると、これは近代社会全体に及ぶ大きな問題で、アメリカだけの話ではないだろうということです。

現に人間は自発的に、主体的に物事を考えているつもりなんです。主体的に物事を捉えようとしている、つまり合理的に思考しているつもりである。それが実は技術のなかにどんどん取り込まれている。自発的に、主体的にやろうとしていることが実は主体を失っている。これが近代社会の特徴だと言ったのは、たとえばミシェル・フーコーですね。フーコーもそういう話をしているわけです。それからフランクフルト学派の人たちはヘーゲルの概念を使う。彼らも同じような議論をしていて、それとハイデガーとの違いは一体何なのか。ハイデガーの技術論との違い。ハイデガーの技術論をとくにアメリカに当てはめることの意味は一体どこにあるのか、ちょっと気になりましたね。

藤本 そうですね。ハイデガーが想定しているのは、アメリカだけの話ではありません。〈総かり立て体制〉の極端な形態がアメリカニズムだとしていて、現代文明に共通する問題として論じています。フーコーの主体についての議論は、ハイデガーを参照したものですし、ギリシャに回帰していくところなどは共通していますが、すこし方向性が違うというか、観点が違います。

佐伯 そう、ここで藤本さんはたいへん面白いことを言っているんです。それは〈総かり立て体制〉がアメリカニズムであるというのは、実はそこにキリスト教があるからだと言っているんですよね。つまり、キリスト教と〈総かり立て体制〉をパラレルのようなものだと考えていて、これは面白い。刺激的であると同時に、論争になる論点でしょうね。ハイデガーもそれはちゃんと説明していない。

君の説明に従うと、キリスト教においては神がモノを創り出す、制作する。ハイデガーの〈総かり立て体制〉論の元になっているのは制作的発想で、彼はそれをギリシャから借りてきた。同時にまたそれはキリスト教にもある。モノを創り出すということが人間の本質であり、この文明の本質である。文明を生み出して文明を進歩させてきたものは、モノを新しく創り出していく、制作的行為である。その制作的行為というものを一番体現している文明がアメリカ文明ということですね。

それはそうだと思います。アメリカ文明は常に技術をもって新しいものを生み出す。だから、近代的な進歩主義は合理性によって新しいものを次から次へと生み出したり作り変えたりする。そういう意味で確かに制作的なんです。ただそのこととキリスト教の創造論、制作という話は本当にくっつきますかね。そこは面白いと同時に、気になりますね。

アメリカで福音派やキリスト教が大きな影響力を持っているということ、それと〈総かり立て体制〉というのはどういう関係にあるのか。確かにアメリカでは技術万能的な思考が生み出されていく。それと人間がより高い存在になってゆくという思考は何か関連するのかもしれない。ユヴァル・ノア・ハラリのように言うと結局人間は神になろうとしていた。神になろうとしていた人間の欲望が、人工知能を生み出し、結果として人間を超えるようなものを人間は生み出してしまった。こういうふうにハラリは言っていますから。確かにユダヤ・キリスト教というものはどこかで深い影を落としているのかもしれないですね。そこは改めて聞いてみたいです。

藤本 それは、ギリシャ以来の西洋哲学と宗教という大きな問題になりますが、端的には「創造論」のことから考えるといいかもしれません。創造論そのものを信じているアメリカ人は現在でも4割ほどいて、日本人が教わるような進化論を信じている人は2割ぐらいです。ですが、それだけではなくて、創造論のような「知の様式」が、アメリカの理念に組み込まれている、ということが重要です。アメリカの理念の根本としていつも参照されるものに「独立宣言」がありますが、そこには「すべての人間は神によって平等に造られ」とあります。そのうえで「一定の譲り渡すことのできない権利を与えられており、その権利のなかには生命、自由、幸福の追求が含まれている」と続いています。アメリカの自由や平等、幸福という理念は、「神によって造られた」ということが前提になっているわけです。

2 なぜ「リベラル・デモクラシー」は、衰退してきたのか?

佐伯 そこですぐに思い出すのは、アメリカ文明のもう一つの柱である自由と民主主義ということです。自由にしろ民主主義にしろ、確かにこれも一種の創造、制作というものの変形だというふうに言うこともできますね。人間の自由というものは人間の制約を超えていく。その制約は例えば自然であったりしますが、それを破壊して人間の役に立つものを生み出していく。そこに人間の自由があるというふうに考えれば、自由も一種の創造行為と言えるし、民主主義もそういうふうに理解することも可能でしょうね。現にいろんな偏見、差別、そういったものをぶち壊して社会を進歩させていくというのは新しい社会の創造だというふうに理解すれば、自由と民主主義も創造的行為であるというふうに言えるのかもしれません。

藤本 リベラル・デモクラシーとキリスト教の関係は、アメリカニズムを考えるうえで欠かせないと思います。そのなかでも考え方のベースになっている創造論の意味合いが大きい。ダニエル・ベルもアメリカニズムを定義して「人は単に過去をそのまま継承するのではなく、自分自身を創り出すことができる、もし彼が新たに移住してきた者ならば、自分自身を創り直すことができるということ」だと言っています。

佐伯 そこで気になるのは、やはりネオコンなんです。今度の本ではネオコンの話はあまり出てきませんでしたけれども、前回の『アメリカの公共宗教』の方ではわりと論じていましたね。どうしてネオコンというものがアメリカで生まれてきたのか。ネオコンというものは一体何なのか、ネオコンの中には一体どういう形でアメリカ的なものが入っているのか。これは今日のグローバリズム時代のアメリカを考えるばあいに非常に重要なテーマだと思います。

　ネオコンがどうしてできたかという歴史的な経緯はちょっと別にしておいて、確かにネオコンは自由と民主主義を掲げながら、その背後に福音主義と言いますか、ユダヤ - キリスト教的なものを持っている。これが一体どういう意味を持つのか、そこなんですね。

　ただ、その問題を考える前に少し戻って、アメリカのリベラリズムというものを考えてみたいんです。君は本の中で、アメリカニズムがうまくいかなくなった理由として、リベラリズムが宗教的なものを排除してしまった、ということを書いていますね。

藤本 それは、ユルゲン・ハーバーマスやチャールズ・テイラーが言っていることを手がかりにして論じました。現代の市民社会も、何らかのかたちで宗教的な源泉につながっておかないと、人々の結束する力が枯渇してリベラル・デモクラシーは自壊していく、ということです。社会哲学ではリベラルであれ保守であれ、立場にかかわらず、そのあたりまでの理解は広がってきている。そう言ってよいと思います。日本では、政治と宗教が結びつくと条件反射的にアレルギー反応が出てしまうので、なかなか理解されにくいところではありますが。

佐伯 それはまったく賛成です。リベラリズムが、それだけでは世俗的な形でコミュニティを作ることができなくなってしまい、コミュニティが完全に分断されてしまっている。それを生み出したのもリベラリズムである。そういう形でリベラルは崩壊してきた。それはよく分かる。ただ、その問題は、アメリカ特有の問題なのか近代の問題なのか、ちょっと難しいですね。

　というのは、この問題を元に戻していけば、やはり私はホッブズに行き着くと思うんです。ホッブズが近代社会の論理をつくったときに、教会権力と世俗権力を完全に分けようとした。分けて教会権力を別にしておいて、世俗の権力で主権者をつくった。では世俗権力だけで主権者の正当性やら社会秩序を説明しきれるかというと、やはりちょっと難しい。

　だから、ホッブズの主権を適切な形で解釈しようと思えば、主権者が絶対権力を持たないとしょうがなくなってしまうでしょう。絶対権力を持って反対意見を持つものを弾圧してしまうか、あるいは反対意見を持てないような教育をするか。つまり市民教育をするか。

　そういう話にたぶんなってくるだろうと思うんです。ところが、世俗権力だけでうまくいかないとなると、やはり切り離したはずの宗教的な基盤が問題になってくるんでしょうね。それはアメリカだけの問題じゃなくて、近代社会全般が持っている問題なのかなという気はするんです。

　ところが、アメリカで、とくにこのリベラリズムと多文化主義とか、政教分離の憲法解釈の問題とか、こういうことが大きな問題になっている。リベラルとコミュニタリアンの対立がある。ロールズがリベラルな価値観もそれを有するコミュニティで初めて成り立つというようなことを言わないとしょうがなくなってしまった。それからいわゆる「文化戦争」が起きる。こういうことはヨーロッパでもないわけではないけれど、どうしてもアメリカの方がその問題が強く出てくる。それはどうしてか。

　要するに、ホッブズのああいう二元論的な聖俗の分離が、ヨーロッパではそれほど表面化しないのに対して、アメリカではこの問題が一気に、アメリカの成り立ちまで届くような大きな問題になった。それはどうしてか。それはやっぱりアメリカの建国そのものの問題だったと思いますね。というのは、アメリカの建国とは、簡単に言えば神の国ですよね。新たなエルサレムを創り出そうとした。ヨーロッパで迫害されて逃げてきたプロテスタントの一派。そういう人たちがアメリカを新しい宗教的な聖地にしようとした、というのがアメリカ建国の少なくとも一つの重要なポイントで、それがどこまでいってもアメリカについて回る。

　そうするとホッブズのような論理を本当はアメリカに当てはめることはできないんだという気がする。自然状態の中から契約によって世俗権力を作るとホッブズは言っているけれども、ご存じのように、『リヴァイアサン』

の後半はほとんど全部聖書解釈をしているんですよね。

藤本 ぼくも、院生時代に『リヴァイアサン』を読んだときは、ホッブズの一般的な説明が納得できませんでした。ふつうの政治学の解説だと、どうしても宗教が背景に退いています。ですが、先生がおっしゃったように後半の方はキリスト教のことがずっと論じられているし、実は最初の方にも少なからず出てくる。

ホッブズの政治思想は、宗教を抜きにしては理解できないのではないか。そういう考え方は、ホッブズ研究でも1990年代には出てきていたようですが、しっかり考えられ始められるようになるのは今世紀に入ってからです。まだまだ分からないことが多い。『アメリカの公共宗教』では、ホッブズの宗教論には触れるだけしかできませんでしたが、社会契約論を宗教観点から見直す必要がある。それは間違いないと思いますし、そのばあいはやはり『リヴァイアサン』の後半部分をどう理解するかが重要になると思います。

佐伯 そう、後半部分は、いかに聖書解釈をしながらちゃんと世俗権力が自立するかということを、聖書をうまく読めば理解できるんだという話をしている。だから、ホッブズのあの政教分離の話じたいが極めてキリスト教的で聖書的コンテキストの中でなされたものでしょう。したがって、聖書的コンテキストはヨーロッパではずっと潜在的に繋がっていっている。ヨーロッパで教会に通う人口はアメリカより少ないということですね。一般的にはヨーロッパは世俗化が進んでいると言われるんだけれど、私にはあまりそういう気はしないですね。もっと目に見えないところでヨーロッパは宗教的構造を一貫して保持している気がするんです。

アメリカはそれを意識しているんでしょう。どうして意識しているかというと、それがアメリカの建国そのものだから。さきほど「独立宣言」のことを言っていたけど、いつもそこに戻らないとしょうがない。だから、厄介な問題が出てきてしまう。

藤本 ヨーロッパだけでなく、とくにアメリカの建国のことになれば、ロックのことも言っておかなければなりません。建国の父であるトマス・ジェファソンが、ロックに影響を受けながら自然権や個人の自由という理念を「独立宣言」に組み込んだ。ただ、ホッブズ解釈と同じように、長らく宗教的な次元はほとんど注目されてこなかった。しかし、ロックの思想も、宗教抜きには語れません。宗教的寛容の理念のもとになったと言われる「寛容についての書簡」を読んだら、最後のほうに「神の存在を否定する人びとは決して寛容に扱われるべきではありません」と書いてある。「たとえ思想のなかだけのことにしても、神を否定することは、すべてを解体してしまいます」と書いてあるんですね。

アメリカの理念について考えるには、そういうロックの政治思想が基盤になっている、ということをわきまえておかなければならない。そのあたりに、現代のアメリカの混乱や分断のカギの一つがあると考えています。ですが、とくに日本では「すべての人間は神によって平等に造られ」という部分はほとんど視界に入っていません。アメリカの政治理念と宗教の関係についてあまり考えてこなかった。

佐伯 ネオコンの人たちはそこを非常に意識しているんじゃないかなという気がします。ネオコンの背後にあるのがユダヤ教なのか何なのか、そこまでは私には分かりません。しかし、何かそういうことを、少なくともかなり心の奥に秘めた人たちがネオコンというグループの中心にいるのでしょう。したがって、ネオコンの思想というのは世界化できるはずだというふうに彼らは考えている。ユダヤ・キリスト教的な救済の思想を普遍化できると考えているのでしょう。

そこで、宗教的救済を世俗化すれば、自由や民主主義は普遍的価値観であるということでしょう。普遍的価値観であるからには、それはアメリカを超えてグローバルな世界に広がることができる。したがってグローバリズムというのは、そういう自由や民主主義の普遍的価値観をイデオロギーで指導することができる。

そういうふうに彼らは考えていると思いますが、実は宗教的な次元まで含めて考えると厄介な問題です。ユダヤ－キリスト教的な宗教を彼らが意識しているとすれば、宗教的な信仰のある形まで世界化できるというふうに考えているのか、そこまでは考えないで世俗的なレベルだけで彼らは議論しようとしているのか。それはネオコンというものを理解するばあいに大きな問題になると思いますね。もし宗教的な背景があるのだとすれば、それは確実にイスラームとの対立になるんですね。

今は、ロシアのウクライナ問題があります。それはロシア正教がロシア民族にはある、スラブ民族には彼ら独特の文化的で歴史的な背景があります。そういうものとアメリカ的な自由や民主主義、その背後にあるユダヤ－キリスト教的な価値観が衝突するという可能性が非常に高いんです。その話を一体どう考えるか。もし君が宗教というものがこれからまた復活してくるんだ、宗教的な精神というのは決して死に絶えないんだと言うなら、このグローバリズムの世界でフランシス・フクヤマが言うような「歴史の終わり」というふうに考えるのか、ハンチントン型の「文明の衝突」というふうに考えるのか。これは非常に重要な論点ですね。宗教的なもののいくつかの形がやはりもう一度姿を現しつつあるのか。

藤本 まずネオコンについていえば、いろいろな論者がいますから、少なくとも1960年代に形成された第一世代と、イラク戦争のときにブッシュ政権を後押ししたような第二世代を区別しておかなければならないと考えています。よくトロツキストが母体になっているとか、ユダヤ人が多いとかいう話がありますけれども、それはおもに第一世代のことです。しかも、たとえばネオコンの父祖と言われるアーヴィング・クリストルはユダヤ教からカトリックに改宗しています。

この第一世代は、「宗教の社会的価値」というような言い方をして、それを思想的な課題として取り組んでいました。ダニエル・ベルもそうですし、ヨーロッパ的な保守主義者といったほうがよいロバート・ニスベットもいます。宗教社会学の大家であるピーター・バーガーも挙げられます。

ところが第二世代は、第一世代ほど宗教について考えていないし、そもそも思想じたいが深みのないものになっている。どちらかと言えば、先生が言われているのは第二世代の延長線上にあるネオコンではないでしょうか。

佐伯 ああ、そうですね。

藤本 この第二世代の問題は、たとえば2021年のアメリカのアフガニスタン撤退に示されたと考えています。9・11テロが起こった時にネオコンは、イラクやアフガニスタンにたいして「レジーム・チェンジ（体制転換）」をしなければならない、としました。これは、フランシス・フクヤマが『歴史の終わり』のなかで書いていたことを背景としています。「公正な市民機構を打ち立て、それを全世界に広めていくことが、歴史の進歩を理解できるかどうかの尺度になる」という考え方です。ロバート・ケーガンは、「政治体制にかんするさまざまな思想のあいだで争われてきた何世紀にもわたる戦いは、欧米のリベラリズムが勝利する形で完全に決着がついた」と言いました。「歴史の終わり」の世界観を背景にして、リベラル・デモクラシーや市場経済を普遍化すること、つまりアメリカニズムを遂行するのが当然だ、と考えたわけです。

しかし、そもそもネオコンが思想的な始祖と仰いだレオ・シュトラウスは、レジームを重視していたことはたしかですが、体制転換が容易だとは考えていませんでした。レジームは、『統治形態によって規定される共同体の生活様式」のことです。目に見える制度だけでなくて、その基層には血縁関係や歴史経験もあるし、宗教もある。人びとの行動を規定する不文律を含んだものです。ですから、外からやってきて簡単にチェンジできるわけがありません。ネオコンの第二世代は、シュトラウスを利用するだけで、その思想のことなど理解していなかった、ということだと思います。

アフガニスタンからの撤退は、撤退の仕方がお粗末だった、というようなことが問題とされていますが、ぼくはもっと大きな問題で、アメリカニズムの転換を示す証拠の一つだと考えています。アメリカは、20年ほどの年月をかけて、2兆ドル以上費やし、多くの人間を送り込み、そのなかでも兵士が2500人以上、民間人も4000人近く死亡しました。それでも、レジーム・チェンジなどできなかった。それだけのことをしたのに民主化の試みが頓挫した、ということです。戦後日本の占領がモデルだったなどと言われますが、この「レジーム・チェンジ」についての誤解は、ネオコンだけでなくて、アメリカニズムに漬かった日本でも、いまだに続いていると思っています。

佐伯 そうですね。ネオコンにかんしては、君が言っているように本当はきちんと話をしないとダメですね。第一世代と第二世代、それから最近のネオコンの違いなどを考えておかないといけない。

ただ、レジーム・チェンジまでいくかどうかは別で、何か圧力をかけてゆけば、イラク・中東だって内部から変化してゆく、場合によればやがて革命が起きるだろうと。ロシアの影響下にあった国でもオレンジ革命とかね。そういうふうな革命が起きて内在的に民主化の方に転化していくだろうと考えている。そこで先ほどの話の繰り返しですけれども、これは自由と民主主義の普遍性だけの枠に留めるのか、もうちょっとその背後に彼らを動かしている強力な何かがあるのか、という話なんですよ。

藤本 ネオコンの背後に、ですか？

佐伯 そう、ネオコンの。ただ、それはネオコンでなくても構いません。アメリカの若干宗教的な精神を持った人たちが、福音派を含めて。ある意味では福音派を含めたアメリカの宗教的精神がある独特の歴史観を秘めていて、その歴史的な使命感がイスラーム諸国への介入を背後で支えているのか、と思ったわけです。つまり、ネオコンの話は自由民主主義だけの政治イデオロギーの話にするのか、もっと宗教的信条に関わってくるのかを改めて聞きたい。

フクヤマが果たしてネオコンかどうかということもあります。このばあいの大きなポイントは、やはり、フクヤマ型の歴史観をどこまで世界化できるかという話ですよね、結局は。

藤本 フクヤマは、ネオコンの思想を担いましたが、途中で袂を分かちました。シュトラウスのことも理解していましたし、第二世代の論者より大きなパースペクティヴで見ています。そのぶん影響力はネオコンを超えて広がっています。「歴史の終わり」論は、いろいろな批判がありましたが、自由と民主主義と市場経済が普遍化していく、という考え方はグローバリズムとして、あるいはアメリカニズムとして先進諸国の広範囲で共有されていたと言えます。

とはいえぼくは、フクヤマの「歴史の終わり」論よりは、ハンチントンの「文明の衝突」論のほうが適切だと考えています。こちらは、「歴史の終わり」論より多くの批判があって、実際に評判がわるかった。ぼくが、ハンチントンの見方は重要だと言ったり書いたりすると、たいていイヤな顔をされました。しかし「文明の衝突」論も、絶えず気にされてきたようです。近年は、ある程度認めざるをえない、というように受け止め方が変わってきているように感じます。「文明の衝突」論のほうをとるならば、ハンチントンは文明の核には宗教があるとしているので、国際社会というか世界の動向に宗教が大きくかかわると見るのは当然のことになります。

では、リベラル・デモクラシーを普遍化しようとするアメリカニズムの背後に宗教がどれほどあるのか、ということですよね。一般的には、ハンチントンに対してフクヤマの方は、宗教抜きで語られたポスト冷戦後の世界観というように見なされていますが、ぼくはそうは考えていません。フクヤマの「歴史の終わり」論、つまりリベラル・デモクラシーと市場経済が普遍化していくという思想の背後には、明確にキリスト教的な次元があります。

たとえばジャック・デリダは、『歴史の終わり』に「福音」という言葉が散りばめられていることに注目します。これはたんなる修辞ではない、と言うんですね。フクヤマが提唱したテーゼは、「歴史の終わり＝目的(end)」に向けて展開されてきた形而上学的でキリスト教的な「終末論」である、と指摘しているのです。ユダヤ－キリスト教的な文化のほかでは、こういう歴史観は形成されません。ギリシャにもローマにも、あるいは中国にもインドにも、そして日本にも、そんな歴史観はないんです。

そのように、アメリカの政治思想や歴史観を背後で支えている宗教性は、福音派などの宗教保守や共和党だけでなく、宗教リベラルや民主党などにも共有されています。アメリカは、近代化を押し進め、現代文明のモデルになってきたにもかかわらず、同時にとても宗教的な国、宗教大国だと言えると思います。

佐伯　そうなると、ホッブズ、ロックの社会契約論などに宗教が組み込まれているという話に戻ってきますね。そのときに私が気になるのはこういうことなんです。リベラリズムの問題というのは、基本的に個人主義になります。ところがもう一つ、リベラルな社会と言ったときには社会の秩序を考える。そうすると、たとえば宗教の問題をそこに持ってきたときに、個人が自分の内面で神を信じている。プロテスタントのような宗教のばあいには個人の内面を通じた個人主義というものと、約束によって出来上がった社会秩序の原理。それはある程度簡単に両立するんですが、そうでないようなばあい、イスラームだとか、そもそも最初から集団的なものを前提にした宗教が出てきたときには、その宗教はもう個人を超えてしまいますから、それがそのまま社会に入ったときに、特定の価値観を社会に押し付けるとは言わないけれど、社会の中に特定の価値観を共有するグループができてしまう。それがリベラリズムの一つの問題で、多文化主義とリベラリズムはうまく適合しないということにもなるわけです。

藤本　リベラリズムの問題は、宗教は衰退していくと考えて、あるいは宗教が残っているとしても私的なもの、個人の内面にあるものだとした点です。私的な宗教は「信教の自由」という理念によって許したけれども、公的な領域には持ち出してはならない、とした。リベラリズムは、公私を区別して、公的な領域は中立的な枠組として作り、私的な領域では個人の自由で、宗教を信じてもいいし、信じなくてもいい、としたわけです。

先生は「社会の秩序」というふうに言われましたけれども、近年に問題になっているのは、社会の秩序をつくるばあい、そのように公私を分けて、宗教を私的領域に閉じ込めておけばいいとは考えられなくなった、ということです。社会の秩序というものは宗教抜きには語れない、あるいは宗教抜きには機能しないというような議論です。

佐伯　それは賛成なんだけど、それでは君の言っているような漠然とした市民宗教のところへ話を持ってきて、それで上手くいくのかなという気はします。

藤本　「市民宗教」というのは、社会契約論のなかでも、ジャン＝ジャック・ルソーが言っていることですね。ルソーは社会契約、あるいは市民社会を論じていって、最後のところで市民宗教論を唱えます。ぼくが前の本で論じた「公共宗教」というのは、その市民宗教論がもとになっています。社会哲学者のロバート・ベラーが1967年に「アメリカの市民宗教」として現代的な形で見直したものを、ぼくは1990年代の多文化主義以降の変化をふまえて改めて再編しようとしたものです。

リベラリズムでいえば、現代の社会契約論を展開したジョン・ロールズも、後期になってリベラル・デモクラシーと宗教の関係を見直さざるをえなくなりました。ロールズが宗教を取り込もうとしたのは、直接的には80年代にアメリカで福音派を中心とする宗教保守が非常に大きな力を持ってきたことが原因ですが、理論的にも原因がありました。

さきほど先生が「宗教がこれからも重要だと言うんだとしたら」というような話をされていましたが、リベラリズムの修正というか、リベラル・デモクラシーをなんとか再生しようという試みのなかでも宗教は欠かせなくなっています。今世紀に入ってロールズを引き継ぐかたちで、ドイツのハーバーマスが「ポスト世俗化」ということを言い始めましたし、いまでは、ひろく社会哲学者や政治哲学者を巻き込んで大きな議論として展開しています。大枠でいえば、宗教を取り込むことでリベラル・デモクラシーを補完しようとする動きだとまとめることができます。

ただ、ぼくの公共宗教論は、リベラル・デモクラシーの補完というよりは、もう少しその基盤から見直そうとするものです。リベラリズムの公私の区別と宗教の位置づけという問題だけでなく、近代における社会と宗教、政治と宗教の関係を見直すということです。

佐伯　それについては、ロシアのウクライナ侵攻の問題にも、同じようなことが言えます。また話が戻るけれども、西洋近代の一つの大きなポイントは、一応形式上は世俗的な主権国家をつくったということなんです。話の筋としてはやはりホッブズが一つの決定的に重要なポイントになるんです。イギリスの政治論は実はホッブズ的な伝統のようにはなっていないとも思いますが、しかし思想的に言うとね、それで主権国家というものを生み出した。その国家が王制であろうと何制であろうと主権的な国民国家というのをつくり出した。それが西洋です。

　ところが、それは実は西洋だけなんですよ。そんなことをやったのは。アメリカは国民国家じゃないです。ロシアも国民国家じゃない。中国はもちろん違う。それからもちろんインドも違いますね、多民族国家だし、いろんなものが集合してある。とくにアメリカは連邦です。ロシアのばあいは、もともとのソ連は連邦だった。連邦の制度というのは特にアメリカを見れば分かるように州が集まってきてより大きな権力を構成する。これ、ローマ帝国のやり方の逆ですね。ローマは最初にローマという中心があって、それが帝国に広がっていって、ある種の巨大な連邦国家をつくったわけですよね、ローマ連邦みたいなものを。アメリカはその逆のやり方で。しかし形としては同じことですね。ああいうふうなものは帝国の原理なんです。

　だから、アメリカというのは「理念の共和国」であると同時に、「理念の帝国」になる。州はもともと主権国家とは言わないけれど、主権地域みたいなものですよね。それを集めて連邦にした。同じような原理を世界にあてはめ、同盟関係をつくっていくことによって帝国に拡大する。これがアメリカのやり方ですよね。結局、社会主義の成立によってできたソ連も同じように帝国を作った。ソ連が崩壊したときに、ウクライナは厄介なことに西洋型の国民国家になろうとした。しかし、ロシアからすればそもそもの原理が違うだろうと。国民国家というのは西洋の原理だろう。西洋が歴史を積み重ねてきて宗教戦争のあげくに国民国家をつくってきた。文明論的にいえば、ロシアも中国もアメリカも実は違っている。西洋型の国民国家ではない。それはこのウクライナ問題を考えるばあいのベースにある大事な問題だと思います。

　つまり、近代性というものをちゃんと理念としてつくったのは西欧である。しかもイギリスはちょっと違うんです。イギリスに近代社会という概念はたぶんないだろうと思う。ロシアにはそんなものはもちろんない。近代性という概念はない。アメリカは最初から近代だから、アメリカがどこかで近代になりました、などということもない。むしろ、極端にいえばローマ帝国の再来だと言っても構わない。こういうふうに言えば、近代性というのは一体何なのか。

藤本　ウクライナ問題については、２０２２年２月にロシアが侵攻して間もない頃からいくつかの場所で話す機会がありました。もちろんぼくは、ロシアの専門家ではありませんが、アメリカの宗教保守はロシアとパイプをもっていますし、「ポスト世俗化」論のなかでもロシアは注目されていたからです。

　冷戦が終わり、ロシアはある種のアイデンティティ・クライシスに陥って、どうやって自分たちの誇りを保つか、どうやってまとまっていくか、ということが大きな課題になりました。そのときに見直されたのが「ルースキー・ミール」つまり「ロシア（ルーシ）の世界」という世界観です。その広がりは、国民国家の枠におさまらず、独自の文明圏をさしています。ここで欠かせないのが、ロシア正教です。

　ロシア史は、８６２年のキエフ・ルーシの設立にはじまりますが、９８８年にウラジーミル大公が、クリミア半島にあるケルソネソスという都市で、東方正教の洗礼を受けます。これ以降、正教がルーシの国教となって、国や民衆をまとめる要素になりました。キエフ・ルーシ公国、これがロシアやベラルーシ、ウクライナのある種の起源とされるわけです。２０１４年の大統領教書演説では、クリミアの併合をさして「ウラジーミル大公の受洗の地が戻った」と意義づけていました。

　ウクライナには、キーウをはじめ正教会の聖地がたくさんあります。ポスト冷戦の国際社会のなかでなんとか自分たちの、国民国家とはすこし違う、ハンチントン的に言えば文明のアイデンティティを確保するためには、ウクライナは手放してはいけないもの、ということになる。この手放すというのは、近代的な国民国家の意味ではありません。

　この見方からして、ロシアとウクライナの対立が決定的になったのは、２０１９年１月でした。ウクライナ正教会が、ロシア正教会から分離独立したときです。宗教的な次元でいえば、これが手放すということです。しかもロシアからすると、欧米によって政治的に奪われた、ということになります。ウクライナのポロシェンコ大統領が、政策として独立を働きかけ、それに応じるかたちでコンスタンティノープルの総主教が独立を許可したからです。こうしたことが、ＮＡＴＯ加盟の動きと同時に動いていた。

　ハンチントン的な、あるいは「ポスト世俗化」の見方からすると、それが非常に大きな臨界点というか、ロシアを追い詰めたところだったと考えています。

　もちろん、これがウクライナ侵攻の要因だったとまでは言いません。原因の一つということになるでしょうが、「ポスト世俗化」という社会哲学の議論からして、あるいは文明論的な観点からすると、大きな原因だと考えられます。ロシアはこのときに「これで宗教戦争が起こるぞ」とまで言っていました。日本では当初それがそれほど重要だと思われていなかったからか、あまり報道されませんでした。いまでは一部のロシア研究者や元外交官からも、ウクライナ侵攻の宗教的な背景については指摘されるようになっています。

　ロシアは、リベラル・デモクラシーなどの思想を受け入れないどころか、近代の理念や国民国家という枠組にもおさまっていない。これは、中国でもインドでも同じようなことが言えるのではないでしょうか。とすれば、近代化ということから考え直さなければならない。

3　これからのアメリカニズムと日本

佐伯 その通りだと思います。近代性というのは普遍化できるのかということが今、たぶん問われていて、それは日本の問題でもある。日本にとって近代とは何なのか。近代こそが普遍的な原理だと考えて導入したけれども、本当にそうだったのか。産業革命や技術革新はまだ可能だとして、もっと根本的なところで近代とは一体何だったのかということにわれわれは直面しているのではないかと思いますが、どうですか。

藤本 近代とは何なのか。日本が、この問いに直面しているというのはその通りだと思います。ただ、それを考えるためにも、まずはアメリカニズムを反省することから始めなければならないと考えてきました。9・11テロをはじめ、リーマンショックやトランプ現象のようなポピュリズム、パンデミック、ロシアのウクライナ侵攻、中国やインドを中心としたグローバル・サウスの台頭、こういう21世紀に入ってからの動向をふまえると、アメリカニズムへの懐疑が強くなっているのは間違いないと思います。

　欧米諸国だけでも、リベラル・デモクラシーへの信頼は薄れてきた。それは、リベラルであれ保守であれ、立場に関係なくそうです。アメリカをはじめ各国で「分断の危機」が叫ばれているのは、いわゆる「ネオリベラリズム」による経済格差の問題も大きいですが、さきほど先生もすこし触れられた「文化戦争」による対立も大きい。リベラルであれ何であれ、社会哲学で「ポスト世俗化」論という思想潮流が大きくなっていて、宗教の見直しが始まっている。それは、リベラル・デモクラシーに欠かせない共通の価値が崩れてきてしまっている、という認識が広がっているからです。その価値の源泉として文化が、なかでもとくに宗教が求められている、ということです。

　回りくどいと思われるでしょうが、まずはこういう認識が日本でも広がってこなければ、近代についての議論も進まないと思います。

佐伯 その点でいえば、そういう共通の価値は果たして宗教だけかなという気もしますね。どうして民族という話をしないのか、あるいはもっと広く歴史や伝統ということを言わないのか。

　たとえば、日本を見たばあいに、日本に存在するのはなんとなく神様みたいなものであり、なんとなく仏が大事で、というように漠然とした意識でしょう。宗教と言うほどしっかりとしたものではない。だけど、日本人が持っているある種の共通価値のようなものがそこにあって、それは歴史的に作り出されてきている。それを宗教というふうに名づける必要はなくて、何か習俗的なもの、歴史的な習慣。自生的な価値体系のような、あるいは世界観、社会観、人間関係のあり方とか、そのレベルで論じたらどうなのか。それは市民宗教と言うほどのものではないでしょう。広く習俗といってよいかもしれません。

藤本 たしかに、民主主義が機能不全を起こしていると認識されて、共通の価値観が必要だと議論されるばあいも、すぐに宗教が持ち出されるわけではありません。先生が言われたように歴史的に醸成されたものだとか、伝統という言い方をします。

　ただ、ぼくが手がかりにしている宗教というものは、聖典があって、教祖がいて、教会があって、集団でお祈りして、というような宗教ではありません。そういう宗教観は、キリスト教のプロテスタントをモデルにしたものです。これは宗教学ですこし前から言われ始めていることですが、そうではない宗教の在り方、もっと広い「宗教的なもの」があるだろう、ということです。

　そこでポイントになるのは、先生が言われた「習俗」なんです。これは、トクヴィルが『アメリカのデモクラシー』のなかで、モーレスというか、「習俗としての宗教」みたいなものがデモクラシーには必要なんだ、と言っています。先生の言われる習俗というものと、ぼくの言っている「宗教的なもの」はかなり近い。

　ただ、さらに言えば、習俗というのは「宗教的なもの」なしには存続しえない、ということです。このばあい、宗教というものは、やはり教義だとか教祖だとかではなくて、「世俗の価値を超えたもの」「世俗を超えたもの」を想定する、という意味です。これは「現世を超える」という意味もあって、いま生きている人間たちの価値観だけではない、といったことです。

佐伯 ちょっとそこで聞きたいのが、どうしてその「世俗外的なもの」をそこに含まなきゃダメなのですか。どうして「世俗外」というのがそんなに重要なんですか。

藤本 世俗を超えたものとしての、「世俗外」の価値というものを取り込んだ習俗でないと、現世の価値観を絶対視しかねないからです。いま生きている者だけの価値観に押し流されてしまう。多数者の専制といってもいいし、ポピュリズムといってもいいですけれど、少数者が蹂躙されていくからです。

佐伯 なるほど、それは賛成です。世俗外主義。しかし、たとえば日本の社会で考えたばあいに、日本社会で「世俗外的なもの」とは何なんですか。

藤本「世俗外主義」とまでは言いませんが、日本は非常に宗教的だと思っているので。

佐伯 それは、ある意味でそう思います。ただ、日本のことを、もう少し聞いておきたいですね。

藤本 簡単に言うのは難しいんですが、「世俗外的なもの」というのは、形而上学的な超越性を持たない、かなり緩やかな意味での超越性です。あるいは、超越性とすら言えないかたちで「世俗的なもの」と「世俗外的なもの」

が張り合わされているような在り方です。「世俗の向こう側」と言ってもいいんですけれども、何かの拍子でクルッと返ってしまう、あるいは向こう側への通路ができてしまう。そういうような存在の捉え方です。そういった感覚なり予感なり、その感覚の痕跡としての物語なり、というものが世界観に入ってきてこそ、現世だとか現代的なものを相対化できる視点が設定できる。

佐伯 たぶん君は賛成してくれると思うんだけれども、私なりに言うと、そういう問題というのは死者の問題というのかな。そこに焦点を合わせた方が分かりやすいと思うんです。死者というのはもうこの世の中にいない。しかし、何かは残ってるんですよね。キリスト教のばあいには、そこにどこか超越的な、神の世界みたいなものがあって、神の世界と死後の霊魂は繋がるような形になっているのでしょうね。多くの普通の宗教はそこまでいきません。だけど死者というものをどうやって生者との関係で位置づけるか。魂や霊魂の問題なのか、儀礼的な問題なのか。それともそもそもそんな問題はないのか。それは、あちら側の問題なのか、あるいはこちらの問題なのか。それはよく分かりません。

しかし死者、あるいはもう少し一般化して言うと、今もうここにはない過去の経験のようなもの。民族的経験でもいいし個人の経験でもいいし、家族でも、あるいは先祖。そこをどういうふうに考えるかという問題はあらゆる社会、あらゆる民族にたぶん共通の問題でしょう。個人にとっても大きな問題です。それを考えたときに何か今ここにあるものだけでは済まないという気がしますね。

ただそこまでいくと、この話は何か普通の意味での公共的なものとか、聖とか俗とか政教分離とかいう話と次元が違ってくるのではないですか。そこに本来の宗教の意味もある。この死者の話のようなところがたぶん大事なんですよね。根本的に大事なんでしょう。だからそこへ話をむしろ持っていってしまった方がよい。政教分離や公共宗教という話はむろんありますが、それも、生者と死者の関係という本来の宗教とのからみでいわないと、と思いますね。

藤本 ちょっとそれは早すぎるというか。一応、論じる順番があると思ってやっています。実は、今おっしゃってくださったのは、それを想定しておられたのかは分かりませんが、前の本で死者というようなことを〈世俗外他者〉という言い方をして論じました。

ルイ・デュモンという文化人類学者がいまして、西欧の個人主義や、その対極にあるインドのカースト制度を理論的に研究した人です。その人の概念を併用しながら、西洋だけでなくアジアにも通じるような宗教性をとらえるものとして〈世俗外〉について論じました。

〈世俗外他者〉というのは、死者や先祖でもあれば、歴史上の偉人や神話の登場人物のことでもあります。あるいは、自然も含まれます。たとえば、太陽でもいいですし月でもいいです。そういうような〈世俗外他者〉が、歴史や神話を紡いできたようなところが多分にあるわけです。

でも、先生がおっしゃるように一番分かりやすいというか、議論しやすいのはやはり死者ですね。死者とどう対話していくのか。死者をどう今に取り込んでいくのか。こういうような広い意味での制度というものが現代の民主主義には欠けている、あるいはリベラリズムにはまだ上手く組み込めていない、というところが問題で。死者の方が分かりやすいし面白いんですけれども。一応その手前で、そういう議論をすると必ず、世俗化はどうなんだとか、政教分離や多文化主義はどうなんだとかという話があるので、一応手順を踏んでいるつもりなんですが、まどろっこしいですか？（笑）

佐伯 死生観、自然観、宇宙観。そういうものが根本に必ずあるんですよ。私はヨーロッパにはまだそういうものがあって、それが宗教意識というものとはちょっと違うにしても、広い意味で宗教的なものと絡んでいると思うんですけれどね。あるいは逆にキリスト教だ、何教だと言う必要もなくて、そういう死生観や宇宙観が本当はあるはずだと思う。それはわれわれの社会にもある。だけど確かにリベラル・デモクラシーはそれを否定しないにしても、違う場所で問題を立てようとしている。死生観とか自然観とかそんな話ではない、個人と社会の関わりという形で、です。

だけど、リベラリズムのように社会を改良する、人間の自由を拡大していく。こういう話になってくると次元の違う話になってしまう。それが彼らの考える政治哲学なんです。だけど君も言っているし、私も大体賛成するんですけれども、そういう話の背後に本当はもっと大事な自然観、宇宙観みたいなものがあるはずだし、それがなければ世俗の話もたぶん上手くいかないでしょう。

ところが、そのばあいに、やはりどうしても気になるというか厄介なのは結局先ほどのホッブズに戻ってしまうんだけれど、宗教戦争があって宗教改革があって、その中から近代を生み出してきたあのヨーロッパの歴史なんですよね。あそこで政治の世界、世俗世界と教会権力はとにかく分けようと。キリスト教とリベラル・デモクラシーは別にしようと主張したんです。ところが、結局面白いのはホッブズを生み出した肝心要のイギリスはそんなこと全然していない。普通はそういうことはしないんですよ。だから、公共文化に宗教を持ち込むなというようなややこしい話が、イギリスでは出てこないんです。日本でも本当はそんなことは問題にならないはずだと思うんですよ。

だけど、アメリカというのは非常に奇妙な社会で、一方で宗教社会である。キリスト教社会でありながら、同時に移民社会というか多文化社会をつくろうとしたから、その二つの異なった原理が完全にぶつかってしまって、それで君がここで論じているような大きな問題が次から次へと出てきてしまっている。それはある種、アメリカの特殊性だと思う。

藤本 アメリカの特殊性、あるいはヨーロッパと何が違うのかという話ですね。どうしてアメリカがこういう問題が多くなるかというと、よく言われることですけれど、やはり歴史が大きいと思います。ハイデガーもアメリカニズムの特徴として歴史がない、あるいは歴史を破壊したと言います。それを宗教あるいは習俗との関係でいえば、ヨーロッパではそういう超越だとか絶対神だとか唯一神でもいいですけど、それらにたいする見方とか考え方、あるいは感じ方を、歴史のなかで習俗に溶け込ませて、あるていど日常に引き寄せてきた部分があります。だから「習俗としての宗教」というふうになる。

ヨーロッパで世俗化が進んでいるというのも表面的な話で、実際は社会のなかに組み込まれている。政教分離については、今回の本でヨーロッパのこともすこし論じましたが、フランスが特殊なだけで、ほとんどの国にキリスト教政党があるし、それも弱小政党というわけでもない。長年ドイツで首相をしていたメルケルは、ドイツキリスト教民主同盟の党首でした。先生が言われたイギリスは国教をもっているし、制度的にも議会に聖職者の議席がある。そうした事例はたくさんあります。

近年、ポピュリズムの本で、日本でもわりと有名になったヤン・ベルナー・ミュラーという研究者は、20世紀のヨーロッパを率いてきた政治思想は「キリスト教民主主義」だ、とまで言っています。その点で言うと、アメリカですこし極端なかたちで出てくる「宗教」は、歴史のなかで、他の国ほど日常化できなかった、ということが一つの原因だと考えています。もちろん、「習俗としての宗教」は、アメリカにもあるんですが、それが弱いというか薄いというか。

佐伯 なるほどね。そうしたら、日本というものについてどういうふうに考えるか。あるいは、アメリカの議論を仮にやったとして、それをベースにして日本というものを考えることができるんですか。

藤本 そのことについては、前の本の「はじめに」で書いたんですけれど、これは日本を考えるための準備になる、と考えてやってきました。日本は明治以来、正確にいうと初期は違うと思いますけれど、近代社会というものを額面通り受け入れてしまった。欧米のような近代社会をつくらなければいけないと思ってつくったけれど、実際はヨーロッパ諸国も、教科書的な意味では近代化などしていなかった。単純ではない複層的な近代化のあり方を理解しておかないと、いまヨーロッパやアメリカで生じている問題も理解できないし、日本の近代化の問題を考えようとしてもズレてしまうと思うんです、問いの立て方が。

佐伯 戦後の日本が近代社会というものを勘違いして、アメリカ的なものこそが近代だとして取り入れたんだけれど、そのアメリカというのは非常に特異な近代のつくり方をしていて、ヨーロッパとは相当違うし、もちろんイギリスともかなり違うというふうなことをちゃんと理解する。その手立てとしてアメリカがあるというのは、分からなくもない。それはいいんですが、やはりもう少し日本の問題を議論してもいいと思いますね。

藤本 そうなると、やはり〈世俗外他者〉について話すことになります。そこには、死者や先祖だけでなく、太陽や月、海や大地といった自然も含まれます。このあたりが先生と違うところかもしれません。ここでもハイデガーの思索が参考になると考えていて、日本と結びつけるのはそうとう慎重にならなければならないんですが、先生の言われたなかでも、とくに「自然観」という点では通底するものがある。アメリカニズムを論じるのにハイデガーの観点を持ち込んだのはそのためでもありました。

佐伯 それも重要なことだと思うんだけど、そこは難しくて私もよく分からないんだ。改めて君に聞きたいんですけれどね。たとえば、さきほど話した風車と風力発電の違いはどう思いますか。ハイデガーは風車と原子力の歴然たる違いを論じようとしている。しかし、そういう説明を受け入れないと、風車も原子力も一緒になってしまう。だからやはりどこかで自然にあるものそのものに寄り添いながら、人間がその自然のエネルギーを利用すると考えるのか。技術の体系を作り出してしまって、技術の体系の中に自然を取り込んでしまうというふうに考えるか。そこに大きな分かれ目があると思いますね。果たして日本はどっちなのか、ということです。

そこにあるのは、やはり自然という概念なんですよ。自然というのはありのままの、風やら木やら林やら、そんなものを考えるのか。たとえば、水力だって水の流れは自然ですから。どこまでいったって自然を利用するわけです。さらに極端に言えば、ここまでくると厄介ですけど、自然というものを、何かがそこに隠された、その中にあるものが外に現れてくる、そういうふうに考えるのか。それも自然についてのある種の真実ですよね。

そう考えると、自然のなかにある物理的なエネルギー、原子、量子、それを全部含めて自然ということにもなる。それが自然科学ですよね。だから、ハイデガーが想定しているような自然と自然科学の間に、そんなに見事に線が引けるのかとなると、やはり非常に厄介な問題ですよね。

それに答えるというのは容易な話じゃないですが、やはり大事なことで、私なりに言うと近代科学が発展した、科学と技術が並行して発展した。その技術や科学が発展してきたことの方が重要で。そのことが〈総かり立て体制〉をつくりだした、というふうに言った方がいいんじゃないのかと思うんです。自然は自然としてあるんだけれども、人間は科学技術を発展させてしまった。近代社会の生み出した一つの大きな転機はガリレオだったんです。望遠鏡という技術が生み出されてしまったためにわれわれは結果として自然をコントロールするような近代社会にしてしまった、というふうな見方もできるだろうし。その辺は非常に錯綜しているんだけれども、ちょっと改めて議論したいですね。

藤本 ハイデガーが想定している自然はギリシャの〈フュシス〉ですね。これは、理解するのがなかなか難しい。なにせ、それがキケロによってラテン語の「ナトゥーラ」に翻訳されたところから誤解が始まっている、というぐらいです。英語のネイチャーで考えると間違いかねない。すくなくとも、自然科学でいう「自然」とは違うものだと考えなくてはいけません。「自然は自然としてある」という見方を紹介されましたけど、それだと物質的な自然環境というふうに捉えることになりかねない。ここの差というか違いが決定的です。

たしかに〈総かり立て体制〉によって、森や大地や海、大気などが枯渇しているという意味で、自然破壊の問題は大切です。そのばあいは、自然科学の対象となる自然の話になります。ただ、ハイデガーが考えている〈フュシス〉というのは、そのような実体としての自然ではありません。自然をそのように、自然科学的に、あるいは超自然的、つまり形而上学的にとらえるところから、「知の様式」としての〈総かり立て体制〉が発動します。

日本には、それとは別の自然観がある。そこを拠点として、もしくはその拠点を再編して、技術文明に対峙する。そのためにも、形而上学的存在秩序からはみ出る存在としての〈世俗外他者〉と対話していく。ぼくが今ここで言えるのはそれぐらいしかありません。ハイデガーが、思索とともに大切にした詩作、あるいは文学作品や芸術作品の意義というのも、そのあたりにつながると考えています。ですが、いまのぼくにはそれを論じる力はありません。

先生が言われた死者のことは、パンデミックとの関係で、今回の本でも最後にすこし論じました。ハイデガーは、「住む」ということを大切にします。住むとは「大地を救い、天空を受け入れ、神的な者たちを待ち望み、死すべき者たちに連れ添うという、四重の労わること」だと言っています。これは、どちらかと言えば日本に繋げやすい。ハイデガーを日本にすぐ繋げるというのはどうかと思いますけれども、可能性のあるものだと思っています。

佐伯 たしかに、ハイデガーの「住まう」という話は、非常に印象的ですよね。しかし、ああいうことを、考えつくというのは西欧ではハイデガーくらいしかいないんじゃないですか。そういうことを言っている哲学者というのは、ハイデガー以降には多少いるのですか。

藤本 ハイデガーの思索を引き継いで、イタリアのウーテ・グッツォーニという哲学者が『住まうことさすらうこと』という本を書いています。それを手がかりにして黒宮（一太）さんが『ネイションとの再会』（ＮＴＴ出版）で、ナショナリズムを論じていますね。

佐伯 そうか。それにしても、われわれの日常の中に何か宗教的構図を、あるいは人間の存在的構図みたいなものを、しかも四元的なものを見るという。そういうこと自体がどこから出てくるのかな。それはハイデガーの特殊な思いつきなのか、何かわれわれのなかにも似たようなものが流れているはずなのか。そうでないとハイデガーというのは特異な人で妙なことを考えましたね、で終わってしまったら困るわけでね。そういうものがどういう形で一つの社会の中に保持されていくのか。それが分かればありがたいですけれど難しいですね。

藤本 似たようなものというか流れというか、それをとらえた思想は、日本にもありますよね。

佐伯 本居にもあるんでしょうね。彼は人間の理や知への過信を「さかしら」といってしりぞけ、その背後に古代から流れる日本人のまことのこころを見ようとしましたね。「神ながらの道」という、広い意味での宗教的心情でしょう。

藤本 宣長もそうですし、そもそも宣長が継いだ、あるいはそれをさらに継承するような日本思想の流れがあると思います。そういうところを考え直さないといけないんですけれど、そのままやるといろいろ問題があって……。

佐伯 それは問題なの？

藤本 それじたいを論じるのであればいいんですが、そういうものを近代以降の学問と橋渡しをしようとすると、そのまえにある程度かたづけておかなければならない課題がいくつか出てくる。政教分離の問題とか、リベラリズムや多文化主義の問題などです。それを『「ポスト・アメリカニズム」の世紀』で論じたつもりです。

先生からすれば「どうして遠回りばかりしているんだ！」ということだと思います。ただ、ありがたいことに前の本も今回の本も、わりと日本のことを重ねて読んでくださる方やコメントくださる方が多くて、伝わっているなという感じはあります。今回もすこし日本のことに踏み込んで話せたので良いきっかけになりました。今後、すぐには難しいかもしれませんけれども、日本についても論じていきたいと思います。

佐伯 そうですか。『アメリカの公共宗教』も『「ポスト・アメリカニズム」の世紀』も、たしかにアメリカ研究ではあるけれども、ふつうの意味でのアメリカ研究ではないですよね。現代文明論ということになるんでしょうが、そうすると、まずは現代文明の中心にあるアメリカ論ということなのでしょうね。しかも、その現代文明全般がどうみてもおかしくなっており、そのことがアメリカニズムの失墜と軌を一にしている、というわけでしょう。そのうえで、では、ひとつの文明として日本をどう捉えるか、という論点は、われわれにとっては喫緊のテーマです。次回は、日本も視野に入れてまた対談できればと思います。

（これは日本文明研究フォーラムでの対談をもとにしたものです）

論考

E・マクレランと江藤淳の『こころ』②

アメリカ思想史研究者
会田弘継
Aida Hirotsugu

ハイエクやグリーンが『こころ』に感動

江藤淳の生涯の友となったエドウィン・マクレラン（一九二五〜二〇〇九）が、一九五七年にシカゴ大学社会思想委員会（学際的大学院）の社会科学部門に提出した博士論文は夏目漱石論であった。タイトルは「夏目漱石序説　ある日本の小説家」（An Introduction to Soseki, a Japanese Novelist）。指導教官は経済学者・法哲学者であるフリードリッヒ・ハイエクと古典ギリシャ文学者デイビッド・グリーンだった。

当時、漱石は欧米社会ではほとんど知られていなかったうえ、二人の指導教官は日本の専門家でもなかったから、マクレランは論文を執筆する前に、二人を説得するために漱石の代表作の一つである『こころ』を大急ぎで翻訳した。ハイエクらはこの『こころ』に心を揺さぶられ、未知の作家であった漱石についてマクレランが博士号取得のための論文を書くことを認めた。以上は前号で詳述した。

専門分野を超えて教員と学生の対等な議論を促したといわれる特異な大学院である社会思想委員会ではハイエク、グリーンの他、政治哲学者ハンナ・アレント、小説家ソール・ベロー、哲学者アラン・ブルームらが教えたり、学んだりした。アレントらいずれもが在学した時期は、マクレランがシカゴ大で学び、教えた時代に重なる。英スコットランドのセント・アンドルーズ大でスコットランド宗教改革について学んだマクレランは、シカゴ大社会思想委員会に移ってハイエクの下でトクヴィルやアクトン卿、ミルといった自由主義思想家について学ぶとともに、グリーンとはシェイクスピアやジョイスを読んでいた。

そうした研究の中にあって、なぜハイエクやグリーンが未知の作

こころ（英文版）・Kokoro（タトルクラシックス）

エドウィン・マクレラン

家、漱石の『こころ』に「とてつもなく感動」（マクレラン談）して、この作家についての論文執筆を認め、促したのか。ハイエク、グリーンが漱石について述べたり、記したりした文献があるかどうかは、管見では不明だ。現在参照できる重要な資料はマクレランの博士論文である。そこでどのように『こころ』の読解が示されているのだろうか。マクレランと、とくにハイエクの心がこの漱石の作品を通じて共振した理由を、のぞき見ることができるかもしれない。

手動タイプ打ちで序文一ページ、本文八十八ページ、書誌一ページの博士論文は、第一部二十五ページで漱石の生涯をたどり、続いて『吾輩は猫である』に始まって第二部の作品紹介に入る。序文で「漱石の全体像を理解するのに筆者が重要と考えた作品のみを論じる」と断っており、論じられているのは『猫』『坊っちゃん』『草枕』『野分』『三四郎』『それから』『門』『行人』『こころ』である。序文では、『こころ』は他の作品とは「同じ論じ方はしていない」と断っている。この論文を読む者は『こころ』の翻訳を読んでいるはずだからだ、と理由を述べている。違う論じ方というのは、まず分量である。『こころ』には二十二ページ、つまり論文全体の四分の一が当てられている。第一部全体の長さに相当する。

この「博士論文」は『こころ』の翻訳と一体になったもので、論文は他の作品（特に『三四郎』以下の「前期三部作」と『行人』）の評価を序論として『こころ』を論じていると言ってもよいだろう。マクレランはこの博士論文の翌年と翌々年に、ハーバード大学のアジア学のジャーナルに「夏目漱石序論」、日本の上智大学の英文ジャーナル「モニュメンタ・ニポニカ」に「漱石『こころ』の含意」と題された論考をそれぞれ発表しているが、前者は博士論文の第一部（漱石の生涯）と第二部作品紹介から『こころ』論をのぞいた部分の改訂版であり、後者は博士論文の『門』『行人』を導入部にして『こころ』論を改訂したものだ。当時のマクレランにとって、いかに『こころ』論が独立した重要性を持っていたかを示している。

そのマクレランの若き日の『こころ』論で注目されるのは、この小説の第二部の位置づけであろう。先生の告白と自殺で終わる『こころ』は三部構成となっている。「上　先生と私」、「中　両親と私」、「下　先生と遺書」である。学校の教科書などで取り上げられるのは、もっぱら「下」の「先生」の手紙（遺書）の告白からの抜粋であった。小説全体の半分は先生の遺書であり、そこで「先生」の不幸な半生、下宿先のお嬢さんとの恋愛と友人Kに対する裏切り、Kの自殺と自身の自殺への決意が告白される。漱石が描こうとした核心は第三部の「下」にあるとすれば、「先生」と学生である「私」との出会いを描く「上」や、「私」が学業を終えて帰った故郷で父親が危篤となる「中」は導入部としてはいかにも長すぎる、という批判が出るのももっともだ。

ただ、マクレランは「『こころ』を先生の絶望の物語としてだけでなく、その若い友人の孤独感が深まっていく物語だとみなせば、第一部と二部はこの小説全体を理解するために重要である」と考えた。そのように読むと、もっぱら「私」とその家族の話であり、もっとも短い（文庫本では五十ページほどの）第二部「中」が「この小説の重要な部分」になってくる、とマクレランは論じる。

> ここで（注・「中　両親と私」）、漱石が強調していると思われるのは、この若者（注・「私」）が徐々に父母や兄と疎遠になっていくことだ。ついには父が危篤なのに突如東京に向かってしまう。漱石は第二部を第三部（注・「下　先生と遺書」）と同じくらいに注意深く、情感を込めて書いているという印象を持つ。確かにとても感動的で、「先生」自身の物語（注・「下」）の場合にほぼ匹敵するクライマックスに達する。

さらに次のような分析を続ける。漱石はこの短い第二部で、伝統的な生き方をする「私」の両親の満ち足りた姿と、「先生」の苦悩を対比させたかったのだと解釈するのは可能であり、もっともらしい。そのような対比によって、謙虚に伝統を受け入れる人は、「先生」のようにそれに疑問を持つ人に比べて幸せだと漱石が言おうとしている。そう考えてしまうかもしれない（実際、筆者もそう考えた）。だが、漱石という作家の性格からして、それはありえない。漱石が描く「私」の父の死に向かう姿は、自身の身の始末もできなくなり、「先生」やその親友Kの死が決然として英雄的に見えるのに比べれば、みじめかもしれない。だからといって、父は軽侮の対象になっているかと言えば、それも違う。伝統に黙々と従うだけだが、死に際まで普通の人生を生きてきた者としてのある種の威厳がある。漱石の絶妙な老人の描き方が、読者に深い感銘を与える。典型的なのは、死の床で父が母を呼び求めるシーンだ。

……ことに室の中を見廻して母の影が見えないと、父は必ず「御光は」と聞いた。聞かないでも、眼がそれを物語っていた。……「何か御用ですか」と、母が仕掛けた用をそのままにして置いて病室に来ると、父はただ母の顔を見つめるだけで何も云わない事があった。そうかと思うと、まるで懸け離れた話をした。突然「御光御前にも色々世話になったね」などと優しい言葉を出す時もあった。母はそう云う言葉の前にきっと涙ぐんだ。そうした後では又きっと丈夫であった昔の父をその対照として想い出すらしかった。

「あんな憐れっぽい事を御言いだがね、あれでもとは随分酷かったんだよ」

この引用の後にマクレランが述べることが、彼の『こころ』解釈の核心となる。「老人（注・「私」の父）は死に向かうがゆえに淋しさを感じている。ところが先生とKは淋しいがゆえに自ら死に向かった。それが老人と二人の違いである」。その違いがあっても、死は他者からまったく切り離された状態での経験であるというのは点は同じだ。死の床で家族に囲まれていても、「死に向かうときはまったく孤独なのである」。『こころ』に限らず、漱石の主要作品では「孤独（isolation）というテーマが最も重要」になっている。そのことを認識すれば、作品の意味が理解できる。『門』に『それから』『こころ』の主要登場人物たちを結びつけているのは、罪を犯したという思いよりも、「淋しさの感覚」だと、マクレランは説く。

待ち受けるのは自死

実際、『こころ』の中でも「先生」はKの死因を考え続けた結果、果たして「御嬢さん」との失恋なのだろうかと疑いだし、「仕舞にKが私のようにたった一人で淋しくって仕方がなくなった結果、急に所決したのではなかろうかと疑いだしました。そうして又慄としたのです。私もKの歩いた路を、Kと同じように辿っている」という感覚に折々襲われるようになった。この「死」へと人を向かわせる淋しさは、「私」の父が死に向かう中で感じる淋しさとは違う。前者の淋しさは日本が急激な近代化を推し進める中で感じている幻滅感と不安、その苦しみから逃れようと主体性を求めていく自我の確立の帰結だと漱石は見ていた。漱石は「先生」に次のように言わせている。

「……自由と独立と己れとに充ちた現代に生れた我々は、その犠牲としてみんなこの淋しみを味わわなくてはならないでしょう」

マクレランが『こころ』の短な第二部「両親と私」に重要性を見たのは、このエピソードの中で学生の「私」も孤立感を深めて、先生あるいはK同様にその「淋しさ」の世界へ向かっていく姿を描いていたからだ。つまり、明治から大正へと時代は変わりつつある中でも、近代化の中で日本（人）が負った存在論的な宿痾は変わらず続くことが暗喩されている。

学生の「私」は故郷へ帰っても落ち着かない。父は死の床にある。

兄は「ある職」を帯びて九州にいるが（高級官僚を匂わせる叙述だ）、父の危篤で戻った。妹は遠くに嫁いだ。兄との間に父の死後の実家（財産のある旧家と想像される）の財産分けの話も出始める。一世代前に父母を相次いで失い親族と財産処分問題でもつれを引き起こし、財産の持ち分をすっかり処分して故郷と縁を切ってしまった「先生」と同じ道を歩み出したことが示唆される。実はKもまた、跡継ぎ問題をめぐって養家とごたごたを引き起こし、縁を切ってしまった故郷喪失者であった。

第二部の終わりで、「私」も伝統的家族の絆を振り切るように危篤の父を見捨て、先生の手紙（遺書）を持って東京行きの列車に飛び乗ってしまう。「淋しさ」のあまり自決したK。気付いたらKと同じ道をたどっていると遺書で告白した「先生」。二人の後を追うようにやはり故郷喪失者の道を歩み出した「私」にも、待ち受けるのは自死しかないだろうと暗示されている。自死でなければ、『門』や『それから』の主人公に訪れた苦い諦観である。

以上はマクレランによる『こころ』の読解だが、その『こころ』の英訳を最初に読んだ読者であるハイエクとグリーン、とくにハイエクはなぜ「とてつもなく感動」したのか。マクレランの博士論文の『こころ』解釈には指導教官の思想のなにがしかが映し出されている可能性はあるが、それを裏付ける文献は管見では見当たらない。

本稿は二〇〇八年に発表した「漱石・ハイエク・江藤淳「こころ」の絆」（『文藝春秋』同年一〇月号、中公文庫『増補改訂版　追跡アメリカの思想家たち』に収録）の続編であるが、そのエッセーを執筆した時はハイエクがマクレランと出会うまでの半生に、理由の一端があるのではないかと考えた。ハイエクは全体主義が欧州大陸を覆いだした一九三〇年代はじめにはウィーンからロンドンに移って世界的な名声を得た。だが、戦後に離婚しウィーンで再会した幼なじみと再婚したことで、英国で元の妻に同情する同僚たちとの関係が壊れたこともあって、米国へ移った。そうした経験と「先生」の故郷喪失、恋愛、裏切りの物語の間に相似を見たためかと推察した。だが、そうした読み方は皮相的過ぎるようにも思えた。マクレランが指摘するような漱石の「近代化」との葛藤が、ハイエクの思想（そしてグリーンの文学観）が持つ近代合理主義への懐疑と共鳴したのかもしれない。とりあえずの仮説としてそのように提示してみた。

この問題を考えるとき、『こころ』の登場人物たちを取り囲む時代や彼らの生活の描かれ方に眼を向けてみるのは意味があろう。現代の多くの読者は、「先生」は無職のようだが、どうしてゆとりある生活をしているようにみえるのか、と首を傾げたはずだ。学生時代の「先生」でさえ、Kの下宿代まで賄ったりしている。父母を亡くして叔父に財産をごまかされたというが、その後始末で残った財産処分後の資金と「公債」とで、利子生活者になっているという設定だ。漱石の他の主要作にも利子生活者とおぼしき主要人物が幾人も出てくる。

漱石が描く時代は、二十世紀前半に社会主義国家ソ連の成立とアメリカの大恐慌に端を発する世界的混乱を受けて、福祉国家あるいはファシズム全体主義国家が形成される以前の資本主義の時代であった。資本主義を統制する制度は進んでおらず、都市化が激しく進み出し、貧富の差も大きかった。

トマ・ピケティが『21世紀の資本』（二〇一四年）でさまざまな統計を駆使して示したとおり、日米欧の先進国で所得や資産の平等化が大きく進んだのは第一次世界大戦後から第二次世界大戦を経て戦後六〇年代までで、それ以前とその後は似たような格差社会である。つまり二〇世紀中葉の二つの大戦期・冷戦期は例外的な平等化時代で、それ以前、すなわち漱石が生き、そしてその後にわれわれが現在生きているような格差社会時代が（残念ながら）近代資本主義の常態といえる。戦争とその原動力であるナショナリズムが平等化を求め、また推進した理由は少し考えれば分かることだ。

淋しい、一人ぼっちの個人主義

『こころ』の「先生」や「私」はそうした競争的な、格差の激しい資本主義の近代に生きて、他方で古い家族制度の残滓の中で相続財産や家督をめぐって、近代化（都市化）した自己と「家」の葛藤に苦しんでいる。「個人主義」の精神はそうした十九世紀末から二十世紀初頭にかけ、当時の近代資本主義を生きていくに当たって必然であり、必要ともされた精神であった。だが、その「個人主義」に生きる人間は淋しいのである。漱石の作品はそのことを繰り返し訴えていたといえる。

……私のここに述べる個人主義というものは、決して俗人の考えているように国家に危険を及ぼすものでも何でもないので、他の存在を尊敬すると同時に自分の存在を尊敬するというのが私の解釈なのですから、立派な主義だろうと私は考えているのです。

もっと解り易くいえば、党派心がなくって理非がある主義なのです。朋党を結び団隊を作って、権力や金力のために盲動しないということなのです。それだからその裏面には人に知られない淋しさも潜んでいるのです。……ある時ある場合には人間がばらばらにならなければなりません。其所が淋しいのです。

……

以上は漱石の有名な講演『私の個人主義』の結論部分からの引用だが、この後も「淋しい」「一人ぼっち」が何度も繰り返される。近代化の道を驀進せざるを得ない日本人は、その驀進に伴う不安や幻滅に耐えるために「個人主義」を内面化しなければならない。それには「孤独」と「淋しさ」が伴わざるを得ないと、漱石は若者たちに訴えた。

漱石が『こころ』を新聞に連載したのは大正三年（一九一四年）四月から八月、学習院での『私の個人主義』の講演は同年一一月だ。『こころ』で「先生」が学生の「私」に語った「……自由と独立と己れとに充ちた現代に生まれた我々は、その犠牲としてこの淋しみを味わわなくてはならないでしょう」が、講演のテーマとなっているのは明らかだ。さらに言えば、『こころ』で終わる前期・後期各三部作の小説群を通してのテーマである。

それは日本も大急ぎで後から参加していった先進国群の十九世紀的資本主義・自由主義を支える、あるいはそれと表裏一体となったエトスであった。漱石はそのエトスの日本における姿に表現を与えた。のちに哲学者、戸坂潤が論じたように、漱石は単に小説家であったのではない。「イギリス風の実証家」であり「本質においては評論家であり批評家……又時とするとジャーナリスト」で、日本文学にはまれな資質を持った作家であった。そして「漱石文化」を形成し、その文化的影響は死後も長きにわたって続くことになった（戸坂潤「現代における「漱石文化」」）。

『こころ』の新聞連載が終わった時、欧州では第一次世界大戦の戦端が開かれた。西欧に始まった経済グローバル化を含めた近代化プロセスが大きな挫折に直面し、この大戦と大戦中のロシア革命を経て、世界資本主義は大きく変貌していく。共産主義、ファシズムが先進世界を覆い、そして最大の資本主義国となっていた米国でも大恐慌を経て社会主義的なニューディール経済体制の時代に入った。

「先生」や「私」、そして漱石自身が生きた十九世紀的資本主義は、大きく変貌していった。漱石はまさに「長い十九世紀」（歴史家ホブズボーム）の最後に現れた「時代批評家」としての鋭敏な嗅覚を持った作家であった。「長い十九世紀」は第一次世界大戦の開戦で終わるが、漱石も開戦から二年後に死去し、共産主義・ファシズム・ニューディール型資本主義が三つ巴で死闘を繰り広げた「短い二十世紀」（ホブズボーム）を見ることはなかった。

ハイエクと漱石の出会い

他方、漱石より一世代遅く一八九九年にウィーンに生まれたハイエクは、漱石が死去（一九一六年）した翌年に十代で兵役に就いている。十九世紀の自由主義と資本主義が崩壊して、巨大な国家権力がむき出しになって血みどろの闘争を繰り広げた二十世紀前半に、ハイエクは自由主義の経済学者として歩み出していくことになる。欧州大陸における自由主義経済学の拠点ウィーンから一九三〇年代には、ロンドン・スクール・オブ・エコノミクス（LSE）に移る。さらに前述のような経緯を経て、第二次世界大戦後はロンドンからシカゴに移り、マクレランとも出会って、漱石『こころ』の決定版翻訳の西洋社会での最初の読者になるのだが、この間に起きたハイエクの私生活上の出来事と同時に、知的活動自体の中に『こころ』が衝撃を与えた理由が見えてこないか。

第二次世界大戦を挟んで、ハイエクの経済学者・法哲学者としての活動は、共産主義・ファシズム・ニューディール型資本主義における国家権力の拡大＝「集産主義」に対抗し、法の支配による自由主義を再興することに重点が置かれた。大戦開戦前夜の一九三八年にパリで開かれたウォルター・リップマン・コロキウムへの参加から戦後一九四七年のモンペルラン・ソサエティの設立、大戦末期の『隷従への道』出版（一九四四年）と戦後のベストセラー化……これらは自由主義の再興を目指しての活動だった。こうした自由主義の再興は、ある意味でロシア革命から戦間期を通して起きた世界的な国家権力拡大が始まる以前の状態、すなわち十九世紀的資本主義・自由主義への復古の一面がある。それは、「新自由主義（ネオリベラリズム）」というあいまいな言葉で呼ばれるようにもなった。

ハイエクの思想が大きく見直されるのは、冷戦末期、自由主義とファシズム・ナチズムとの戦いの後も共産主義とニューディール型資本主義という、ともに国家権力主導型のシステムが競争の末に両者ともに行き詰まった一九七〇年代末ごろからだ。いわゆるサッチャリズム、レーガニズムの登場で「ネオリベラリズム」隆盛の時代が始まる。それは戦間期から続いた国家権力介入の時代を抜け出して、再び資本主義が十九世紀的な躍動を取り戻すと同時に、格差が拡大していく時代であったことは、ピケティの著書や各種統計グラフが示すとおりだ。

ハイエクが、長い国家介入優位の時代に公共知識人として（十九世紀的）自由主義の擁護と再興への狼煙を上げたのが『隷従への道』である。それがその後の『自由の条件』（一九六〇年）や『法と立法と自由』（一九七三〜七九）など法哲学・社会哲学の仕事につながっていく。ハイエクはその過程の初期である『隷従への道』から『自由の条件』に至る時代に漱石『こころ』に出会って感銘を受けたことになる。その当時はファシズム・ナチズムに米英が勝利して、いったん自由主義再興への勢いが見えたときである（ただし、その後のニューディール資本主義と共産主義との戦いである冷戦は長期に及んだ）。

注目したいのはその自由主義再興の節目で、ハイエクが「個人主義」に焦点を当てて、講演や著述を活発に行っていることだ。十九世紀的（ネオリベラルな）資本主義・自由主義がいったん挫折して第一次世界大戦が始まるときに、漱石は『こころ』を著し、「私の個人主義」の講演を行った。それと二つの大戦期を挟んで対照をなすように、ハイエクは第二次世界大戦が終わった一九四五年に、ダブリンで「真の個人主義と偽の個人主義」と題して講演を行った（のち『個人主義と経済秩序』＝一九四八年＝収録）。

ここで繰り広げられるハイエクの個人主義論は、自由主義の根幹としての個人主義の問題である。真の個人主義は自生的秩序に依拠するものであり、合理主義による個人主義は偽であるという、ハイエク思想の核心ともいえる合理主義批判が展開される。デカルトからルソーにいたる合理主義は個人がばらばらにアトム化（砂粒化）されて社会主義に至るものとして否定され、自由な人々の自然発生的な協力を重んじ、家族や小さな共同体を重んじるスミスやバーク、トクヴィルの思想を肯定する。

漱石の「私の個人主義」の文学的な基調とは一読して位相が異なる。だが、ハイエクがその「個人主義」論を展開したころに読んだのが『こころ』である。『こころ』と漱石の講演「私の個人主義」には密接なつながりがある。ハイエクは『こころ』の「先生」やK、そして「私」に、合理主義的近代化と個人主義の道を大急ぎで歩む社会において人間が破綻していく姿が痛切なまでに鮮やかに描かれているのに感銘を受けたのではないだろうか。当時、ハイエクは著作活動のみならずモンペルラン・ソサエティなどの運動を興して（一九四七年）、自由主義（個人主義）の再興を図っていたが、歩むべき隘路を踏みはずした場合、偽の自由主義（個人主義）の中で苦しむかもしれない人間の姿をみて、おののいたのかもしれない。

一九七〇年代末から先進国世界は自由主義再興（ネオリベラリズム）の時代に入って約半世紀。先進諸国は大きな壁にぶつかっている。短い二十世紀の半ばで起きた、ハイエクと漱石の『こころ』を通じての出会いという小さなエピソードに、いま意外な重みが見えてきた気がする。

論考

科学は何のために?

『ツァラトゥストラはこう言った』の学問論より

哲学者 森一郎 Mori Ichiro

「巨人」フランシスコ・デ・ゴヤ wikipediaより

1 超人、最後の人間、高等な人間

ニーチェ『ツァラトゥストラはこう言った』(1)には人間のタイプがいろいろ出てきて愉しい。なかでも印象的なのは、最初に出てくる「超人」と「最後の人間」の対比であろう。

第一部の開幕早々、主人公は民衆の集まる市場に現われ、開口一番、「私は君たちに、超人を教えよう。人間とは、克服されるべきものなのだ」(二二頁)と語る。神が死んだ時代に、人間は自分が最高の存在だと自惚れてはならず、人間を超えた新種の存在、つまり超人をめざして没落を辞さず邁進すべきだ、と説くのである。そこでツァラトゥストラの遠大な理想主義を、しかし民衆は受け付けない。そこでツァラトゥストラが繰り出すのが、「最後の人間」の描写である。

自己満足して理想を見失った人間たちは、「われわれは幸福を発明した」(三〇頁)と思い上がる。ぬくぬくした隣人愛と畜群的平等に安住し、ほどほどの労働と刺激を求め、何よりも健康に専心して長生きする。苦痛を避け快適さをひたすら追求する人類が行き着くどん詰まりを、ツァラトゥストラは「人間の末路」として描くのである。

この末人論も民衆にまるで相手にされなかったツァラトゥストラは、失敗からさすがに学んで、不特定多数にではなく、少数の理解者にのみ語ろうと方針転換する。ツァラトゥストラは若き友たち、つまり弟子たちをもっぱら相手にするようになる。聞き手たる弟子たちは、必ずしも個性豊かというわけではない。第一部本論、第二部ともにツァラトゥストラの一人語りが多い。クライマックスの第

(1) Friedrich Nietzsche, *Also sprach Zarathustra* (1883-1885), in: *Sämtliche Werke. Kritische Studienausgabe* Bd. 4, Deutscher Taschenbuch Verlag/ de Gruyter, 1980. 以下では、フリードリヒ・ニーチェ『ツァラトゥストラはこう言った』森一郎訳、講談社学術文庫、二〇二三年六月刊、を用いる。引用のさいに括弧内に付した頁付けも、拙訳書のものである。ただし、原文の強調は再現していない。

三部では孤独の中での思索が中心となる。

ところが、第四部に至ると一変して、強烈な個性をもつ対話相手が次々に現われる(2)。「高等な人間」と呼ばれる第四部の登場人物たちは、多かれ少なかれツァラトゥストラの教えにかぶれ、おかしくなってしまった奇人変人ばかりである。従順で抜け目ない「賤民」から浮き、脱落したからこそ、彼らは高人と言えるのである。最後の人間とは別な意味で、高等な人間も、超人が到来するための捨て石であり、没落を運命づけられている。

その中の一人に、「知的良心の保持者」を自称する研究者タイプが出てくる。沼地に腕を浸して横たわり、ヒルが吸い付くに任せて観察に励むこの偏屈な学究も、ツァラトゥストラの教えのある面に忠実である。自分の血を吸わせて微細な「ヒルの脳髄」(四二四頁)を徹底的に研究する酔狂ぶりは、大衆に迎合する識者を酷評して「精神とは、みずからの生命に斬り込む生命のことだ」(一七二頁、四二五頁)と言い放ったツァラトゥストラの知的ラディカリズムの写しなのである。ツァラトゥストラ自身は、「学者の家」(二〇九頁)の知的不誠実ぶりに愛想を尽かして逃げ出したという経歴の持ち主だが、学者を廃業したわけではない。知への愛へのひたむきさにかけては、学者の鑑なのである。

第四部後半では、王侯、法王から乞食、主人公の影まで、高等な人間が九名もツァラトゥストラの洞窟に集まり、無礼講の宴会が開かれる。ホストが外気に当たろうとして席を外すと、「魔術師」と呼ばれる演技派の歌手の出番となる。この怪しげな俳優は、真理探究との葛藤に引き裂かれる詩人の苦悩を切々と歌い上げる。一同ウットリ聞き惚れるが、知的良心の保持者だけはその虜にならずに、魔術師の一見しおらしい自己批判の調子にみだらな自己陶酔がひそんでいることを見抜く。「あんたは、純潔を讃えることでひそかに情欲をかき立てる者たちに似ている!」(五一五頁)――この告発自体、ツァラトゥストラの「純潔」道徳批判のなぞりである。続けて知的良心の保持者は、私がツァラトゥストラを慕っているのは、あんたたちと違って、堅固なものを求めてのことだ、として、学問の本義を論じ立てる。この場面を描く章が、「学問」と題されているゆえんである。

魔術師のワナにまんまと引っ掛かった連中と違って、自分は不確実なものに騙されはしない、「私が求めているのは、いっそうの確実性なのだ」(五一六頁)と、知的良心の保持者は宣言する。「確実性 Sicherheit」は、英訳(3)では security であり、「安全」と言い換えてもよい。これに対して、他の連中の求める「不確実性」は、「危険 Gefahr」と言い換えられる。英訳では danger であり、セキュリティと反対の「リスク」とも言い換えられよう。

「学問は何のために?」という問いに対して、知的良心の保持者は、「安全つまりリスク回避のため」と答えているわけである。学問のめざすべき目的が問題とされているこの箇所に着目し、科学の由来と帰趨について思案をめぐらしてみたい。

2 恐怖か、それとも勇気か

ひとくちに「学問 Wissenschaft, science」と言っても、伝統的な学問と近現代の科学とでは全然違う、と言われるかもしれない。しかし、この場面を描いているニーチェは、そのどちらも射程に収めているように思われる。

ツァラトゥストラが、古代の宗教家ゾロアスターに似つかわしくなく、近代科学の洗礼を受けていることは、神の死という時代認識からして明らかである。この場面では、知的良心の保持者が、デカルト的動機を洩らしている。「一切がぐらつき、あらゆる大地が揺れている今日」(五一六頁)だからこそ、自分は確実性を求めてやまないのだ、と。

どっしりとして揺るぎないものと考えられてきた伝統的な学問体系は、じつは疑わしい基礎の上に成り立っていたにすぎない。一切を疑った果てに残る絶対に疑いえないものを見出し、その不動の基礎の上にまったく新しい学問体系を築き上げようと乗り出したのは、デカルトである。その確実性探求を根本から規定していたのは、天動説から地動説への劇変にはじまる知的大変革であった。科学革命からの衝撃を受けとめて、確実性を探し求める近代哲学が成立したという事情が、知的良心の保持者の言葉から聞こえてくる。大地が揺れ動く時代に、「いっそうの戦慄を、いっそうの危険を、いっそうの地震を」（五一七頁）欲しがるなど、たんなるロマン主義的退行ではないのか。――デカルト以来、無地盤性に悩まされてきた近代の趨勢からして、まずはそうした疑問が呈されるのである。

他方、これに続く知的良心の保持者の説明は、近代的問題意識というよりはむしろ原始的心性からの学問起源論となっている。

恐怖こそは――人類の先祖代々の根本感情にほかならない〔…〕。恐怖から、ありとあらゆるものが説明できる。原罪も原徳もだ。私の徳も、恐怖から生じてきた。すなわち、学問という徳も。〔／〕なぜなら、野獣に対する恐怖を――人類は、はるか昔から長い年月をかけて飼い馴らしてきたからだ。〔…〕そのような長期にわたる古い恐怖が、ついには洗練され、精神化され、知性化されて――今日では学問と呼ばれるようになった、と私には思われる。（五一七―五一八頁。〔 〕は引用者）

ここに見られるのは、学問の恐怖起源説である。原始時代から人類は、未知のものに対して恐怖の感情を本能的に抱いてきた。だからこそ、その恐ろしさを克服すべく、未知を既知に変えること、つまり認識することを求めてきたのだ、というのである。その場合、学問とは「危険から救い出してくれる導き手」（五一七頁）とされている。

原野で野獣にいつ襲われないかと怯えて暮らしていた太古の感情が、未知のものの解明を促し、学問を発達させたというのは、なるほど分かりやすい説明である。今日でも、たとえば新型ウイルスが猛威をふるうと、得体の知れない感染病に対する恐怖心がかき立てられ、病原解明や医療技術開発が猛然と進む。ただし、その結果、新型ウイルスワクチンが開発されることで真に安心が得られるかは、また別の話だが。恐怖心が煽られるあまり、治験が十分でない接種が大規模に行なわれ、その結果かえって危険が高まることもある。

それはさておき、知的良心の保持者がこのように学問の恐怖起源説をぶっていると、洞窟の中に戻ってきたツァラトゥストラがそれを聞きつけ、一笑して、真理は逆さまだ、と言う。

なぜなら、恐怖などは――われわれの例外にすぎないからだ。むしろ、勇気こそ、つまり冒険や、不確かなもの、誰も挑んだことのないものにふれる悦び――そういった勇気こそ、人類の前史の全体にほかならない、と私には思われる。（五一八頁）

このようにツァラトゥストラは学問の勇気起源説を唱える。学問が成立したのは、恐怖に動機づけられた安全志向ではなく、勇気に導かれた冒険志向によってなのだ、と。

ツァラトゥストラが「勇気」を重視しているのは、ここだけではない。超人思想からして、進んで没落する勇気は欠かせない。市場で綱渡り師が曲芸に失敗して墜落したとき、ツァラトゥストラが、死にゆく者に対して、「あなたは危険な職業を選んだ。それは

（2）登場人物の多彩さという点では、第四部が突出しているが、人物類型の描写という点では、第一部と第二部はバラエティに富んでいる。第一部では、背後世界論者、肉体の軽蔑者、死の説教者といったタイプの批判がちりばめられ、第二部前半でも、同情者、司祭、有徳者といった類型が順次批判されている。第二部後半では、崇高な人、学者、詩人といったツァラトゥストラ自身のさまざまな側面が自己批判的に列挙されてゆく。

（3）Friedrich Nietzsche, *Thus Spoke Zarathustra*, translated by Walter Kaufmann, The Modern Library, 1995, p. 302.

少しも軽蔑すべきことではない」（二二三頁）と声を掛け、自分の手で葬ってあげたのは、相手の勇気に敬意を表してのことだった。また、永遠回帰思想の最初の予兆に襲われたツァラトゥストラが、その無気味さにおののきつつ語る、次のセリフは有名である。「勇気は最も優れた殺し屋だ。攻めてかかる勇気は、死さえ打ち殺す。というのも、勇気はこう語るからだ。「これが生きるということだったのか。よし、ならばもう一度！」」（二六一―二六二頁）

そのようにみずからを奮い立たせ、永遠回帰思想との格闘に向かっていったツァラトゥストラが、学問の勇気起源説を採る以上は、それが真理だと断じられているように見える。物語としても、ホスト役のツァラトゥストラの「勇気」を、客人全員が揃って讃え、みなで大笑いする、という流れになっており、勇気起源説に軍配が上がったかの如くである。だが、問題はそれほど単純ではない。学問の起源への問いは、○か×かの二択で答えられるようなものではないからである。恐怖と勇気は必ずしも背反するとはかぎらない。

3　驚きか、それとも疑いか

恐怖と勇気の結びつきに関しては、ツァラトゥストラ自身、第四部の自説ダイジェストのような章「高等な人間」の第4節で、こう述べている。「勇ましいといえるのは、恐怖を知りつつも恐怖を抑える者だ。奈落の底を覗きながら誇りを失わない者だ」（四九〇頁）。「鷲の勇気」と呼ばれるこの徳において、恐怖は不可欠の条件である。勇気とはたんなる無鉄砲ではなく、もちろん浮き足立つことでもなく、恐怖を冷静に認識したうえで抑制することである。学問の起源に見出される勇気も、恐怖と無縁ではありえない。

ところで、ツァラトゥストラのこうした勇気論は、じつは、古典的勇気論とそれほど遠いものではない。勇気は知識に帰着するだろうかと吟味したプラトンの議論（『ラケス』）や、それを承けたアリストテレスの勇気論と近しいところがある。『ニコマコス倫理学』第三巻第七章にはこうある。「然るべきものを、然るべき目的のために、然るべき仕方で、然るべき時に、耐えたり恐れたりする者、そして同様に［こうした要件のもとに］平静を保つ者が、勇気ある人なのである。なぜなら、勇気ある人は、事柄に見合った仕方で、理りの命ずる通りに恐れを感じ、行為する者だからである」[4]。勇気ある人とは、恐れを知らない人ではなく、まっとうに――理性的に――恐れる人のことである。

学問の起源をなすのは、恐怖か、それとも勇気か。この問いが二者択一ではないことは、じつに、古代と近代それぞれの哲学の起源論からも窺える。というのも、哲学の始まりは、周知の通り、古代では（Ⅰ）「驚き・驚嘆」に見出され、近代では（Ⅱ）「疑い・懐疑」に見出されたが、どちらにも「恐怖」と「勇気」の双面性があるからである。

古代ギリシアでは、まず（Ⅰ-1）未知のものに対する驚異の念を出発点とし、無知からの脱却として知恵を愛求することに、学問探究の始まりが見出された。アリストテレスの『形而上学』第一巻第二章の学問論が、その代表である。それと似ているが別のパターンとして（Ⅰ-2）不思議なことに遭遇して驚きに打たれ、全身全霊でその謎を究め、恍惚と見てとることに、哲学的生の本来形が見出される場合もあった。プラトンの『テアイテトス』や『饗宴』のソクラテス論が、その代表である。このように古代ギリシアにおいて、哲学ひいては学問一般の起源に位置づけられた「驚き・驚嘆（タウマゼイン）」には、未知のものを既知のものにして克服しようとする態度と、驚き怪しんで立ち尽くし進んで身をさらす態度という両義性があった。知へと向かわせる驚きにあっては、畏れと讃嘆は、相反するどころか一体である。プラトンにしろ、アリストテレスにしろ、驚きつつ知を愛し求めるには「閑暇・余裕（スコレー）」がなくてはならない、とした点も同じである。

これに対して、近代哲学の始まりをなすデカルトの懐疑では、まず（Ⅱ-1）不確実性の克服としての「絶対に疑いえないもの」の探求という確実性志向が、強烈に働いていた。前述の通り、知的良心の保持者も「一切がぐらつき、あらゆる大地が揺れている」という時代認識をベースとしていた。その一方で（Ⅱ-2）いったん疑い始めたら、とどまるところを知らない懐疑に取り憑かれ、狂気すれすれまで突き進むという過激さが、デカルトにはそなわっていた。方法的懐疑は、一見お行儀よさそうに見えて、行き着くところ「欺く神」や「悪しき霊」まで呼び出す。「何か最高に有能で狡猾な欺き手がいて、私を常に欺こうと工夫をこらしている」(5)。この病的と言わざるをえない猜疑――デリダの言う「悪魔的誇張」――はもう、臆病どころか無謀に近い。スコレーかは分からないが、隠者の酔狂ではある。近代において哲学の始まりをなす疑いも、古代における驚きと同じく、恐怖心か勇敢さかの二者択一では説明しきれない。つまり、その両面がついて回るのである。

では、現代ではどうだろうか。

科学は、人びとが安心して生活できるためのものであり、その安寧を脅かす危険やリスクを回避するためのものだ、とする効用論が、今日幅を利かせている。知的良心の保持者の恐怖起源説は、現代人に受け入れられやすいものである。その一方で、「不安」や「戦慄」から哲学が始まる、とする哲学観もそれなりに健在である。ハイデガーは第一次世界大戦後に、恐怖との対比において「不安」という根本気分の開示機能を論じ、アーレントは第二次世界大戦後に、絶滅収容所と原子爆弾の「戦慄」から思考を再開した(6)。

二〇世紀哲学のこのような動向は、神は死んだと宣告して、ニヒリズムの到来を凝視したニーチェの「勇気から始まる哲学」の衣鉢を継いでいる。古今の「驚嘆」や「懐疑」からの哲学の始まり論の残響も、そこには聴きとれるだろう。

4　リスク回避とは違った何か

われわれはここで、もう一人の二〇世紀の哲学者に思い至る。かつてハイデガーに学び、アーレントの終生の友でもあったハンス・ヨナスである。その主著『責任という原理』（一九七九年）のなかでヨナスは、「恐怖に基づく発見術 Heuristik der Furcht」(7)という一種の方法論を提起している。テクノロジーがもたらしかねない「危険」を見据え、未来世代のための倫理学を構築するためには、それが要請されるのだという。

> 危険が知られていないかぎり、何が保護されるべきなのか、なぜ保護されるべきなのかは分からない。こうしたことに関する知識は、いかなる論理や方法にも反しているが、危険に直面することから生じてくる。危険がまずわれわれに現われる。価値とは反対のものがわれわれを刺激し、知識よりも先に感情がかき立てられることによって、脅かされている価値の何たるかをわれわれは学ぶのである。(8)

この「恐怖に基づく発見法」をヨナスは、「危険な賭にさらされているということを知ってはじめて、危険な賭にさらされているのは何であるかが分かる」という定式で表現している(9)。危険から目を背けず、危険に目を向けて恐怖にあえて襲われることによって、危険に瀕しており、それゆえ守られなければならないものが何であ

（4）神崎繁訳『アリストテレス全集15』岩波書店、二〇一四年、所収、一二二頁。〔 〕は訳者の補足。強調は引用者。
（5）ルネ・デカルト『省察』山田弘明訳、ちくま学芸文庫、二〇〇六年、四四―四五頁。
（6）拙著『現代の危機と哲学』放送大学教育振興会、二〇一八年、の第1章「哲学は戦慄から始まる」を参照。
（7）Hans Jonas, *Das Prinzip Verantwortung. Versuch einer Ethik für die technologischen Zivilisation* (1979), Suhrkamp, 1984, S. 8; S. 64; S. 392.『責任という原理　科学技術文明のための倫理学の試み』加藤尚武監訳、東信堂、二〇〇〇年、ⅳ頁、五一頁、三八六頁。訳語を若干改変。以下同様。
（8）ibid., S. 63. 邦訳四九―五〇頁。

るかが、見えてくるのだ、と。恐怖によって目を閉ざすのではなく、恐怖を逆手にとってよりよく見る目を養う——ここには、人類史的出来事とそのゆくえを冷静に見据える可能性が示唆されている。

ヨナスが二〇世紀後半に目の当たりにした科学技術文明の「危険」の最たるものは、一つには環境汚染であり、もう一つには遺伝子操作であった。人間の外なる自然と内なる自然の双方に仕掛けられつつある「まったく新しい規模をもつ、まったく新種の対象と結果を伴う行為」(10)は、取り返しのつかない仕方で人類の将来を塞ぐことになりかねない。この未曽有の危機が、恐怖に基づく発見法を要請したのだった。ヨナスが凝視した危機は、二一世紀の今日、ますます高まりこそすれ、収束の兆しはどこにもない。

ヨナスの提唱した発見法には、ニーチェが『ツァラトゥストラはこう言った』で登場人物たちに代弁させた二通りの学問観が、等しく内包されているように思われる。恐怖か勇気かではなく、恐怖と勇気を携えての複眼的視点。現代科学の由来と帰趨に目を向ける視野が、ここに開けてくる。

先にふれたように、現代の科学技術はリスク回避に役立つ、という通念が支配的となっている。この通念は、科学技術は安全確保のためにある、という信念と一つである。現代人の常識と化したこの観念複合（コンプレックス）を、一例を挙げて検討してみよう。

今日、自動車の運転操作を、人間が運転手として行なうのではなく、自動運転システムへ移行させる技術革新が急速に進んでいる。自動交通社会への全面的移行はまだまだこれからだが、部分的には、ギア自動変換装置（オートマチック）のみならず、衝突事故の可能性を察知して急停止する自動ブレーキ制御機能が、乗用車に標準装備されつつある。まさに危険回避のための技術革新であるように見える。

だが、自動運転システムが完備されることで、リスクがどこまで軽減されるかは、予断を許さない。システムを整備していく途上で、予測のつかない事故が起こるかもしれない。巨大システムの構築と維持のために社会全体にどれだけの負荷がかかるか、そもそも維持可能なのか——これは、やってみなければ分からない(11)。これまでとは違った種類の、その意味では想定外のリスクを抱えることになるのは間違いない。直接的には、運輸業界におけるドライバーをはじめとする失業や倒産等の影響も気になるところである。

それでも、自動運転システムの実現に向けて人類はあくなき挑戦を続けることだろう。なぜか。リスク回避とは異なる目的がそこにあるからである。つまり、新技術開発に挑むというプロジェクト自体である。これまでの交通体系を総入れ替えして、新しいクルマ社会の創出に乗り出すという企てが、自己目的化しているのだ。

もちろん、それ以外にも、一大プロジェクトに群がる無数の個人や集団の経済的利害が、そこには渦巻いている。企業も官庁も大学も学会も総出でうまみに与（あずか）ろうとしている。だが、実利一本槍では大義名分にはならない。そこで、表向きはリスク回避、安全確保という福利的効用がもっぱら強調されるわけだが、それでもまだ足りない。新しい企てに乗り出すということ自体が、人類の進歩の名の下にめざされているのである。

科学技術は、新しい始まりをもたらすためという究極目的をおびている。無謀と紙一重の冒険心がそこにある。

5　人工知能研究はどこへ向かっているのか?

自動運転交通体系を造り出すうえで欠かせないのが、人工知能である。人間の運転スキルをなしで済ませ、それとともに人為ミスをなくし、自動車事故を根絶しようとするプロジェクトにとっては、人間の運転手に完璧に取って代わる指令中枢の開発が急務だからである。同じことは、その他の分野でも漏れなく起こっている。オートメーションの導入とは無人化であり、人間なしで済ませることである。それによって人的トラブル（人件費支出も含む）を予防できるというわけである。逆にリスクが高まることもあるはずだが、それは予測不可能という理由で考慮外とされる。やはり、リスク回避だけが目あてではないのだ。

では、人工知能の研究と開発はどこへ向かっているのだろうか。もちろんさまざまな方向へであろうが、最終的には、オートメーションが総じてそうであるように、人間が要らなくなる社会の構築へ向かっている。人工知能が人間の代わりをするといっても、人間が造り手なのだから用済みとなることはない、と言われるかもしれないが、人工知能が自己再生産能力をもつようになれば、自前で済むようになる。そんな日がすぐ来るとは思えないが、長い目で見ればその可能性は排除できない。

用済みとなる人間の側からすれば、無人化がリスクなしだとはとても言えないはずだが、その失業リスクは特段問題にされない。いや、来たるべき社会の創出のためには、余計な人間が出てくることは、むしろ織り込み済みなのである。なぜなら、人間がいなくて済むように、もともと設計されているシステムを新しく始めることが問題なのだから。少子化が無人化と相性がいいのは明らかであり、両者は手を取り合って進んでいる。

人間の知能レベルを超えた人工知能が近い将来、産み出されるだろう、と言われている。だが実際には、計算能力においてコンピュータはとっくに人間を超えていた。二〇世紀半ばの初代自動計算機（オートマトン）の出現以来、長らく取り組まれてきた課題は、人間の多種多様な知的営みを、計算可能な単位にどこまで還元可能か、という分析であった。チェスも囲碁も将棋も、投資の売り買いもスポーツチームの采配も、音楽や絵画やアニメや文学の創作も、歌曲の演奏も歌唱も作曲も、外国語の翻訳も通訳も、受験勉強指導も試験問題作成も、それどころか学問という学問の営み全般が、計算可能な作業単位に還元可能なかぎりにおいて、すべて自動計算機によって代替される。つまり、人間は用済みとなる。不完全でムダの多い人間的労働に依存するよりも、精確で円滑な自動操作に任せるほうが、いいに決まっている。

人工知能の名の下に、人間は自分自身を乗り越えるものをせっせと産み出そうとしているのだ。

人間の自己克服——この気前のいいフレーズを、われわれはどこかで聞いたことがないだろうか。そう、ニーチェの超人思想はまさにそのことを語っていた。

人工知能研究がめざしている究極目標は、超人工知能の創造である。人知がその目標に向かっているとすれば、それは、ニーチェが一九世紀末にぶち上げた超人待望論を、驚くほど忠実になぞっているのである。「人間とは、克服されるべきものなのだ」と語ったツァラトゥストラの教え通り、人類は超人工知能を産み出すことで、自己自身を克服しようとしている。あえて危険に身をさらし没落することへ向かっている。われわれは、人知を凌駕した超人工知能が出現したあかつきには自分たちは用済みになっても構わないと、どこかで思っているのだろうか。自分を超える知能を創造するという、神ですらやったためしのない知的冒険に打って出ることができれば、みずからは滅んでも本望なのだろうか。

さて、恐怖に基づく発見法に倣って、いや悪乗りするあまり、不穏な思弁的妄想が過ぎたかもしれないが、少なくとも次の一事は明らかになったように思われる。結論としても穏当であろう。——科学は人類の安全確保のために、という趣旨説明に一理あるとすれば、科学は人類の知的冒険のために、という趣旨説明にも一理あるとしなければならないこと、これである。

（9）ibid., S. 8; S. 63. 邦訳iv頁、五〇頁。強調は原文。

（10）ibid., S. 26. 邦訳 三頁。

（11）JR東海の営利事業のはずが国策として建設が始められているリニア中央新幹線では、運転手なしの中央制御システムが、あたかも当然のごとく採用されようとしている。東海道新幹線が使えなくなるリスクを回避すべく、日本列島の地下深く掘り抜いて巨大縦貫トンネルを造り、自動運転で遠隔操作するリスクたるや、いかばかりであろうか。リニア新幹線プロジェクトの問題点については、拙著『世代問題の再燃——ハイデガー、アーレントとともに哲学する』明石書店、二〇一七年、第十四、十五章を参照。

論考

妖怪と神様 二

戦争

評論家

中野剛志

Nakano Takeshi

一九三六年、岸信介は、商工大臣小川郷太郎によって更迭されるような形で満州へと渡った。それから三年間、岸は満州国実業部次長として、満州における実力者「二キ三スケ」(1)の一人に数えられるほど、辣腕をふるった。その業績については、岸本人も自負するところが大きく、「私は相当に成果を得たものと、いろいろなところで当時しゃべったことがある。満州からの帰途大連で記者会見して、よくも悪くも自分が全力をあげて書いた絵が満州で見えるような気がすると言った。これはよく引用されているけれど、とにかく何にもないところに相当なものを、わずか三年ばかりの間につくったのですから……」(『岸信介の回想』)と振り返っている。

一九三九年、帰国した岸は、商工省の次官に就任した。日華事変はすでに一九三七年に始まっており、帰国直前には第二次世界大戦も勃発していたという準戦時体制であった。

古巣の商工省に復帰した岸であったが、この三年間の満州経営という経験を経て、その性格を大きく変貌させていた。岸自身、「満州における政治・行政の基本を形づくるという仕事を僕はやってきたもんだから、日本に帰って商工省の次官になっても、本省からそのまま上がってきて次官になったものとは、やはり経験からいっても違っていたと思うんですよ」と述べている。岸は、満州で政治家というものを経験したのである。「確かに満州では、単純なる官僚的な基準あるいは官吏道というものを外れていたね。しかし、政治というのは、いかに動機がよくとも結果が悪ければ駄目だと思うんだ。場合によっては動機が悪くても結果がよければいいんだと思う。これが政治の本質じゃないかと思うんです。」(『岸信介証言録』)

岸と並んで「二キ三スケ」の一人に数えられた星野直樹も、渡満前後の岸について、「岸君は在満三年で、商工次官として東京へ帰

小林秀雄 提供：朝日新聞社

って行った。だが、帰って行った岸君は、満州に来た時の岸君ではなかった。省内随一の俊秀ではあったが、来たときの岸君は、まだ一介の官僚、良吏であった。が、帰って行った岸君は商工省を離れて、客観的に立派な日本の政治家に成長していた」（原彬久『岸信介』）と評している。

「雲が雨を作り雨が雲を作る様に、環境は人を作り人は環境を作る」（『様々なる意匠』）ように、満州は岸信介を作り岸信介は満州を作ったようである。

しかし、商工次官という官僚でありながら、その実、政治家と化していた岸は、第二次近衛内閣において、商工大臣の小林一三と衝突した。

軋轢の理由のひとつは、経済観の違いにあった。「小林さんは自由主義経済の最も徹底したものであったが、情勢からいって、自由な経済は許されない。制限しなきゃならんし、統制を加えなきゃならんし、国家が経済に干渉するというのが、経済新体制の考え方であったわけです。」（『岸信介の回想』）

事の経緯は、こうである。第二次近衛内閣は、世界大戦の中で、ドイツやイタリアと結んで「世界新秩序」を形成するという方針を示した。この方針の下、いわゆる「革新官僚」の拠点であった企画院は、国防国家を構築すべく、生産の国家管理を目指す「経済新体制確立要綱」を立案した。これに反発していた小林大臣は、革新官僚の総帥とみなされていた岸との対立を深め、「経済新体制要綱」案を公然と「アカの思想」だと批判したのである。

確かに、「経済新体制要綱」案は計画経済の色彩が色濃く、「アカの思想」と言えなくもない。しかし、岸に言わせれば、戦争という異常な状況がそうさせたに過ぎないのであって、アカのイデオロギーがあってのことではなかった。

私が一九三九年満州から帰って来たときには、準戦時経済であったと思うんです。アメリカとの戦争を間近に控えていたという意味でね。その後昭和十六（一九四一）年からは戦時経済です。戦時経済というものの本質は、いかにして戦争に勝ち抜くか、つまりみずからの精力を戦争目的に集中して戦いに勝ち抜く、ということです。企業の経営も含めてあらゆる経済行動は、戦争の勝利という目標に統一され、その方向に限定されていくわけだ。準戦時経済および戦時経済というものを頭に置いた統制経済、計画経済が行われるのはそのためなんです。だから私が統制経済論者であったり、計画経済論者であるというよりは、戦時あるいは準戦時という特別の状態にあったからこそ、そうであったということです。戦争がなくなって平時の時代になれば、経済は基本的には自由経済になるということです。しかしその自由経済は、いまのような野放図、無原則な自由経済ではなしに、ある程度の規制を加えた自由経済でなければならない。経済活動の基本は、民間の創意と工夫というものに中心を置いて諸々の政策や行政をやればいいんです。（『岸信介証言録』）

もっとも、小林大臣との対立の理由は、経済観の違いだけではなかった。問題は、岸が、官僚でありながら政治家になってしまっていたことにあった。要するに、小林大臣をないがしろにして、事を進めていたのである。小林大臣が怒るのも当然であった。岸自身、「確かに小林一三さんと喧嘩をしたときは、役人としてのあり方から逸脱していたと思うんだ、私自身がね」（『岸信介証言録』）と反省している。

（1）憲兵隊長・参謀長・東条英機、総務庁長官・星野直樹、満鉄総裁・松岡洋右、満州重工業総裁・鮎川義介、そして岸信介。

大臣と対立した挙句、岸は、商工次官の辞任に追い込まれる。しかし、それから約十か月後の一九四一年十月、東條英機内閣が成立すると、岸は商工大臣に任命され、翌年には衆議院議員選挙に立候補して当選し、政治家となるのである。

だが、我々が最も関心があるのは、やはり、岸が東條内閣の閣僚の一人として、一九四一年十二月の日米開戦をどう考えていたかということであろう。

戦後のインタビューで、日米開戦当時、アメリカに勝てる自信があったかと問われた岸は、それを即下に否定している。日米開戦は、アメリカに追い込まれてのやむを得ざる自衛戦争だったというのである。

> そりゃね、われわれがあのままジリ貧で進んでいけるはずはないよ。とにかく油（石油）を最小限確保するというのが、そのときの戦争目的だったと思うんです。しかし当然のことだが、アメリカと戦う以上はワシントンに攻め入って「城下の盟（ちか）い」をそのアメリカになさしめるという決意を持たなければ、本来日米戦争などできないと思うんですよ。しかし、そういう考え方は軍部にもわれわれにも全然なかった。戦争に勝つという自信は誰にもなかったと思うんだ。ただ問題は、「生か死か」ということ、すなわち最小限にわれわれの生存を確保するという、それだけであった。そういう戦争というのは、他になかろうと思うんだ。だから最小限の生存を確保したときに、いかにして戦争を終結するかということを考えるべきであった。ところが、そのままズルズルと戦争を続けてしまった。あのとき一体日米戦争を本当に「最後までやり遂げよう」と思った人が何人いただろうか、一人もいなかったと思うんです。軍人も入れてですよ。

日本の産業行政を主導してきた岸である。日米の経済力には圧倒的な格差があることをもちろん熟知していた。

> ともかくもアメリカの資源および工業力のとてつもないスケールからいって、日本がこれと戦争するということは、国力の上から考えられないという気持ちでしたね。ただ先ほどいいましたように、日米戦争の開戦は、日本人が追い込まれていって、全面的にアメリカに屈服するか、あるいは日本自体死滅するしかないという気持ちだった。だからアメリカに対抗して、アメリカに勝ってアメリカに上陸しようとか、カリフォルニアをどうしようとか、そんなことを考える人は軍人でもいなかったはずだ。とにかく、アメリカがこっちに出て来るのを抑えておいて、日本が東南アジアにおけるインドネシアの石油を確保し、中国大陸および東南アジアの資源によって日本の生命をつないでいく、ということだったんです。（『岸信介証言録』）

開戦前、東條英機も岸に対して「戦争をやろうとは思っていない。いかにして戦争の可能性をなくして日米間をナニするかということに最後まで努力する。もし不幸にしてそれができないならば、日本が生きるために戦争をせざるを得ないが、われわれとしてはあくまでもアメリカとの平和交渉によって妥結するんだ」（『岸信介証言録』）と言っていたという。

しかし、その日米交渉は、アメリカ側からハル・ノート(2)が突き付けられたことで頓挫した。岸は、「ハル・ノートが満州における日本の権益を認めてだ、しかし中国大陸から撤兵するという条件であったなら、話は違っていたと思う」（『岸信介証言録』）と悔やんだ。

東條内閣において内閣書記官長を務め、日米交渉に当たった星野直樹も、当時、誰も開戦を望んでおらず、むしろ「東条内閣は、最後にもう一度、改めて米国と談判して、何とか局面を打開し、戦争を回避せよという使命を天皇から与えられてできた内閣なのであった」と述べている。星野は、「当時を顧みて私の痛感することは、人類の運命を左右するような大きな決定が行われるに当っての、政治、外交の組織、機構、施設がいかにも貧弱なものであるということである。十分の認識も得られず、人間の英知を働かす余地もなく、勢いに押されて、アレヨアレヨといううちに大事が決定される。日本側はもちろん、米国側にも同じことがいえるのである」（星野直樹「回想の東条内閣――組閣から日米開戦まで」）と回想している。歴史の当事者による率直な証言であろう。

もっとも、これらの証言は戦後になってからの回想であり、後知恵の解釈が加わっているのであって、本当のところは違うのではないかという皮肉な見方もなおあるかもしれない。

しかし、岸が一九四二年に商工大臣として行った講演「日本戦時経済の進む途」を読んでみると、確かに、彼が悲壮な覚悟をしていたことが十分窺えるのである。

この講演の時点は、シンガポール陥落の直前であり、東南アジアにおける資源確保は順調に進んでいた。にもかかわらず、岸は、楽観を戒めている。「緒戦の赫々たる戦果に酔つて、南方の資源が直ぐ取得し得られるかの如く考へ、或いは又、今にも戦前の経済状態に復帰するかの如く考へることは非常な誤りであり、又、危険な考へ方である。」

また、岸は、アメリカの経済力の強大さを強調し、繰り返し警鐘を鳴らしている。

「米国は一九四三年を目途とし、生産拡充に努力しつつあるのでこれに対応するためには、これ等資源を急速に開発獲得することを要する。」

「米国はその緒戦に於て惨敗を喫したのであるけれども、その後あらゆる手段を講じて緒戦に於て蒙つたところの打撃を回復しようと努力を続けてゐるのである。」

さらに、次のようにも説いている。

「今後益々多難且複雑となつて行く産業経済の処理推進に当つては、所謂天外の妙手といふが如きもののありやう訳もないのであつて、既に論議考究された各種の方策を着実に且敏速に実行すること以外に手はないと考へるのである。」

なお、岸は、アメリカが一九四三年を目途に反攻に転じるものと想定していたが、実際の反攻は彼の予想よりも早く、その前年の後半から激しくなり、戦局は顕著に悪化していった。

一九四三年十一月、商工省は軍需省に改編されるが、これは岸の提案によるものだった。この組織再編について、岸はこう説明している。「企画院はなんといっても実務面から離れている。それは戦時中になると実務から離れているというところが逆に浮いている傾向になる。まだ準戦時形態なら、それなりの位置がとれるけれども現実の戦争となれば、いざ突入、その状況もあまりおもわしくないとなれば、企画はここ、実務はここはもう許されないんだ。だから、どうしてもその二つを集中してやるということだね。」（『岸信介の回想』）

こうしたところにも、岸が、臨機応変の実践感覚において非常に優れていたことが窺える。

だが、岸がどれだけ卓越した実務能力をもっていたとしても、戦局の悪化はいかんともしがたかった。一九四四年六月、サイパン陥落の報を受けた岸は、もはや戦争は続行不可能と判断し、早期終戦論を唱えて、東條と対立した。このため、岸は、憲兵隊に付け狙われたようである。ある時など、岸の大臣官邸に憲兵隊長がやって来

（2） 一九四一年十一月二十六日、コーデル・ハル米国務長官が日本側に示した覚書。日本軍の中国及びインドシナからの全面撤退などの提案が含まれていたため、日本側はこれを最後通牒とみなした。

て、軍刀を立てて「総理の意見に反対するとは何事か」と脅したのに対し、岸は「黙れ兵隊！」と一喝して追い返したという。岸も命懸けだった。東條は岸を解任しようとしたが、岸がこれを拒否したため、東條内閣は瓦解した。

野に下った岸は、その後も、護国同志会なる政治集団を組織したり、敗戦の年の一九四五年には郷里の山口で尊攘同志会を組織したりするなど、政治活動を続けた。そして敗戦後、A級戦犯容疑者として逮捕され、横浜拘置所、その後、巣鴨プリズンに送られる。

獄中の岸は、大東亜戦争についてこう書きつけている。

> 大東亜戦争を以て日本の侵略戦争と云ふは許すべからざるところなり。之れ事実を故意に歪曲するものなり。事実を知らずして云ふは尚ほ恕(ゆる)すべし。事実を誣(し)ひ更に時流に阿諛(あゆ)せんが為めに謂ふは断じて許すべからず。先進国の二世紀に亘る世界侵略に依る既得権益の確保を目指す世界政策が後進の興隆民族に課したる桎梏(しっこく)、之れを打破せんとする後進興隆民族の擡頭、之れ其の遠因たり。日米交渉に於ける日本の動きの取れぬ窮境、之れ其の近因たり。（『岸信介の回想』断想録、巣鴨獄中にて）

後世の歴史家からすれば、このような大東亜戦争の解釈は、単純に過ぎるのかもしれない。しかし、ここでの関心は、大東亜戦争の意味をどう理解するかということではなく、岸が、「現在」としての大東亜戦争をどう考え、どう生きてきたかということである。

時代の制約の中で、星野直樹の言葉を借りれば「十分の認識も得られず、人間の英知を働かす余地も」ない中で、「人類の運命を左右するような大きな決定が行われる」とは、どういうことなのか、それを追体験することこそが、歴史を学ぶということである。

小林秀雄も、そう言っている。

> 歴史から、将来に腰を据ゑて逆に現在を見下す様な態度を学ぶものは、歴史の最大の教訓を知らぬ者だ。歴史の最大の教訓は、将来に関する予見を盲信せず、現在だけに精力的な愛着を持つた人だけがまさしく歴史を創つて来たといふ事を学ぶ処にあるのだ。過去の時代の歴史的限界性といふものを認めるのはよい。併しその歴史的限界性にも拘らず、その時代の人々が、いかにその時代のたつた今を生き抜いたかに対する尊敬の念を忘れては駄目である。この尊敬の念のない処には歴史の形骸があるばかりだ。（「戦争について」）

小林がこれを書いたのは、日華事変が始まったばかりの一九三七年である。その頃、岸は満州で「目的の為に必ずしも手段を選ばない」という政治の論理に目覚めつつあった。目的のためであれば、戦争という手段ですら正当化されるというのが政治の世界である。「だがこの政治の理論を、文学に応用する事は断じて出来ない」と小林は書いた。言葉という「手段」こそが文学の全てだからだ。文学は、戦争という政治の世界とは本質的に相容れないのである。

戦争が政治である以上、戦争の正当性の是非を語る思想は、小林が嫌悪した「イデオロギー」以外の何ものでもない。だから、戦争に対する文学者の覚悟を問われた小林は、その問い自体を退けた。「銃をとらねばならぬ時が来たら、喜んで国の為に死ぬであらう。（略）一体文学者として銃をとるなどといふ事がそもそも意味をなさない。誰だつて戦ふ時は兵の身分で戦ふのである。」（「戦争について」）

「銃をとらねばならぬ時が来たら、喜んで国の為に死ぬ」と聴いて、これを決断主義的な気分の表明などと受け取ってはならない。小林は、戦争を正当化することも、批判することも、文学の仕事ではないと言っているだけである。小林が終戦直後、戦争協力について問い質され、「僕は馬鹿だから反省なんぞしない」と言い放ったのは有名であるが、戦争の反省など文学者のやることではないと、戦争の開始直後から言っていたわけだ。

ただし、小林は、戦争について沈黙していたわけではない。その反対に、戦争について多くを書いている。小林は、戦争という危機の只中にある精神の姿に言葉を与えようとしていた。それが文学者の務めだと小林は考えていたのである。

> 観念的な頭が、戦争といふ烈しい事実に衝突して感じる徒らな混乱を、戦争の批判と間違へないがいゝ。気を取り直す方法は一つしかない。日頃何かと言へば人類の運命を予言したがる悪い癖を止めて、現在の自分一人の生命に関して反省してみる事だ。さうすれば、戦争が始つてゐる現在、自分の掛替へのない命が既に自分のものではなくなつてゐる事に気が附く筈だ。日本の国に生を享けてゐる限り、戦争が始つた以上、自分で自分の生死を自由に取扱ふ事は出来ない、たとへ人類の名に於いても。これは烈しい事実だ。戦争といふ烈しい事実には、かういふ烈しいもう一つの事実を以つて対するより他はない。将来はいざ知らず、国民といふものが戦争の単位として動かす事が出来ぬ以上、そこに土台を置いて現在に処さうとする覚悟以外には、どんな覚悟も間違ひだと思ふ。
>
> 日本に生れたといふ事は、僕等の運命だ。誰だつて運命に関する智慧は持つてゐる。大事なのはこの智慧を着々と育てる事であつて、運命をこの智慧の犠牲にする為にあわてる事ではない。（「戦争について」）

日本に生を享けたという運命に関する日本人の智慧を育てること。戦時中の小林は、この「智慧」について、繰り返し語るのである。

例えば、一九三八年の十月から十二月にかけて、ちょうど岸が活躍していた頃、小林は満州を旅行したが、その紀行文の中で、小林は唐突に、事変に処した日本国民の智慧に思いを馳せている。

> 事変の性質の未聞の複雑さ、その進行の意外さは万人の見るところだ。そしてこれに処した政府の方針や声明の曖昧さを、知識人面した多くの人々が責めた。無論自分達に事変の見透しや実情に即した見解があつたわけではない。今から思へば、たゞ批評みたいな事を喋りたかつたに過ぎぬ。それにも拘らず、事変はいよいよ拡大し、国民の一致団結は少しも乱れない。この団結を支へてゐるのは一体どの様な智慧なのか。それは日本民族の血の無意識な団結といふ様な単純なものではない。長い而もまことに複雑な単純な伝統を爛熟させて来て、これを明治以後の急激な西洋文化の影響の下に鍛錬したところの一種異様な聡明さなのだ、智慧なのだ。
>
> この智慧は、今行ふばかりで語つてゐない。思想家は一人も未だこの智慧について正確には語つてゐない。僕にはさういふ気がしてならぬ。この事変に日本国民は黙つて処したのである。これが今度の事変の最大特徴だ。（「満州の印象」）

「この事変に日本国民は黙つて処した」というのも有名な言葉である。この言葉について、大岡昇平は、次のように解説する。「小林はランボオと共にあやふやな行為は一切認めない絶対の糾問者」であり、「死は一つの絶対である」とみなしている。そして、「義務のために死ぬ兵士の骨に対して、一切のヒューマニスティックな言説は無意味なのである。『国民は黙つて事変に処した』とは『黙つて死んだ』という認識に裏づけられた言葉である。そしてこれが戦争の指導者、情報局にとってそれほど歓迎すべき考え方ではなかったことは、だんだん明らかになって来る。」（大岡昇平「解説」『小林秀雄全集』第七巻）

いったい、どこをどう読んだらこんな解釈ができるのであろうか。

私にはまったく理解できない。

小林の書いていることを素直に読んでみたらよい。「この事変に日本国民は黙つて処した」とは、事変の拡大にもかかわらず、国民が団結を乱さないことを言い換えた表現だと分かるであろう。そして、その団結とは、日本人がその長い伝統を「明治以後の急激な西洋文化の影響の下に鍛錬したところの」智慧だと小林は言っている。

要するに、「この事変に日本国民は黙つて処した」とは、危機に対処するにあたって団結するという国民の智慧のことである。小林は、明らかにそう書いているではないか。それがどうしたら「黙つて死んだ」という認識に裏付けられたことになるのか。こんな勝手な解釈をされて「批評の神様」に祭り上げられたのでは、たまったものではない。

この日本国民の智慧について、小林は、明治以後の急激な西洋文化によって鍛錬されたと述べている。この点は、本稿にとって非常に重要である。

明治以来、日本は、近代世界に参入すべく、性急に西洋文化を模倣し、導入することを強いられてきた。しかし、西洋文化は、本質的に、日本的なるものとは異質である。本来馴染まないものに馴染もうとするところに、近代日本の矛盾がある。それゆえ、西洋文化の模倣はいずれ限界に達し、その反動として、日本的なるものが声高に求められることにもなる。

こういう近代日本の病理診断は、確かに辻褄が合っており、それゆえ繰り返し語られ、今日もなお人気がある。ところが、小林はこれを否定するのである。

小林の近代日本論を端的に言えば、異文化の模倣とは、病理の原因になるようなものではなく、その反対に、健全な文化を発達させる際の正攻法である。そして、西洋を模倣したところで、日本的なるものが失われるようなことはない。むしろ、西洋の模倣は徹底して行われるべきものだ。

> 明治以来、わが国の文化は西洋文化を輸入して爛熟して来たのだが、これを日本のものとして輸出するほどの完成を見たわけではない。そのうちに事変が来た。事変の影響するところ、西洋模倣の行詰りを言ひ、日本独特の文化の建設を叫ぶ声高い説が沢山現れたが、声高さはいづれ一時のものである。
>
> 西洋模倣の行詰りと言ふが、模倣が行詰るといふのもをかしな事で、模倣の果てには真の理解が現れざるを得ない。そして相手を征服するのに相手を真に理解し尽すといふ武器より強い武器はない。これは文化の発達の定法であつて、わが国の文化は、明治以来この定法通りに進んで来た。事変がどの様な力を持たうとも、この定法を変へる力はない。この定法通りの文化の進行に、事変は恐らく僕等の嘗て知らなかつた拍車を掛けるであらう。それは信ずべきだ。やがてさうなる。
>
> 日本のインテリゲンチャよ、日本に還れ、といふ叫びにしても、僕は其処に一応尤もな声を聞くとともに、一種の恐怖を嗅ぎ分ける。嘗ての僕等の西洋崇拝の裏には、どんな西洋恐怖が宿つてゐたかを語られるやうな気がする。インテリゲンチャに限らず、誰でも、何処に還れと言はれて、現在ある自分自身より他に還る場所はない。そしてその現在ある自分自身といふものを語るについて、現代の日本人達は何んといふ舌足らずであるか。
>
> 僕等は一つぺんも日本人たる事を止めた事はない。時々止めた様な気がしただけだ。成る程自由主義とかマルクス主義とかいふ思想は西欧の思想であるが、さういふ主義なり思想なりを、今日これを省みれば、僕等な何んと日本人らしい受取り方で受取つて来たか。（「満州の印象」）

小林は、一九三三年に発表した「故郷を失つた文学」の中で、日本が西洋的なものの影響を受け過ぎて、日本的なものを失っていると論じていた。小林自身、「自分には故郷といふものがない、といふやうな一種不安な感情」が付きまとって離れないと吐露している。

ところが、この「故郷を失つた文学」の結論は、「故郷喪失（ハイマートロス）」だの「不安」だのといった実存主義者気取りが好みそうな、文学者にありがちの苦悩とは程遠いものだった。

> 私達は生れた国の性格的なものを失ひ個性的なものを失ひ、もうこれ以上何を奪はれる心配があらう。一時代前には西洋的なものと東洋的なものとの争ひが作家制作上重要な関心事となつてゐた。彼等がまだ失ひ損つたものを持つてゐたと思へば、私達はいつそさつぱりしたものではないか。私達が故郷を失つた文学を抱いた、青春を失つた青年達である事に間違ひはないが、又私達はかういふ代償を払つて、今日やつと西洋文学の伝統的性格を歪曲する事なく理解しはじめたのだ。西洋文学は私達の手によつてはじめて正当に輸入されはじめたのだ、と言へると思ふ。（「故郷を失つた文学」）

文芸批評家の桶谷秀昭は、これを小林の「ひらきなほつた態度の宣言」とみなす（桶谷秀昭『昭和精神史』）。哲学者の木田元もまた、この一文は小林の居直りであり、「アイロニカルな自嘲」ととらえている（木田元『なにもかも小林秀雄に教わった』）。

しかし、私は、そうはとらない。「満州の印象」を読んだ上で解釈すれば、小林の言いたかったのは、こうだと分かる。

帰るべき故郷を失ったというのは、確かに危機であろう。しかし、「何処に還れと言はれて、現在ある自分自身より他に還る場所はない」のである。すなわち、危機を突破するには、「現在」に対処するしかない。その日本の「現在」には、もはや西洋的なものしかない。しかし、「相手を征服するのに相手を真に理解し尽すといふ武器より強い武器はない」のだから、西洋的なものを克服するならば、それを徹底的に模倣し、真に理解すればよい。むしろ、日本に個性的なものは既になくなっているのだから、迷うことなくそうできる。かえって好都合ではないか。

これが、「明治以後の急激な西洋文化の影響の下に鍛錬」された日本国民の智慧である。それは「日本国民といふ実生活者の処世術」であり、その処世術＝智慧においては、「理論と実際とは離す事が出来ず、意志と分別とは同じもの」である。

実生活における智慧とは、状況に応じて柔軟に変わる実践的な行為、すなわち「術」である。それは一般理論として固定して示せるものではないが、だからこそ、流行り廃りとは無縁である。「それは、緩慢だが、確実な、気の利かぬ様で抜け目のない生活人の智慧であり、さういふ智慧には、理に走つて調子付いた言説などは、頭のてつぺんから出る歌の様に聞える。」（「処世家の理論」）

「理に走つて調子付いた言説」あるいは「処世術を無視した机上の理論」として小林があげているのは、東亜協同体論というイデオロギーである。「意匠」と言ってもよい。意匠であれば、流行り廃りがある。

東亜協同体論については、「学者と官僚」という随筆の中でも批判されている。

> いろいろ学者の手で東亜協同体論が書かれてゐる。だが、皆吾が身の紋切型で吾が身を滅さうとしてゐる。（略）
>
> 僕はどの東亜協同体論にも、思想家が自ら考へ出した力といふものを認めない。実際の仕事に処して日に新たに判断し、決心するところより他に、人間の思想といふものがある筈はないのだ。あれば思想そのものがあるだけだらう。
>
> 今日の東亜協同体論といふものが、どれも申し合はせた様に、書物から学んだ知識で、歴史の合理化、つまり話の辻褄を合は

せる仕事をやつてゐる。（略）

行為の合理化といふ仕事が、思想といふものだと思つてゐる。思想が行為である事を忘れて。（「学者と官僚」）

これが書かれた一九三九年は、岸が満州から帰国し商工次官に復帰し、準戦時体制の構築を目指していた頃であり、政府は経済統制を強めていた。官僚の介入が急に強まったことは批判を呼び、世間では「官僚独善」という言葉が流行っていた。だが、小林は、学者と対比させつつ、官僚をむしろ擁護する。

要するに、問題は官僚独善といふもののなかにはなく、近頃、独善が目立つて来たといふ事のなかにあるわけで、目立つて来たといふ事は官僚に世間の波が強く当つて来たといふ事に他ならない。そしてこの世間の波とは官僚反対の思想とか意見とかいふ言葉の波ではない。言葉の波なら言ひ逃れる術もあらうが、波は、彼等に国民の実生活に直接ひゞく実際の仕事といふものを強制するのだ。彼等は厭でも応でも、これにぶつからねばならぬ。僕はこの事が、行く行くは官僚といふものを救ふと信じてゐる。前の鐵箒欄の筆者［注：東京朝日新聞に投書した外務省職員］も、自分等の行動を、世人は、右翼革新派の立場だとか、自由主義反動派の立場だとか言つて評してゐるが、そんな事はない、自分達はどの様な立場を執るといふ様な考へはない、たゞ仕事の処理を期する一念あるだけだ、と書いてゐたが、僕は率直な声だと思つた。率直な声は、率直に聞く以外、どの様な聞き方も間違ひである。（「学者と官僚」）

小林が信頼するのは、「国民の実生活に直接ひゞく実際の仕事」「仕事の処理」、すなわち「日本国民といふ実生活者の処世術」である。そこにこそ、危機に対処する日本国民の智慧がある。それを右翼革新派だの自由主義反動派だのと言ったイデオロギーで理解しようとしたり、「官僚独善」などと批判したりするのは、「国民の実生活に直接ひゞく実際の仕事」という行政の現実から目を背けて、「官僚といふ抽象的な性格が世の中にあるといふ偏見」で見ようとするからだ。

政治もまた、「日本国民といふ実生活者の処世術」である。「そして、政治といふものも、同じ様に凡庸で、同じ様に複雑な人間共が作つてゐるものだ。これは平凡な真理だが、政治の制度やイデオロギイに心を奪はれた政治評論家が、一番忘れてゐる真理である。」（「学者と官僚」）

岸が政治家へと変貌しつつあった満州への旅行の道中、小林はマキアヴェリの『ローマ史論』を読んで感銘を受け、政治というものに思いを巡らせる。

政治はイデオロギイではない。或る理論による設計でも組織でもない。臨機応変の判断であり、空想を交へぬ職人の自在な確実な智慧である。彼は多くの事を漠然と望まぬ。少しの事を確実に望む。若干の平和と若干の自由とを望めば足りる。（略）彼は若干の平和と若干の自由とを望めば足りたのだが、若干の愛国心と若干の無私とを抱いてゐたわけではなかつた。かういふ人間の心に燃えてゐた理想ほど人の眼に附き難いものはない。（「マキアヴェリについて」）

この「彼」というのが岸信介であったとしても、何もおかしくないように私には思われる。

論考

霊性と日本文化

国際日本文化研究センター名誉教授
末木文美士
Sueki Fumihiko

©shutterstock

一　グローバルな霊性論

1　「霊性」をめぐって

『ひらく』創刊号より、毎号執筆させていただいた。連載ではなく、各回読みきりであったので、無理に連続させる必要がなく、自由に書くことができた。順不同で行きつ戻りつしながら、日本思想史の問題を探究してきた。本号で最終回となるので、これまで論じてきたことを振り返りながら、そこで論じ切れなかった問題に触れ、今後の課題として提示したい。

本誌に執筆するのと同じ時期に、『日本思想史』（岩波新書、二〇二〇）を出版した。これまで日本思想史というと、中世は仏教、近世は儒教・国学が中心に置かれ、必ずしも中世と近世の間がうまくつながらなかった。そこで、従来の同種の著作のように個別の思想を羅列するのではなく、思想が展開する根底にある枠組み構造を考え、その通時的な変遷という点から思想史の流れを読もうとした。その基本的な枠組みとして、王権と神仏の拮抗という構造を考えた。ただ、新書という限られた頁数の中で十分に論じ切ることができず、必ずしもその意図が十分に伝わったとはいい難かった。

そこで本誌においては、当初その枠組みを詳説する予定で、王権論から論じ始めた。しかし、近世から近代へと議論を進めていく際に、「神仏」とか「宗教」という概念だけでは単純に捉えきれない問題があることが次第にわかってきた。「霊性」という用語を用いるようになったのはそのためである。そのきっかけとして、座談会『死者と霊性』（岩波新書、二〇二一）から単著『死者と霊性の哲学』（朝日新書、二〇二二）を経て、神智学の問題に次第に関心を深めるようになってきたことが関係している。

「霊性」という言葉は曖昧であり、一義的な定義は難しい。前号掲載の拙稿で取り上げた鈴木大拙の場合は、はっきりとした定義がなされていた。それは、二項対立的な「知性」に対して、それを超えて二項対立が成り立たなくなる領域が「霊性」である。その定義に従うと、神と人が対立する立場は「知性」であり、神秘主義的な合一が「霊性」ということになるであろう。大拙の立場ではそれでよいかもしれないが、そうなるとユダヤ教系の超越的一神論の立場は「霊性」から排除されることになり、いささか問題があるように思われる。

「霊性」という言葉は、古くから仏教において用いられる。その場合は、「れいしょう」あるいは「りょうしょう」と読むが、道元によって批判されるなど、いささか複雑な位置づけにある語である。近代になってからは聖書の翻訳などにも用いられ、かなり広く使われるようになった。キリスト教では、聖霊（Holy Spirit）に関して用いられ、重要な用語であった。

大拙と同時代では、有名な座談会『近代の超克』（一九四三）にカトリックの哲学者吉満義彦が「近代超克の神学的根拠」という論文を提出している。ここで吉満は、「新しき知性と霊性の秩序」という節を設け、「近代におけるこの世界と自然（人間を含めて）に対する科学的知性の技術的認識支配の偉大（グランドル）と、形而上的霊性観念の乏しさと言ふか悲惨（ミゼール）との間に、近代的知性のミゼールが存するのだと考へる」（『近代の超克』冨山房百科文庫、七三頁。傍点、原著者）と論じている。ここでも、霊性は知性と対比的に用いられ、知性が科学と結びつけられるのに対して、霊性は形而上学的なレベルの問題と捉えられている。

そう考えるならば、「霊性」は科学的知性を超えたレベルで、宗教的体験によって捉えられる世界と解することができよう。「霊性」はスピリチュアリティの訳語として多く用いられ、大拙の『日本的霊性』も Japanese Spirituality と訳される。今日、スピリチュアリティとカタカナ表記で用いられることも多く、医療の分野で積極的に宗教性を生かすスピリチュアル・ケアの方法などは広く公的に認知されている。

ところで、このスピリチュアリティという概念はまた、既成の宗教の枠を外れた新しい宗教運動でもしばしば用いられ、いささかややこしい。それはニューエイジやニューサイエンス、あるいはオカルト主義などのサブカルチャー運動とも関連する。それはある場合には、きわめていかがわしい疑似科学と結びついたり、薬物を用いた陶酔体験に走ることもある。「新・霊性運動」として一時期流行した新宗教の運動に広く見られ、今日のマインドフルネスの流行などにも連なるものである。オウム真理教もまた、そのような新宗教の一つであった。

大拙の「霊性」論は、一方ではキリスト教の霊性論に対する東洋版・日本版として受容されたとともに、他方ではこのようないわば異端的なスピリチュアルな運動に連なるものとしても受け止められた。大拙がアメリカでもてはやされたのも、このような動向と結びつくことによるものであった。

2　心霊現象と心霊学

このような異端的な霊性論の流れは一九世紀後半の欧米に遡る。この頃、急速にさまざまな心霊現象が注目されるようになった。誰もいないところで物音がするラップ音や、家具が動くなどのポルターガイスト現象が注目され、それらが死者の霊によって引き起こされるものと考えられた。そこで、そのような霊との交信の可能性が探られて、霊能者がもてはやされ、降霊会が盛んに開かれた。また、千里眼や透視術、テレパシーなどの超能力も多く披露されて信じられるようになった。

こうした超常現象への着目は、一八四八年に起こったアメリカのハイズヴィル事件に始まると言われる。ニューヨーク州の小村ハイズヴィルで、フォックス家の三姉妹の末妹ケイトが霊と交信するようになった。彼女が問いかけると、霊がラップ音で答えるようになり、やがて次姉マーガレットも交信するようになった。評判を呼んで、一八五〇年にはニューヨークに拠点を移し、さまざまな霊能力を発揮し、盛んに降霊会を開いて、人気者となった。それに刺激されて、欧米各地に霊能力者が出現し、降霊会がブームとなった。フォックス姉妹は、一八八八年にそれらの心霊現象がすべてトリックを用いたものだと告白して、大きな衝撃を与えたが、その告白もやらせではないかとも言われる。

このような超常現象の流行の大きな理由として、キリスト教の強制力が弱まったことが指摘される。死者の霊との交信は正統的なキリスト教では認められないことで、極端には異端の魔女の行為ともされた。キリスト教の権威は一八世紀の啓蒙主義の合理主義的な動向などを通して次第に揺らぎ、一九世紀にはマルクスの唯物論やニーチェの反キリスト論などが見られるようになってきた。アメリカのプロテスタントは比較的自由であり、そこではかつて認められなかった心霊現象が注目されるようになった。

それとともに、産業革命をもたらした自然科学の成果に則って、人間の心理現象をも含んだあらゆる現象を科学的に解明しようという科学主義的な発想も、一九世紀には大きな潮流となっていた。メスマー（メスメル）の動物磁気説は催眠術を使った催眠療法へと発展し、心霊現象の理論解明にも応用が期待された。また、ダーウィンの進化論は、ユダヤ・キリスト教の根本をなす天地創造説を揺るがす理論として、大きな議論を呼ぶことになったが、アルフレッド・ウォーレスのように、霊的進化を説く説も見られた。

このように、今日では疑似科学に分類されるような理論も未分化の状態であり、その中から心霊現象を解明しようという心霊学も本格化した。日本でも日本心霊学会などが創設されたが、その実態は必ずしも明らかでなかった。二〇一三年に機関紙『日本心霊』が発見されたことによって、解明が進められている（栗田英彦編『「日本心霊学会」研究：霊術団体から学術出版への道』人文書院、二〇二二）。また、東京帝国大学助教授の福来友吉が霊能者の女性の念写や透視の実験を行なったが、トリックのあることが暴露されて、退職に追い込まれた、いわゆる「千里眼事件」（一九一一）はよく知られている。それによって、心霊学は疑似科学として、アカデミズムから放逐されることになった。

3　神智学とグローバリズム

このような霊的超能力者の中から頭角を現したのがヘレナ・ペトロヴナ・ブラヴァツキー（H・P・B　一八三一－一八九一）であった。現在のウクライナ地方の名門の出身で、一八歳でアルメニア地方の副知事と結婚したが、家出した。ただし、生涯ブラヴァツキー夫人の名を使い続けた。その後各地を放浪したが、一八七四年にアメリカに渡り、ヘンリー・スティール・オルコット（一八三二－一九〇七）と出会い、一八七五年に神智学協会を結成し、オルコットが会長となった。一八七九年には活動の拠点をインドに移し、八二年に本部をアディヤール（チェンナイ南部）に定めた。こうしてヒンドゥー教や仏教の影響を大きく受け、一八八〇年にはセイロン（スリランカ）で、ブラヴァツキーとオルコットは仏教の在家戒を受けた。

神智学の活動は多方面にわたり、その影響の範囲も極めて大きい。にもかかわらず、これまで哲学史や宗教史において正当に扱われることがなかった。心霊学的な現象はいかがわしい迷信的魔術としてまともに扱われず、心霊学は疑似科学化していった。それに加えて、その心霊学会からもブラヴァツキーの霊能力がペテンだと断罪され、稀代の詐欺師呼ばわりされたこともあって、まともに扱う対象から除外された。

しかし今日、神智学の活動は改めて見直すべき時期となっている。

その見直しは、さまざまな観点からなされうるが、ここではその重要なポイントとして、ここで東西の思想が融合し、グローバルな真理探究の道を開いた点を挙げたい。それまでも、中国哲学がフランス啓蒙主義やライプニッツに影響を与えたり、ショーペンハウアーがウパニシャッドの影響を受けたりして、次第に東洋の哲学が西洋に浸透してきていた。けれども、それはあくまでも西洋思想の中に東洋を摂取しようというものであり、西洋の優位は当然の前提とされていた。そのことは、ヘーゲルが東洋を哲学以前としか見なかったところに顕著にうかがわれる。

　心霊主義も西洋の長い伝統を承けたものであり、神智学もまた、西洋オカルティズムの系譜に位置付けることもできる。けれども、それだけに留まらず、その本拠をインドに置くことで、たとえそれがどれだけ歪んだものであっても、東西融合のシンクレティズムが大きく進展することになった。その背景には、イギリスがインドの植民地化を進め、一八五七年の大反乱を契機にインド帝国を創建して実質的支配を強めたことがある。このような強圧的な植民地化は、一方でインドの反感を買い、ナショナリズムを生み育てることになったが、他方では、インドの古典文献が西洋に伝えられ、また、人的交流も進められるようになって、インドの宗教や哲学の高度な成果が西洋にも知られるようになったことにも注目しなければならない。

　こうして一九世紀後半には西洋のアカデミックなインド研究は飛躍的に高い水準に達したが、それはあくまでも文献研究という枠に収まるものであった。しかし、ブラヴァツキーらは直接インドに飛び込むことで、知識人の客観主義を超えたカオス的な場から新しいオカルト体系を立ち上げ、それを西洋にもたらすことになった。神智学は従来考えられないような形で思想・宗教の東西合一とグローバル化を達成することになったのである。このような神智学における東西関係は、三つの観点から見ることができる。

　第一に、第五号所収の拙稿で指摘したように、東が西に影響し、そこから逆に西から東へと影響するという思想・文化の相互作用のキャッチボール現象が行なわれていたことが挙げられる。従来の東西関係の見方は、高度な近代文化を達成した西洋が東洋を征服し、東洋側はその西洋文化を受容するという一方通行だけで考えられていた。しかし、じつはそうではなく、東洋はもっと積極的な役割を果たしていた。日本のように、一方的な受容型の近代を唯一と考えるのは誤っている。

　ブラヴァツキー、オルコットらは、西洋という場に安住して東洋の思想や宗教を外から受容するだけでなく、現地のインド・スリランカで直接ヒンドゥー教や仏教に接し、受容した。それと同時に、今度は彼らが受容し体系化した東西融合の思想がインド・スリランカのほうに投げ返されて、近代化に大きな役割を果たすことになった。オルコットはスリランカ仏教の近代化に尽力し、その薫陶を受けたアナガーリカ・ダルマパーラは仏教ナショナリズムの立場に立って、独立運動を先導し、また大菩提会を創設してグローバルな仏教復興を目指した。

　また、オルコットを継承して神智学協会の二代目会長となったアニー・ベサント（一八四七－一九三三）は、インド自治権闘争の先頭に立ち、一九一七年には国民会議派の議長に選出された。その後、帰国したガンディーが完全独立を主張してベサントの影響力は衰えるが、バラナス・ヒンドゥー大学設立など、ベサントの果たした役割は大きい。新たに指導者となったガンディーもまた、もともと神智学から出発していた。

　このように、神智学は一方で東洋の智慧を西洋にもたらすとともに、他方でインド・スリランカの宗教の近代化のみならず政治面でもナショナリズムに基づく独立運動を呼び起こす一つの原動力となった。このように、その影響は単に思想界、宗教界に限らず、政治や教育など広い実践的な分野に関わることが知られる。

　第二に、神智学における東洋の受容においては、東西が別々ではなく、融合してごっちゃになったハイブリッドなシンクレティズムが起こっている。それは学者が知的に要素を分析して構成したものではなく、多様で創造的な要素が渦のように混在している。

この点を、具体的にA・P・シネットの『エソテリック・ブッディズム』（一八八三）によって見てみよう。エソテリック・ブッディズムは今では密教の訳語として使われるが、ここではそうではなく、まさしく神智学の最初の概論とも言うべきもので、従って、『秘教的仏教』とでも訳すことができる。同書では、仏教の言葉を使い、それと微妙に重なりながら、それとは異なる秘教的（エソテリック）な世界が展開されている。

そこでは、人間は次の七つの要素からなるものと考えられている。

1・身体（ルーパ）、2・生命原理（プラーナ、またはジーヴァ）、3・アストラル体（リンガ・シャリーラ）、4・動物的魂（カーマ・ルーパ）、5・人間的魂（マナス）、6・霊的魂（ブッディ）、7・霊（アートマン）

このうち、1〜3は死とともに離散する。4は欲望の基盤となる低次の魂で、死後欲望の世界である欲界（カーマ・ローカ）に行く。5は4に引かれると堕落するが、高次の6〜7と一体になると、神界（デーヴァ・チャン）に行く。ここに長い期間留まった後で、再びこの世界に輪廻して戻るというのである。こうして次第に魂は進歩し、高い次元に進んでいくとされる。心霊学で取り上げられる霊的現象はカーマ・ローカまでであり、従って神智学の本領は心霊学を超えることになる。

ここでは、それぞれの用語はサンスクリット語に対応語があり、インド哲学が深く関わっていることが知られる。輪廻の観念もインドから来ているであろう。神界もまた、インド宗教、あるいは仏教の影響がみられる。欲界は、仏教の三界（欲界・色界・無色界）が反映しているであろう。輪廻しながら人は次第に進歩していく。このような霊魂の進歩と対応して、人類もまた進化していく。このような進化・進歩の観念には、当時の進化論が反映している。

こう見てくると、シネットの仏教論が、西洋的なオカルティズム、先端的な科学である進化論、そして東洋的なヒンドゥー教や仏教などのアマルガム的な統合であることが知られる。それはシネット個人のものではなく、かなりの部分はブラヴァツキーに由来する神智学共有の人間観、世界観である。それは確かに厳密な研究者からすれば、如何にも誤解だらけの素人のパッチワークとしか見られないかもしれない。しかし、だからこそそこにはプロの研究者が臆して近寄れない大胆な発想に溢れているとも言える。それは意外にも、同時代のニーチェの超人や永劫回帰にも通ずるところがある。ニーチェが神智学を知っていたとまでは言えなくても、少なくとも同時代的な性格を強く持っている。

第三点として、神智学における東西融合は単なる融合ではなく、それを超えて人類のあらゆる宗教・思想の統合へと向かった点が挙げられる。神智学協会の目的として、一八八七年には、「人種、信条、肌の色で差別されない、人類の普遍的同朋愛の核を構成すること」と明言されていた。もっともそれにもかかわらず、第二条は、「アーリア人種その他の東洋の文学、宗教、科学の研究を促進すること」と、アーリア人種が特別視されていた。ブラヴァツキーの人類進化論によれば、アーリア人こそもっとも進んだ人種とされ、それに対してユダヤ人などが蔑視されていた。それがナチスなどに影響を与えることになる。

それが、次のベサントの代になると、この条項が消され、それだけ人類の普遍性が表に出されることになった。ベサントの著書『古代の叡智』（一八九七）では、序章が「あらゆる宗教の根底にある統一」と題され、諸宗教はその根底において一つであることが高く掲げられるようになる。啓蒙主義における普遍主義は、西洋近代によって到達された理念こそが普遍性を持つものであり、それを知らない人たちに教え込んでいくのが啓蒙だとされた。

ところが、神智学で考えられている普遍性はそれと異なり、少なくとも理念的には西洋の優越はなくなる。ベサントによれば、神智学は特定の宗教の優越を説くものでないとともに、既成の宗教を否定するものでもない。どの宗教の信者であっても、それを捨てることなく神智学に入ることができるというのである。これは、一九世紀末になって表に出てきた新しい普遍主義ということができる。

このような普遍主義の理想は、必ずしも神智学だけに限られるものではない。とりわけアメリカでは、従来の欧州のキリスト教と異なるユニテリアンなどの動向が広がり、それは他宗教をも受け入れる余地を持つものであった。ドイツ出身のポール・ケーラス（一八五二－一九一九）は、イリノイ州ラ・サールに出版社オープンコート社を経営し、雑誌『オープンコート』『モニスト』など、東西の多くの哲学・宗教文献を出版した。プラグマティズムの創始者チャールズ・パースは『モニスト』を舞台に新しい哲学を形成したことはよく知られる。後に鈴木大拙はオープンコート社で働くことになる。

こうした動向の高まりの中で、一八九三年のシカゴの万国博覧会（コロンブス博）に伴って万国宗教会議（Parliament of the World's Religions）が開かれ、はじめて世界の諸宗教の代表者が集まった。その会議では、ヒンドゥー教のヴィヴェーカーナンダが、ヒンドゥー教こそ普遍宗教だと説いて大きな喝采を浴びた。神智学協会はその会議に力を入れて、神智学の特別部会を開催している。こうして、キリスト教のみが唯一優れた宗教だとする西洋中心主義は崩れ、一面においては様々な宗教を認める宗教多元主義が育つとともに、そうした多様性を統一する普遍的な真理を探るグローバルな真理探究が進められるようになるのである。

今はその詳細に立ち入ることはできないが、このような霊性的な普遍主義の進展は、やがてシュペングラーの『西洋の没落』（一九一八－二二）に見られるような西洋中心主義の崩壊の中で、トルストイ、ガンディー、ロマン・ロランらの世界平和主義の運動を呼び起こすことになる。それは国際連盟から国際連合へとつながるとともに、ユネスコ憲章に見られるように、政治・経済や軍事を越えた心と文化の平和という理想につながっていくのであり、その過程でも神智学は大きな役割を果たしたと考えられる。

二　菩薩と国家

1　霊性論と日本

霊性の問題から、一気にグローバルな領域へと話が広がってしまったが、このような世界の動向と日本は無関係ではない。従来の日本の近代の捉え方は、西洋近代の受容という面にばかり目を向けてきた。確かに日本が西洋近代の忠実な追随者たろうとしてきたのは事実である。しかし、一九世紀末のグローバルな霊性運動と無関係かというと、そうではない。その点の一端は、本誌第六号の拙稿に論じた。

一八八九年にはオルコットがダルマパーラとともに来日して日本の仏教者たちと会談し、大きな衝撃を与えた。一八九三年のシカゴ万国宗教者会議には、釈宗演（しゃくそうえん）（臨済宗）、土宜法龍（どぎほうりゅう）（真言宗）らの日本の仏教者も参加して、グローバルな場の中に投げ込まれることになった。この時の釈宗演とポール・ケーラスの出会いが、後に鈴木大拙の渡米につながるのである。このようなグローバル的な霊性論の受容は、それ以前（一八七六年）にいち早く南条文雄（ぶんゆう）らがマックス・ミュラーのもとに留学したのを端緒とする西洋のインド学の摂取と、並行しつつもいささか位相を異にする。

もっとも、日本の主流となる宗派の仏教者たちは、神智学を核とするこのようなグローバル化をそのまま受け入れているわけではない。むしろ、オルコットやダルマパーラらの仏教は南伝の上座部の仏教であり、日本の「大乗仏教」から見れば「小乗仏教」だというので、そこに一線を引いて対応は冷淡になっていく。ダルマパーラと積極的に関わったのは、田中智学(一八六一－一九三九)ら、必ずしも正統に位置づけられない仏教者であった。

ただ、その中から日本の「大乗仏教」をいかにしてグローバルな場に持ち出していくかが、大きな問題となった。それを果たそうとしたのが、鈴木大拙の英文著作『大乗仏教概論』(一九〇七)であった。この本は仏教学の大家プサンの酷評を招き、また、岩波文庫本の注や解説で、訳者佐々木閑によってその誤りが厳しく指摘されている。確かに仏教文献学の立場から見ると、大拙の仏教解釈は無理が多いであろう。しかし、当時の霊性論的な仏教論の流れの中で見ると、大拙の意図は明瞭である。オルコットやダルマパーラの「小乗仏教」に対して、「大乗仏教」の体系を示そうとしたと考えられる。

大拙は、近年安藤礼二らによって指摘されているように(『大拙』講談社、二〇一八)、神智学などの霊性論的な動向ときわめて密接な関係にある。米国から帰国後の最初の仕事はスウェーデンボルグの紹介であった。大拙の妻ベアトリスは熱心な神智学協会員であり、神智学の日本ロッジは長く大拙宅に置かれていた。『日本的霊性』にはじまる霊性論の下地は、早くから形成されていたのである。

『大乗仏教概論』は、思索的大乗仏教と実践的仏教の二部からなり、その理論面は大拙自身が英訳した『大乗起信論』の仏性論が大きな位置を占めている。それに対して、実践面の中心として掲げられたのが菩薩論であった。この菩薩という実践の立場は、近代日本の仏教解釈の中で長く忘れられていたものであり、大拙の大きな問題提起は必ずしも十分な評価を受けず、孤立したまま忘れられることになった。

2　政教分離という罠

近代日本で仏教の社会的活動は必ずしも十分に評価を受けてこなかった。実際は教育においても社会福祉においても、仏教の果たした役割は大きかったにもかかわらず、一般的評価として、キリスト教の社会活動が高く評価されるのに対して、仏教の側はその後塵を拝するように扱われてきた。

それは何故であろうか。一つの大きな理由は、仏教が近代の早い時点で政教分離論を受け入れ、政治に口を出さないのが純粋な宗教のあり方だとされたことが大きい。島地黙雷によって信教の自由と政教分離が確立した時、政治はあくまでも外なる「形」を扱うもので、人間の本質たる「心」は宗教の領域だということで、宗教は政治を超える尊いものであるはずであった。ところが、現実には外へ向かって発展できない宗教は、「心」の世界に閉じ込められ、その活動を自己規制することになった。

後に、天皇本尊論や天皇阿弥陀同体説などが形成され、仏教が国家政治に関わろうとする方向が模索されたが、それは国家政治の側に取り込まれるだけになり、宗教の独自性を主張できなかった。おそらく国家と宗教の関係を正面から問うことができたのは、日蓮宗の在家運動家田中智学だけであっただろう。『仏教夫婦論』(一八八七)などで、仏教の近代化に着手した智学は、ダルマパーラの三度目の来日時(一九〇二)に会談し、意気投合した。

智学の『宗門之維新』(一九〇一)は、「侵略的態度」による折伏(相手を論破して法を広めるやり方)を主張して、日蓮宗が日本を統一し、さらには世界を制覇することを目指す。それは天皇による政治的軍事的統一であるとともに、その究極には国立戒壇において天皇の『法華経』帰依が表明されることで、全世界が『法華経』に帰依することになるとする。

そこではなお十分に明確化されていなかった天皇論は、『世界統一の天業』(一九〇四)においてさらに展開する。ここでは、日本の皇統はインドの転輪聖王の子孫であり、日本民族はその指導下に『法華経』の護持と流布を使命とする選ばれた民であるとする。それ故、本当の「国体」は天皇ではなく、『法華経』に求められなければならない。国体論者として知られる智学であるが、突き詰めていくとその思想は仏法の優位に極まることになる。政教分離に則っておとなしく国家に従う宗教を超えて、智学の思想・信仰は国家にとっても危険な逸脱・暴走となっていき、孤立することになる。ここではこれ以上立ち入らないが、この智学の理想をある意味で受け継いだのが戦後の創価学会であり、国立戒壇における天皇の宣言によって、国全体が『法華経』に帰依することが目指された。

だが、このようなごく一部を除いて、政教分離という名のもとに宗教が国家社会の問題に口出しできないような状況が続き、戦時の仏教は無批判な戦争協力に陥った。そこから、敗戦後はさらに政教分離が強められ、公共的問題に嘴を入れずに私的領域に籠ることこそ理想的な宗教のあり方とされるようになった。強力に平和運動を推進しようとした藤井日達らは、国内での勢力は伸び悩み、海外での活動に力を入れるようになった。

3　菩薩と国家　最澄の場合

このように政教分離を楯に政治や社会から目を背けることを理想とする仏教観は、仏教史解釈の上にも反映される。いわゆる鎌倉新仏教中心論によれば、新仏教が政治から距離を置いたという点が高く評価され、王権と対等に近い形で仏教が対峙するような顕密仏教のあり方は堕落形態として否定的に見られた。しかし、それが歴史の実態とかけ離れた見方であることは、本誌第三号の拙稿に述べた。中世の仏教は、国家と神仏が緊張関係に立つ両極を構成し、その枠の中に生活や文化が形成されていた。

それに対しては、中世の仏教の勢力の強大さは単に歴史的事実として、仏教寺院が権力を握っていたということであって、思想の問題にはならないと言われるかもしれない。はたして仏教には国家社会と関わる思想はなかったのであろうか。もちろん、古代に重視された『金光明最勝王経』のように、護法の国家を守護するという経典もある。しかし、もっと大きな理念として考えるならば、菩薩という思想を考える必要があるであろう。

菩薩についての立ち入った検討はここでは行なわない。拙著『冥顕の哲学1　死者と菩薩の倫理学』（ぷねうま舎、二〇一八）などを参照していただきたい。ポイントだけ述べておこう。菩薩の観念は、最初はブッダの前世譚（ジャータカ）として、過去世のブッダがなした善行の物語の中で発展した。菩薩は、六波羅蜜（布施・持戒・忍辱・精進・禅定・智慧）を実践するが、中でも他者に対する贈与を求める布施の徳はその中心となる。そこから、菩薩の実践はまた、自利・利他併修として特徴づけられる。

もともと菩薩はブッダの前世に限られていたが、それが大乗仏教になると、誰でも菩薩たりうるとされるようになり、それが大乗仏教の大きな特徴とされる。初期仏教の理想が自らの悟りを求めることであったのに対して、大乗仏教では自利とともに他者を利する利他が大きな目標として掲げられるようになった。

自分の利益だけでなく、他者の利益も図るというだけであれば、一般的な道徳に過ぎないであろう。しかし、当然ながら大乗仏教では、その利益は最終的には悟りに至ることであり、自分だけではなく、他者をも悟りに導くことが目標とされる。その目標は、現世の範囲だけでは到底達せられない。菩薩の修行と実践は、過去世から現在世を通って来来世に至る三世の中で、継続していかなければならない。このような菩薩の理想はさまざまな大乗経典に説かれる。とりわけ日本人になじみの深い経典として、『法華経』や浄土信仰を説く『無量寿経』などが挙げられる。

日本においても、このような菩薩の思想と実践は早くから受け入れられた。奈良時代には、行基が菩薩と呼ばれたことがよく知られている。おそらくその根底には法相宗の教義があったと考えられる。しかし、思想として自覚的に菩薩の問題を取り上げたのは、最澄（七六六／七六七－八二二）が最初であろう。最澄は東大寺で受戒後、自らの意思で比叡山に籠る（七八五）。その時の願文は、若い最澄の真摯な宗教的情熱を伝えている。そこではこう誓われている。

> 願わくは、かならず、今生無作無縁の四弘誓願に引導せられて、周ねく法界を旋らし、遍く六道に入り、仏国土を浄め、衆生を成就して、未来際を尽すまで、恒に仏事を作さんことを。
> （願わくは、かならず今生で因縁を超えた誓いである四弘誓願に導かれて、法界全体に行き渡り、六道〔地獄・餓鬼・畜生・修羅・人・天〕のすべてに入り、仏の世界を浄めて〔浄土とし〕、衆生の願いを成就して、未来世の果てまで、常に仏としてのはたらきをなそう。）

四弘誓願は、「衆生無辺誓願度、煩悩無尽誓願断、法門無量誓願学、仏道無上誓願成」（異なるバージョンあり）の四つの誓願であり、自利利他の完成を誓い、すべての菩薩に共通する広大な誓願である。ここからも知られるように、広大な世界すべてに行き渡り、未来の果てまで衆生救済のはたらきを実現させていくというのである。最澄は仏道修行の出発点に立って、このような菩薩の広大な誓いを立てたのである。

今日の常識から見れば、最澄のこのような誓願は宗教的ではあっても、あまりにも現実離れをしているように思われる。しかし、最澄はそれを現実の場に生かす道を模索していた。それが晩年になって一気に噴き出す。最澄の晩年は二つの論争に明け暮れした。一つは教義に関する三一権実論争であり、法相宗の徳一との間で激烈に戦われた。もう一つは大乗戒壇論争である。菩薩の実践という観点からは、後者が注目されるので、それについて少し詳しく見ておこう。

鑑真が日本に戒律をもたらしたことはよく知られている。それは『四分律』と呼ばれ、法蔵部という部派で用いられたものであるが、中国ではいくつかある戒律のうち、最終的に『四分律』を用いることに統一され、それを鑑真がもたらしたのである。この戒は二五〇項目からなり、具足戒と呼ばれる。それを受戒（授ける側からは「授戒」）することで教団（僧伽、サンガ）の一員である比丘となり、その戒を守って生活することになる。

ところが、最澄はこの具足戒の授戒を否定する。その理由は、それが小乗の部派に由来するもので、大乗仏教にふさわしくないからだという。そこで最澄がそれに代わる大乗の戒として持ち出したのが梵網戒である。梵網戒は『梵網経』という中国で撰述された経典に基づくものであり、大乗菩薩の守るべき戒として十重四十八軽戒（十の重罪と四十八の軽罪）を挙げている。これだけでは実際に僧団を維持する戒律としては不十分である。ただ、『四分律』による具足戒だけでは大乗菩薩としての精神という面が不足するので、その面をはっきりさせるために梵網戒が用いられ、『四分律』と梵網戒は併用されるのがふつうであった。梵網戒はまた、在家者にも授けられ、鑑真来日時には、聖武上皇らも受戒している。

このような従来の授戒方式に対して、最澄はそれでは大小乗の併用であり、純粋な大乗とは言えないと批判する。大乗菩薩の立場に立つならば、大乗戒である梵網戒だけでよいというのである。これは破天荒の主張である。梵網戒は在家者にも共通し、しかも実際に僧団を運営するには不十分であるから、それだけで一人前の出家者である比丘の戒とするのはあまりに無理が多い。だが、最澄はその点にこそ大乗菩薩の道が示されているというのである。

最澄は、弘仁九年（八一八）から翌年にかけて、三回にわたって梵網戒による授戒のための大乗戒壇開設を求めて嵯峨天皇に上表文を提出した。それらは、それぞれの条目数に従って、六条式・八条式・四条式と呼ばれ、『山家学生式』としてまとめられている。最初の六条式はこう書き始められている。

国宝とは何であろうか。道心（悟りを求める心）を宝とする。道心がある人を国宝と名づける。それ故、古人は言っている、「直径一寸の宝玉が十枚あろうとも国宝ではない。照千一隅（千里を照らし一隅を守る）の人が国宝である」と。また古えの哲人が言っている、「言葉で語れても実行ができない者は国の師である。実行できても言葉で語れない者は国の用（はたらき）である。実行できて言葉でも表現できる者が国宝である。このように三種あるうちで、言葉で語ることもできず実行もできない者は国の賊である」と。そこで、道心のある仏弟子を西（インド）では菩薩と称し、東（中国）では君子と号する。悪い事は自分のほうに向かうようにして、好い事は他に与え、己を忘れて他者を利するのは、慈悲の極みである。仏陀の教えの中で、出家に二種類ある。一は小乗の類であり、二は大乗の類である。道心の仏弟子は、この後者の類である。今私たちの東の島国（日本）では、小乗の姿をした出家だけがいて、大乗の類はおらず、大乗の道は広まっていない。

「国宝（国の宝）」は物ではない、人である。今日こそ改めてそう主張したいような言葉である。「照千一隅」は、一九七〇年代頃になってはじめてそのように読まれるようになったのであり、それまでは「一隅を照らす」と読まれていた。「千」を「于」と解していたのである。今日でも、天台宗では「一隅を照らす」運動を行なっている。「一隅を照らす」というのであれば、世の中の大きなことはともかくとして、まず身近の小さなことで善行を行なおうということになり、もちろんそれはそれでよいことである。

けれども、この六条式の文脈では、それでは話が通らない。国宝と言われるような人は、千里の先まで見通すとともに、足元のごく小さなところをもしっかりと確保している、というのでなければおかしい。即ち、世界の全体にまで目が行き届き、先の先まで見通せる洞察力がありながら、だからと言って手近のことを疎かにしないという両面があって、はじめて「国宝」と言えるだけの理想的な指導者なのである。「一隅を照らす」ことは大事だが、それだけでは国を導く精神界の指導者と言うことはできない。ここで言われる「古人」はもとは司馬遷の『史記』であるが、それを直接引用したのではなく、天台六祖湛然の引用に基づいているという（『日本思想大系』本の薗田香融の補注）。

最澄の重要な言葉の一節がこのように長く誤解されてきたことは、その思想の正当な評価を妨げてきたと考えられる。最澄の主張はきわめて雄大である。そのことは、その後の文を見れば知られる。即ち、「道心有るの仏子」として、インド（仏教）の菩薩と中国（儒教）の君子とが、名が違うだけで同じものとされている。何故ならば、どちらも自分のことは後回しにして、他者の幸福を優先させるからである。その菩薩のトップが国宝であり、君子のトップが君主となる。精神世界も世俗世界も同じ菩薩の精神に基づいて、協力していくのである。

それを成り立たせるのが、梵網戒であり、四条式では、そのことを「真俗一貫」と呼んでいる。「真」は仏法の世界であり、「俗」は世俗の世界である。梵網戒が出家者のみならず、在家者にも用いられるというのは、戒としては問題になる点であるが、それをプラスの方向に取り、どちらも他者のために活動するという点で、手を携えていかなければならないというのである。出家者は「出家菩薩」と呼ばれ、在家者は「在家菩薩」と呼ばれる。

この菩薩の精神は、中央で指導的な立場に立つ「国宝」に要請されるだけでない。「国師」や「国用」は各地域に派遣され、それぞれの地域で指導者となる。彼らは国から法服や布施を与えられるが、それを自分で使わず、池や農業用水を整備したり、荒地を耕作地にしたり、橋や船を作ったり等々、人々のために使わなければならないというのである。そのような精神をもって人々を導いていくことこそ、菩薩のなすべきことである。

こう見ていくならば、ここには国家と仏教、世俗と精神界の協力関係が正面から説かれ、理想の国家社会のあり方が提示されているということができる。先に述べたように、近代の仏教観では、世俗を離れて専ら修行するのが仏教の本来のあり方であり、世俗国家と関わることは堕落のように見られてきた。それ故また、仏教には見るべき国家論・政治論はないとされ、国家論・政治論は近世の儒教以後の問題として論じられるのが普通であった。しかし、最澄の場合を考えれば、日本の仏教が高度な国家・政治理論を持っていたことが知られるであろう。日本の国家論・政治論は最澄を出発点として論じられなければならない。

それでは、最澄の菩薩国家論が、その後どのように継承されたのであろうか。菩薩の精神は日本の仏教の中で継承され、例えば千観（九一八－九八四）は『十願発心記』（九六二）で、諸仏と同じような力を身につけて、衆生を救済したいという願いを起こしている。また、『方丈記』には養和年間（一一八一－八二）の大飢饉の際に、仁和寺の隆暁（一一三五－一二〇六）が死者の供養に奔走した様子が描かれている。このように菩薩の精神は受け継がれるが、ただ、最澄のような国家論を展開しているわけではない。

そこで、少し別の面から見てみよう。本誌第三号の拙稿に述べたように、中世には王権と神仏が緊張関係をもって対峙する体制が確立した。最澄の理想が実現したとは言えないが、国家が世俗的な王権だけでは動かず、もう一つの極として宗教的、あるいは霊性的な力を要したことは注意されなければならない。そのバランスの中に、権力の暴走を防ぐ仕組みが蔵されていた。近代になると、天皇の一元国家へと向かうことでバランス構造が崩れ、権力の暴走が始まるのである。

中世的な体制を利用しながら、菩薩の理念の実現に奔走したのが、叡尊（一二〇一－九〇）、忍性（一二一七－一三〇三）の師弟であった。彼らは国家の支援を受けながら、被差別者やハンセン病患者の救済に努め、橋や道路の整備をするなどの社会事業を推進した。しかし、彼らの営為は、近代になると仏教が国家と癒着したとして批判され、悪しき例のように見られることになった。なお、日蓮（一二二二－一二八二）は、『法華経』を中核とした宗教国家の確立を目指して、独自の政教関係論を展開したが、忍性を批判しながら、それと異なる国家と仏教のあり方を探求したものと見ることができる。

4 神道の可能性 六人部是香の場合

以上、中世の仏教の場合を中心に、前近代における宗教と国家のあり方を見てきた。それでは、神道の場合はどうだっただろうか。それについてここで詳しく検討する余裕はないが、神道が直ちに強固な天皇主義を取るわけではないことは指摘しておきたい。中世神道において天皇論が大きく発展するが、例えば吉田兼倶（一四三五－一五一一）によって確立された唯一神道の理論では、天皇論は大きな位置を占めていない。

時代を下って、垂加神道や平田派の神道では確かに天皇中心体制を認めるようになるが、それでもなお開かれた可能性を持っている。ここでは、その一例として、幕末の平田派神道の中でも特異な思想家六人部是香（一七九八－一八六四）の場合に触れることにしたい。

幕末に多様に展開した国学・神道界は、維新後に論争の末、出雲系の大国主を重視する流れは排除され、伊勢（アマテラス）―天皇に一元化する理論が正統とされて、最終的に国家神道へとつながることになった。それによって、幕末の多様な展開はほとんどすべて抹殺されることになった。是香もまた、ほとんど忘れられることになった。

是香は山城国乙訓郡（現、向日市）向日神社の神官であったが、多数の著作を著わし、大国主派を代表する論客として活躍した。是香の特異な思想として、それぞれの土地の守護神である産須那神の重視ということが挙げられる。トップダウン型の神道に対して、地域に密着した産須那神から出発するボトムアップ型の神道を目指したと言うことができる。しかし、それだけでなく、その著書『顕幽順考論』において、顕界と幽冥界を含む壮大な体系を築いた。それによると、この世界は、造化の三神である天之御中主神・高皇産霊神・神皇産霊神によって造られた。もともと天界を天照大神、地上を須佐之男神が統治するはずであったが、予美の国に行ったために、アマテラスの子孫である皇統が統治することになったというのである。

しかし、それはあくまでも顕界の話であり、幽冥界は大国主神が司るという。顕界に較べて幽冥界ははるかに広大な領域と関わる。それぞれの地域で人々と関わるのが産須那神であり、人の生死を支配する。人が死ぬとまず産須那神の裁きを受け、次にその地方の一の宮で評決があり、最後は大国主が決定する。いわば三審制である。生前に善行をなした人は神位界に行き、そこで役割を与えられる。悪行をなした人は凶徒界で苦しむことになる。天皇であっても、悪行をなせば凶徒界に落とされることになる。

是香の壮大な体系については、まだ記すべきことも多いが、ともあれ以上からも、その独自の思想の一端は知られるであろう。顕界を超えた幽冥界の巨大な秩序、天皇でさえも死後の裁きを免れないこと、また、地域に根差した産須那神の重視など、近代の神道に失われてしまったさまざまな可能性に満ちている。ともすれば平田派の神道は十把一絡げのような扱いをされて済まされるが、必ずしもそのステレオタイプの中に落ち込まない個性的な神道思想をさらに見出していくことができるように思われる。

三　歴史と和歌 文化と王権

以上、本稿では霊性の問題から出発して、国家と宗教の問題へと展開した。これは日本思想が展開する基本的な枠組みに関する議論であり、その中で実際に展開する文化の諸相までは論じ切れなかった。ここで、伝統文化のあり方の一端に触れておきたい。中世以後になると、次第に新しい文化が形成され、日本の各地やまた庶民の間にも自由な創造が見られるようになる。しかし、もともと古典的な文化は京都を核として、朝廷を取り巻く貴族たちの間で形成され、それが各地に及んでいった。それ故、それは必然的に王権を支える性質のものとなる。

王権を支える文化の重要な側面として儀礼のシステムが挙げられる。それが有職故実として確立することは、本誌第二号の拙稿に論じた。それとともに、王権の正統性を示すものとして、中国では歴史書が大きな役割を果たした。中国では易姓革命による王朝の交替がしばしば起こったが、後の王朝は前の王朝の歴史を公式に編纂することが慣例であった。その編纂が終わると、それに用いた資料は廃棄され、歴史は一義的に定まることになる。そして、それによって易姓革命による政権交代が正当化されることになる。

日本はこの歴史書編纂の文化を受け入れ、『日本書紀』に始まる六国史が勅令によって編纂された。ところが、日本では王朝交代がないので、歴史書を編纂する必然的な動機を欠くことになる。こうして『日本三代実録』（九〇一）を最後に、公的な歴史書の編纂は終わった。王朝の正統性を歴史によって証明する必要はないからである。その後、王権をバックに公的な形で歴史書が編纂されるのは、徳川幕府の命による林羅山・鵞峯親子による『本朝通鑑』や水戸藩の総力を挙げた『大日本史』にまで下る。朝廷は王朝交代がないが、幕府のほうは変わっていく。そこで、その正当性が問われ、歴史が振り返られなければならなくなるのである。

古代と近世の間をつなぐ中世には王権による公式の歴史書はなくなるが、実際に歴史が大きく変動し、王権の危機が生ずると、改めて歴史を読み解き、王権の本来のあり方が問われることになる。慈円の『愚管抄』は承久の乱（一二二一）前後、北畠親房の『神皇正統記』は南北朝対立という、いずれも王朝の危機的な状況において書かれ、正統的な王権のあり方を探求している。このように歴史書は単に事実を書き記すというのではなく、王権のあり方を問う場面で、きわめて実践的な役割をもって記されるのである。

ところで、六国史が終わって、その後勅撰の歴史書が書かれなくなったのは、どのような時代であっただろうか。当時は延喜・天暦の治の最初の頃であり、醍醐天皇の治世下、ようやく王権がある程度安定してきた時期である。すでに王朝交替ということも考えられず、歴史書を編纂する意義は少なくなっていた。その後摂関期になると、貴族の日記類が遺されているが、それは歴史を記すという意味ではなく、有職故実の先例として後に参照するためのものであった。

こうして歴史がなくなる。ところが、その代わりに新しい勅撰書が編纂されるようになった。それが『古今和歌集』（九〇五）にはじまる和歌集で、その後『新続古今和歌集』（一四三九）に至るまで二十一代集が五百年にわたって延々と編纂され続ける。歴史から和歌へという転換は、一見奇妙に見える。それは何を意味するのであろうか。『古今集』は、春夏秋冬の季節の歌を最初に置き、その後、賀歌・離別歌・羇旅歌・物名と続き、その後に恋歌が五巻分を占めている。四季の歌を最初に置くという構成は、その後も踏襲される。歴史として流れ去る時間ではなく、四季として循環する時間が基準となる。『古今和歌集』の冒頭の歌は、在原元方のものである。

ふる年に春立ちける日よめる

年のうちに春は来にけり一年をこぞとやいはむ今年とやいはむ

正月より先に立春があるのは度々あることで、取り立てて言うほどのことでもない。それをあえて知的にひねったもので、ユーモアを湛えた予祝歌である。歌は何よりも呪的な意味を持つ。四季の循環を歌うことは、変わることのない平和な朝廷の支配の持続をもたらす。その後に来る恋の歌は、多産と豊饒を意味する。和歌は単に事実や感情を述べるだけではない。言葉は人を動かし、世界を動かす。『古今和歌集』の序は、「やまとうたは、人の心を種として、よろづの言の葉とぞなれりける」と始められる。そこでは、「力をも入れずして、天地を動かし、目に見えぬ鬼神をもあはれと思はせ、男女の仲をもやはらげ、たけき武士の心をもなぐさむるは歌なり」と、その歌の力を述べる。歌の持つ力は、言葉による王権の地固めの役割を果たす。

和歌と王権の関わりは、勅撰集が衰えていく中で、古今伝授のような形で権威づけられていく。さらに近世後期になると、和歌は国学・神道と結びつき、尊皇派によって必須の教養となる。

たのしみは妻子むつまじくうちつどひ頭ならべて物をくふ時

などと清貧の家庭生活を暖かく歌ったことで知られる橘曙覧は、同時に、

大皇にそむける者は天地に入れざる罪ぞ打つて粉にせよ

と歌う激烈な尊王家でもあった。

さらに時代は下り、明治になると歌会始の形式が次第に定着する。明治天皇は歴代天皇の中でも屈指の歌人であり、膨大な和歌を残しているが、歌会始は新年の予祝行事としての意味を保っている。そこでは、一般庶民からも作品が公募され、天皇から庶民の歌までが一緒に披露されることで、君民一体の理想が示されることになった。

このように、和歌と王権の結びつきは、長い歴史を通して持続して

いる。

ちなみに、和歌が密接に王権と関わるのに対して、俳諧は主として近世の庶民の間に受け入れられ、権力との関係が薄かった。日本中の至るところに俳諧の結社が作られ、それぞれの地域の経済的に余裕のある豪商や豪農が組織の中核となった。いわば自発的に形成された文化サークルとも言うべきものであった。指導者である宗匠が諸国の弟子たちをパトロンとして巡り歩くことでネットワークを形成し、それぞれの小サークルは孤立することなく、広く結びつくことになった。このようなネットワーク作りは、もちろん中世の連歌師に由来するものであるが、それが芭蕉によって庶民文化として洗練され、定着することになった。俳諧は孤独な文芸ではなく、小グループで連句を楽しむ集団の娯楽であった。

以上、歴史書から和歌・俳句などの短詩形文化へと、その展開を概観してみた。もちろん文化はそのようなものに限定されるわけではなく、その一端を覗いただけであるが、それだけでも王権との関わりが大きな意味を持つことが知られた。そのような文化は同時に神仏の世界とも深く関わっていた。王権と神仏という基本的な構造の中で、多様な文化が展開してきたという大きな見通しの下に、日本文化を見直していくことは、十分に可能であろう。そして、そのような日本文化の総体を、さらに「霊性」という観点から見ていくことも、不可能でないように思われる。それは本稿に収まりきらない次の課題である。

論考

大地の黄金なるを現成せしむ

埼玉大学名誉教授
長谷川三千子
Hasegawa Michiko

「現成公案」のこれまで読んできたところをふり返つてみると、そこでもつとも重要な核をなしてゐたのは、「仏道をならふといふは、自己をならふ也」の一言であつた。この一言のうちには、自己とはこの全世界の時々刻々の現はれの現場そのものだ、といふ発見がなり響いてゐる。おそらくは、その発見の驚きにうたれるといふ体験が彼のさとりであつたに違ひなく、また日頃耳にしてゐた師如浄の言葉「身心脱落」が、その文字通りのかたちで自らの身心に実現したのも、その時だつたであらう。

さらに言へば、あの有名な「拈華微笑（ねんげみしょう）」の話も、各人ひとりひとりの自己が現はれの現場そのものなのだ、といふ洞察の伝達を抜きにしては、無意味なエピソードになつてしまふ。道元が自著の表題に、その時の釈尊の言葉「正法眼蔵」をえらんだのも、これこそが「仏道」のもつとも重要な核心だ、と確信してゐたからだと思はれる。そして、その第一巻に据ゑた「現成公案」の巻に、「仏道をならふといふは、自己をならふ也」と述べたとき、その一言は、そこに展開されるさまざまの考察の核心をなすものとして語られたのだと受けとるべきであらう。

冒頭のあのスケールの大きな一節――現成の全領域を、「諸法の仏法なる時節」と「万法ともにわれにあらざる時節」といふ表裏二枚に切り分けて語つた一節――にしても、そこに〈あらゆる現はれの現場としての自己〉といふ切実な洞察がはりついてゐなかつたとしたらば、ただの抽象的仏教理論の開陳で終つてゐたことであらう。あるいはまた「たき木、はひとなる、さらにかへりてたき木となるべきにあらず」と始まる、〈時〉についての鋭い考察も、それが〈現はれの現場〉としての自己の内を深くのぞき込むことによつて展開されたものでなかつたら、あれだけの思想的迫力をもつことはできなかつたであらう。一見すると、ごく慎ましく伝統的な表現を踏襲して語られたもののやうに見える「人のさとりをうる、水に月のやどるがごとし」ですら、その底に、自己こそが現はれの現場にほかならぬ、といふ自信のほどが見えてゐたのである。

しかし、「現成公案」はそれだけで終るのではない。中盤をすぎたところで、そこにはさらなる展開がおとづれる。その転回点をなすのが、前回見た「よもの世界あることをしるべし」である。

もともとこれは、悟つたからと言つて、そこで安心し、慢心してしまつてはいけない、といふ戒めの話から始まり、仏教用語で「一水四見」と呼ばれる考へ方に説き及んだところに出てきた言葉である。この「一水四見」とは、同じ一つの水を見るにも、人はそれを水と見るけれども、それを魚は宮殿と見、天人は玉かざりと見、鬼は膿血と見る。海を見、川を見るにも、ただ人間の見方だけにとどこほつてゐてはだめだ、といふ教へである。

ただし「一水四見」といふ言葉にはいまだ不充分な点がある。これだとまるで、「水」といふ確固たる対象物があつて、様々な者たちがそれをいろいろな見方で見てゐる、といふ話のやうに聞こえてしまふ。それでは本来の仏教の発想にそむくことにもなるわけであつて、それを嫌つた道元は、のちの「山水経」において、水は「世界にしたがうてしな〳〵なり」といふユニークな言ひ方をあみ出す。すなはち、この世には、魚の世界、天人の世界、鬼の世界、その他もろもろの世界があり、それにしたがつて、水もさまざまの姿をとる、といふ考へ方である。「山水経」では、かうしたもろもろの世界を「有情世界」と呼んでゐるのであるが、いはばそれを先取りしたやうなかたちで語つたのが、「現成公案」のこの「よもの世界あることをしるべし」なのである。

これだけを見ると、「よもの世界あることをしるべし」とは、まさに「水をならはんとき、ひとすぢに人間のみにはとどこほるべからず」の教へを語つたものであり、われわれ人間も、魚の世界、鳥の世界、その他もろもろの世界を自ら体験してみなければならぬ、といふことかと思はれる。ところが、そこから彼が展開するのは、「有情世界」はそんな単純な生易しいものではない、といふ話なのである。

「うを水をゆくに、ゆけども水のきはなく、鳥そらをとぶに、とぶといへどもそらのきはなし」——彼が魚と鳥に托して描き出す有情世界のさまは、一見、のどかで自由で牧歌的にも見える。魚も鳥も、自らの世界をなんの妨げもなく、自在に使ひ切つて生きてゐる。しかし、それと同時に、「鳥もしそらをいづればたちまちに死す。魚もし水をいづればたちまちに死す」といふ逃れがたい現実が、そこには厳としてたちはだかつてゐる。すなはち、有情世界とは、各々の有情とその世界とが、〈とり換へのきかぬ関係〉によつてむすび合はされた世界にほかならない。「よもの世界」とは、かうした互ひに乗り越え不可能な異質世界の集まりなのである。

したがつて、さうした実情をまるで知らずに、気楽に「よもの世界」を渡り歩かうとしたりすれば、結果は無惨なことになる。道元はそれをこんな風に描いてみせたのだつた。

「しかあるを、水をきはめ、そらをきはめてのち、水そらをゆかんと擬する鳥魚あらんは、水にもそらにもみちをうべからず、ところをうべからず。」

すなはち、自分はもう、自らの世界をきはなく行き尽くしてしまつたから、今度は水もそらも行つてやらう、などと企てる鳥魚がゐたら、自らの世界をも失つてしまふ、といふことである。いま見てきたところからして、きはめて当然の、わかり易いいましめの言葉である。言ふならば、「よもの世界あることをしるべし」の一言を聞いてそんな風に早トチリしてはいけない、といふことである。

しかし、この一文には、さらにもつと重要な役目が負わされてゐる。前回、充分な解説をしないまゝ、になつてしまつてゐた、その〈重要な役目〉に光をあてるところから、この最終回の解説へと入つてゆくことにしたい。

いつたい有情と世界との、取り換へのきかない結びつきとは、どのやうなものなのか？　その結びつきといふものは、有情世界がなにごともなく尋常に、「うを水をゆくに、ゆけども水のきはなく」といつた具合に営まれてゐるときには、ただ気付かれずに素通りされてしまふ。そこに根本的な喰ひ違ひがでてきたとき、はじめてそのかたちが姿をあらはす。それがここでの「水にもそらにもみちをうべからず、ところをうべからず」なのである。

これはただちに肯定的な言ひ方へと転じられて「このところをうれば、この行李したがひて現成公案す。このみちをうれば、この行李したがひて現成公案なり」と語られる。これは肯定的な言ひ方に転ずると同時に、仏道修行者の話へとたち戻つてをり、次段の「人もし仏道を修証するに」の一言も、ここからまつすぐつながつてゆくのである。

しかし、だからと言つて、これまでのところの鳥と魚の話が単なる比喩にすぎなかつたと考へるのは誤りであらう。重要なことは、鳥も魚も仏道修行者も、同じく有情世界を生きる有情にほかならない、といふことであり、鳥と魚によつてあぶり出された有情世界のかたちは、そのまゝわれわれ人間の生きる有情世界のかたちそのものなのである。

さうしてみると、ここに取り出された「ところ」と「みち」は、我々自身の生きる有情世界を有情世界として成り立たせてゐる、根本機構とも呼ぶべきものであらう。そして、道元自身がこれをそのやうなものと考へてゐることは、次の一文を見れば明らかである。

「このみち、このところ、大にあらず小にあらず、自にあらず他にあらず、さきよりあるにあらず、いま現ずるにあらざるがゆゑにかくのごとくあるなり。」

本当に〈根本機構〉と呼べるやうなことがらについては、これ以外の言ひ方はありえないのであつて、これはまさしく根本機構を根本機構として描写したものである。そして道元はこの「みち」と「ところ」をさらに掘り下げることによつて、仏道の修証がいかにして可能となつてゐるのかを明らかにしてゆく。いま見てきた前段の話につなげて、彼はかう語る。

> 「しかあるがごとく、人もし仏道を修証するに、得一法、通一法なり、遇一行、修一行なり。これにところあり、みち通達せるによりて、しらるゝきはのしるからざるは、このしることの、仏法の究尽と同生し、同参するゆゑにしかあるなり。得処かならず自己の知見となりて、慮知にしられんずるとならふことなかれ。証究すみやかに現成すといへども、密有かならずしも現成にあらず、見成これ何必なり。」

この一段の中核をなしてゐるのは「これにところあり、みち通達せるによりて」の一言である。形のうへでは、これは次につづく一文の根拠をなすことがらとして置かれてゐるが、同時に冒頭の一文を説明する言葉ともなつてゐる。

まづ、「人もし仏道を修証するに、得一法、通一法なり、遇一行、修一行なり」は、前段の「このところをうれば、この行李したがひて現成公案す。このみちをうれば、この行李したがひて現成公案なり」を、ほとんどそのまゝ反復し解説してゐる一文と言つてよい。すなはち、「遇一行、修一行」とは「このところ」「このみち」を得て、それにしたがつて「この行李」が現成してゐるさまを、ずばりと一言で述べたものである。たとへば、暑い夏の日盛りに、一人の老典座がせつせと椎茸を干してゐる。余人にまかせるわけにはゆかん。これはわしの仕事ぢや、と汗水たらして干してゐる――まさに「遇一行、修一行」である。まことにささやかなる「遇一行、修一行」ではあるけれども、そこでは確かに「この行李」が現成してゐる。そして「この行李したがひて現成公案なり」と言ひ切れるとき、そこでは必ず「得一法、通一法なり」といふことが実現してゐる——さういふ確信をもつて、道元はこれを語つてゐるはずなのである。

さらに言ふならば、ここにはすでに、九年後の「画餅」の巻で語られることになる洞察の一端がかいま見えてゐる。その冒頭の一段において、道元は「一法纔通万法通」（一法わづかに通ずれば万法通ず）といふ言葉をかかげ、それを「通をして通の礙なからしむるに、一通これ、万通これ、なり。一通は一法なり。一法通、これ万法通なり」といふ言ひ方で解説してゐる。すなはち、一法が現成し、万法が現成するときの、その現成といふことを掘り下げてみれば、それは「通」のはたらきに他ならない。通が障りなく通じてゐれば、そこに難なく一法通、万法通が実現する、といふことである。この発見は、間違ひなく、「これにところあり、みち通達せるによりて」といふ、有情世界の根本機構についての洞察とつながり合つてゐる。だからこそ、ここでの彼は、まるで「画餅」の巻をすでに書き終へたかのごとき自信をもつて、「得一法、通一法なり、遇一行、修一行なり」と断言してゐるのである。

ただし、ふつうこの一言は、次の文にかかるものとして読まれてゐる。また実際にも、そのやうなつながりで読んで少しもさしさはりないのであるが、ここでは話のテーマはがらりと変つてゐる。

「これにところあり、みち通達せるによりて、しらるゝきはのしるからざるは、このしることの、仏法の究尽と同生し、同参するゆゑにしかあるなり。」

一口に言へば、ここに語られてゐるのは、仏道の修証そのものを可能にしてゐる根本機構が、同時に、修証といふものの見えにくさを生じさせてゐる、その逆説的とも言へるメカニズムである。前段に描かれた有情世界の尋常なるさま——「うを水をゆくに、ゆけども水のきはなく、鳥そらをとぶに、とぶといへどもそらのきはなし」——をふり返つてみると、これはまさしく魚行、鳥飛が「これにところあり、みち通達せる」といふかたちで実現してゐるさまである。そして、そこで重要なのは、「きはなし」といふことが、そのまゝ「ところあり、みち通達せる」ことと同義なのだといふことである。「みち」が突然途切れるとき、それは「きは」としてたちはだかる。有情と有情世界との一体がそこなはれるとき、その先は行きどころのない行きどまりとなる。「しらるゝきは」がくつきり見えるのは、さういふときなのである。

これと同じく、仏道の修行者が「うを水をゆく」ごとくに仏法を究尽してゐるときは、その一歩一歩がつねに「ところ」「みち」と一体となつて進んでゐる。つねに「きはなし」といふかたちで進んでゐる。したがつて、そこでは「きは」を見極めるといふことが原理的、論理的に不可能なのである。

もともと、道元がここにもち出した「うを水をゆく」「鳥そらをとぶ」といふ比喩は、宏智禅師の「坐禅箴」から引いてきたものであつた。彼は「坐禅箴」の巻において、「魚行」の「行」を解読して、「行はいく万程となくすゝむといへども不測なり、不窮なり。はかる岸なし、うかむ空なし、しづむそこなきがゆゑに測度するたれなし」と述べてゐる。すなはち、「魚行」の「ゆけどもきはなし」といふことが、そのまゝ「不測なり」「測度するたれなし」となつてゐることを、彼は明言してゐるのである。坐禅箴とは本来、修行者が坐禅において心得るべきことどもを記したものであるが、ここでの「魚行」は単なる比喩ではない。魚も修行者も有情であり、ともに有情世界の根本機構のうへに生きてゐるからこそ、同じ「行」のかたちを見せてゐるのだ——さういふ確信をもつて、道元はこの「不測」を語つてゐたのに違ひない。

ふり返つてみれば、「現成公案」のはじめの方には、こんな言葉が語られてゐた。

「諸仏のまさしく諸仏なるときは、自己は諸仏なりと覚知することをもちゐず、しかあれども証仏なり、仏を証しもてゆく。」

そこでは、はなから、諸仏がまさしく諸仏であるとき、「自己は諸仏なりと覚知する」などといふことは必要ではない、と語られてゐて、大切なのは「証仏」といふこと、「仏を証しもてゆく」ことなのだ、と明言されてゐた。これは実にしつくりと腹にをさまる言葉であつた。しかし、いまここで彼が明らかにしたのは、まさに「仏を証しもてゆく」、その証仏のかたちそのものが「自己は諸仏なり」と覚知することを困難にしてゐる――さういふ根本機構にほかならないのである。

かうしたことを最後にしつかりと確認するごとくにして、彼は「得処かならず自己の知見となりて、慮知にしられんずるとならふことなかれ」と語る。この一文は、後半の皮切りをなしてゐた、あの「身心に法いまだ参飽せざるには、法すでにたれりとおぼゆ」に対応してゐるとも言へて、さういふ錯誤がおこるのも、自己の悟りの計測がいかに難しいかを心得ないが故のことなのだ、とさとしてゐると受けとることもできる。

ただし、問題は、これにつづくしめくくりの文章「証究すみやかに現成すといへども、密有かならずしも現成にあらず、見成これ何必なり」である。一見すると、これもいまの、「得処かならず自己の知見となりて、慮知にしられんずるとならふことなかれ」の一例としてつけ加へられただけのやうに見える。しかし、この「密有」といふ言葉は、道元の『正法眼蔵』全体にかかはる、きはめて重要な意味をもつ語であつて、本来、かうした一般論のうちには収まりえないもののはずなのである。

最初に述べたとほり、「現成公案」の核をなすのは、この自己こそが全世界の現はれの現場そのものだ、といふ事実の発見であり、ここに「証究すみやかに現成す」と言はれてゐるのも、まさにそのことである。

さらに、その発見を発見として見る、現はれを現はれそのものとして見る、といふことにいたるとき、それを道元は「密」といふ語で表現する。たとへば、彼は、霊鷲山の会上で釈尊が一本の花を拈んで揚眉瞬目したのは、ただ花を示したのではなくて、花が現はれてゐるといふことそれ自体を示したのだと考へる。そして、満場の聴衆のうち摩訶迦葉ひとりが破顔微笑したのは、まさにそれが解つたからであり、それを見た釈尊が「我に正法眼蔵涅槃妙心有り、摩訶迦葉に附嘱す」と宣言したのも、それこそが仏道における最も重要な核心だからである――道元はさう考へる。「密語」の巻では、このやうな「密」の理解の受け渡しをもつて「仏々祖々の正嫡なり」と断言してゐるのである。

「密有」といふ語は、ここ以外には使はれてゐないのであるが、明らかにさうした「密」の意味をもつて使はれてゐると考へなければなるまい。すなはち「証究すみやかに現成」するとき、自己が現はれの現場になり切つてをり、「証仏なり、仏を証しもてゆく」といふあり方が実現してゐる。さういふときに、その〈証究の現成〉といふことがそれとしてたちあらはれる――それが「密有」の意味であらう。「密語」の巻では、彼はそれを「おのれをしるとき、密行をしるなり」といふ言ひ方で語つてもゐる。「仏道をならふといふは、自己をならふ也」といふ基本に照らして言ふなら、いやしくも仏道をならはんとすれば、密有しらざるべからず、と言ふべきであらう。

ところが、ここでの道元は、いともあつさりと、かうしめくくつてしまつてゐる――「証究すみやかに現成すといへども、密有かならずしも現成にあらず。見成これ何必なり。」

ここで「現成」と「見成」とを敢へて使ひ分けてゐるところに注目して解読してみれば、証究の現成といふことは、まさに「万法すゝみて自己を修証するはさとりなり」といつたかたちで、いはば万法の方からそれを実現してくれる。しかし、そのこと自体をそれとしてとらへ返すといふのには、それなりの決意と工夫が必要であつて、密有の方からふつとたちあらはれてくれるとはかぎらない。

「見成」といふ意志的なものがそこにかかはつてくる。ただしそれは必らずしも不可欠ではない――彼はこんな風に述べてゐるのである。

これはいつたいどうしたことなのだらうか？　ひよつとして、相手が俗弟子であることをおもんばかつて、「仏々祖々の正嫡」としての「密」までは要求しない、といふことなのか？

いや、話はむしろ逆のやうにも思はれる。これまで「現成公案」を読んできて、随処でつよく印象づけられたのは、道元が決して手かげんすることなく、難しい話をずんずんすすめてゆく、といふことであつた。それどころか、「アイツならワカル」といふ確信に後押しされて、ふつうの説法では踏み込まないやうな知的探求のうちに踏み込んでゆくさまが見られた。おそらくこの楊光秀といふ人物は、話が知的に、難解に、なつてゆけばゆくほど、目を輝かせ、身をのり出して問ひをくり出してゆくやうな人物だつたであらう。そんな人物が、この「密」の問題に夢中にならないはずがない。ここでの道元の、ほとんどそつけないと言ひたくなるやうな「密有」の扱ひ方は、そんな楊光秀に対して、次のやうに語りかけてゐると言へるのではあるまいか。

たしかに、この「密有」といふ問題は、わくわくするほど面白くて、しかも重要な問題だ。だけどね、さらにそれを広く深く支へてゐるのは何なのか、といふことを忘れちやいけない。有情と有情世界とがとりむすぶ、「以水為命」「以魚為命」の関係、「これにところあり、みち通達せる」といふこと――それがあつてこそ「証究の現成」がありうる。密有も密語も、それあつての知なのだよ。

或る意味では、それを言ふためにこそ、道元はあの魚行と鳥飛の話を長々と、しかも活き活きと語つてきたのだ、とも考へられる。そして、これにつづけて語られる、「現成公案」中唯一の禅問答も、その延長線上にある。

「麻谷山宝徹禅師、あふぎをつかふちなみに、僧きたりてとふ、『風性常住、無処不周なり、なにをもてかさらに和尚あふぎをつかふ』。

師いはく、『なんぢたゞ風性常住をしれりとも、いまだところとしていたらずといふことなき道理をしらず』と。

僧いはく、『いかならんかこれ無処不周底の道理』。

ときに、師、あふぎをつかふのみなり。

僧、礼拝す。」

まづ第一に、この問答は、多くの解釈者が指摘してゐるとほり、若き日の道元自身の体験をなぞつたものだと言ふことができる。比叡山で猛勉強を重ねた道元は、法門の大綱は「本来本法身、天然自性身」――人はみな生まれながらにして法身をそなへてゐる――といふことにあるのだ、と理解する。しかしさうだとしたら、人はなぜ仏道を修行して仏になることを目指すのか？　十八歳の道元を悩ませたこの「疑滞」は、そのまゝ、ここでの僧の問ひかけ「風性常住、無処不周なり、なにをもてかさらに和尚あふぎをつかふ」に重なりあふ。それに対してお前さんは「風性常住」は知つてゐても、「無処不周」がわかつとらんな、と師が答へる。では、「無処不周」の道理はなんですか？　といふ僧の問ひに、「師、あふぎをつかふのみなり」といふ答へが示される。道元はここに、天童山における師如浄の姿をありありと見たことであらう。また、「僧礼拝す」は、如浄の指導のもとで、長らくの疑滞から抜け出すことができた道元自身の姿でもあつたに違ひない。さうした意味でも、この問答は「現成公案」をしめくくるのに最もふさはしい問答だと言ふことができる。

しかし、ここにはもう一つ、重要な話の道筋がかくされてゐて、その手がかりは、いまの僧の問ひ「なにをもてかさらに和尚あふぎをつかふ」にある。この問ひから「さらに」を取りはづしてみると、

「なんでわざわざ?」と理由を尋ねるのではなく、「和尚さんはどうやつてあふぎを使へてゐるのですか?」と、その可能の所以を尋ねる問ひとなる。そして、ここでの和尚の返答は、まさにその問ひに答へるものなのである。お前さんはまだ「風性常住」しか知らぬからそんなことを聞く。「無処不周」がわかれば、そんなことを聞く必要もなくなる——これが和尚の答へである。

それに対して再度「いかならんかこれ無処不周底の道理」と問ふとき、僧は自分が問ふつもりもなしに問ふてゐた何事かに、なかば気付いてゐる。この「底」は、宋代の口語体で「とは」といふ意味を表はすといふ。彼は素通りしかけてゐた「無処不周」のもとに足を止めようとしてゐるのである。

「ときに、師、あふぎをつかふのみなり。」

これが「ところとしていたらずといふことなき道理」だよ、と和尚は答へてゐる。これはまさに「このところをうれば、この行李したがひて現成公案す」の姿である。その姿を前にして、僧は、自分がそれと気付かずに問ふてゐた、その問ひと答へを同時に受け取つてゐる。この「僧礼拝す」は、直接には、「無処不周底の道理」がわかりました、といふ礼拝であるが、それとともに、「このところをうればこの行李したがひて現成公案す」を、いまここに開演してくれてゐる師への感謝をあらはす礼拝でもある。さらに言へば、そもそもそんな風にしてあふぎを使つて風をおこすことのできる、この有情世界そのものに感嘆しつつ、彼は礼拝したのに相違ない。

かうした問答のあとを受けて、道元は「現成公案」の巻全体を次の一文でしめくくる。

「仏法の証験(しようけん)、正伝の活路、それかくのごとし。常住なればあふぎをつかふべからず、つかはぬをりもかぜをきくべきといふは、常住をもしらず、風性をもしらぬなり。風性は常住なるがゆゑに、仏家(ぶつけ)の風は、大地の黄金なるを現成せしめ、長河の蘇(そ)酪(らく)を参熟(さんじゆく)せり。」

冒頭の一文は、あらためて、この問答が道元と師如浄との間の「正伝の活路」と重なり合ふものであることを思ひおこさせる。また、ここでの道元の手きびしいコメントも、この僧をかつての自分に重ね合はせてゐるからだと言ふことができよう。「風性常住」なのだから扇など使はなくても風は吹く、といふのは「常住」も「風性」もわかつてをらぬ者の台詞だ、と彼が言ふとき、そこには、かつての自分は「本来本法身」のことも全くわかつてゐなかつた、といふ反省のひびきが聞こえるのである。

では、本当のところ「風性常住」とはどういふことなのだらうか? それをときあかすのが、この「現成公案」全体をしめくくる、次の一文である。

「風性は常住なるがゆゑに、仏家の風は、大地の黄金なるを現成せしめ、長河の蘇酪を参熟せり。」

一見すると、なにかいきなり唐突に〈世界讃歌〉へと話が切りかはつたかのやうな印象がある。しかも、ここに登場する言葉やイメージは、いささか平凡だとも言へる。たとへば、「大地の黄金なる」は「阿弥陀経」に説かれる浄土の描写、「黄金為地(黄金を地となす)」そのま、だし、また「長河の蘇酪」なる言葉は、旧約の「出エヂプト記」にくり返し登場する「乳と蜜の流れる地」を連想させる。もちろん、道元が直接にそれを引いてゐることはありえないにしても、これが典型的な楽園のイメーヂの一つであることは間違ひない。しかも「大般涅槃経」によれば、牛乳をゆつくりと煮つめて作る蘇酪は、病人に与へるには牛乳よりはるかによいのだといふ。つまり「長河の蘇酪」は「乳と蜜の流れる地」より一段格上といふことになる——しかし、これでは余りにも話が通俗的になりはしないか、といふ気もしてくるのである。

けれども、おそらく道元は敢へてさうした平凡な借り物のイメーヂを使つたのではないかと思はれる。といふのも、ここでの眼目は「大地の黄金なる」や「長河の蘇酪」にあるのではなく、それを「現成せしめ」「参熟せり」といふところにあるのだからである。「風性は常住なるがゆゑに」と彼がここで言ふのは、あの有情世界の根本機構――「これにところあり、みち通達せる」といふあり方――にほかならない。そして「仏家の風」、すなはち仏道本来の流儀・家風とは、その根本機構のうへに立つて、「大地の黄金を現成せしめ」ること「長河の蘇酪を参熟」させることにあるのだ、と言つてゐるのである。

ここには、以前にもちらりとのぞき見えてゐた、浄土教への鋭い批判がこめられてゐる。この有情世界を穢土と厭ひ、阿弥陀仏の慈悲にすがつて、あらかじめ用意された黄金の地へと往生しようとする――そんなものは「仏家の風」の風上にも置けない、といつた断固たる姿勢が、ここからはうかび上つてくるのである。

ふり返つてみれば、この巻末の世界讃歌は、あの「仏道をならふといふは、自己をならふ也」から真直につながつてきてゐる。自己とは、この世界の森羅万象が現成する、その現場である。その現場に現成する大地が、現成の光明をもつてたちあらはれないはずがない。「大地の黄金なるを現成せしめ」といふのはほとんど同語反復（トートロジイ）なのであつて、大地が真に現成するとき、それは必ず黄金なる大地なのである。しかも、そこを流れる長河は、単なる「乳と蜜の流れる」川ではない。仏道修行者たちが日々こつこつと「仏を証しもてゆく」営みによつて、蘇酪へと参熟してきた長河なのである。

この世界讃歌は、これまでどんな宗教に語られた極楽、天国の図にもまさつて力強い、本当の活きた世界讃歌であると言へよう。

〈参考文献〉
『正法眼蔵（一）』『正法眼蔵（二）』『正法眼蔵（三）』道元著　水野弥穂子校注（岩波文庫）
『漢字源』学研
『浄土三部経下：観無量寿経・阿弥陀経』中村元校注（岩波文庫）
『大般涅槃経　第一巻』加藤康成著（キンドル版）

論考

密教とはなにか　基本的な意味と発達の歴史

京都大学人と社会の未来研究院・上七軒文庫
亀山隆彦
Kameyama Takahiko

金剛界曼荼羅 wikipediaより

一　はじめに

近年、日本の仏教史および仏教文化の研究が大きく進展したことで、いわゆる「日本仏教」に対する観念的理解も、大きく変化した。今日、鎌倉「新」仏教をもって日本仏教の到達点や中世日本仏教の主役と断言する研究者は、ほとんどいない。法然、親鸞、日蓮等は、同時代の仏教界の主役どころか、一種の「異端」であったと主張されることもある。

その代わりに、「新」に対する「旧」仏教の意義の見直しが、精力的に進められる。特に、各地の大寺院で展開した「密教」の社会思想的影響力が、多くの人々の注目を集めている。

具体的な研究活動としては、教義、日本史、国文学、芸能の各学術領域を横断する形で、日本密教に対する包括的な考察が進められる。その成果として、同教が発揮した影響力の広さと深さが、徐々に論証されつつある。

また、このような実証研究の傍らで、密教観念の理解そのものについても、大幅な見直しが進められる。すなわち、次に紹介する根本的疑問に対して、再検討が試みられる。

そもそも、密教の語は何を意味するか。密教という宗教運動は、どのように始まったか。どういう経緯で、インドからアジア各地に伝播したか。日本に密教を請来した空海は、どのような言葉を残しているか。その言葉の背景は何か。以上の疑問をひっくるめて、密教とは、どのような仏教思想か。

本論では、今日の研究状況を念頭に置きながら、右記の疑問の中でも、前半三つについて議論を進めていく。

すなわち、密教という仏教語の基本的用法を検討し、インドから日本に至る密教発達史を概観する。その結果を踏まえて、日本における密教受容の実態について、マクロとミクロの両面から考察する。

二 「密教」という言葉の意味

1 「密教」の意味と用法

密教をよりよく知るために、まず、少し踏み込んで「密教」という語の意味するところを考えておきたい。

周知のように、密教とは「秘密教」の略称である。すなわち、諸々の仏教の中で「秘密」とされる教えということだが、この「秘密」概念には、はたしてどのような含意があるか。ごくシンプルに辞書的に解説しておくと、以下の通りである。

(1)凡庸な人間にはうかがい知れない深遠な奥義。
(2)非常に奥深く微妙で、容易には理解できない言葉。
(3)仏陀も、はっきりとは示さず、隠された意味を伴い説いた教え。

以上の意味をまとめると、様々な仏説の中でも特に深遠で、必要なレベルに達しないものには、うかがい知れないもの、選ばれた存在にのみ、特別な方法で開示される優れた教えが、すなわち、密教＝「秘密教」である。

ちなみに、この密教（＝秘密教）の対として、誰もが容易に理解できる顕露な教え、所謂「顕教」「顕了教」がある。

これら抽象的な解説を踏まえて、さらに詳しく見ていくと、本密教の語は、具体的に仏のどの教えを意味するか。おそらく、日本人が最初に想起するのは、空海によって日本に請来された「真言密教」だろう。

しかし、長い仏教の歴史を鑑みた場合、密教が意味するものは、真言密教を含む狭義の「密教」だけではなかった。密教という言葉の使用法、それが意味する内容について、密教学者の越智淳仁氏は、次のようにコンパクトに総括する。

> 従来の密教関係の専門書で欠けていたのが、密教概論に必要な顕教と密教の思想的展開の記述である。それを今まで困難にしてきたのは、二、三世紀の初期大乗仏教の『大智度論』に説かれた「秘密（密教）と顕示（顕教）」の思想が、インドにおける仏法を分類する古い二分法の一種であったということに気付かず、空海が中国長安に留学した当時の新しい顕密思想と同一であるという錯覚に陥っていたためであった。［越智 二〇一六、一一頁］

越智氏によると、先に紹介した密教・顕教という教えの二分法は、必ずしも真言密教が起源ではない。同教が登場するはるか以前から、仏教の中で多用されてきた思想の専門用語である。それは、多様な仏教思想を分類し、整理するために用いられる概念であった。

このようなフラットな密教の使用法について、リチャード・マクブライド（Richard D. Mcbride）氏は、次のような事例を紹介する。

> 中世期の中国と韓国の仏教徒により展開された知識の枠組みは、すぐれた大乗仏教の教え、特に菩薩が現実の性質を理解する方法に総合的に言及するものとして、「密教」という考え方を概念化した。［Mcbride 2004, p.355］

これまで、数多の仏教勢力が、他宗・他派に対する自らの「優越」を訴えるために、この「密教」「秘密教」という語を多用してきた。マクブライド氏によれば、小乗に対する大乗、声聞・縁覚に対する菩薩、あるいは、三乗に対する一乗仏教等である。

こういった文脈を踏まえ、いささか強引に判断するのであれば、密教という語には、狭義の「密教」を意味する固有名詞的な用法以外に、広く様々な「秘密教」を指す普通名詞的な用法が存在する。これら二種の混同に留意する必要があるだろう。

2 固有名詞としての「密教」

以上の議論を踏まえて、固有名詞的に用いられる密教の内実について、さらに詳しく確認しておきたい。

所謂、密教の歴史的背景と思想的特徴に関して、仏教学者のピーター・ハーヴェイ（Peter Harvey）氏は、次のような情報を提供する。

> 時間が経過すると、インド、あるいはそれ以外の地域において、大乗仏教（マハーヤーナ）は例えば禅宗のような、様々な新たな大乗学派を生み出した。インドにおいて、しばしば大乗とは別とみられるものの、六世紀までに発展してきた教えの一つは、真言乗（マントラヤーナ）、または「真言の乗り物」と呼ばれる。[Harvey 2012, p.2]

引用文中の専門用語を解説しておくと、「マントラ」（mantra）は、仏の悟りと神通力を象徴する「呪」を意味するサンスクリット語である。「真言」は、そのマントラの中国語訳である(1)。

後述するように、固有名詞的密教では、この真言＝マントラが、教義と実践の中核と理解される。そのような特性を踏まえ、密教は、しばしば「真言乗」（マントラヤーナ）とも呼ばれる。もちろん、空海の用いた「真言宗」も、この「真言乗」に由来する。

引用文に話を戻す。ハーヴェイ氏によれば、この密教＝真言乗は、仏滅から約一〇〇〇年が経過した紀元六世紀までにインドで組織された、比較的新しい仏教の思想運動である。

(1) 「マントラ」は、真言以外に「明」「呪」と翻訳される。

引き続き、この密教は、どういった点で、諸々の顕教に対する「秘密教」でありうるか。構造的に、いかなる部分で他の仏教思想に優越するか。この点について、同じくハーヴェイ氏は、次のように主張する。

> それは、思想や教理の点では大乗仏教とほぼ同じだが、大乗仏教が約束するゴールを実現するための新しい強力な修行法、たとえば力を持った聖なる言葉（マントラ）の瞑想的な繰り返し、複雑な瞑想の技法を発達させた。[Harvey 2012, pp.2-3]

引用文によると、純粋な教理・思想から考えた場合、密教といくつかの大乗仏教は、明白に連続関係にある。具体的には、中観、唯識、華厳の教義は、そのまま密教のコスモロジーに結合され、その成仏論や救済論の基盤となっている。

であれば、密教と他の仏教で、一体何が異なるといえるのか。ハーヴェイ氏も強調するように、明らかに異なるのは、教義の背後にある実践体系である。

密教は、この身そのままに仏と一体になり、速やかに悟りを得るという大乗仏教の理想を実現するために、真言を中核とする強力な瞑想法や、護摩（ホーマ）のような加持祈禱儀礼を大々的に援用する。この点に、密教最大の特色が認められる。

真言に続き、護摩についても簡単に補足すると、元は、古代インドのバラモン教の聖典「ヴェーダ」に由来する宗教儀礼である(2)。内容は、祭壇と火炉を設けて行われる供儀儀礼である。この文脈において、火は、諸尊と儀礼を実施する修行者を繋ぎ、諸尊のもとまで供物を運ぶ媒介とも解釈される。

(2) この事実から、古代インドの宗教伝統との結びつきも、密教が具える重要な特質と理解される。

3 密教の教理的特質

では、顕教に対する密教の特色は、もっぱら実践面にのみ確認され、教理思想の中にはまったく見いだされないのだろうか。必ずしも、そうとは言い切れない。

例えば、真言宗の開祖空海の理解である。顕教と真言密教の根本的な違いを詳しく論じる『弁顕密二教論』では、その違いについて、次の五点から詳しく議論される［村上 二〇一六］。

(1)教えを説く仏身の相違
(2)説かれる教えの相違
(3)教えを聞く人々の能力の相違
(4)成仏するまでのスピードの相違
(5)教えが持つ利益の相違

空海によれば、顕密二教の異なりは、必ずしも実践だけにとどまらない。教えを説いた仏陀の身や教えを聴く人々の素養等、教理要素の面でも、二教は大きく異なる。

さらに、別の視点から顕教と密教の思想的異なりを考えると、前者が強く否定するある要素を、後者が肯定し受容する点が挙げられる。それは、我々の感情や日常的行為である。

怒りや笑いのような感情の起伏、あるいは、生物として営まれる性的行為等は、顕教では仏道修行の障害と捉えられ、明白に忌避される。それに対して、密教の場合、それら感情や日常の行為も悟りを媒介する存在と解釈され、逆に重視される。

具体例として、不動明王や愛染明王に代表される忿怒尊が、まず挙げられる。彼らは、仏陀や菩薩が仏敵に向けた怒りが、形をとった存在である。その恐ろしい風貌と怒りの力で、修行者の煩悩を打ち砕く尊格として重宝される。

さらに、『理趣経』と呼ばれる密教経典を読むと、「十七清浄句」とまとめられる様々な性的行為が、それぞれ一七名の菩薩と対応させられ、修行者を悟りに導く要素とも説明される［宮坂他 二〇〇三］。また、それら要素を象徴的に組みこんだ複雑な瞑想法も、発展させられた。

三 密教発達の歴史

1 学問的歴史理解

ここまで、密教の「共時的」(synchronic)な思想構造と特色に着目し、議論を進めてきた。次に、同教の「通時的」(diachronic)な発達史について検討しておきたい。

密教の発達史に関しては、(1)今日の学問的歴史理解と、(2)伝統宗派の中で伝授される歴史理解の二つが混在する。(1)は、実際のインドにおける発達過程を客観的に見るもので、単純な状態から複雑な状態への組織的な展開が教示される。まず、(1)がいかなるものか、詳しく見ておく。

仏教は、インド北部、今日のネパール付近に暮らす釈迦族の王子ガウタマ・シッダールタが確立した宗教思想である。その歴史だが、開祖を失った後は、おおよそ、次の三ステップを経て発展したと考えられる。すなわち、①部派仏教（小乗仏教）、②大乗仏教、③密教の三つである。

①は、仏滅から約一〇〇年が経過した、アショーカ王が統治するマウリヤ朝インドで隆盛した仏教勢力である。②は、そこから約二〇〇年が経過した、紀元前一世紀前後に登場する仏教思想である。後に、東アジアに普及する。残る③は、先に述べた通り、紀元六世紀頃から盛んとなる②の中の思想運動である。

合わせて、なぜ②から③が展開したか、その理由に関する学説や歴史理解を確認しておくと、同時代のインドの状況が重要といわれる。

実は、マウリヤ朝後にインドを統一したグプタ朝が、ちょうどこの時期に失墜する。結果、インドから強力な統一帝国が消失し、その代わりに、複数の地方政権が確立される。密教は、このような社会情勢を背景に形成されたといわれる。実際には、インド土着の宗教文化が重要となる。密教学者の松長有慶氏は、次のように解説する。

> このような社会的な動乱時代にあって、農村社会に基盤をもつヒンドゥー教が頭角をあらわしはじめる。仏教もジャイナ教も、ヒンドゥー教の影響をまぬがれることができなかった。仏教も秘教的、儀礼的な色彩を一層濃厚にうちだしてゆく。［松長 一九九一、四四頁］

また、インド国内における密教発達史を概観すると、概ね以下のようにまとめられる。

① 最初期（三～五世紀頃）：「雑密」とも呼ばれる密教思想の萌芽が、徐々に出現する。
② 発展期（六～七世紀以降）：『大日経』『金剛頂経』等、まとまった密教経典が登場する。
③ 衰退期（一三世紀初頭）：様々な要因で、インド仏教自体が滅亡してしまう。

この三期の中だと、②に発達した密教（中期密教）が、八世紀頃に中国に伝えられ、九世紀初頭に日本に請来される。

一方、②～③にかけて発達した密教（後期密教）は、基本的に中国や日本には伝わらず、チベット、ブータン、ネパール等で伝承されている。

2 伝統宗派の歴史理解

次に、⑵伝統宗派の中で伝授された歴史理解について検討を試みる。

前述した通り、⑴は、ごく単純なものから複雑なものへ、教えの発展過程を解明するものであった。対して、⑵は、久遠の過去に完成された教えの「変わらなさ」を提示する言説といえる。

すなわち、仏陀の珠玉の教えが、無事、現在まで伝わっていることを証明する歴史語りともまとめられる。

したがって、言説の基本的な形式は、他の仏教宗派のそれとほぼ変わらない。まず、一切の始まりとして、仏陀（大日如来）による説法がある。

次に、金剛法界宮や須弥山頂の菩薩等、神話的領域に居する聴衆が、仏陀の言葉を集めて聖典とし、仏弟子や信者に伝授していくシーンが挿入される。さらに、その弟子達も、自身の弟子に向かって連綿と教えを伝授する。

このような密教相承の系譜を詳しく記した文献として、空海『秘密曼荼羅教付法伝』（以下、『教付法伝』）がある。本書によると、真言密教は、以下に紹介する八祖の手で日本まで伝えられた。

① 大日如来：金剛法界宮や須弥山頂で、『大日経』『金剛頂経』等の教えを説く。
② 金剛薩埵：大日如来の対話者。金剛法界宮や須弥山頂で、大日如来の説法を聴聞する。
③ 龍樹：インドにおいて、金剛薩埵より大日如来の教えを授かる。
④ 龍智：インドにおいて、龍樹より密教を伝授される。
⑤ 金剛智：インドから中国に移住。中国において、『金剛頂経』等の経典を翻訳する。
⑥ 不空：インドから中国に移住。中国において、『金剛頂経』等の経典を翻訳する。
⑦ 恵果：中国において、不空から『金剛頂経』等の教えを授かる。
⑧ 空海：中国に留学し、恵果から『大日経』『金剛頂経』の教えを授かる。その後、帰国。

以上の手順により、真言密教は、大日如来という原初の説教者から、遠い日本に生きる空海まで伝わることになった。

四　日本における密教受容

1　社会体制から見た受容

最後に、日本における密教受容の歴史的実態を検討し、日本の思想・文化史における意義を考えてみたい。

日本における密教受容に関しては、大きくマクロとミクロの二つのレベルが想定される。まず、マクロだが、これは、社会制度レベルでの受容と言いかえてもよい。対するミクロは、集団の実践、あるいは個人思想レベルでの密教受容である。以下、順に考察を進める。

社会制度レベルでの受容を理解する際、一つ注意しなければならないことがある。それは、九世紀以前から継続するある政治動向である。

七世紀の政治改革以降、歴代の政治指導者は、律令制度と共に仏教を活用することで、国家の安泰と平和維持につとめた。八世紀前半の聖武天皇が代表的だが、主に政治目的で仏教振興をはかった。

律令制度について、改めて詳述する必要はないだろう。古代中国の基本的な法律である。すなわち、「律」は刑罰に関する決まり、「令」は、それ以外の政治・経済に関する決まりである。七世紀の「大化の改新」以後、全国的な規模で導入が急がれた。

一方、仏教振興は、「鎮護国家」や「護国思想」と呼ばれるイデオロギーを背景に、日本全国に寺院が建立され、様々な仏教儀礼が遂行される。あるいは、インドや中国から高僧を招聘し、日本人僧の育成に当たらせる。あるいは、寺院に収蔵される経典を大量に書写する、といった一連の活動を指す。

このような鎮護国家＝護国思想を背景とする仏教は、平安を含む古代日本仏教の最大の特徴といえる。密教は、このような活動が日本社会に定着した九世紀初頭、新たな鎮護国家のための仏教として、大規模な導入がはかられた。

そして、その任に当たったのが、後に「入唐八家」と呼ばれる僧達である。具体的な名前を挙げると、①最澄、②空海、③常暁、④円行、⑤円仁、⑥慧運、⑦円珍、⑧宗叡の八人である。彼らは、九世紀初頭に入唐し、同地で密教を学んだ後に帰国。密教の重要経典、法具、実践等を日本に伝えた(3)。

2　個人思想から見た受容

続いて、集団の実践や個人の思想レベルでの密教受容である。このレベルでみた場合、先に名を挙げた僧達は、矛盾する二つのタスクを同時に達成する必要があった。

一つは、密教の有効性の証明である。すなわち、密教の実践や教義が、鎮護国家の面で既存の仏教より有効であると明確に示すことが求められた。

もう一つは、顕密の融和である。彼らが持ち帰った密教が、従来の顕教を脅かすものではなく、それを補助し高めるものであると示す必要があった。

そして、これら二種のタスクをもっとも効果的に達成した人物といえるのが、空海である。改めて、このような観点から、同僧の一連の活動を評価してみたい。

まず、密教の有効性の証明という点では、八一〇年、薬子の変と呼ばれるクーデターが起こると、即座に神護寺で鎮護国家の加持祈禱を実施している。同じくパフォーマンス的な実践としては、八二四年、京都の神泉苑で祈雨法を実行し、問題なく成功させている。

次に、顕密融和の問題だが、例えば、『十住心論』『秘蔵宝鑰』のような著作において、顕教に対する密教の優越を示すだけでなく、顕密二教の連続、後者が無くては、前者も存在しないことを強く主張する。

加えて、『弁顕密二教論』『即身成仏義』等の著作では、即身成仏のような密教教理を証明するために、膨大な量の顕教の聖典を引用し、それと密教経典の記述を結び付けて、独自の解釈を展開している［亀山 二〇二一 a、b］。

五　結び

本論では、密教という概念の見直しを目的に、次の三つの疑問に対して検討を試みた。

(1)そもそも、密教の語は、何を意味するか。
(2)密教という宗教運動は、どのように始まったか。
(3)どういう経緯で、インドからアジア各地に伝播したか。

以下、各疑問に対する検討の結果をまとめておく。

(1)を検討した結果、密教の語の中に、固有名詞的と普通名詞的の二つの用法が併存することが分かった。

(2)を検討した結果、一口に密教発達史といっても、今日の学問的歴史理解と伝統的な歴史理解では、言葉の意味を決める構造のレベルで大きく異なること、言語ベクトルの面で、完全に逆であることが明らかになった。

(3)を検討した結果、日本における密教の受容に関しても、マクロとミクロ、つまり、社会体制レベルの受容と個人思想レベルの受容で、大きく実態が異なることが明らかになった。

以上の検討結果をまとめると、密教概念は、通時と共時両面で多様な意味を持ち、一般にイメージされる「密教」は、その中の一つに過ぎないことが明らかになった。

そう考えると、密教について議論する際は、同語が何れの「密教」を指すか、慎重に検討する必要が出てくるだろう。

シンプルかつ一義的に、密教の意味を決定することは困難である。あるいは、この問題は、密教思想・文化の実証研究にとって、大きな障害になるかも知れない。

ただ、そのような言葉の多義性に基づいて、研究を大幅に拡張することも可能と考える。このような点から、これまでにない新たな密教解釈が生じる可能性も推定される。

また、密教の諸要素と緊密に繋がりながらも、「密教」と呼ばれず、結果、分析対象から外されてきた言説群を、改めて検討の対象とすることも可能だろう。

すなわち、今後、行われる密教の横断・総合的研究にとって、このような言葉の重層性や多義性は、極めて重要な議論の出発点になるとも考える。

参考文献（和文）

越智淳仁［二〇一六］『密教概論：空海の教えとそのルーツ』（法藏館）
亀山隆彦［二〇二一 a］「海を越える密教の思想：空海における「即身」のビジョン」（『ひらく』五）
同［二〇二一 b］「真言密教における真理と言葉：空海『弁顕密二教論』の思想的意義」（『ひらく』六）
同［二〇二三］『平安期密教思想の展開：安然の真如論から覚鑁の身体論へ』（臨川書店）
末木文美士［二〇一四］『日本仏教入門』（KADOKAWA）
高神覚昇［二〇〇四］『密教概論　改訂新版』（大法輪閣）
松長有慶［一九六九］『密教の歴史』（平楽寺書店）
宮坂宥勝、福田亮成［二〇〇三］『仏典講座16　理趣経』（大蔵出版）
村上保壽［二〇一六］『空海教学の真髄：『十巻章』を読む』（法藏館）

参考文献（欧文）

Harvey, Peter. 1990. *An Introduction to Buddhism: Teachings, History and Practices*. Cambridge: Cambridge University Press.
Mcbride, II, Richard D. 2004. "Is There Really 'Esoteric' Buddhism?" *Journal of the International Association of Buddhist Studies* 27. no.2: 329-356.

（3）八僧の所属宗派を述べると、②③④⑥⑧の五人は真言宗僧、①⑤⑦の三人は、天台宗僧とされる。

論考

美学のアップデート その⑦

死なないために［最終回］

京都芸術大学文明哲学研究所教授
吉岡 洋
Yoshioka Hiroshi

A Visha Kanya at Khajurao Temple. 出典：World History Encyclopedia.

1 アルス・ロンガ、ウィータ・ブレウィス

Ars longa, vita vrevis. これは有名なラテン語の句で、英語に置き換えると、"Art is long, life is short." となる。この英語訳からは「芸術は長く、人生は短い」というような意味が読みとれ、どこか美術館の静かな一室で、二千年以上も昔に作られたギリシアの石像を前に、わが身世にふるつかのまの時間をそれに引き比べ、もの想いに沈んでいるような人が想像される。あるいはこの「人生」とは、目前の作品を創造した、いにしえの芸術家のそれかもしれない。傑作は悠久の年月を越えて今に伝わるが、造り手の人生は遠い昔に終わってしまった……。過去の作品を扱った美術番組を観ると、私たちはしばしばこの種の心情をかき立てられる。だがそれは意図された効果であって、テレビ番組は三〇分とか四五分といった尺に縛られるために、「永遠の作品と儚い人生」のような分かりやすい対比を使ってセンチメンタルな感情を煽らないと、まとまりがつかないのである。「アルス・ロンガ、ウィータ・ブレウィス」。そうした番組で流れるナレーションの決め言葉に、この句は持ってこいのネタとして使えそうな感じである。

しかしうるさいことを言うようだが、これは正しい用法ではない。この言葉は元来「芸術は長く、人生は短い」なんてことを言っているわけではないからである。この「アルス」とはいわゆるアート、芸術ではない。この句はもともと古代ギリシアの医師ヒポクラテスの述べた言葉のラテン語訳であって、したがって「アルス」とは芸術というより技術、特にこの場合は医術のことである。医術を修めるには時間を要するが、人生はそれを極めるにあまりに短い――たしかにそうは言っているようなのだが、技芸の達し難さを嘆いてい

るというよりは、だからこそ今この時を大切にして習得に励むべし、と教える実際的アドバイスではないかと思う。医術の道は果てしない……などと感慨に耽っているヒマがあったら、手を動かして一つでも技を学びなさい、ということだろう。

とかく私たち現代人は、自分は動かないで、受動的に何かを見たり聞いたりしながら、ただ感慨に耽っているのが好きなようだ。漫然とテレビやスマホの画面を眺めることに慣れてしまったからかもしれない。画面上では見聞きするすべてが他人事なので、そこで「人生は短い」と聞いたとしても、自分のことだという実感がない。たしかに食料事情や医療の普及によって、現代人にとって人生が時間的に長くなったのは事実である。その結果誰れしも「死はやがて来るが今はまだ来ないだろう」とタカを括っている。それに比べると過去の人々にとっては、人生は本当に短く、また危ういものであった。もちろん昔だって、たまたま長寿をまっとうした人はいる。でもおしなべて人生なんてものは、いつ何が起こりいつ突然終了するか分からない――そのことを現代の私たちよりはよほど強く感じつつ生きていたと思う。死と隣り合わせの世界では、人間は否応なくリアリストになる。つまり過去や将来を思って漫然と感慨にふけるより、とりあえず今を大切にしなければ、と実際的に考えるようになるのである。

過去の人々に比べ、「進歩した」世界に住んでいる現代人は、生への感覚が鈍くなってしまった。それは、テクノロジーが可能にする（少なくとも名目上は）「安心安全」な社会に生きているために、突然自分を襲うかもしれない運命に対して、覚悟ができていないからである。昔も今も、この世界が実際のところは、予測不能の出来事や不可解な事柄に満ち満ちていることには変わりがない。けれども世界のそうした在り方について実際的に考えなくなった私たちは、その現実に直面しようとしない。不都合なことはすべて技術的に解決できるかのように空想し、誰かが解決すべきだと思いながら暮らしている。この世界には根本的に分からない事柄があること、正解のない問題が存在することに、我慢できなくなったようだ。言い換えれば、分からないものはとりあえず分からないままにそっとしておくだけの、心の余裕を失ってしまった。これは、貧しい人生観だと言わざるをえない。ことに生死に関わる事柄は、分からないのがむしろ当たり前なのだ。「アルス・ロンガ……」というこの警句にしても、「今」という瞬間に私たちの注意を喚起しようとしていることは分かるが、本当は何が言いたいのかはよく分からない。ただ、強く心に残り何度も口ずさんでしまう言葉である。それでいいのではないか。

この「アルス・ロンガ……」と関係があるように思える、もうひとつの有名なラテン語の句に「カルペ・ディエム（Carpe diem）」というのがある。これは、古代ローマの詩人ホラティウスの言葉であり、「カルペ」というのは草花などを（それがまだ美しいうちに）「摘む」という動詞の命令形だから、「この日を摘め」などと訳される。これもやはり、私たち現代人の多くは安直に「人生は短いのだから楽しめる時に楽しんでおけ」みたいな意味に受け取ってしまうのではないだろうか。いのち短し恋せよ乙女。たしかに古代ローマ人にもそういう軽薄なところがあったから、この解釈が間違いとまでは言えないと思うが、いくぶん品の劣った読み方ではある。分かりやすいといえば、たしかに分かりやすい。けれどもこの分かりやすさは、そうした処世方針に私たちがすでに馴染んでいることからくる分かりやすさである。

たった一度の人生なんだから、楽しめる時に楽しんでおこう――人生がたった一度で終わる確証なんてどこにもないというのに、こういう気分に共感する人は多いのではないか。いわば、現代人の共通意識（コモンセンス）とも言える人生観かもしれない。しかしそれは裏返せば「過去はもう過ぎたことでどうにもならないし、未来は自分の知ったことではないからやっぱりどうでもいい」というような投げやりな意識でもある。いわば現在と過去／未来とを秤にかけ、現在の幸福こそが重要であるという判断だ。新自由主義・グローバリズムの否定面を表現した秀逸なスローガン「今だけ、金だけ、自分だけ」(1)を連想させる。といっても、もちろん「先のことなんてどうでもいい」なんて口に出して言う人は少ない。新自由主義者の政治家だって、口先ではしばしば「将来世代のために今を犠牲にすべき（デフレ・貧困化でも増税やむなし）」などというレトリックを用いる。しかし今を大切にしない人が、将来のことを本気で考えているわけはないのである。そもそも、現在と未来との対立という構図自体が完全に間違っているのだ。未来とはすなわち来るべき現在である。ひたすら現在の快楽や利益を最優先する態度は、一見現在を重視しているように見えながら、実は現在に生きることを拒んでいる。「今だけ」という意識は、本当は「今」から目を背けているのであり、今を台無しにしているのだ。

　現在とは、過去や未来と対立しているわけでもなければ、過去や未来と均質に連続している時間の一点でもない。だから現在を、過去や未来と天秤にかけることはできない。「カルペ・ディエム」という詩句を落ち着いて読んでみると、これはただ端的に「この日を摘め」、つまり今この時を大切にせよと言っているだけであって、将来なんてどうでもいいとか、先のことを考えるよりも今の幸福の方が大事だ、などという価値判断に誘導するものではまったくない。だが、私たち現代人はとかくそのように曲解したがり、時間の経験の中に客観的な損得勘定を導入して、分からないことの中から無理やり自分に都合のいい教訓を引き出そうとしてしまうのである。

　ダメ押しめいているがもうひとつ、やはり古代ローマに由来する言葉で後世その意味が捻じ曲げられてしまった有名な警句に「メメント・モリ（Memento mori.）」というのがある。「死を忘れるな」ということだが、これもそこだけを取り出すと短すぎて、だからどうしろと言っているのか、もうひとつよく分からない言葉である。誰でもいずれ死ぬのだからせめて今を大切にして生なさいという教えとも受け取れるし、逆に、どうせ死ぬのだから未来なんてどうでもいいというニヒルな諦観とも解釈できる。死という宿命それ自体から、自動的に特定の処世方針は出てこないのである。

　にもかかわらず、人々はやはりこの謎を謎のままにしておくことに耐えられなかったのか、現在と未来とを天秤にかけ、どっちを重んじるかを一種のトレードオフの関係であるかのように考えた。未来の幸福（キリスト教的には、天国における永遠の生）は、現在の犠牲（禁欲と奉仕）の上にのみ可能になる、といった解釈。アリとキリギリス、あるいは、プロテスタンティズムの倫理と資本主義の精神。そのために使われる「死を忘れるな」は、草刈り鎌をかざした死神が呟く陰鬱な教訓として響くことだろう。だが注意深く考えてみると、この死神は何かを隠している。死神が封印しているのは、現在の幸福が未来の幸福と繋がっているという可能性、今を大切に生きることが同時に将来を大切にすることにもなるという人生観である。

　こうした考え方を、本来の意味での「快楽主義」と呼びたいと私は考える。本来の意味というのは、私が古代ギリシアの哲学者中で最も尊重する、エピクロスの哲学に従った考え方という意味だ。「快楽主義」という日本語は、普通は感覚的な快の最大化を善と考える「ヘドニズム（hedonism）」の訳語だが、「快楽主義」にはこれとは別に「エピキュリアニズム」、エピクロス主義という言葉もある。エピクロス主義者つまり「エピキュリアン（epicurean）」は、現代の英語では美食やセックスの快楽をひたすら追い求めるような人のことを言うようだ。つまり「リア充」の極致みたいな意味になっている。「食通」のようなもう少し穏やかな使い方もあるが、大袈裟に言うならエピキュリアンとは将来への配慮や道徳的規範に煩わされず、今の幸福だけに価値を置く現在至上主義者ということになる。

しかしながら私の見るところ、エピクロスの名前をそうした処世態度と結びつけるのは悪意に満ちた曲解であって、エピクロス自身の思想とはかけ離れている。ほとんど真逆の解釈であり、エピクロスにとって濡れ衣と言ってもいい誹謗中傷なのである。どうしてそんなことになったかというと、たぶん同時代からいたライバル（ストア派）や、後世のキリスト教徒たちが彼に対して何世紀にもわたって加えてきた攻撃、つまり「エピクロスは今さえ気持ちよければいいと教えた」という、虚偽のネガティブキャンペーンの結果であろう。古今東西、エピクロス的な思想への「ネガキャン」はあくことなく繰り返されてきたのであり、今もまだ続いている。私のようなエピクロス主義者にとっては、正直いってもうウンザリなのである。いっそのこと「死など存在しない！」と叫びたい気持ちになるのだ。

だとすれば、本来のエピクロス思想とはどういうものなのだろうか？　それが、実はよく分からない。よくは分からないのだが、現在の幸福と未来のそれとをトレードオフとして考えていないことだけは確かなのである。つまり、将来のために今をガマンせよとか、逆に将来なんて知ったことではないからひたすら今を楽しめとか、そんな二者択一にはとらわれていない。ひたすら現在の快楽に執着するというのはむしろそれ自体が苦悩であって、快楽とはむしろそれにわずらわされないこと、そうした苦悩から脱却して平静な心を保つことにある。平常心、不動心のような境地に到達すること——これが本来のエピクロス主義に近いと思う。日本人が聞くと、ちょっと仏教のような印象も受けるかもしれない。だが仏教もまた現代では、今を我慢して（苦しい修行をして）将来の幸福を得る（悟りに達する）といった、現在と未来とのトレードオフで理解している人が多い。

一般にトレードオフでどっちかを選べと相手に迫る場合、何か怖いものを見せて脅迫するのがいちばん効果的である。だから「ウィータ・ブレヴィス」と唱えて人生の短さをちらつかせたり、「メメント・モリ」と迫って死を思い出させたりする必要が出てくるのだ

2　死なないこと

エピクロス主義者かどうかはともかく、「死など存在しない」と言っている人は、世の中にいないわけではない。それどころか、もっとストレートな言い方で『人は死なない』という本を書いたお医者さんがいることを知った(2)。矢作直樹という人で、私は存じ上げなかったのだが、この書名があまりにインパクトがあったので読んでみた。内容は、特に驚くべきことが書いてあるわけではない。近代科学がこの世界で力を持つようになる以前は、肉体の死後も何らかの仕方で魂が存続することが人類に共通する考え方であったという指摘は、概ねそのとおりだと思う。紹介されている幽体離脱や臨死体験のエピソードは具体的で印象的ではあるが、まあそれら自体は、その種のものとしてはよく聞く話である。この本に関していちばん説得力があるのは、著者がいわゆるスピリチュアル系（「スピ系」などと揶揄されたりする）の怪しげな書き手ではなく、東大医学部附属病院で救急医療の現場に関わってきた医師であるという点であろう。もちろん医者の中にも魂の不死を信じる人はいるかもしれないが、この著者はそれを特定の宗教的信念から主張しているわけではない。そうではなく自分の医師としての職業的経験から「人は死なない」と実感せざるをえなくなったことを、淡々と率直に語っているのである。

多くの人は、医師は近代科学に基づいて医療を実践しているのだ

（1）　この言葉は、農林水産省に勤務後、東京大学教授となった農業経済学者鈴木宣弘氏によるものである。

（2）　矢作直樹『人は死なない——ある臨床医による摂理と霊性をめぐる思索』（バジリコ、2011年）

から、お医者さんが抱いている世界観もまた、徹底的に科学的なのだろうと想像する。患者としては、自分の命を預けているのだから、医者はこの世界の隅々についてまで科学的・合理的な知見を持っていると信じたくなるのは無理もない。それをいいことに、身体のことは何でも分かっているかのような傲岸な態度をとる医者も少なくない。特にあまり勉強していない医者にかぎって、無知を悟られないように偉そうな言い方をする。素人相手だから分からないと思っているのかもしれないが、医学の知識なんかなくてもそうした傲慢は丸見えである。もっとも患者を安心させるために、よく分からなくても「大丈夫ですよ」などと言うお医者さんは昔はよくいた。こちらはもちろん傲慢などではなく、患者に安心感を持たせることは——免疫力を高めるなどの効果によって——治療に有益であるという合理的判断からだったと思う。今は不用意にそんなことを言うと後で重症化した時に訴えられたりするので、考えうるリスクはすべて列挙して、患者を不安のどん底に叩き落とす医師が増えた。医術（アルス）もずいぶん変わったものである。

そういう事情からすると、今どきお医者さんが「人は死なない」なんて断言するのは、かなり勇気が要ることかもしれない。エビデンスは？　と追及されたら、もちろんエビデンスなんてあるわけがない。この本にあげられている事例だって、よくある「スピ系」のエピソードじゃないですか、と言われたらそれまでである。けれども、そんなことはあまり問題ではないのである。この本において「人は死なない」という主張の説得力を支えているのはそれらエピソードの信憑性ではなくて、医師である著者が一貫して「この世界には分からないことがある」という態度をとっている点にある。ただ「分からない」と言うだけなら簡単だが、著者はその認識を、近代科学の成果が人の生き死にという切実な場面で試される、救急医療という実践を通して獲得したと告白しているのだ。

もうひとつ、やはり医学・生物学分野の研究者から、まったく異なった文脈において、生き物にとってそもそも「死は宿命ではない」という意味の話を聞いた。こちらは臨床医ではなく細胞生物学の専門家であり、二回ほど直接対談させていただく機会を得た、大阪大学名誉教授の吉森保氏である。「オートファジー」という分野における世界的な第一人者だ。「オートファジー」というのは、細胞が自分自身を分解する（つまり自分で自分を食べる）という機能のことである。細胞がどうしてそんなことをするのかというと、それによって老化したり異常になった部品を壊して作り直したり、病原体に侵された部分を除去したりして、恒常性を保つためらしい。ちょうど、車をただ乗り続けているとだんだん古くなってしまうが、車体のいろんなパーツをたえず少しずつ外して修理したり新しいものに置き換えていけば、いつまで経っても新車のままであるようなものだと言う。いってみればオートファジーが動き続けるかぎり、生き物は老いることも死ぬこともないということである（3）。

この話を聴いて私は、生命というものに対する見方がかなり変わった。というのもそれまで、生きとし生けるものにとって死は避けがたい宿命だというふうに、何となく考えてきたからである。また、生は脆く儚いものだというイメージを持っていた。だが吉森先生によると、オートファジーを備えた生命活動は実はきわめて強靭であって、それ自体としてはいつまでも動き続ける本性を持っている。いわば細胞は本来「死なない」ものだということである。それでは実際に私たちが老いて死ぬのはなぜなのか。それは、何らかの理由から、本当は死なないはずの細胞に老化や死がセットされているから、つまり時間が経つとだんだんオートファジーが働かなくなるように、ほとんどの生物はプログラムされているからなのである。

このように言うとまた私たち現代人はすぐに、ではそのプログラムを書き換えれば不死の身体になれるのでは？　などと中学生のような想像をしたがる。肉体の不死が本当に望ましいことなのか、不死とはそもそも何を意味するのかを、ちゃんと考えたこともないからである。私はもう中学生ではないので、たとえ細胞のプログラムを書き換えて不死になれるとしても、そんなことにはあまり興味がない。そういう不死は、個人にとっても人類にとってもたいして意味のないものだと思う。この拙論で私が問題にしている「死なない」こととは、そうしたたんなる時間的持続としての「不死」、つまり生命活動の永続化のことではない。技術的に実現されるかもしれないそうした「不死」は、まあそれはそれでSF的には面白いかもしれないが、私がここで言おうとしている「死が存在しない」状態、「死なないこと」とは、まったく異なったトピックなのである。「オートファジー」の話から私が生命について学んだのは、むしろ別なことである。それは、生命とはそもそも不断に小さな死——細胞が自分の一部を食べるとは、自分を少しずつ殺しているとも言える——を通過することで成立しているように思える、ということである。言い換えれば、生と死とは対立しているのではなく、生は死をその中にいわば抱き込むことによって、はじめて存続可能な活動ではないのか、ということだ。だとすれば生きるためには死を遠ざけるのではなく、むしろ死を適度に、近くに呼び寄せておく方がより良い、健全な状態なのではないか。逆説的な言い方になるが、死なないためには少しずつ死んでおいた方がいい、ということである。その意味でも「死なないこと」は、身体の延命や不死とはまったく異なった目標であると言える。

死が死なないことを可能にする——ここから思い出したのは、「毒娘（Visha Kanya）」というお話である。インドのマウリア朝時代（紀元前四〜二世紀）に遡るとされる説話らしいが、現代でもインドの文学や映画などには登場する、いわば二千年を超える人気キャラである。毒娘とは、生まれながらに暗殺者となるべく育成される少女のことだ。女の子が生まれると、赤ん坊の頃から少しずつ薄めた毒を与える。たいていの子はそれによって死んでしまうが、中には毒に対して完全な耐性を持った子供が育つ。あからさまに幼児虐待で殺人であり、ありえないことだとは思うが、お話なので勘弁してほしい。生き残った子が美しい娘に成長した頃には、彼女の体液は恐ろしい猛毒と化しており、ちょっとでもそれに触れた人間は即死する。その少女を首尾よく敵の王家に嫁がせることができれば、新婚初夜が哀れな王子の最後の夜となる、というわけである。

昔はじめてこの話を聞いたとき、「幸福な王子」とはまさにこのことかもしれないな、と思った（オスカー・ワイルドのあの説教くさい「幸福な王子」には辟易していたので）。生きながらえて王位を継承し、支配者としての重荷はもとより、王者といえどもいずれ避けがたい老死の苦しみをゆっくりと拷問のように味わわされるかわりに、若く美しい花嫁との初めての交わりの瞬間に死ねるとは、世にこれにまさる幸福があるだろうか。してみると毒娘とは、それを用いる策略家にとってはたしかに兵器に違いないが、それによって暗殺される犠牲者にとっては、至福をもたらす女神ともいえるような存在ではないか……とまで言うと皮肉が過ぎるだろうか。それにしても、その王子は本当にその娘が暗殺者だと気づかなかったのか、もしかするとすべてを知っていて彼女を受け入れたのではないだろうか、と疑いたくなるのである。

もっとも毒を持つ美女という形象は、人類文明に染み付いている女性嫌悪（ミソジニー）から生み出される使い古された類型であり、その点はここでは深入りしない。それよりもこの話で印象的なのは、それが死に導くものかもしれないことを半ば知りながら「受け入れる」という、この王子のふるまいである。私たちも、毎日の食事を通して、また

（3） 吉森保『LIFE SCIENCE——長生きせざるをえない時代の生命科学講座』（日経BP、2020年）、『生命を問いなおす——科学・芸術・記号（叢書セミオトポス）』（日本記号学会編、新曜社、2023年）

人や環境との交わりを通して、日々さまざまなものを自分の身体に受け入れている。その中には、やがて死に至る病へと発展する要素が含まれているかもしれない。危険をすべてチェックして安全なものだけを摂取しようと頑張ったとしても限界がある。しかも過剰な心配や防御はそれ自体がストレスとなって、かえって健康を害することになる。危険を避ける配慮は必要だが、一方では適度に危険を受け入れる寛容も重要なのである。この、何か分からないものを分からないままに受け入れることもまた、生き物の驚くべき能力と言えるのではないだろうか。

「受け入れる」の反対は「頑張る」である。ふつうは生き残るため、死なないためには「頑張る」ことが必要だとされる。苦難や抵抗をはねのけて頑張ることこそ、生きる力だというイメージが強い。頑張ることは、あくことなき改善、改革、進歩を求める積極的な態度であるのに対し、「受け入れる」とは受動的で消極的な諦念であるかのようにみなされる。学校でも頑張ることが重要だと教えられるし、社会に出ても頑張るからこそ成功や幸福が手に入るという常識がある。けれどもそうした価値付けを排して冷静に、身体に即して考えてみれば、頑張るとはたんに筋肉を緊張させることにすぎず、それに対して受け入れるとは筋肉を弛緩させることにほかならない。生命活動にとってはどちらも大切であり、どちらが積極的でどちらが消極的などという区別は存在しない。ただおそらく言えることは、弛緩は緊張よりも前にあるということ、「受け入れる」は「頑張る」よりも生命にとって、より根源的な状態だということである。

「頑張る」とは硬くなること、固体に近い状態になることだとも言える。それに対して「受け入れる」とは緩むこと、液体に近くなることだ。もしも死というものが、生き物の身体の構造が緩み、自己と外界との境界が失われて宇宙的な物質の流れへと同化してゆくことを意味するのだとすれば、死もまた「受け入れる」という作用の一側面だと見なすことができる。「頑張る」ことに重点を置くか、「受け入れる」ことを根底に置くかで、生のイメージはかなり変わってくる。「頑張る」行為を中心に表象された生が、弛緩・同化としての死を拒み、それにひたすら抵抗する活動であるのに対して、「受け入れる」行為としての生とは、いわば死を内部に抱きかかえた営みである。「受け入れる」生の方が根源的だという意味は、それは時として「頑張る」ことを許し、硬くなることを拒んだりしないということだ。あの王子だって、可愛い花嫁の前に一度は硬くなり、そして弛緩した。活動と死を連続した同じ生のプロセスとして理解するのが「受け入れる」ということである。

「……筋肉の緊張がなるべく少ない、力を抜いて解放された液体的な状態の感覚が、生きている人間のからだのあり方（動き）の基礎感覚であるべきだと私は考えている。」と、野口体操の創始者である野口三千三は述べた(4)。どのように力を入れるべきかではなく、「いかにして力を抜くか」ということを基礎にした体操を、彼は考える。力を抜くことによって、身体をユラユラ揺れ動く体液の入った袋として理解するのである。現代人が好んで思い描く理想的な身体イメージは、骨格と筋肉が緊密に連動した、機能的なメカニズムとしての肉体だろう。しかしそれでは、老いて死に向かう身体は単に生命の劣化でしかないことになる。それに対して、体液の入った袋としての身体観からすれば、若くしなやかな身体とは、液体の入った袋としての生命が一時的に通過する一種の緊張状態に過ぎない。こうした、老いや死をもその内部に包み込んだ生こそが、私が「死なないこと」と呼んで考えているイメージに近い。

「死なないこと」を語った人々の紳士録の極め付けは、美術家の荒川修作である。彼には『死なないために』(5)という著作もあり、さらには「人間は死んではならない、死ぬなんて法律違反だ」などとメチャクチャなことを言っていた。二〇〇〇年代に入ったばかりの頃、岐阜県の養老公園にある巨大なすり鉢状の野外作品「養老天命反転地」の底で、講演のために来日していた荒川氏と短く言葉を交わしたことがあった。その彼が二〇一〇年の五月に七三歳で亡くなったのは、奇しくも大阪の国立国際美術館で「死なないための葬送」という彼の作品展が開かれている期間中のことだった。このタイミングを秀逸だとかさすがだとか評する人もいたが、私はその時率直に、「死なない」とはこういうことかと思った。

死なないとは、生と死とを共に含みこむ新しい生を獲得することなのである。もっぱら安全や延命に執着していると、生は荒廃してゆく。死なないための唯一の方法、それは死を先取りすること、つまり生きるために「あらかじめ死んでおく」ことである。誰もが自分の毒娘を受け入れることだ、と言ってもいいかもしれない。

3　永遠に生きること

二〇二三年三月二一日、これまで著作や学会活動などを通じて長年一緒に仕事をしてきた哲学者の室井尚が、癌のため六七歳でこの世を去った。彼は横浜国立大学を退職後、死の前年の二〇二二年春に、大学院時代に住んでいた銀閣寺近くに引っ越してきた。彼も私も大学を退職し再び居場所も近くなったので、私たちを知る美術系教員やアーティストたちが集まって、二人で毎月テーマを決めて語り合う哲学カフェのような講座「アートと哲学のための12の対話」というのを企画してくれていた。二〇二三年四月から京都芸術センターの大広間で実施する予定だった。しかし室井の病状は思わしくなく、四月から毎月会場まで出向くことができるかどうか危ぶまれたので、三月一二日にまず彼の家近くの喫茶店で「12の対話のための対話」というプレ講座を開き、映像に収録した。その後まもなく入院、九日後に旅立った。

葬儀を終えた後、すでに広報もして参加予定者も集まっていた「対話」をどうすればいいか、企画してくれた人たちと相談した。中止せざるをえないかとも最初は考えたが、いろいろ話し合った結果、室井が残したテキストや映像を参照しながら、事前に二人で相談して決めた各月のテーマもそのままにして、「対話」は実行することに決まった。この講座を楽しみにしていた室井ならたぶん「自分が死んだくらいのことで中止するなよ！」と言いそうだと思ったからである。この文章を書いている九月で、一二回のうちちょうど半分の六回が終了した(6)。

室井尚との交流にまつわる記憶は多いが、亡くなった数日後に突然思い出した、二〇年以上も昔のある場面がある。一九九九年の夏、ドイツのドレスデンで国際記号学会の大会があり、二人とも参加していた。文化人類学者の山口昌男が遅れて到着すると聞いたので、彼が宿泊する予定だというホテルのバーで、二人で待っていた。山口さんはなかなか現れず、かなり長い時間、ビールを飲みながらいろんな話をした。その時どういう流れであったか室井が「死は人生の終わりではない」ということを言い出した。死に至る肉体的苦痛はできれば避けたいが、自分には死そのものへの恐怖はなく、むしろ、死によって何が起きるのか楽しみだと言う。それまであまり二人で話したことのない話題だった。わたしは彼の考えにおおむね同意したが、同時に、他人の死は現象として観察できるが、厳密に言えば自分の死は、経験も観察もできないのではないか、と答えた。それは、ウィトゲンシュタインの『論理哲学論考』中にあった次のような命題を思い出したからである。

　死は人生における出来事ではない。人は死を経験しない。
　永遠がもしも際限のない時間的持続のことではなくて、むし

(4) 野口三千三『原初生命体としての人間』（三笠書房、1972年）20頁
(5) 荒川修作、マドリン・ギンズ『死なないために』（三浦雅士訳、リブロポート、1988年）
(6) 室井尚×吉岡洋「哲学とアートのための12の対話」（京都芸術センター大講堂、2023年5月～2024年3月）以下のホームページに、各回の動画（一部）と内容の書き起こし（全文）が公開されている。https://mxy.kosugiando.art

ろ無時間性のことであるとしたら、現在に生きる人が永遠に生きるのである。

私たちの視野に境界がないように、私たちの人生には終わりがない。

（ウィトゲンシュタイン『論理哲学論考』6-4311）

「死なない」とは、文字通りには「永遠に生きる」と言い換えることができる。だが「永遠」とは、そもそも何なのだろうか。この問いに対して私たちはあまり考えもせず、まるで当たり前のように、永遠とは限りない時間的持続だと、反射的に答えてしまうのではないだろうか？　けれども無限の持続なんて、実際には経験できるわけがない。すると少しでも永遠に近づく努力が重要になるのであろうか。つまり、個人の人生や人類の文明ができるだけ終わらないようにすること、生の時間ができるだけ長く存続することが、望ましいとでもいうのだろうか。それはつまり「延命」であり、「持続可能性」ということだ。

もちろん、ただ生きてればいい、持続が長ければいいという単純な問題じゃない、という程度には、私たちも一応反省はする。つまり量だけじゃなく、「ウェルビーイング」とか「QOL（生活の質）」とか、「質」的側面も重要だということである。たしかに、人生の価値や幸福は単純な量的指標では決まらず、多くの要因が複雑に絡み合っていることはその通りだし、それを数値的に評価する試みは、それはそれとして面白い。だがそれは、世界にはそうした評価には絶対に現れてこないこと、本質的に分からないことがあることを、認識した上での話である。

だが現代では、こうした認識を有する人々は絶滅の危機に瀕しているように見える。とりわけマスメディアに頻出する「学識経験者」や「専門家」には皆無と言っていい。彼らは、あたかもこの世界には分からないことなんてないかのように語らないと、次の出演がないからである。そうしたパフォーマンスを視聴者も模倣するので、量的指標に現れるものしか重要ではないかのような語り方や態度は、一般の人々の思考や言葉遣いの中にも入り込んでしまう。さらには、私たちが計算機の数値処理能力に美的に魅了されていることも、世界が定量的に評価可能な要素だけで構成されているという幻想を強化することになる。現代人のマジョリティがこの幻想の中に生きているので、何事も何らかの仕方で量化され数値化されなければ、説得力を持たないかのように思える。

けれどもこれはまったくの錯覚なのである。なぜなら世界には、本質的に量化できない事柄が存在するからである。「今」は量に還元できない。現在とは時間的延長の一部ではなく、むしろ時間が存在しないことであって、その意味で現在を「永遠」として理解することはできる。だとすれば「現在に生きる」ことは「永遠に生きる」と言い換えることができる。永遠に生きることは、遠い目標とか理念のようなものではない。それは私たちの生きるリアリティであって、むしろ私たちは「現在（＝永遠）に生きる」というあり方から、逃れることはできない。ただ、幻想の中でそのことを拒絶し、忘却することができるだけなのである。

論考

現代日本社会で「老いがい」を考える

京都産業大学現代社会学部教授
鍵本 優
Kagimoto Yu

©Mills / PIXTA

自分や他人の「老い」をどのように「老いがい」として捉えられるか。それを現代日本社会にそくして考えてみたいと思います。

個人的な話から始めて恐縮ですが、私が大学生だったとき、ＹＭＯのリーダーとしても有名な音楽家の細野晴臣さんと幸運にもお会いでき、お話を聞かせてもらったことがあります。その時の細野さんはちょうど五〇歳くらいで、私に「年取るの楽しみにしておいたほうがいい」と言われたのが印象的でした。たしかに、お若い頃から細野さんには音楽的にも老熟された感じがありました。ですがテクノやアンビェントなどの新しい音楽の最前線で活躍する方にしては不思議な言葉に思えました。年を取ることに深い意義があるような直観を抱かされたのです。そのこともあってか、当時の細野さんの年齢に近くなった現在、「老いがい」に強く惹きつけられています。

年を取ると世間や人間についての知識や知恵も深まり、様々なことがわかってきます。それでも「老いがい」を捉えるのは難しい。そもそも老いとは一般に知的・身体的な能力の低下を意味するのに、「かい」は満足感や値打ちがあることを意味するからです。

よく舞踊や歌舞伎や落語などの芸事の世界に老いの円熟があると言われます。そこには老いの高い価値や意義があります。ですが私も含めた多くの普通の人びとの日常生活で老いの円熟を示すのはなかなか難しい。あるとすれば精神的な枯淡の境地くらいでしょうが、これらにもどこか心の鍛錬や修行の成果といった含みがあります。普通の人びとが老いたこと自体から生じる「老いがい」とは、少しずれてしまうのです。

1　「老いがい」への問いかけ

現代日本のような超高齢社会では死者の割合が高まります。そのうえ高齢者の単身世帯や孤立死、認知症の人びとの数も増加しています。配偶者や親しい人との死別の悲嘆を誰とも共有できないまま、深い悼みの感情を独りで抱えることも多くなります。宗教も助けにならなくなってきています。

いまや多くの人びとが個人としての生を自他の老いや死とあわせて切実に意味づけざるをえない時代となりました。こうした現代の社会状況を背景に「老いがい」という日本語を使った著作もいくつか書かれてきました。社会学者の天野正子さんによる『〈老いがい〉の時代』（二〇一四年）がその代表です。天野さんは「老いがい」を多様で解放的な老いの自己表現として捉えました。

現代日本社会の高齢者層においては死や生への意味づけが個人化しています。そこで死にひりひりと接していきつつある自身の生が見据えられ、老いのなかで自分が揺らぐなか、人びとの「老いがい」への問いが浮上してきているのです。

「老いがい」を捉えるのが難しい理由はここにもあります。老い自体の価値や意義について具体的には何も言えないままに、それぞれの個人へ問われてきているわけです。具体性が不明確な「老いがい」への個人化された問いかけは、現代日本社会を象徴する現象だといえそうです。

したがって「老いがい」への問いを考える場合、二つの論点が重なってきます。近現代社会を批判的に捉えようとする社会的な面と、そこで生きる実存的な関心を深く捉えようとする個人的な面とが重なっているのです。私も「老いがい」をまずはこの重なりのなかで考えていこうと思います。

2　老いへの処し方

自身の老いに「老いがい」をみる人はまだ少ないでしょう。現代社会での老いへの処し方については、アンチ・エイジングなど、老いへの抵抗という方向性がまずあります。若く見せる人もいますし、一定の老化を認識しつつ運動に励んだり、脳トレーニングのドリルをしたり、健康食品を試したりする人も多い。

これとは反対に、自身の老いを馴致（じゅんち）する処し方があります。高齢になると心身が衰弱します。他人からも老い具合を判断され、老人として扱われます。不本意であっても、衰弱の自覚と他人からの判断が何度も交わるうちに、だんだん自分を老人とみなしていく。無理のない自然な生き方としても推奨されます。

現代日本の中高年層の多くはこれら二つの処し方を合わせながら生きているように思います。しかしここで重要なのは、これらの背景に〝個人が自由な「自分らしい」生き方を追求するべきだ〟という意識があることです。この意識からすれば、社会や世間での役割・規範に適応するかたちで個人が主体的で自由な選択のもとに年を重ねていくことが「老いがい」となります。

これは結局、何かを自立的にできることを評価する主体的な老年観です。主体的個人としての青年や壮年が想定された近代思想上の人間像と根は同じです。「自分らしさ」の豊かな多様性を訴えるものでしょうが、そこで暗に想定される「自分」はどこまでも自立的・主体的で個人化されたあり方です。意外にもかなり型に嵌（は）まっています。

近現代の日本社会は、それぞれの共同体での老人の文化的な型を失わせてきました。そのかわりに、保険や福祉や保健医療などの社会保障制度とともに、個人化された主体的な高齢者像を制度的に作り上げてきました。近現代の日本社会においてこの流れは必然だったのでしょう。とはいえ、老いが現実には複雑で多様な現象であるのに、この社会では自分のあるべき老い方をどうしても特定の方向性に閉じ込めてしまいます。

なるほど、高齢でのスポーツでも地域の交流でも健康維持でも何でも、それが「自分らしさ」による「老いがい」だと言われれば本当にその通りです。しかしそれらは「老いがい」を「やりがい」

「生きがい」に引き寄せた理解です。つまり主体的で個人化された人間像に依拠しています。

3 自分のあり方が揺るがされ、破られる

日常生活において、私たちは社会の規範や慣習に適応するかたちで様々なことをします。私たちが他の人びとともに知識や経験を組みあげて適応しながら生きているところを、ここでは包括的に「社会の制度的次元」と呼んでおきます。

この制度的次元で「老いがい」を捉えると、「老いがい」の理解がその社会で適応した主体的な「やりがい」「生きがい」に引き寄せられます。個人の「老いがい」は近現代社会の枠組みやそこでの人間像をもとに求められますから、ある程度これは仕方のないことです。

しかしここで私は思い切って次のように考えてみたいのです。死と背をあわせざるをえない老いは、主体性などの余地が消失するような、ある種の非合理性を発動させるものではないか。個人化された主体的な「自分らしさ」に搦めとられない「老いがい」はないものか。それは私たちのイメージする「老いがい」の姿をしていないでしょうが、考えてみる意義はあります。具体的にみていきましょう。

⑴老いをめぐる体験①　存在のリアリティ

まずは、老人看護専門の看護師である桑田美代子さんが書かれた「未知との遭遇を楽しむ」（二〇〇五年）というエッセイです。桑田さんは、病室の一〇三歳の痩せた女性から両手の細い指でゆっくりと輪郭を感じるように顔と頭を触られていったとき、「妙な安堵感」と「パワーをもらった感じ」がしたと言います。思わず「ありがとうございます」という言葉がついて出た。そして高齢者だからこそ与えることができたものだと感じます。どんな思いでそうしたのかと尋ねたところ、老女は「何も言わずに微笑んでいた」そうです。

天野正子さんも『老いへのまなざし』（二〇〇六年）という本で同様の報告をしています。天野さんは、生身の老人との接触が少ない学生たちに老人のライフヒストリーを聞き取らせました。そして、生活が消極的になって静かに沈んでいくような、老いていくことのリアリティに気づかせます。「身体が「意識」を裏切り、やがて「意識」がくずれ、ただ「存在」しているだけのように見えて、みとるものに何かを深く感じさせる老人もいる」のです。

お二人の話は精神科医の神谷美恵子さんの論にも通じます（『こころの旅』一九七四年）。安らかな老いに達した人の姿はそれだけで「あとから来る世代を励ます力」をもつ。それは「有用性よりも「存在のしかた」そのもの」によるものです。むろん現実には妨げられる場合も多いのですが、それだけに「人間の可能性について心打たれる」と神谷さんは言います。

翻って考えてみると、私たちの日常生活や人間関係は有用性を中心とする様々な意味づけに絡み取られています。そのことは日々忙しい私たちを悩ませ、疲れさせる。雑多な意味を削ぎ落していく老いは、ゆったりした時間のなかでの「存在のしかた」を浮かびあがらせます。その時間と存在の不思議な純粋さは、日常での自分を心身ともに相対化します。それでいいのかと気づかされ、人間の別様のあり方の可能性に私たちが励まされるのでしょう。

励ましとは異なりますが、社会学者の青井和夫さんも「寝たきり老人でなければ与えることのできないような「何物か」」について述べています（『白秋・玄冬の社会学』一九九七年）。青井さんはあるテレビ番組を考察しました。番組では小学三年生の男子生徒が特別養護老人ホームの九五歳の女性にトマトを手渡します。二人は初対面のためもあって、互いにぎこちない。その生徒は数日後、再訪問したさいに、その老人が亡くなったと知らされます。そのときの生徒の驚愕と恐怖の表情が大きくクローズアップされる。老人のその具体的な姿と死は、「われわれがど

んなに力んでも与えることができないような強烈な思い出」を与えていたのです。

「何も言わずに」のように、あるいは「何か」「何物か」と表現せざるをえないように、こうした地点では言葉による意味づけの余地が消失しています。老いた人の存在そのものが誰かに直に深く受けとめられる。社会的な意味づけが成立しえない地点だからこそ、存在自体のリアリティが際立ちます。そうした地点にまで至らなくても、「ちぐはぐの会話もたのし今昔の話題をともに語り語らせ」（小川友勝）という短歌のように、意味のやりとりがきちんとは成立しなくなった老年期の状態にはどこか惹きつけるものがあります。

老いやその果ての死に深く巻き込まれるこうした独特の現象や体験は、老いの当事者における「なしえなさ」によるものです。老いの長い時間を抱えてそれが醸成されるなか、数多くの有用な意味が削ぎ落されていきます。老いを通じて身体から主体性が消失していくことで、受動的な「存在のしかた」が浮かびあがる。それが磁場のように周りの人たちを深く巻き込んでいったと思われます。存在自体の不思議な純粋さに惹き込まれるためでしょう。人間の別様のあり方の可能性を前にして、あたかも私たちが心身ともに相対化されることを望んでいるかのようです。

(2)老いをめぐる体験② 共鳴・転写

こうした深い巻き込みは間接的にも生じます。詩人の松永伍一さんが書かれた『老いの品格』（一九九八年）という本があります。松永さんは、歌人・国文学者の扇畑忠雄さんが七六歳のときの老いの境地を詠んだ短歌「生きてみてこんなものかといふ声す自らの声か或いは死者の」を引き、その感慨に共鳴します。

「生きてみて」は「こんなものか」という語と連なることで、過ぎた時間の長さを読み手にしんみりと感じさせます。歌い手の生への自嘲と諦めが松永さんには自らの声として聴かれると同時に、死者の声としても一瞬感じられる。自分と死者の境界が曖昧になる瞬間がこの歌に込められています。自身の老いへの意識を通じて、自分のあり方にいわば〝裂け目〟が生じたわけです。

そうした感じ方は六八歳の書き手であった松永さんにも宿り、さらには読む私たち自身にもどこか響いていきます。自他の境界で生じた一瞬の〝裂け目〟が次々と転写されるのです。転写とはその人が受けとめたことを意味します。

受けとめが時間をかけて自分に深く滲みてくる場合もあります。ノンフィクション作家の上坂冬子さんは自身の六〇代での心情の変容を次のように書いています（『抗老期』二〇〇〇年）。上坂さんには「女傑といわれた遠縁の老女」がいました。その老女が敗戦間近に一人息子の戦病死の公報を受けたとき、「じたばたするな。この世で起きたことは、この世で終わる」とつぶやいた。そしていつもの通り手拭いをかぶって畑へ出て行った。当時一〇代だった上坂さんは「老女の気迫に打たれるのみだったが、五十年忌もすんだいま、ようやく彼女の含蓄に富む言動が理解できる」と言います。

一人息子の戦病死の公報に老女は耐える。ある種の宗教的な感覚を暗示するつぶやきでそれを押し込めながら、いつもの通り畑へ向かう。当時はその「老女の気迫に打たれるのみだった」というのは、それらが上坂さんを強烈に揺るがせたからでしょう。とはいえ若い自分はまだ共鳴に至っていません。自分の老いを通じてこそ、上坂さんは「含蓄に富む言動」として「ようやく」わかったと言うのです。なんとも凄い話です。

これらの話が読み手の心を動かすのは、死と老いを通じて個的な人間のあり方が超えられているからです。しかも、人間の老いこそがそのことを深く捉えるのだと私たちに告げています。一定の宗教文化を背景にしつつも、共鳴や転写が人間の境界や限界を破っていく。老いは自分のあり方を超えていくとともに、そのことを自身に深く捉えさせるのです。

(3) 老いをめぐる体験③ 解体の予感

ここまでの事例は老いによって誰かとの関係性が開かれる現象や体験でした。それとは逆に、老いが個的に閉じていく先に見えるものもあるようです。

堀秀彦さんという著述家がいます。自身の老いへの感情を率直に述べた人生論でも知られます。堀さんは八二歳のときに出版した『石の座席』（一九八四年）で次のように書きました。「私は老化した生物として死ぬ。死ぬ前に私は人間であることを多分意識していないであろう。私はすでに人間であることを止めているにちがいない。このことは、私を悲しませるどころか、いま、私の心に一縷(いちる)のやすらぎに似たものをあたえる」。

宗教を頼らずに老いを噛み締め続けた堀さんは、最期の状況での自分のあり方の解体をここで予感的に書き記しています。自身の老衰死を想定し、その前の時点で人間としての自分の意識が消失すると考えていたのでしょう。

興味深いのは、それがなぜか「一縷のやすらぎに似たもの」として認識されていることです。堀さんは『年齢をとるということ』（一九七九年）で次のようにも書きます。「年寄りは――むろん私をも含めて――自分の卑小さ、あってもなくてもどっちでもいいような卑小さを、考えればよいのだ。そしてまた、年寄りは、そのように考えるのにふさわしい人間になってしまった」。「年寄りよ。自分を卑下しよう。卑下して、そのはてに自分の存在をひと思いに忘れ去ってしまおう。無限のなかで、一を引いたって、足したって、無限はビクともするわけじゃない」。

堀さんの思いは、社会の制度的次元で適応してきた自分のあり方が老いを通じて破られていく可能性を示します。死に至る老いを通じて自分が解体することを予感的につかまえています。自分につきまとう意味づけが介入しえなくなり、自分の解体状態が招き入れられる。それが「一縷のやすらぎに似たもの」となると感じられたのではないでしょうか。

4 生成される「老いがい」

これらの事例は私たちに次のことを教えてくれます。どうも老いの現象や体験のなかには、現代日本の社会の制度的次元で閉じ込められて個人化されながら生きている自分を揺るがし、そこに何らかの開口＝〝裂け目〟を生じさせ、その次元を超えうることを示すものがある。まさに『ひらく』わけです。それは誰かの老いに端を発して表出される。ときに誰かに転写される。そうした出来事では個的な自分のあり方が破られます。

社会の制度的次元のもとで個人化された自分は、基本的に自身が中心となる論理に動かされています。だからそれは個人の主体的な意味づけに適合的です。それに対して自分のあり方に〝裂け目〟が生じているとき、そこには自身と外界の境界を消失させる対象中心性が発動されているでしょう。だからそれは自身が深く巻き込まれたり、誰かに受けとめられたり、転写されたりすることに適合的です。大切なのは、前者に関係づけられた後者の観点でしょう（以上は社会学者の作田啓一先生の理論枠組みをお借りしています）。

先の事例でみた老いの現象や体験は、前者のような社会の制度的次元に収まるものではありません。むしろ後者のように、制度的次元での自分のあり方が揺るがされ、ときに破られ、その次元を超えた先の何かが直観されるものでしょう。そこでは自分のあり方を織りなしていた意味づけがなくなるので、自身の解体への予感にもつながります。

いったんまとめてみます。現代日本社会に生きる自分は、そこでの規範や慣習に適応して個人化しながら、意味で織りなされた社会の制度的次元において日々を送っている。良し悪しにかかわらず、前提としてこの自分のあり方は肝要です。そのうえで、あるとき、その次元に収まりきらないものが自身も含む誰かの老いを通じて自分にやってくる。一瞬であれ部分的であれ予感であれ、自分のあり方がそこで揺るがされる。〝裂け目〟が生じ、個的な自分のあり方が破られる。先の事例ではこうした出来事が生成されていました。そしてその出来事に接した人にも転写される。少なくとも以上のような可能性があるのです。

これこそが、現代日本社会での主体的な「やりがい」「生きがい」には掬めとられない「老いがい」の可能性ではないでしょうか。

むろんこれは私たちが「自分らしい」ものとしてイメージする「老いがい」の姿からはかけ離れています。しかし生成された出来事は、まさに長い時間を抱えて生きてきた誰かの老いならではのものです。たとえ当人に自覚されなくても、その人が老いてくれたことによるもの、だから「老いがい」なのだと私は考えます。社会的な意味づけを逃れているためにうまい言葉が見当たらないのですが、生成される「老いがい」と呼んでおきます。

主体的な「自分らしさ」に溢(あふ)れる現代日本社会の私たちにとって、この生成される「老いがい」は非常に謎めいています。そのぶん強く心に刻まれてしまう。やはり年を取ることにはどこか楽しみにできるところがあるようです。

5　「萎(しお)れ」の引き受け

論がちょっと走り過ぎました。いちど現実的な地点に戻ります。

老いはきわめて重要な事柄なのにどうにもなりません。「老いがい」への問いでは、むしろ私たちの方がそんな老いから問われています。自分の老いをどうみるのか、そして老いた人びとが生きる社会もこれでいいのか。ここでも個人の存在と社会的な制度という二つの論点が重なっています。

ところが実のところ、この二つは根本的に相容れません。「死」に通じる老いを考えるとそれが明確になります。現実の世界に生きているかぎり、誰も死そのものを自分事として経験できません。それに対して、死に通じる老いの問題は現実的です。この落差が怖い。にもかかわらず、その解決に社会的な制度はほとんど寄与できない。個人の存在の問題が直に剝き出しになります。現代日本社会で「老いがい」が求められるのは、こうしたきつい存在の問題がある程度人びとに実感されるからでしょう。とはいえ、そこで死に通じる老いをどうみるのかは示されない。普通は存在の支えがないなかで老い、死んでいく。まさに袋小路です。

ここで喩えの力を借りて考えを進めてみます。人生は花に喩えられ、咲く花もあれば散る花もあると言われます。咲く＝生と散る＝死はよく価値づけられる。ですが、花は萎(しお)れもします。しかも多くの花がパッとは散らずに萎れていく。水分で戻ることはありますが、萎れていくと萎(しな)びるほかなく最後は枯れる。つまり枯れてしまうまでの過程が「萎れ」です。普通のことであるのに、生とも死ともはっきりせずそこに商品価値もないせいか、世間一般ではなかなか目が向けられません。ある日ふと気づいたら花が萎れていた、などというのはよくあることです。

これで少し道が見えてくるように思います。「老いがい」への問いの核には、自他の「萎れ」をどう引き受けるかという問題があるのです。私たちは萎れる花の美しさを見出すこともできますが、それには相当の感受性や器量が求められます。存在の問題についての価値観が必要なのです。当然ながら、それは従来の近代的な理想とは異なります。

ところが大きな難所があります。それは「萎れ」が絶対に綺麗事には収まらないことです。

具体的に考えてみます。再び個人的な話で恐縮ですが、私の母は義理の祖父母の介護に人生を翻弄されました。とくに祖母は親鸞が大事などと言いつつも面妖な性格破綻者で、常に意地悪く周囲を攻撃しました。もとより親族も関係が複雑で、老後の介護を誰も助けません。苛め抜かれて長期間の介護をさせられた母は心身ともに疲弊し、突発性難聴にもなる。父は愚かにも知らぬ顔を突き通す。認知症で寝たきりが長く続いた祖父に次いで祖母が死んだとき、母は子どもを引き取ると言って手渡した離婚届を破られる。そして身体も壊します。

そんな母は若い頃にも大病をしていて宗教的な感受性も強くあり、また広島出身で被爆二世だったこともあり、ほとんど犠牲者でした。私も長らく母の辛さの心理的な捌(は)け口にされていました。不安と狂気は連鎖します。自分が生きることは「苦」で当たり前という感覚が私に深く染みこみます。表面上はともかく、精神的には家族が根本的に壊れていきました。後には離散に近い状態になり、私は母の葬式にも行かず墓も知りません。

昭和の当時ではありふれた話でしょう。生の抜き難いえぐさが世間には広がっていたとも言えます。介護保険のある現在でさえ、よくある話かもしれません。いずれにせよ、現実の老いは当人の問題を超えて人間の関係性の病をえげつなく拡大させる面をもつのです。

ここで話を戻します。「萎れ」はたしかに引き受ける側の力量を相当に問うでしょう。ですがそのことに私は静かな憤りと虚しさを感じます。あんな老いを受けとめなければならない側が問われるなんて……という心情です。引き受けなど綺麗事なのです。

当人も同じです。現実の老いは主体的な「自分らしさ」など容赦なく無効にしてきます。よほどのパワフルな人か信心者でもないと、何となく諦めた状態が生きるかぎり続く。それは「萎れ」を仕方なく受けとめてはいるでしょうが、自分の支えとなるものはありません。

「自分らしく」再び咲く＝「老いがい」を求める現代日本社会はどこか空々しい。散る＝死は万人に平等ですが、苦労した人がとくに報われるわけでもない。そんな状況では、社会の制度的次元を超えうる「萎れ」の現象や体験の可能性について切実に考えざるをえません。時間を抱えた存在に深く巻き込まれることが、社会的な意味に塗(まみ)れたこの自分とこの世界をともに破り、一つの救いとなるのではないでしょうか。それは宗教的啓示や深い芸術体験とどこか似ているのかもしれません。

「萎れ」を引き受け、なおかつ自分の支えとなるのは、世間一般での社会的な価値の姿をしたものではないでしょう。私たちの社会では意味＝「ある」ものでいろいろな形を作り上げていくのが一般的です。しかしそうした見方とは逆に、社会の次元で意味づけられないものが私たちの世界の自分という形式に顕現する瞬間が支えになるのではないか。むろん、「ない」が現れるというのは無茶苦茶です。しかし私は今のところ、その「ない」によって自分の世界に〝裂け目〟が入り、個的に閉じた自分という形式が破れることが逆説的に自分の支えになるのではないかと考えます。

誰かの時間を抱えて死に近づく「萎れ」は、どうやら「ない」の現れを自他に直観させうる一つの現実的なあり方のようなのです。花の例でもわかるように、商品価値に還元されていないことも含めて、「萎れ」の領域が社会的な意味づけや有用性からほとんど見放されているからだろうと推測されます。前節までの話がここでようやくつながります。

自分という形式が破れることを通じて、誰かの老いに自分の支えとなるものが宿っていたと気づかされる。それが生成される「老いがい」でしょう。価値観さえもいったん消失してしまう地点なのかもしれませんが、そのとき「萎れ」は意図せずに引き受けられています。と同時に、「自分らしさ」で覆われた現代日本社会において、自分が破れることで人間の妙味が立ち上がるというのは、それ自体で逆に存在をめぐる一つの価値観の可能性を私たちに示唆してもいます。「老いがい」はまことに興味深いものです。

論考

令和皇室の女たち

皇室女性のリベラル化は「雅子家」ではなく「紀子家」から

コラムニスト・立教大学社会学部兼任講師
河崎 環
Kawasaki Tamaki

令和の手のひら返し

日本社会は雅子さまをプリンセスとして潰し、皇后としてサルベージした

「いま、一番数字が取れる『令和のPV（ページビュー）クィーン』といったら、雅子さまですよ」

もう4年前の夏のことになる。とあるウェブ媒体の関係者は、そう言って苦笑した。２０１９年5月、令和の時代が幕を開け、我々が長い間「皇太子（プリンス）」、「皇太子妃（プリンセス）」として馴染んできた浩宮さまと雅子さまが、それぞれ新天皇、新皇后となった。スキャンダルのスクープでPVを牽引し、当時は比較的保守派の中高年——いわゆるネット保守派——が主たる読者層であると言われていたその週刊誌オンラインサイトで、２０１９年春夏にもっとも読まれ数字を取り続けたのは、女優の麻薬問題でもなければ芸人やスポーツ選手の不倫でも政治家の息子の不祥事でもなく、令和の皇后雅子さまの活躍を書いた記事だったのだ。

皇后雅子さまの記事がどういう意図でそんなに読まれるのか、私は不思議に思った。個人的な偏見たっぷりに言わせていただくなら、ネット保守派とは特定の国々に対する固定的で辛辣な感情を手放せず、そもそもプライドが高く、抗い難く長年刷り込まれた古い男女観を拭い去れず、女性政治家やメディアで目立つ女を見た瞬間に自動的に発生する嫌悪感混じりの好奇心を隠せないというイメージ。

雅子さまのように海外育ちで、その優秀な学歴と経歴を前にすると皆黙り込むしかないほど見事に整い、品も芯もあり、発言にも哲学にも自分らしさを隠せない——ついでに身長まで高い——女なんて、そういう読者は大嫌いじゃないのだろうか。

皇太子妃時代の雅子さまは長きにわたって、灰色の時代を過ごさ

毎日新聞社提供

れた。自分という人間が理解されない、能力を純粋に評価してもらえない、周囲に守ってもらえない。「お世継ぎとなる男子を産めなかった」との旧弊極まりない価値観によって他の誰かと比較され、何らかの合否をジャッジされる。心を病んだと言われてからは、腫れ物に触るような、そしてどこか珍しくて不器用な生き物が弱っているのを陰から見て喜ぶような、そんな残酷な風潮にも晒された。

私は、当時の「日本の世間」の様子こそを、まるで珍種の生き物たちの生態のように眺めていた。あれほどに育ちも良く、教養も実力もあり、どこに出したって恥ずかしくない日本きっての優れた女性人材を「イエの中」に囲い込み、活躍させるどころか国中で病ませて、その姿にどうこう言ってほくそ笑むのだなぁ。政界にも財界にも、象徴に過ぎない「はず」の皇室にさえ、国民が気持ちよく誇れる人材を出せず、目立てば「我々の言うことを聞け」とよってたかって潰してしまう。本当に女性人材をまともに伸ばすことのできない風土なのだな。やれやれ、なんの呪いがかかってるんだか。

世界ランキングで日本の女性活躍度が（中韓やUAEにすら及ばず）低いとの現実を何度も繰り返し突きつけられているが、それって要は「日本ってほんとロクに社会の中に女を育てられない国だよね～大丈夫～?」と指摘されているのであり、国家の品格だのなんだの本人たちがイキってみたところで、現実の日本は今となっちゃこの点を真顔で可哀想がられるレベルの国なのである。

皇室とは1億3千万の日本国民が一方的に知る、擬似的な「遠い親戚」のようなもの。人によっては憧れの対象なのだろうが、私自身は、皇室だからといって闇雲に尊ぶことには健全な批判精神を持つ家庭環境で育ったので、今でもそうだ。皇族も人なり。「そんなお立場に生まれついてしまわれて、大変だな……」「そんな世界へわざわざ入っていくなんて、それこそ尊い精神の持ち主だな……」と、同情のほうが強いかもしれない。ごくたまにニュースの話題で見ると「お元気そうなご様子で何より」と思うくらいのものだ。

皇室の話題を日常的に会話の中に出すような家庭や教育環境に育たなかったもので、積極的に話題を追う動機も関心もなく、まさか自分が皇族でも当事者でもないくせにそういうゴシップを「雅子さまの心の病気ってどう思う?」「眞子さまの婚約者の小室さんってどう思う?」と茶飲み話に持ち出してくるような人は男女問わず文化レベルがあまり高くないのだと思ってきた。欧州在住時代に「（当時の）天皇陛下ご夫妻が訪英されるから見に行かない?」と日本人駐在妻たちからキャッキャと誘われたときは、「えっ、なんのために?」と、嫌味やポーズでなく純粋に理解に苦しんだので丁重に断った。不勉強極まりないと叱られるのかもしれないが、秋篠宮家のご長男のお名前の読み方には、毎回「何て読むんだっけ」と検索する。なぜか記憶が定着しないのだ。不敬な私にとっては「よそのお宅の末っ子」だからかもしれない。

そんな風にかなりの心理的距離感を持って皇室を捉えている私ではある。ところがどっこい、雅子さまにだけはかつて私なりに特別な共感を寄せたのを告白せねばならない。93年、彼女のお輿入れで雅子さまフィーバーが起きたその年に、私は憧れが高じて（別に学位をもらえる訳でもない）ハーバード大学のサマースクールに、2ヶ月間ウキウキと能天気に参加している。「ここがハーバード時代のマサコがいた部屋!」と、ローウェル・ハウスと呼ばれる学生寮の部屋を友人のつてで見に行くなどという、恥ずかしいこともした。

均等法第一世代にあたる優秀な彼女のキャリア、丁重に断り続けながらも最後は自分に運命と使命を言い聞かせるようにして皇太子妃となった経緯、だがその後の葛藤。その心情を勝手に想像しながら「頑張れ」と、畏れながらまるで友達かのようにそっと心の底でエールを送った。彼女の挫折が悔しかったし、外務省北米局で「小和田は女性初の次官になるだろう」と期待されたほどの女性人材をよってたかって潰した日本社会はつくづく未熟で、哲学も教養にも乏しくて文化レベルが低いものだと、自分の生まれ育った国たる日本に失望した。

だが立后後初の「皇室外交」にあたった2019年G20大阪サミットでの雅子さまは、有り体に言ってゴージャスだった。語学力も国際外交力も、どこに出したって恥ずかしくない品格と教養と体格(!)の持ち主である皇后が、もはやプリンセスなんて副次的な立場でなく主役の天皇夫妻として日本の外交の大舞台で堂々と振る舞い、海外の賞賛の声を獲得する。それは、欧米人に比べて「貧相」「貧弱」との印象をどうしたって払拭できない日本人が、政治やら外交の場で初めて「対等にゴージャス」と映る瞬間だったのだ。もともとの雅子さまファンは、「ようやく彼女自身が望んだ姿に戻った」ように感じて快哉を叫んだ。

あの時、皇后雅子という存在は、日本外交史上「破格」であると、ようやく誰もが――それまでの彼女への支持がどのようなものであれ――理解した。あのG20で雅子さまの姿はどこか日本人の対外的な誇りとやらにぴったりとマッチして、彼女は(ヒロインではなく)ヒーローになったのだ。

残酷な日本社会は、雅子さまをプリンセスとして潰し、皇后としてサルベージするという、手のひら返しをしてみせたのである。

比較され続けた均等法世代のプリンセス2人

同じ2019年春、新天皇の弟である秋篠宮さまは皇位継承順位1位となる皇嗣の地位に就き、秋篠宮さまと紀子さまの長男、悠仁(ひさひと)さまが皇位継承順位2位となった。秋篠宮家は「皇嗣家」だ。

雅子さまと紀子さま、90年代に誕生した2人のプリンセスは2人とも一般家庭出身とはいえ、海外経験のある帰国子女で、学力も身体能力にも長じ、高い教養と品格を備えた、時代に即したプリンセス像だった。だが皇室に入ってからは明暗がくっきりと分かれたようだ。

かたや「お世継ぎ問題」や「人格否定」のプレッシャーで長年「適応障害」を患い、こなた姑たる美智子上皇后と良好な関係を結んで公務も雅子さまの分までこなし、お世継ぎとなる男子が生まれないではないかと一般世間ぐるみで焦る皇室にあっと驚く見事なタイミングで男子をもたらした。

皇位継承権を持つ子を産んだかどうかという点から見るならば、「皇統」なるものに自らのDNAを残さなかった女性と、残した女性という見方もできる。以来約30年、2人はそれぞれ、令和の皇后と、将来の天皇の母となった。

世間の女の子が大好きな「プリンセス」。だがもうプリンセスとは呼ばれない2人の女性は、実は今年60歳と57歳で共に男女雇用機会均等法第一世代だということに、ふと私たちは気づくのだ。

だからなのだろうか、彼女たちの結婚までのキャリアももちろん、結婚後の苦悩のあり方にも、均等法以降の世代の女性は、どこか自分自身をなぞらえていたような気がする。2人のプリンセスのキャリア観、女性観、子育て観、そしてそれが世間に賞賛されたり、ひどく安易に手のひらを返して批判されたりという姿を見ながら、女たちは「女ってなんだろう」を考えていたような気がする。

「長男の不器用な〝嫁〟」と「次男の器用な〝嫁〟」、2人の「均等法」第一世代のプリンセスは、巨大な「婚家」とも「世間」とも向き合い、30年近くもの間、それぞれのスタンスで静かに闘ってきた。その闘い方を見て、だが働く女性にはどこか紀子さまよりも雅子さまに共感し、応援するひとが多かったのは否定できない。

その理由は、海外育ちでハーバードから東大、外務省、オックスフォード留学とあれほどに優秀だった彼女がキャリアと自由を失い、ここ20年間カメラに向けて虚ろに浮かべ続けた、あのぎこちない笑顔にあると思う。日本的に意味もなく曖昧に可愛らしく笑ったりなどできない、帰国子女らしい彼女の不器用さ。「お世継ぎが産めない」というどうしようもない事実の前には、自分の積み上げてきた努力や専門性や哲学などしょせん無価値であると「人格否定」されても、一歩玄関ドアを出れば、人々の前でぎこちなく笑うしかなかった。病んで当たり前だ。

だが紀子さまは画面に現れた時からずっと、ミステリアスで上品な笑顔を口元に貼り付かせることのできる器用さがあった。

紀子さまの器用なスマイルは、虚ろな雅子さまとは対照的に自分に突きつけられた要請や役割を早くから受け入れ、こなしてみせようという気概や自信を表していたように見えた。やはり海外で育ち、語学力も高く、伝統的な世間がホッと安心する「学習院育ち、就職経験のない女性」で、「次男の〝嫁〟」として家庭経営も子育てもバランスよくやり遂げ、難なく雅子さまのゴタゴタを横目に、必要とあらば見事なタイミングで男子を産める紀子さまには、良くも悪くも「プロ嫁」と評価する向きもあったのである。

小室圭さんの登場、眞子さま皇室脱出への狂乱

いち早く天皇家に内孫をもたらし、待望された男子までもこの世に送り出して、エア孫（現実ではない想像上の孫）を愛でたい世間の皇室エア親戚たち――自分自身は皇室とはなんら関係がないのに、まるで親戚のオジオバかのように皇族の一挙一動、ファッションにすらああだこうだと口を出して貴重な人生の貴重な暇を潰す人々――の期待に応え続けた秋篠宮家。ところが、そこに不穏な転調が起こる。

長女・眞子さまが学習院女子中高からエスカレーター式の学習院大学へ進学せず、国際基督教大学（ＩＣＵ）へ進むという、エア親戚たちが耳を疑うような事態が起きたのだ。さらに次女佳子さまもＩＣＵへ進学、なんと皇嗣の悠仁さまは学習院初等部にすら背を向けて、お茶の水女子大附属小・中学校へ進み、高校からは筑波大附属高校に行くという、学習院シンパからは「裏切り」と言語道断、怒髪天とも言えよう怒濤の展開が繰り広げられた。

さらにエア親戚たちの神経を逆撫でする事態が起きる。ＩＣＵに通っていた眞子さまに、甘いマスクの「平民の」ボーイフレンドができたのだ。同級生、小室圭さんのまさかの角度からの登場に、面白がったゴシップ誌が彼の周辺をほじくり回り、わざわざ埃を立てて「我々のエア孫娘を狡猾に狙う不届者」との像を作った。

その後の小室圭さん・眞子さまをめぐる、報道や世論の常軌を逸した嗜虐的行為の酷さ見苦しさはご存知の通りだ。小室さんの米国ロースクール留学からニューヨーク州司法試験合格に至る紆余曲折、眞子さまの複雑性ＰＴＳＤ発表、やっと到達できたお二人のご結婚とＮＹへ渡る皇室脱出まで、「国家の品格」を金科玉条とした人々によるバッシングの手は、一瞬として緩められることはなかった。

いや、それはもはやバッシングというよりも国を挙げたリンチだった。小室さんがフォーダム大学ロースクールを修了し、何年ぶりかに日本へ一時帰国した時がピークだったかもしれない。米ニューヨークから小室圭さんの帰国便である日航機が成田空港に到着したとき、既にゲートには約１００人と数えられる報道陣が待ち構えていた。エコノミークラスと伝えられていた席は、おそらく警備上の理由でビジネスクラスにアップグレード。他の乗客に迷惑をかけずに機内で過ごし、安全に乗降するための、至って合理的な判断である。乗客の中で一番最後に降機した小室さんは、空港関係者やＳＰに護衛されながら歩き、報道陣に向かって深々と一礼すると、その後は無言を貫き通した。

新型コロナウイルスの検査と入国審査を終えた小室さんは、黒いバンに乗せられて実家マンションへ。２週間の自主的な隔離期間を安全に過ごすためだったが、そこも既にカメラとマイクを構えたマスコミで溢れかえっていた。上空には4機のヘリが旋回、バラバラと轟音を撒き散らす。一斉にフラッシュが焚かれ、約20人の警察官が自宅前を警護するというものものしさの中で、小室さんはまた報道陣と、その向こう側の「国民」に対してしっかりと一礼し、建物内へと去っていった。

案の定、ネットは彼の帰国の情報と、ネット民の「ご感想」「ご意見」「ご忠告」、髪型などの容姿や態度、一挙手一投足への誹謗中傷で溢れ返った。愉快に思うのだろうか、「暗殺」という言葉までが躍った。精神的にも肉体的にも傷つけてやろうという明白な悪意が溢れたそのさまは、小室圭という当時まだ29歳の一人の男性に向けられた、日本国民からの執拗なネットリンチ以外のなにものでもなかった。

もちろんその矛先は、小室さん本人だけではなく、日本で彼の帰国を待ち受ける眞子さまにも向けられた。小室さんの帰国から約1週間後、眞子さまが結婚を巡るSNSやネット記事コメントの誹謗中傷に「人間としての尊厳が踏みにじられている」と感じて複雑性心的外傷ストレス障害（PTSD）に苦しんできたと公表されると、それを報じるネット記事にはまさに眞子さまのPTSDの原因であるネット民から「当然の報いだ」「自分の行いが悪いからだ」「国民を脅す気か」と、2万件を超える反論コメントが噴き出した。

ご結婚の正式な日取りが決まったことへの、わずかな祝福のコメントなどは一瞬でかき消された。不適切なコメントの急増に危機感を感じたYahoo!が「法令に違反するコメントや、誰かを著しく傷つけたり、攻撃したりするコメントの投稿は禁止している」とあらためて呼びかけると、Yahoo!に対する攻撃も沸き起こるという狂いようだった。

あの時の日本は「皇室の品位のため」「国家の品格のため」と、なぜか平成令和に化けて出た戦前戦中の亡霊を見て、狂っていた。日本人はちょっとしたことで、いつでも挙国して狂気へと突入することができる人々なのだ。本質的なメンタルは太平洋戦争から何も変わっちゃいないのだ。

「国家の品格」を振りかざして醜悪な誹謗中傷をする国民、翻ってそこに品位があっただろうか。それは、彼らのように「皇室の品位」という99・999％のネット民に何ら関係のない大義を振りかざし、SNSやネット記事のコメント欄に残酷な言葉を尽くして怒りを書きつけたりなどしない人たちから見れば、狂気の沙汰でしかない。「異常」なのは小室圭さんの家庭環境でも眞子さまの男性観でもなく、無責任で悪質なネット民の執拗で嗜虐的な反応、そこに現れる病的な精神性こそが「異常」なのだ。そういった俯瞰は、おそらく彼らにはできていない。自覚もない。病識がないことこそが、その病が重いことを示していた。

「我々のいうことを聞かない皇族」秋篠宮家叩きへ

並行して現れたのが、長女眞子さまの「手綱を握れない」とされた両親、秋篠宮家ご夫妻への批判だ。学習院ではなくICUなどに行かせるから、長女があのような不埒な男にひっかかるのだ、ほら見たことか、と、世論は「未来の天皇の母の座にふんぞり返り、伝統無視でやりたい放題の悪妻・紀子さま」と「皇室の伝統との板挟みになって心を傷める優柔不断の秋篠宮さま」という構図を作り、誘導を始めた。

「こんなにみんなが止めるのに言うことを聞かない眞子さまの頑固さは、紀子さんからきているわよね」、私は高齢のごく普通の主婦がそんなことを言い出したのを見て、メディアの洗脳の罪深さに天を仰いだことがある。そうとしか見えないように報道し続けて見せたのはメディアだ。その形を世間が喜んだ。喉から手が出るほど数字を欲しいメディアは、世間が読みに来る／見に来るコンテンツを量産し続ける。メディアによるリンチの構造とはそういうものである。

眞子さんの臣籍降嫁は国民紛糾の中で決行され、小室夫妻がニューヨークでの生活を開始し、日本社会はようやく現実を受け入れざるを得ず少しは静寂を取り戻した。社会的ストレスであった「コロナが明けた」のは、その大きな一因であろう。その陰で、いま皇室関連で数字を欲しいメディアがネタを求めるのは、秋篠宮家バッシング、というより、紀子さまバッシングだ。

皇室エア親戚たちが最近心配しているのは、天皇家のひとり娘である愛子内親王が、秋篠宮家の佳子内親王と仲良しすぎるということなのだそうだ。

愛子さんが皇室離脱してニューヨークへ渡った眞子さんや、そのあとを引き受けて公務に励む佳子さんの「(男女平等)思想」の影響を受け、同じように(腰掛け以上の本格的な)仕事を持ち、結婚によって、あるいは自主的に皇室離脱してしまうのではないか、そんなことになったら正統な皇室の血を継ぐ貴い皇族の皆さまの総数が減ってしまい、安定的な皇位継承が危ぶまれるではないかケシカラン！　ということらしい。

皇室という場所が、自分たちの知るノスタルジックな姿から少しでも変化の兆しを見せると、エア親戚たちは途端に不安定になるようなのだ。進化や変化を少しでも見せる皇族がいると、必死になって「それはいかがなものか」ともっともらしいことを言い合い、変わろうとする皇室の足を引っ張って、変われない自分たちを正当化しようとする。というわけで、最近のエア親戚たちは、ヤング女性皇族の「思想」にハラハラしているのだという。

エア親戚たちの怯えは正しい

眞子さんが英語を公用語とすることで有名なICUに進んだ時点で、あれは明確な意思表示だったのだと受け取る事ができる。周囲は何ヶ国語も操る帰国子女や外国人ばかり。視野は確実に広がり、日本国内に閉じこもるのではなく世界を舞台に生きるのだと、海外志向は一種焼き付けられたも同然だ。眞子さんはそういう環境で、カナダ系インターナショナルスクールを卒業して来た小室圭さんと出会ったのだ。

あの両親のもとで育った賢くて意志も強い長女の眞子さんは、彼女なりの確かなビジョンがなければあそこまで(ある意味国民を敵に回し、PTSDを負ってまで)戦わないだろうと感じる。眞子さんには、皇室を出て海外で暮らすのだという、確固たる自己イメージがあったはずだ。そういうとき、女は戦えるものだ。あの結婚と国外脱出の件で、戦っていたのは小室圭さんじゃない、眞子さんだったというのは、女たちの中では早くからピンときた者が多かった。

その意味で、進取の気性を蛇蝎のごとく嫌うエア親戚たちが以前から文句タラタラだった「学習院ではない、ICUなんかに進学させたから」との見解は正しいのだ。そう、現代のヤング皇族として苔むした既成概念を蹴り、「華族学校」を前身とする学習院ではなくバイリンガル全人教育を掲げる「国際」「基督教」大学であるICUを選んで進んだ眞子さん・佳子さん。彼女たちの視野は、エア親戚たちが怯えるとおり、エア親戚たち1万人の視野を合わせたって敵わないくらい広がってしまっている。

日本人の足元にヘドロのように粘りつくジェンダー格差なんかにとらわれない。「女だから」「女らしくないから」なんてので行動も人生も制限したりしない。しっかりと自分の意見だって言う。その微笑みは「女の子だから世間に見せる媚び」じゃなくて、「高貴な身分に生まれたがゆえのマナーの良さ」「一般人が逆立ちしても敵わないほど高学歴で良質な教育を受けてきたがゆえの自信や余裕」だ。

皇族は常にその時代の最新バージョンにアップグレードされた、国際的にもハイレベル教育を受けてお育ちになっているということが、過小評価されている。そうとも、ヤング皇族は世間の理解しない、できない、進んだ「思想」を身につけているのだ。

皇室女性のリベラル化の予想外の現実

最近気づいたことがある。そういえば、皇室女性のリベラル化は「雅子家」ではなく「紀子家」から進んでいるのではないのか。皇室において、最もラディカルな母は、ひょっとして紀子さまなのではないか。

私は長年誤解してきた、と気づいたのだ。ハーバードと東大出身の帰国子女で外交官としての前途洋々たるキャリアを皇室外交に捧げた雅子さんは「進歩的」で「現代的」、学習院大学時代から秋篠宮とお付き合いして順当に皇室にお嫁入りした紀子さんは「保守的」で「古風」な女性に違いない、などと。

ところが、彼女たちのお輿入れから既に約30年、子育てと教育の方針を見ていると、そんな安易な色分けなどできないとわかる。

長男の嫁である雅子さんは皇后への道に載せられ、彼女自身のあり方やそれまでの人生で信じてきたものを否定され、別の人間になれとの重圧の下、いろいろなものを諦めなければならなかった。真面目で責任感が強くて努力家の雅子さんは、自分の心を壊して足を引きずりながら「選択した人生」と歩むことにした。

次男の嫁である紀子さんは女子を二人もうけたのち、「雅子家」にお世継ぎが生まれないといって世が騒然とバッシングするのを見て、鮮やかなムーブで皇嗣となる男子をこの世に送り出した。次の天皇の母となった紀子さんは一瞬、したたかであるかのように映ったがそうじゃない。あれは、雅子・浩宮（当時）家に代わって、可能な自分たちがその重責を背負って生きようという、紀子・秋篠宮家の決意だったのじゃなかったか。

「紀子スマイル」と呼ばれる、決して崩れることのない微笑みの下に隠された、鉄壁の覚悟のようなものが、紀子さんという女性が人生を前へ進めるにつれて年々大きく顔を覗かせるようになった気がする。私はたまたま、眞子さんや悠仁さんと同じ年頃の子どもを持つ母として見ていると感じるのだが、それは「紀子家」の教育方針に顕著なのだ。

両親ともに学習院、まして母方の祖父が学習院の教員であったという「伝統」がありながら、大学では学習院に背を向けて女子二人を（よりによってあの当時日本の伝統的な教育から最も遠いとすら言えた）ＩＣＵへ入れ、いま、次期天皇となる悠仁さまはお茶の水女子大附属小中を経て筑波大附属高校へ。東大を目指していると言われていたが、どうやら筑波大も現実的な視野に入れているようだとの報道があった。

「ママ友」視線で見ると、紀子さまの教育方針がお子さんそれぞれの時代にすごくセンスのいいチョイスであると感じるのだ。ブランドに任せるのではない、現実的で硬派、しかもかなりアカデミックに高度な教育方針なのである。お子さんたちは、よくぞそのハイレベルな期待に見事に応えていると思う。

とすれば、眞子さんがエア親戚たちのざわつく「思想」を身につけて皇室離脱した件は、もしかして紀子さまにとって決して予想外ではなかったのではないかと感じるのである。あれは誤算などではなく、どこかで予感されていたのではないか。

紀子さまや秋篠宮家への批判も強まった。特にいま、紀子さんを「次期天皇の母の座でふんぞりかえる悪妻」「イライラした教育ママ」かのように書いて悪者扱いする流れがある。エア親戚たちは自分たちの思い通りに動かない秋篠宮家に不満を募らせ、ＳＮＳでは「秋篠宮家は皇籍離脱せよ」なんて無茶を言い出すハッシュタグまで出たそうだ。

それは、「紀子家」がエア親戚たちの忌み嫌う進取の気性を見せていることを意味する。もしかして、後世は紀子さまこそが皇室の現代化を担ったと評価するのではなかろうか。女には、自分の代で革命を起こすのではなく、時代がついてきた時にちゃんと革命を起こせる次世代を育てる、という闘い方もあるのだと知る。

論考

石立鉄男という人生

70年代「ユニオン映画ドラマ」の世界②

コラムニスト
泉麻人
Izumi Asato

「気になる嫁さん」と成城の家

日本テレビ系・ユニオン映画制作の石立鉄男主演のドラマシリーズ、第2弾は「気になる嫁さん」だった。スタートは1971年の10月6日、以降72年9月20日までほぼ1年間、全40話仕立ての1時間モノである。前回ここで書いたように、水曜夜8時のこのドラマ枠は春〜秋の期間、巨人戦のナイター中継でつぶれることもあったが、この作品以降、4クール（約1年間）という長尺が定例となった。

さて「気になる嫁さん」はタイトルのとおり、その〝嫁さん〟役の榊原るみがクレジット上もトップのヒロインで、石立鉄男はやや脇に回ってドラマ全般のカジ取りをするような役回りだった。アイドル女優を支える副主役という立ち位置は、TBSでこの「嫁さん」の直前までやっていた岡崎友紀主演の「おくさまは18歳」にも近い。

ヒロインの坪内めぐみを演じる榊原るみは、この時期「帰ってきたウルトラマン」（TBS）の主人公・団次郎（時朗）の恋人役もやっていた。中3の僕はもう「ウルトラマン」は卒業していて、オンタイムではほとんど観ていなかったが、当時の彼女の印象が強く残っているのは、フォーリーブスと一緒に司会をやっていた日曜夜6時の「プラチナゴールデンショー」と「キリンレモン」のCM。♪恋はどんな色してるの〜　という、トワ・エ・モア調ニューフォークのCMソングにのせて、榊原るみが高原のような所をさわやかに歩く……映像が目に残っている。

ドラマは、そんな榊原が大家族（ヤモメの父親と5人兄姉と家政婦さん）の末弟の嫁として入りこんできたことによって巻き起こる

「気まぐれ天使」
左から、大原麗子、石立鉄男 ©ユニオン映画

ホームコメディー……といったもので、以下が大家族・清水家の面々だ。

父・呂之助　佐野周二
長男・輝正　山田吾一
長女・小夜子　水野久美
次男・文彦　石立鉄男
三男・力丸　山本紀彦
四男・純　関口守
家政婦・たま　浦辺粂子

メグの愛称で呼ばれる坪内めぐみ（榊原）は四男・純（関口）の〝嫁さん〟となるわけだが、ドラマの冒頭は2人のデートシーンからラブコメ調にスタートする。

夜更けの京王線・新宿駅と思しきホームで終電（桜上水の行先表示が見える）を逃してしまった2人、ホーム下に飛び降りて線路に耳を当て〝走行音の余韻〟を楽しんでいたりするけれど、いまやこういう演出は許可を申請しても通らないだろう。また、別の日のデートで2人が「小さな恋のメロディ」を鑑賞、「小さな恋のメロディって、私たちと似ていると思わない？」なんていう榊原のセリフにも使われているが、マーク・レスターとトレイシー・ハイドのこの青春映画は71年初夏の公開以来大ヒット、僕も〝特別鑑賞券〟を2枚買ったが、目当てのデートが成立せず机の抽出しの奥で長らく眠っていた……という苦い思い出がある。それはともかく、DVDでドラマを再見すると、榊原るみのミニスカートはハラハラするほど短い。

ところで、四男（タイトルバックには〝末っこ〟と記されている）役の関口守とは関口宏の実弟。その後〝佐野守〟という父親（佐野周二）姓の芸名で俳優をやっていた時期もあったはずだが、このドラマはおそらく駆けだしの頃のもので、芝居はシロート目に見てもぎこちなかった。そのせいもあるのか、あるいは最初から短期の役と決まっているからこそ起用されたのかもしれないが、2回目で結納をすませて留学（大学生の設定）渡米、数回声と回想シーンで登場した後、11回目で渡米先の地で心筋コウソクによって死んでしまうのだ。榊原は彼の渡米中の3回目から清水家の嫁として入ってくるわけだが、こうやって〝亡き末弟の嫁〟を取り巻くヘンテコな家族劇が始まる。

清水家の場所は小田急線の成城。正確には「成城学園前」駅から近い、小田急の線路築堤の際（新宿から行って左側）で、このモデルとなった家は成城付近の小田急線が地下化されるまで車窓越しに眺められた。

仙川を渡るちょっと手前、新宿寄りの所に踏切があって、線路端の未舗装のジャリ道を下った左手。もちろんドラマ映像で使っているのは外観だけで、なかは生田スタジオのセットなのだろうが、この場所は他の映画にも見受けられる。たとえば、愛好する東宝のクレージーキャッツの映画、「くたばれ！無責任」（1963年）でハナ肇が夜更けに酔っぱらって帰る家は「清水家」と同じ家に違いない。当時、踏切を通過する小田急線はまだ紺色にダイダイ色の帯の頃だが、道の曲がり具合や勾配などソックリだ。僕はたまたま72年当時の世田谷区住宅地図を持っているので、住宅の苗字まで把握しているのだが、もしや東宝あたりの映画関係者のお宅だったのかもしれない。

前作「おひかえあそばせ」は田園調布。これは成城学園と、始まりの頃の石立ドラマは東京西郊のお屋敷街を舞台にしていた。そんな成城舞台のドラマらしい特徴として、この清水家には〝ばあや〟と呼ばれる浦辺粂子演じる家政婦さんがいる。

長男の輝正（山田吾一）ら、清水家の兄姉たちを幼い頃から世話していたベテランの家政婦さん、ドラマのなかで山田や石立はのべつまくなし「ばあや！」と乱暴に呼び捨て、浦辺の方は彼らを「お坊っちゃま」（水野久美は、お嬢さま）と丁重に呼ぶ。先日ＤＶＤで観た「太陽のあいつ」（67年）というドラマでも、主演の矢吹渡とベテラン家政婦の飯田蝶子との間で「ばあや」「お坊っちゃま」のやりとりが交されていた（脚本は同じ松木ひろし）が、60年代から70年代初め頃までの石坂洋次郎原作のドラマなどには、「ばあや」という存在の人がよく登場した。

“ロケ地愛好家”にも興味ある絵

そんな「ばあや」を雇えるほどの家を成城に持った、佐野周二演じる呂之助は元海軍の軍人であり、おそらくその縁で就いたと思しき造船会社で社長をやっていた……という設定。早くに妻を亡くし、定年後は手持ちの株の値の変動を気にしながら、息子や娘からもらう小遣いをたよりに暮らしている。彼の外出先としてほぼ毎回登場するのが一杯呑み屋とパチンコ屋なのだが、そこで小柳ルミ子の「わたしの城下町」とか南沙織の「17才」とか、この時代のヒット曲が流されているのがリアルな時代感を醸し出している。

リアルといえば、呂之助が死んだ四男の遺影に語りかけたりするシーンは、ホンモノの親子だけあって妙な説得力がある。

父親の佐野周二の起用は、実の息子である新人・関口守の監督……みたいな意味合いもあったのかもしれないが、先日、古い邦画の専門館「ラピュタ阿佐ヶ谷」で「恋する年ごろ」という三田明主演の松竹映画（１９６６年制作）を観ていて、「嫁さん」より5年前に佐野と石立は共演していることを知った。

大学の音楽部に所属して、バンドをバックに自らのヒット曲を歌う――つまり三田の歌謡映画といっていい内容なのだが、石立はジャズピアノが達者な他校のライバルとして登場、音楽部の顧問教授を務める佐野にも才能を見込まれて2人が会話する場面もある。この当時の石立はまだ“アウトローな二枚目”といったセンで、「嫁さん」の文彦の役柄とはかなり異なるが、このあたりから佐野と石立の縁はあったのかもしれない。

もう1人、榊原の親代りの叔母・坪内宏子役の杉葉子は佐野と同時代、「青い山脈」（49年）を皮切りに主に１９５０年代の日本映画を支えたスター女優だ。ここでは「～なのさ」「～しちまう」といったキップの良い江戸弁を喋る女医（歯科）を演じているが、戦前の小石川生まれの人のようだから、言葉は地とも思われる。ちなみに、杉と婚前の榊原が住んでいる歯科医院兼住居は公団風の団地の一角にある。ここ、当初成城から近い祖師谷団地あたりか……と思っていたら、少し先の狛江の西野川団地がロケ地らしい。

そうか、ここも成城の清水家と同じ小田急沿線になるが、すると1話目冒頭の夜更けの駅のシーン――純とメグの地理的条件でいえば、本当は小田急の新宿駅で撮りたかったのかもしれない。

長男・輝正の山田吾一はＴＶ草創期の代表的番組のひとつに数えられるＮＨＫの「事件記者」で、正義感の強いガンさんを演じて名を上げた人だったが、これは幼少の僕にはなじみの薄いドラマだった。とはいえ、シブい脇役なんかでよく顔を出していたこの人、「嫁さん」でも小心でコズルい、味のある長男を演じている。とりわけ、後半（17回～）で冨士眞奈美が彼の悪妻として加わってから、「テル～」と彼女にネコナデ声で呼ばれてナヨナヨする芝居は圧巻だ。

長女・小夜子の水野久美の話は後回しにして、次男の石立の下の三男・力丸（山本紀彦）のキャラは重要だ。翌年（72年）の夏に開催されるミュンヘン五輪出場をめざして、走り高跳びの練習に打ちこむ体育会系バカ学生、という設定。だいたいいつもトレパン姿で、登校するときは詰襟の学生服の下にグレーのズボンを穿いているが、ドラマより4、5年後に慶応大学に通っていた僕の時代も、体育会系の学生はこういう黒の学ランにグレーのズボン、というスタイルで構内を歩いていた。

力丸がランニングをする場面で、しばしば出くわす魚屋の御用聞きの三遊亭笑遊（当時人気のあったメガネの若手噺家、現・圓遊）とともに、まだ垣根や屋敷林の緑が目につく成城の街並がなつかしい。

力丸役の山本は石立とウマが合った（年齢も近い）のか、前作の「おひかえあそばせ」を皮切りに、一連の石立ドラマのすべてに出演、石立と漫才コンビを思わせる絶妙なかけあいを見せている。「嫁さん」では、この2人に山田が〝冷静なツッコミ〟のようなスタンスで絡んだコントシーンが楽しめる。

清水家の兄姉の紅一点、水野久美演じる長女の小夜子は、せいぜい30代に入るかどうか……くらいの年齢なのだろうが、当時のドラマでは「ハイミス」と揶揄され、本人もいわゆる「行きおくれ」を心配している。キーッ、とマンガの吹き出しを付けたくなるようにヒステリーを起こす場面は、ユーモラスでもある。

水野久美というと、僕の世代は「マタンゴ」や「怪獣大戦争」などの東宝特撮映画で顔を知ったクチだが、もっと若い頃は地味なメイクをしてマジメなＯＬ（その時代はＢＧか）の役なんかもやっている。「嫁さん」では、水野のデビュー映画「気違い部落」でも共演した石浜朗が経営する会社の秘書として働き、彼と不倫関係にあったことも匂わせている。

結婚に悩んでいた小夜子の前に、「竹山」という男が現われるのは、清水家で正月ムードの会話が交わされている72年初頭の第15回だ。

うさ晴らしにメグを誘って呑んだ夜、ナンパ男たちを振り払って、ひとり渋谷のガード（中渋谷鉄橋の表示が出ているココは西武デパートの前から山手線と宮下公園の下を通りぬける小ガードだ）をくぐった所で、築堤石垣の脇に出ているラーメン屋台を見つけて入る。その屋台の主・竹山を演じるのは橋本功。スポーツ刈りのいかつい風体をして、客扱いも乱暴だが、ぽつりぽつりと人生訓を語り、泣いた小夜子にシナチクをオマケしてくれたりする（傍らに置いたギターを手に自作の歌をうたい出したりもする）。そんな、これまでにないタイプの男に小夜子はグッときてしまうのだった。

橋本功はなんといっても「若者たち」（１９６６年・フジテレビ）で顔を売った俳優だろう。田中邦衛を筆頭に、橋本功、佐藤オリエ、山本圭、松山省二、の5人兄弟を中心にした青春群像劇。こちらは貧しい生活環境の家族だったが、紅一点の5人兄弟という構成は「嫁さん」の清水家に似ている。ちなみに、石立はＴＶドラマ版には出ていなかったけれど、68年から3編作られた映画版では「戸板」という足の悪い、ちょっとずるがしこい青年を好演していた。

竹山にどっぷりハマった小夜子は、押しかけてラーメン屋台を一緒に引くようになるのだが、実は〝社会派のカメラマン〟としても鳴らした過去をもつ竹山が暮らすボロアパートの場所は、僕のような〝ロケ地愛好家〟として興味深い。山手線の渋谷・恵比寿間の東側線路端、ちょうど東横線の架橋が交差する際あたりに存在した、取り残されたバラック街のような一角だ。90年代くらいまで山手線や東横線の車窓から瞥見した印象があるけれど、実際竹山が引いているような屋台が駐まっていた気がする。ここから宮下公園の方へ出る、というのは地理的にも頷ける。

15回から登場した竹山は、それからおよそ10回、ようやく小夜子にプロポーズする意を固めた第24回、彼女に会いにいく途中、ダンプカーにハネられて死んでしまうのだ。

葬式のシーンから始まる第25回は、物語中程の〝神回（かみかい）〟といってもいいだろう。

とくに終盤、竹山の死を受けいれられず、狂ったようにひとりで屋台を引き続ける小夜子の様子を見兼ねて、遂に文彦が強行手段に出る。ラーメン屋台を多摩川と思しき河原まで運んでいって、火を点けて燃やしてしまう。風景から察して、成城からはちょっと離れた狛江、和泉多摩川あたりだろうか。夕刻、堤際の草原で炎をあげる屋台を茫然と眺める小夜子。めぐみ、力丸、輝正もやってきて、小夜子と燃える屋台を取り巻いている。そこで、口を開くのはやはり文彦の石立だ。

「あねき、泣きたいときにはどんどん泣けよ。少しは自分を取りもどせよ……バか」

などと、叱り気味に諭した後、「ごめんよ……」と語調を変えてやさしい顔つきになる。そして、相手がおちついてきたのを見計らうように、話のオチをつける。どことなくチャーミングな声質も含めて、こういう〝ギャップ萌え〟感のある芝居は石立の真骨頂だ。忘れてはならないが、バックに流れる大野雄二の音楽も情感を昂める効果をもたらしている。

この小夜子の一件の話のオチに、カネの貸し借りのことをもち出しているが、文彦のキャラクターの第一はカネにセコいことで、「大判社」というサラ金的な金融会社を渋谷で開いている。高架線を走る銀座線を遠望するカットが見られるから、桜丘の入り口あたりだろうか。すると、メグがバイトをしていた道玄坂あたりの写真屋（店長は八代英太）にも近く、彼が店にふらりと立ち寄るのにも納得がいく。

そう、文彦が初回でメグと知り合う（よくあるパターンだが、弟の純から紹介されるより前にたまたま……）きっかけとなったのはポテトチップ。その場所は渋谷ではなく、丸ノ内線の新宿三丁目あたりのホームなのだが、電車待ちの列に並んだ文彦が横にいたメグに何気なく「湖池屋のポテトチップス」を差し向ける。ここでピンとくる人はピンとくるだろうが、当時CMを頻繁にやり始めた湖池屋のポテトチップス（まだ幌馬車のイラストが描かれている）のモデルを石立がやっていたのだ。公園のベンチでポテチを食うシーンもあったけれど、確かCMも同じシチュエーションだったはずだ。番組のスポンサーにも付いていたのかもしれない。

石立鉄男ならではのラストシーン

さて、文彦が営む大判社の社員は彼を含めて3人、デキの悪い部下を演じる津村秀祐（現・鷹志）と津山登志子はこのシリーズの常連。津山は前作「おひかえあそばせ」の末娘役だったが、雨宮（あめみや）という役名の津村は後半でしばらく清水家に間借り（文彦にムリヤリ入れられる）、いつも茶の間にいる半住人のようになり、文彦から力丸以上の強いツッコミを受ける。社内でこの3人が織りなす時事ネタ（ドルショックの不景気など）を入れたトリオコントもおもしろい。

時事ネタといえば、72年は夏に沖縄の返還を控え、年頭1月から元陸軍兵・横井庄一さんの帰国、札幌冬季五輪、連合赤軍事件……と、派手な出来事が続いていた。たとえば連合赤軍事件――露骨に「あさま山荘」やら「総括」やらをセリフにしている回はないものの、3月初めの21、22回に登場する沖雅也は、城北大学というエリート校の危いムードの学生で、力丸みたいな典型的体育会系を嫌っている。不快に思った力丸が「ゲバ学生」「爆弾を作っている新左翼」などと彼をくさしているが、この辺は一連の連赤騒動（放送回から察して「あさま山荘」よりは前にできたシナリオかも）をイメージさせる。とくに72年の沖雅也は大ブレイクの時期で、アイドル系の「さぼてんとマシュマロ」とか石坂洋次郎モノの定番「光る海」とか、多くのドラマに主演。「ポーリュシカ・ポーレ」（歌）が大ヒットした、字面の似た仲雅美とともに女子の人気をさらっていた。

当時の長尺の連続ドラマというのはスタッフの慰安なども兼ねていたのか、旅館と露骨にタイアップした地方ロケの回がある。伊東ロケ（36、37回）では「水明荘」というホテルが大々的に使われている。文彦が入館10万人目の客として接待を受け、後半では文彦そっくりのニセモノ結婚サギ師が現われてドタバタが展開される。

27回の「ただ今撮影中！」というのも異色の回だ。これは当初2クール（26回）予定だったドラマがもう半年続くことになったため脚本が間に合わなかった……という説もあるのだが、石立の進行でドラマ撮影が行われている生田スタジオの内部が紹介される。

松木ひろしがモデルと思しき脚本家のシナリオが仕上がるのを待ちながら、大部屋に集まった石立や榊原、冨士眞奈美らレギュラー出演者の楽屋噺が楽しめる。冨士は同時期にカケモチしていた「細うで繁盛記」の裏話を語り、若い榊原が石立を「テッちゃん」と呼び冨士や山田吾一とナアナアに喋っている雰囲気から、番組がいい感じのファミリームードで作られていたことが伝わってくる。

ちなみに日本テレビの生田スタジオはいまも「よみうりランド」の敷地の隅に存在しているが、僕はこの放送の翌年あたりに高校のサッカー部の合宿練習でランド内のグラウンド（たぶん現在の〝東京ヴェルディ〟のグラウンド）を使った（宿舎も敷地内にあった）とき、すぐ向こうに「生田スタジオ」と記したオープンセットが見えたのをよく覚えている。最終回で〝次のモントリオール〟をめざして力丸が練習に打ちこんでいるグラウンド（メグが別れのあいさつに行く）はココかもしれない。

伊東ロケの後、小夜子は滝田裕介演じる子連れの化学博士（世を騒がせていた光化学スモッグのオキシダントの研究をしている）と知り合って結婚を決意、輝正と八重子（冨士）夫婦からはオメデタの報があり、メグの前にはジャン・ピエール（永井秀和）という日仏ハーフの弟が現われて、パリで暮らす父のもとへ来ないかと誘う。そこに、鉄道線路の拡幅（実際は小田急だが劇中では武蔵電鉄）に伴なう土地買収の話が清水家に持ちかけられて、最終回を迎える。

小夜子の結婚式とメグの渡仏がハイライトとなるのだが、前作「おひかえ」（石立がニューギニアへ旅立つ）の最終回とは逆に、羽田から飛びたっていくパリ行きの日航機を石立がフェンスにしがみついて泣きながら見送る……というのがシャレている。前にもふれた呂之助が通う呑み屋に流れるヒット曲は吉田拓郎の「旅の宿」になっているが、それとは別にドラマ終盤の頃から文彦や力丸がしばしば♪シトシトピッチャン〜という「子連れ狼」の主題歌を口ずさんでいる。橋幸夫の「子連れ狼」は若山富三郎主演の映画とは別に連載マンガのイメージソングとして作られて大ヒット、石立や山本の鼻唄が縁になったのかどうかは知らないが、萬屋錦之介の主演で73年4月からスタートした日本テレビのドラマ版はユニオン映画の制作だった。最終回を担当する監督は「おひかえ」と同じくチーフの千野皓司。日活出身で、ロマンポルノ路線に反旗を翻してユニオン映画に移ってきたとされるが、この「嫁さん」のエンディングはシリーズ各作のなかでも秀逸だ。

呂之助はばあやとともに多摩あたりの新居へ越していき、西陽が微かに射しこむ薄暗い部屋（みんなが集っていたリビングルーム）に力丸と文彦が残っている。やがて力丸もスポーツバッグを肩に去っていき、ひとり文彦だけが……。タバコに火をつけ、団欒の回想シーンがフラッシュバックされた後、タバコの燃えかすを片手の小ビンに押しこむと、「あばよ、純」と末弟の名を告げて縁側のガラス窓に思いっきり投げつける。割れた窓の向こうからピーポーという、これまでも時折聞こえていた小田急ロマンスカーの警音が漂ってくる。

石立鉄男ならではキマる、というクールなラストシーン。田園調布、成城と、東京西郊のお屋敷を舞台に展開されてきたこの石立ドラマのシリーズ、第3弾の「パパと呼ばないで」はガラリと変わって下町の佃島界隈に舞台を移す。

論考

リベラリズムとエビデンスの「マリアージュ」

同志社大学嘱託講師
下村智典
Shimomura Tomonori

岩手県立大学講師
杉谷和哉
Sugitani Kazuya

©shutterstock

はじめに

近年の政治経済が大きな困難に直面しているという見解に正面から異を唱える者は多くなかろう。政治に目をやれば、西欧諸国をはじめとする民主主義国家の多くでは分断が広がり、民主的な政治システムそれ自体も様々な面で機能不全を起こしている。経済面では、資本主義によって格差の拡大がもたらされているばかりか、「人新世」という不名誉な時代の命名にも示されているがごとく、人間の経済活動が地球に与える影響は、今や人類の存亡を左右しかねないところまできている。それに加え、昨今のロシアとウクライナのあいだの戦争が、グローバルな政治経済の不安定化に拍車をかけている。ざっと見渡しても、そうした暗澹たる様相が世界を覆っているからである。

現代社会のこうした困難な状況を前にして、まずは暴走する資本主義に批判の矛先が向けられるのは自明であるにせよ、それと相並んで批判のやり玉に挙がっているのが、リベラリズムである。有り体に言えば、リベラリズムのせいで政治がおかしくなっている、というのである。リベラリズムは、個人の自由を尊重するという理念のもと、冷戦以降、西側諸国をはじめとするグローバル社会を強く規定してきた。しかし昨今、こうしたリベラリズムの過度な普遍化に対して否が突き付けられている。その象徴的な事態が、２０１６年に立て続けに起こった右派的ポピュリズムによる政治的大動乱——アメリカにおけるドナルド・トランプ大統領の誕生、イギリスのEU離脱（ブレグジット）の決断、そしてフランスにおける、「反移民政党」率いるマリーヌ・ル・ペンの躍進——である。こうした政治的混沌が示唆しているのは、控えめに言っても、リベラリズムという錦の御旗だけでは、もはや民主主義的な政治を安定的に導いていくことが難しくなっている、ということであろう。

リベラリズムをどう立て直すか　ウォルツァーとフクヤマ

　このような事態に対して、リベラルの復権を企てようとする試みが政治学の大御所から相次いでなされている。ひとつは、マイケル・ウォルツァーによる『まっとうな政治を求めて――「リベラルな」という形容詞』（２０２３年、風行社）である。ウォルツァーは、コミュニタリアンの一人として知られていると同時に、リベラル左派の論客としても有名で、政治共同体の多元性について思考を巡らせてきた人物である。本書は、その表題にあるように、「リベラル」という語を「形容詞」として、すなわち「リベラルな」という、名詞を修飾する語として捉え直し、それを様々な「立場」と組み合わせて論じる格好となっている。要するに、「社会主義者」であるとか、「ナショナリスト」であるとか、「フェミニスト」であるとかといった名詞の前に、形容詞である「リベラルな」は置かれるのであり、そうすることで初めて「リベラル」の意義は再確認される、というのである。ここでウォルツァーが試みようとしているのは次のようなことである。つまり、「リベラリズムが最後の決定的な言葉だと信じている様々な種類の絶対主義者」に対する懸念を表明する彼は、そうしたセクト主義的な狭量さから自由な人々こそを、政治的な立場を超えた「リベラルな」存在だと規定するのである。いわば、おのれの立場に固執する「絶対主義者」としての「名詞的主体」である前に、「リベラルな」という「形容詞的主体」でなければならないというのである。それゆえ、本来の「リベラル」たるこうした「形容詞としてのリベラル」をもう一度取り戻すことこそ、我々が「まっとうな政治」を手にする上で重要となる、とウォルツァーは論じるのである。

　ウォルツァー同様、リベラルの苦境に目を向けているのがフランシス・フクヤマである。彼が、「歴史の終わり」を著して冷戦における西側の勝利を「予言」したことは、周知のとおりである。リベラル・デモクラシーの勝利によって終焉を迎えたはずの「歴史」が、その後も未だ平穏ならざることに、当然彼自身も無自覚ではなく、「ポスト歴史」におけるリベラル・デモクラシーの安定化をめぐって考察を続けている。そのフクヤマも近著『リベラリズムへの不満』（２０２３年、新潮社）において、リベラリズムが隘路に陥っていることを指摘している。ここでいう隘路とは、リベラリズムに対する攻撃が、トランプ再選を支持する右翼ポピュリストからだけでなく、マイノリティの権利擁護といったアイデンティティ・ポリティクスを推進する左派からも加えられているという事態のことである。今やリベラリズムは、右と左から挟撃に遭っているというのである。

　この見立てのもと、フクヤマが繰り出すキーワードは、意外にも「中庸」である。「中庸」とはアリストテレスが主唱する倫理的徳であり、一見、リベラリズムには縁遠い概念であるように思われる。しかし、フクヤマが着目する「中庸」が、自分の考えを絶対とせず立場の異なる他者とも共存を図るような態度を意味するということを踏まえれば、リベラリズムの蹉跌においてなぜ彼がこの概念を取り出してきたのかも合点がいく。なぜなら、右に対してにせよ左に対してにせよ、過剰な政治的情熱を冷ますことにこそリベラルの本懐がある、とフクヤマは考えているからである。

　以上から見て取れるように、ウォルツァーとフクヤマに共通しているのは、右についてであれ左についてであれ、政治の過激化に対する憂慮である。ウォルツァーに言わせれば、おのれの政治的立場や個人的立場を固持しつつも、それと異なった立場に対しては「寛容」な姿勢で臨むというのが、「形容詞としてのリベラル」であり、本来の「リベラル」に他ならない。その意味において、ウォルツァーも、フクヤマと同じく、「中庸」を重要な政治的美徳と捉えているのである。社会に関心を抱き、不服があることに対しては異議申し立てを行ない、政治的立場や党派性が違っても対話の姿勢を持ち続ける――このような「リベラルな」態度を多くの者が具えることによってリベラル・デモクラシーは正常に機能する、とするのが彼らの主張の要諦である。「中庸」を取り戻したリベラリズムとは、いわゆる「他者への寛容」をその本義とした古典的リベラリズムへの回帰であるとも言えよう。

「データ至上主義」と「寛容のリベラリズム」

両者のこうした立論について異議のある人はあまりいないだろう。ところが、現代の民主主義政治の機能不全という問題と同期するかたちで生じているリベラリズムの「危機」においては、話はそう単純ではない。他者や異論に寛容なリベラリズムという、一見すると魅力的なビジョンは、『ホモ・デウス』の著者であるユバル・ノア・ハラリが説くような、今日の「データ至上主義」の社会では、新たな難局に直面してしまうのである。

この問題について、一般論から接近していこう。まず、他者の考えや思想に対して寛容になるということは、それらに優劣をつけない態度を持つことにつながる。つまり、個々の意見は等しく尊重されなければならず、本来なら価値判断が伴うような政治的局面においても、「優れている」か「劣っている」かは不問とすべきである、という発想につながる。すなわち、価値相対主義の問題である。むろん、レイシズムのような過激な「意見」は、「リベラルな」政治であっても認められないというリベラリズムもありうる。しかし、寛容さをその中心に据えた「リベラリズム」にあっては、やはり、いかなる意見であれ同等に扱うのが原則であり、そうした極端な「意見」を価値判断に基づいて除外するということはできない。逆に、「望ましい」社会のありようを個々人が示したとしても、その善し悪しを判断する基準が「寛容のリベラリズム」においては存在しない以上、より「優れている」意見が優先的に採用されることも、原則的にはないのである。こうした価値相対主義の問題は確かに古くからある問題ではあるのだが、今日の政策決定においては、それがかつてなく深刻な影響を及ぼす事態となっている。その最たるものが、現代の公共政策における「エビデンス主義」の台頭である。

経済学者の成田悠輔による『22世紀の民主主義――選挙はアルゴリズムになり、政治家はネコになる』(2022年、SBクリエイティブ)は、その「価値判断抜きの公共政策」の極致ともいえる考えを体現した書物である。ここで示されているのは、AIとアルゴリズムを用いて民意を集約し、その民意に沿った政策をエビデンスに基づいて策定するというメカニズムである。こうした「エビデンスに基づく公共政策」は、一見すると、価値判断をうまく回避し、テクノロジーの枠に依拠した「望ましい」政策決定であるように思われる。しかし、上述した、リベラリズムが今日直面している難局に照らして考えるとき、こうした主張は、リベラリズムとエビデンスの「蜜月関係」を看過した楽観主義に過ぎないことが判明する。

「寛容のリベラリズム」が政治を覆い尽くすとき、価値の議論は政治から締め出される。そして、価値が不問にされた政策論争は、単なる技術論に終始する。つまり、政治問題を効果的に解決する政策とはいかなるものか、という観点でのみ議論が交わされる。そこで重視されるのは、いわゆる「費用対効果」であり、今風に言えば「コスパ」である。コスパがいいかどうかは数字で判断できる。そこには、価値をめぐる深刻な対立もなければ、党派性に絡めとられた厄介な分断もない。誰もが合意することのできる、議論の余地のない「客観的な証拠」=「エビデンス」によって「望ましい」政策が選択できる、というのである。実際、エビデンスに裏付けられた効果的な公共政策によって問題解決を図ろうとする動きは、今日、多くの国において共通して見られる方針である。もはや修復不可能であるかに見える「分断の政治」のオルタナティブとして、エビデンスに基づく政治は非常に魅力的に映るようである。実際、先に挙げた『22世紀の民主主義』は大ベストセラーとなっている。価値相対主義と一体化した「政治的寛容」は、コスパやエビデンスと極めて相性がいいのである。

エビデンス主義における「無色の価値」

しかし、政策の善し悪しを判断するにあたって、本来、「価値」への問いは不可欠なはずであろう。たしかに、政策とは、ある問題を解決するために行なわれるものには違いないのだが、そもそも何が「問題」であるかを判断するためには、問題を「問題」として問うための、価値についての判断が欠かせないからである。例えば、日本でも少子高齢化は解決すべき優先的な政策課題として採り上げられるが、そもそも少子高齢化が「問題」となるのはなぜであろうか。生産人口の減少が経済成長に歯止めをかけ、経済成長による幸福追求が妨げられるからだろうか。その場合、少子高齢化が「問題」であるというためには、少なくとも、「幸福は追求されなければならない」という価値と、「幸福の追求は経済的豊かさの拡大によってなされるべきである」という価値とが、その前提になければならないのである。しかし、いわゆる環境保護の立場に立ってこの問題を考えてみれば、事情は異なってくる。つまり、世界の人口が増加し続け、地球環境への負荷がますます大きくなるなかでは、先進国のような、環境負荷の大きな暮らしをしている国の人口減少は、必ずしも解決すべき「問題」とはならなくなるのである。要するに、どのような立場からいかなる価値判断を下すかに応じて、それが「問題」であるかどうかが決まるのであり、そうして初めて、その「問題」をどのように解決すべきかについての政策論争が始まる、というのが、本来の政策決定の姿なのである。

そして、政策の優先順位を考えるためには、どの問題を優先的に取り組むべきかを判断するための「基準」が存在しなければならないのであるが、これは価値の不問を謳う政策決定も例外ではない。価値を問わない政策決定であろうと、そこには、優先順位を決めるための何らかの「基準」が持ち込まれざるをえないからである。この「基準」も、判断の根拠を与えるものという意味においてひとつの「価値」と見なしてよければ、価値論抜きに社会を運営していこうとするエビデンス主義の背後にも、実は、ある種の「価値」が忍び込んでいると言えるのである。それどころか、価値判断を不問にするという意味での「寛容」を保障する、いわば「寛容のエビデンス主義」においては、それが、偏った特定の「望ましさ」の排除を徹底しようとすればするほど、その真空地帯に、合理性や効率性という「無色の価値」を強烈に引き込んでしまう。そして、より厄介なことに、エビデンス主義が依拠する「無色の価値」としての「基準」は、本来の政治的判断において問われていた「優劣」の判断を、「正誤」の判断にすり替えてしまうのである。言うまでもなく、エビデンス主義が依拠する「基準」とは、「数値」によって判定されるものだからである。こうした「優劣」から「正誤」への価値基準の変容が政治にもたらすものとは何であろうか。

メリトクラシー　リベラリズムとエビデンスのもうひとつの「蜜月関係」

その議論へと進む前に、リベラリズムとエビデンスの癒着とも言うべき結びつきを、もうひとつの側面から確認しておくことにしよう。コミュニタリアンの代表的な論者として知られるマイケル・サンデルは、近著 *The Tyranny of Merit*（邦訳：『実力も運のうち――能力主義は正義か？』２０２１年、早川書房）において、リベラリズムとエビデンスの「蜜月関係」を、如上のような公共政策とデータ主義という結びつきとは異なる文脈で指摘している。原題の *Tyranny of Merit* を直訳すれば、『功績の専制』や『能力の専制』となろうが、サンデルはリベラリズムの問題を「merit（功績）」に見出している。リベラリズムとエビデンスの関係について彼が行なっている議論とはおよそ次のようなものである。機会均等の平等主義は、生まれの「恣意性」に起因する様々な不利益を個人から取り除き、(少なくとも理念上は)教育の機会や雇用の機会をはじめとするさまざまな社会的機会を、あらゆる人に均等に保障する。そうした平等主義の徹底された社会においては、人々は競争に対して次のような考えを持つ。つまり、そこでの競争は、本人の努力を純粋に反映するものであり、競争における勝利は、当人の努力によってなされた「功績」を「正しく」評価するものである、と。この勝ち負けを判定する基準は、リベラリズムの原則に則れば、不偏不党の基準たる「数値」によって計られなければならないが、相性の良いことに、大学入学の「基準」はGPAやSATという「数値」によって測られる。それゆえ、晴れて優秀な大学に入学できた者は、自分が「エビデンス」によって根拠づけられた「勝ち組」であることを強く自覚するに至る。同様に、大学の成績の良し悪しが就職先を左右するとき、一流企業に入社できた者は、自らを「エビデンス」に基づく「勝ち組」と認定するに至る。こうして、「エビデンス」=「功績」に基づく勝ち負けのヒエラルキーが作り上げられる。このヒエラルキーの上に立つ者は、おのれの成功が「正しい」ものであると疑わず、逆に、ヒエラルキーの下位者に対しては、機会があったにもかかわらず努力を怠ったせいで「功績」を挙げられなかった「落第者」として、同情心のかけらもなく軽蔑することになる。かくて、「正しきエリート」が「過てる大衆」を支配するという構図が出来上がる。こうした、「エビデンス」に根拠づけられた「エリート」による「正しき」統治こそが、「メリトクラシー」である。(この語は「メリット」(功績)と「クラティア」(権力、支配)を組み合わせたものであるが、元々はイギリスの社会学者であるマイケル・ヤングの造語である。彼が1958年に出版した近未来小説のなかで描いているのは、まさに「ディストピア」としての「メリトクラシー」である。)そして、平等主義的リベラリズムの申し子たる、エリート大学の卒業生が就職するのが、主に金融やITといったグローバル企業であり、そうした「リベラル・エリート」たちに対する、いわゆる白人ブルーカラーからの憤懣が、右派に共感を示したトランプの大統領選出に集約されたのだと、サンデルは分析するのである。

こうした「エリート」と「非エリート」の分断が、平等主義と張り合わせになった功績主義によって、つまりメリトクラシーによって帰結したというサンデルの議論は、リベラリズムとエビデンスの関係を考察する我々の議論において大変に重要である。誰かが「優れている」とか「劣っている」とかといった価値判断は、本来であれば、人間生活の様々な側面での「卓越性」に基づいて為されるべきである。ところが、機会均等が徹底されたうえでの競争においては——むろんリベラリズムが意図したものではないが——、「卓越性」は数値によって計られる「功績」へと変容かつ収斂し、その「功績」という「エビデンス」が、その人の生き方の「正誤」を判定する根拠とすら化してしまうのである。まさに、エビデンス主義が依拠する「基準」=「価値」は、本来問われるべき「優劣」の判断を「正誤」のそれにすり替えてしまうのである。功績を挙げた「勝ち組」の文句を言わせない驕りと、功績を挙げられなかった「負け組」の言い訳のできない屈辱との、この冷酷な分断は、まぎれもなく、「数値」という「不偏不党の基準」によってお墨付きが与えられたことによる、絶対性の暴力のなせる業に他ならない。

アリストテレスを訪ねるリベラリズム「中庸」について

ここまで、エビデンスとリベラリズムの結びつきについて、「価値判断抜きの政策決定」と「メリトクラシー」の二つの側面から議論してきた。前者では、リベラリズムの寛容さが価値判断の不問と結びつくことで、逆説的に、数値という「不偏不党のエビデンス」によって根拠づけられるコスパやアルゴリズムを、「正当」で「絶対的」な「価値」として招いてしまうことを確認した。そして、後者では、平等主義の徹底が、逆説的に、功績という「エビデンス」に根拠づけられる、「正当」で「絶対的」な「ヒエラルキー」を帰結させてしまうことを確認した。そしてその二つに通底することは、リベラリズムとエビデンスが癒着することによって、本来であれば、「優れている」や「劣っている」という価値判断が、「正しい」や「過っている」という正誤判断へと変容するという、「優劣」から「正誤」への価値基準の変容であった。こうした事態が、リベラリズムの普遍化の結果であり、延いては、近年の政治的混沌の原因であるとするならば、果たしてこの「リベラリズムの専制」とも言うべき事態に我々はどう対峙すればよいのだろうか。

ウォルツァーやフクヤマが、我々の示したエビデンスとリベラリズムの蜜月関係をどれほど意識したうえで、上述のような「寛容のリベラリズム」の復権を提起しているのかは定かではない。ただ、彼らがともに「中庸」という概念をその復権の鍵概念に位置づけているということについては、我々も大いに同意するところである。なぜなら、エビデンスとリベラリズムが、「不偏不党性としての数値」によって分かちがたく結ばれてしまっているいま、我々に不幸を運ぶその「マリアージュ」を解消させるためには、アリストテレスにお出ましいただく他ないと思われるからである。

周知のように、アリストテレスは、『ニコマコス倫理学』のなかで、徳（アレテー）の何たるかを「中庸」に見定めている。彼のいう中庸とは、過剰と過少のいずれでもない状態のことであり、逆に、過剰と過少という両端が「悪徳」である。たとえば、「恐れ」と「大胆さ」との組み合わせについてであれば、「恐れ」の過少と「大胆さ」の過剰との組み合わせが「無謀」であり、「恐れ」の過剰と「大胆さ」の過少との組み合わせが「臆病」となる。したがって、その組み合わせにおいては、過剰と過少を免れた「勇気」こそが、中庸という徳になるのである。そして彼は、この中庸としての徳が発揮されるための条件を示している。それは、「然るべき時に」、「然るべき事柄について」、「然るべき人に対して」、「然るべき目的のために」、「然るべき仕方で」、である。つまり、中庸という徳は、特定の文脈や状況に即した「適切さ」に従ってつねにその在りようを変える、というのである。アリストテレスにおける中庸という考えの枢要はこの点にこそある。すなわち、個別具体的な状況に即した「適切さ」を知るためには「実践（プラクシス）」が不可欠なのである。よく知られているように、アリストテレスは「理論知（エピステーメー）」と「実践知（フロネーシス）」とを区別した。理論知が客観性に基づいて抽象化された知であるとすれば、実践知は主観性に基づいて経験された知である。それらは、区別されこそすれ、異なる知としてどちらも人間にとって必要なものであるとアリストテレスは説いている。しかし、AIやアルゴリズムに知性を預ける「データ至上主義」の現代にあっては、実践知はその本来の資格を剥奪される。つまり、主観的な経験値である実践知は、「劣位なる知」として貶められるのである。「正誤」という基準に照らせば、実践知は理論知に比べて当てにならない、というわけである。そして、それを後押しするのが、すでに述べたように、価値判断の回避によって寛容を担保しようとする「寛容のリベラリズム」である。それゆえ、このリベラリズムとエビデンスの結合を引き剝がすには、いまいちど政治における実践知の意義について問い直し、実践知をその本来の身分に復位させなければならないのである。

適不適を判断する実践知は、いわば「適否の知」とでも呼ぶべきものであり、「正誤の知」とは全く異なるものである。それは、個別具体的状況における、個人の主観的な「実践」や経験でしか身につかない、客観化を免れた特有の知である。「実践」の連続によって初めて養われる「適否の知」たる実践知は、決して理論知によって代替できるものではない。それどころか、事物の本質を捉えるべき理論知が、算定可能な「科学知」へと降格し、「正誤の知」へと成り下がってしまったいま、客観化に抗するこの知は大きな意味を持つ。なぜなら、疑似理論知の絶対化とでもいうべき「データ至上主義」への熱狂から人々を引き戻すものこそ、この実践知だからである。これが、我々がリベラリズムとエビデンスの結合を解く鍵をアリストテレスの中庸論に求める理由である。

アリストテレスを訪ねるリベラリズム 「他者」について

　アリストテレスを訪ねるべき理由はもう一つある。それは、アリストテレスにおける「実践」が、政治における「他者」と深くかかわるものだからである。「中庸」が政治における「実践」の見直しとかかわる議論であるとすれば、「他者」の問題は、エビデンス主義と癒着する、リベラリズムの「寛容」を見直す議論であると整理できよう。

　エビデンスに基づく政治は、誰もが同意する、合理性が高いという意味での「良質」な政策を提供できる、と自負している。エビデンス主義にとって、党派的な対立や価値をめぐる相克は「非合理」そのものであって、我こそが非合理という「カオス」から政治を救う「救世主」である、と自負しているのである。別言すれば、エビデンス主義は、政治から対立を消去し政治的分断を収めることを、おのれの「価値」としているのである。エビデンス主義は、この点において「寛容のリベラリズム」と接近するわけである。しかしこれは、見せかけの分断回避であり、偽りの寛容であると断じざるを得ない。言うまでもなくそれは、政治における「他者」を消去することと同義だからである。「多なる他者」が集って初めて「政治」が始まるとすれば、エビデンスに基づく政治は「政治」ではない。なぜなら、エビデンス政治における他者とは、実体を伴ったものではなく、単なる統計上の数字でしかないからである。そこにあるのは、一人ひとりの個人を「一単位」として等しく扱うという意味での、偽りの「寛容」にすぎないのである。こうした、エビデンスと「寛容のリベラリズム」との癒着によってもたらされる「他者」の消去という問題においても、やはりアリストテレスの政治論はひとつの答えを与えてくれるように思われる。

　これもよく知られているように、アリストテレスの哲学はいわゆる「目的論（teleology）」であるとされる。つまり、物事の本質を考えるためには、その目的（テロス）を問わなければならないというのである。目的論に基づく政治を彼がどのように考えているか、ごく簡潔に見ておこう。彼は『政治学』において、政治の目的とは何かと問うて、人間が善く生きるためだと説いている。そして、善く生きるとは、人間に特有の徳を養うことだという。では、その徳を養うにはどうすればよいか。それは、共同体を構成する人々とともに、個別具体的な状況のなかで、価値判断を伴う議論を行なうことであるという。つまり、人間が善く生きるためには、他者との対話がなければならないのである。――しかし、他者との対話であれば、別に政治の場でなくともできるのではないか――なぜそれが、政治でなければならないのか――アリストテレスの目的論はこう続く。人間の本質とは何かと問えば、それは言語を有していることである。では、言語の本質を最も現出させる場とはどこか。それが、政治の場である。なぜなら、言葉の限りを尽くして対話をしなければならない真の「他者」が存在するのは、政治の場をおいて他にはないからである。ここでいう「他者」とは、理念型で言えば、自らと全く逆の考えを持つ者である。自分と正反対の考えを持つ「他者」であればこそ、その者とのあいだで交わされる言語は、その本質を現すものとなるのである。言語の本質が現出するということは、人間の本質が最も現出するということである。人間がその本質を現すということは、人間が善く生きるということであり、それこそが政治の目的なのだと、こうアリストテレスは教えているのである。

　アリストテレスの政治論から浮かび上がる、こうした言論共同体における「他者」という問題に照明を当てているのが、ハンナ・アーレントである。『人間の条件』において、彼女はそのような共同体を、言論という「活動（アクション）」が創出する政治空間であるとしている。そして、この政治空間の創出のために不可欠だと彼女が主張しているのが、「複数性」という人間の条件である。この「複数性」とは、政治空間において、各人が言論によっておのれの本質を示し合うという、「多なる他者」の謂いである。これは、我々が問うているような、リベラリズムにおける寛容の何たるかを示すものに他ならない。なぜなら、価値対立を伴う政治的言論において現れる「他者」と言葉を交わすためにこそ、いかなる意見も等しく扱うというのが、「寛容のリベラリズム」のあるべき姿だろうからである。「複数性からなる政治空間」を実現することが「寛容のリベラリズム」の本義であるとするならば、共通善への問いを不問とし、価値判断を回避し、「他者」を消去することは、まさに「寛容のリベラリズム」の自死を意味する。分断回避のための偽りの寛容によって偽装された政治空間は、容易くエビデンス主義という「権力」の支配下に置かれるのである。アーレントは、複数の「他者」による本質的な言葉のやり取りこそが政治空間を持続させる「力＝権力」である、と説いている。リベラリズムとエビデンス主義の結合によって生み出される「データの全体主義」が現実味を帯びるなか、こうしたアーレントの政治空間論は、「寛容のリベラリズム」が今最も参考にすべき議論であると言えるかもしれない。

おわりに

社会が複雑化し政策の課題が多様化するなか、効率的な問題解決を図ることそれ自体が誤っているというわけではない。政治の役割のひとつが、そうした効率的な問題解決にあることは確かである。しかし、それを強調しすぎることは、政治を単なる技術論に貶めることになってしまう。とりわけ、共通善をめぐる議論に蓋をし、価値判断を回避するようなリベラリズムが政治的理念となっているときは、なおさらそうである。そして、そのリベラリズムがエビデンスの見せかけの「中立性」に依拠するとき、政治は完全に「アルゴリズム」の下僕に成り下がる。こうした事態が全面化するとき、我々はもはや、解決すべき問題は何かという問いすら、自ら放棄することになるだろう。「技術楽観主義者」たちからすれば、これこそが目指すべき「22世紀の民主主義」だということになるのであろうが、彼らの見立ては悲嘆すべき楽観主義といわざるを得ない。本論を通じて見たとおり、エビデンスやデータや数値に依拠する政治の行きつく先は、メリトクラシーの先鋭化であり、「他者」の消失であり、政治の自殺だったからである。「情念（パトス）」における中庸も「実践（プラクシス）」における中庸も養われることのない「他者なき政治」においては、過剰や過少という「悪徳」が暴発してしまう。メリトクラシーへの反発として生じた右派的ポピュリズムの政治的混乱とは、まさに「中庸」と「他者」の欠落によってもたらされた帰結だったと言えよう。効率性へと一元化される政治は、民主主義の理想形であるどころか、民主主義のディストピアなのである。

政治に効率性を持ち込めば、それ以上の「非効率」が政治にもたらされることになる。とすれば、政治を効率性の科学に貶めないためにはどうすればよいのか。その答えは、価値観の相克を含んだ、抜き差しならない営為としての政治を取り戻すことであり、あえて効率性の言語で表現すれば、政治に「非効率」を取り戻すことである。すなわち、政治に「他者」を取り戻し、「意見（ドクサ）」を取り戻し、「実践」の積み重ねとしての「習慣」を取り戻し、手触りのある「適切さ」を取り戻すこと、である。寛容のリベラリズムとエビデンス主義の「マリアージュ」を解消するには、こうした「肌感覚での政治」をもってする他ないのである。

特別連載

日本近代の歴史思想

私的回想 第五回

平川祐弘
Hirakawa Sukehiro
東京大学名誉教授 比較文化史

オクスフォードの街並み ©shutterstock

私の英国行き

『一比較研究者(コンパラティスト)の自伝』の《江藤淳と私とアメリカ》の章にも書いたが、一九七七年は、秋にはワシントンのウィルソン・センターへの赴任が決まっていた。江藤淳の代わりに私が行くことになったので、英語がすこぶる流暢な江藤の代理かと思うと、これは大変だ、ほかのフェローとの学問的討議にも加わり、所員として家族ぐるみの社交にも努めなければならない。ビリントン所長以下のそんな期待に背くわけにはいかない。

それでその年の春休み、オクスフォードにある英語学校へ、滞在費は向こう持ちで、日本人学生の監督名義で、その実、私は自分自身の英語の勉強のために、英国へ出かけた。「英語を磨きに行って来ます」と私が言っても、江藤は「嘘だろう」と笑って、まともにとりあわなかった。

私自身はその英語学校ではなく別途(べっと)、策を講じて学習するつもりであった。それが思いもかけず、外国学者との本格的な交際の始まりとなったのである。本格的な、というのは前回触れた最終的には英語図書出版にいたる交際を指すので、その経緯を活字にしておきたい。

一九七七年春のサマータウンの思い出

六週間の滞在の最初の数日は、数字入りで生活記録を書きつけていた。以下にいま書き写すが、いろいろ懐かしい。毎朝、食事の時間に窓外にあらわれる大きな鞄の初老の郵便配達夫の姿が瞼に浮かぶ。——

オクスフォードへ着いた翌日、サマータウンの下宿から昼飯(ひるめし)を食いにバンベリー通りへ出た。陽は燦々とさしていたが、まだ二月の末の日で、冷たい風が緊張した頬に心地よかった。マントをまとった女たちが颯爽と歩いて行く。town and gown と言うが、土地の人と大学の人とは一目見ただけで違う。マントをまとった女たちは大学の教師の知的な奥さんたちなのであろう。本人も近ごろ増え始めた研究者なのかもしれない。流行の木靴の踵を敷石に鳴らして、速足で歩いて行ったが、一種の威厳と気位が辺りを払うような感じであった。私は前日、日本から着いたばかりだ。そのせいで、やや神経が過敏になっていたせいか、

彼女のいるあたりでは
周囲の人さえすばらしく輝く

という感じであった。

東大へ留学に来たオクスフォード出のキャサリーンのことを思い出した。皆が集まって、イタリアや韓国やアメリカから来た留学生たちが日本語で挨拶した時、彼女だけ一人、英語で挨拶したことなど思い出した。東京で電車が混んで体が押されるのが一番不愉快だ、とのことであった。――なるほどオクスフォードではバスは満席になると規定以上詰めこむことはしない。お客さんが待っていても、

「ここまで」

と運転手が言えば皆それに服する。誰もが順番通りに待っていて、外国人であった私が遠慮しても、

「あなたの方が先に来た」

などと互いに公平を守ってくれる。日常生活の中でも Thank you と言う回数が多い。食堂で給仕のおかみさんが皿を置く時も、「サンキュー」と言うから、客たる自分はもとより「サンキュー」と言わざるを得ない。なるほどこれは文明化した社会へ来たものだ。私はせっかちで、時にものを言いっぱなしで「サンキュー」と足すのを忘れる。戦後東京の産は無礼者だと多少気恥ずかしく思ったこともある。

バートレット家の下宿

しかしミドルウェイ通り――ミッドウェイでなくて Middle Way と全部綴るところもいいと思った――七十九番地の下宿で、朝飯の時ちょっと気になることがあった。私は Muhammed Parsinejad というイランの十五歳の少年と一緒に食卓を囲んだのだが（下宿の老夫婦は奥の自分たちだけの居間で食事する）、コーンフレーク、ゆで卵、トースト二枚にバターとビートのジャム、牛乳、紅茶という朝食であった。気になることは私には牛乳も温めて出し、ゆで卵が二つつくのに、モハメッド少年には牛乳も冷たいまま、ゆで卵も一つなのだ。この少年は私よりも安い下宿料を払っているのだろうか？　少年はまだ英語が下手だが、それでも親しげに、

「一緒にプールへ泳ぎに行かないか？」

と私に聞いた。私が自分の二つ目のゆで卵を指して、

「これは君のでないのか？」

と聞いたら、いや、あなたのだ、と言って取らない。同じ食卓で、食事に差別があるのはどうも気になる。夕飯の後も、私にはコーヒーがついて、モハメッド少年にはつかなかった。もっともこれはモハメッドが「要らない」と言ったせいらしい。

少年は毎日のように、

「一緒にプールへ泳ぎに行かないか？」

と言うので、はたと思い当たる節があって、ある日たずねてみた。

「君のテヘランの家にはプールがあるのだろう？」

はたしてその通りだった。日本から陶器類皿類を輸入して産をなしたという彼の父は、世界を股にかけて旅をする一大商人で、モハメッドの兄はカリフォルニアの大学に、叔父はオクスフォードのウルフソン学寮に、叔母はアーヘンに、今一人はブリストルに、とい

う風の豪族だった。私がオクスフォードにいた六週ほどの間にも、新車を乗りまわしていた叔父はロンドン郊外にモハメッドの祖母のために七万ポンド（三千五百万円）で庭付きの家を買った。モハメッド自身も秋からロンドン近郊の寄宿学校へはいる。

「父が私の名をもう登録してある」

と得意気に言った。英語は下手だが、たじろぐところのない、なかなかしたたか者のモハメッド少年であった。彼の下宿料が私のより安いはずはなかった。すると下宿の婆さんは、私が年輩の博士で、彼が少年だからそれで差別をしたのだろうか。少年の家は現体制反対派らしくテレビにパーレビ国王が現われると、立ち上がって拳をふりまわし、ペルシャ語で叫んだ。

バートレット家の下宿で「変だ」と感じた最初は、着いて二週間ほどした頃、風呂のシャワーのホースが見えなくなった時が最初かもしれない。しかし私はシャワーを浴びるより風呂につかる方が好きなので、今度はゆうゆうと風呂につかった。それも週に二度ほどの割合だった。長風呂につかっている時間ももったいないので、トランジスター・ラジオを持ち込んでBBCの第四放送を聴いた。なかにはずいぶん質の高い放送があって、新聞と同様、英国には上質の文化があるな、と感心した。収入面では平等化傾向が著しいが、生活のスタイルの上でも、英語の話し方の上でも、階級差は歴然と残っている。しかしオクスフォードの教師たちの収入はいまや（一九七七年）日本の大学教師の収入を下回って、これでは自分たちはもう子供をパブリック・スクール（寄宿学校）へあげることはできない、と連中はぼやいていた。BBCにコネがあって放送やテレビへ出て活躍する教授は別だが、などと言った。

私の家庭教師たち

トランジスター・ラジオでもフランス語やイタリア語の放送の方が英語よりずっと聴き取りやすい（ちなみに私は東大駒場キャンパスでフランス語とイタリア語を教えていた）。私はオクスフォード大学院の学生には一時間四ポンド（二千円）、学部の学生ニコラス・キーズには十時半から二時半過ぎまで八ポンド（四千円）払って英語のレッスンを取ったが、奨学金が年額千ポンドの彼には、この額がgenerousで、それでlovelyという感謝の辞が聴けるのだ。いま（昭和五十二年）の日本では東大の大学院の学生は一時間三千円、小学生に教えても、貰うそうである。ウィンスターという男子校からオクスフォードへ進んだキーズは卒業後は陸軍に入るという。

——ここに二〇二三年の註を書き込むと、近所の店でキーズに昼食は御馳走するが、その間も会話は続けるから、私にとってはそれも好都合だったのである。女子学生から習ったときは先方の部屋まで出かけ午前中のみのレッスンとした。それでも最後のレッスンのあと、中華料理店へ昼食に招いた。その店のたたずまいが記憶に残っているのは相手が駐ポーランド英国大使令嬢だったからだろう。キーズとは何度も食事を共にしたはずだが、四十六年後のいまお店の記憶は一つとしてない。男同士だとふだん耳にすることも無い表現に接することもあった。ある女を評して「バスの尻のような顔」と言ったが、英語で正確に彼がなんと言ったか、もはや記憶にない。ちなみにキーズと一緒に読んだ書物はStephen Spender, *Love-Hate Relations, A Study of Anglo-American Sensibilities*で、私は日米間の関係を「愛憎関係」という視点で論じようと考えてもいた。事実、二〇〇五年、英国から出した私の英文の主著は*Japan's Love-Hate Relationship with the West*と題されている。私は自分の駒場での一九七七年春学期の大学院の演習の下調べをするつもりで、あらかじめ質問箇所を拾い出し、テクストに即して質問して会話したのである。これは私の読書の励みになったが、どちらが教えているのかわからない。途中でバーナード・ショーの芝居に切り替えた。近日上演が予告されていたからである。「一緒に見に行こう」と誘ったら、色をなして断わられた。性的マイノリティーの一員かと思われたのであろう。下宿のかみさんが授業の途中ドアをノックせずに入ってき、「昼間からもったいない」と電燈を消されたことがあった。それには呆れてキーズと私と顔を見合わせたことがあったが、それももしかするとなにかを怪しんでのことかもしれない――

日英の経済力

イギリスの経済力も衰えたものだ。着いた日に買った*Economist*にも*Times*にも日本の経済進出の脅威が大きな記事となっていた。ラジオをつけるとイギリスの自動車、新聞、飛行機のストライキが次々に報じられた。

「ブリティッシュ・レイランドのストライキが続くと、ＥＥＣの他国の車のみか、日本の車も英国市場にはいってくる」

とやや人種的感情に訴えるような警告が、他ならぬ労働党の首相キャラハンによってなされた。日本と英国と、どちらが第二次世界大戦で勝ったのか。ふと戸惑うような感じだった。英国に着いて、自分が永い間忘れていた少年時代の記憶が突然よみがえるのも覚えた。それは私が東京高師附属小学校四年生の時、昭和十七年二月十八日、シンガポール陥落を祝った第一回戦勝記念祝賀会の日に、東京の小学校児童を代表して陸海軍将兵に感謝の意を捧げる綴方をラジオの第一放送で朗読した時の思い出だった。前の日にシンガポールが昭南島と改められたというので、田中豊太郎先生がその綴方の文章をその場でそのように改めた。――ここで註すると、私は母をその二年前の十二月に亡くしたが、その時仏壇の奥にしまってあった私の三十五年前の放送姿の写真が出て来たのである。私は敗戦後、子供心に戦争にまつわる記憶は忘れようとしたが、母は我が子のそうした写真姿も誇らかに思って大事にしまってあったのだ。――

下宿のかみさんに、なにげなく、

「イギリス人はなぜこう働かないのだね？」

と言ったら、いやな顔をした。そして「わたしは戦時中はアビンドンの工場へ働きに行った」と土地訛りの英語で答えた。それでもある朝、かみさんも、

「もうブリティッシュ・レイランドはポシャってしまう」

などと言った。天気以外のことは、あまり会話にのせないかみさんだったが。モハメッドは何の事かわからなくて、ポカンとしていた。

二十年前の貧乏書生

私は昭和二十年代の末、一年間の奨学金と片道の旅費をフランスからもらって渡仏した。まだ外国留学が珍しくて、ページ数の少ない『朝日新聞』にフランス政府給費留学生の名が記事になって出た頃である。日本へ帰ったら生涯二度とヨーロッパへ戻れないと思っていたから、生活を切り詰め、アルバイトで金を稼ぎ、結局五年余りフランスのほか独・墺・英・伊の各国で勉強した。一九五八年の夏はロンドン大学の数学講師の家に泊ったが、あの頃は貧しかった。食費までけちして、年中腹を空かせていた。それで紅茶にたくさん砂糖を入れて飲んだ。マイケルソン講師が目ざとく認めて、

「ははあ、お前はカロリーを取っているな」

というから、

「左様、カロリーを取っている」

と答えたが、しかし意気軒昂の留学生ではあった。

A good book for you

それでも敗戦国から来た、悪い事をした国から来た、という劣け目がないわけではなかった。一九五五年、はじめてロンドンへ来て、ヴィクトリア駅からバスに乗ったら、若い車掌が、

「お前は日本人か。日本の兵隊は残虐だったそうだな」

と言った。私は、言い返しはせず、

「私は兵隊だったことはない」

と答えた。

イギリス人は良かれ悪しかれ執念深い国民だ。一九七五年にイギリスへ寄った時にも、レッディングの駅の売店で、クワイ川の捕虜収容所の悲惨を扱った本を売っていた。捕虜だった英兵のスケッチ入りで、こんな田舎の駅でもペーパーバック本で売っている。結構出まわっているのだろう。しかし英国人は日本兵の残虐行為を盛んに言うが、戦時中日本軍の捕虜となって死んだ英人の数と、戦後連合軍の捕虜となって死んだ日本人の数と、どちらが多いのか知っているのか？

私はそうしたことは棚上げにして、日本軍の残虐行為だけを執念深く話題にのせるイギリス人の心理に興味があるので、その種の本は参考に買うことにしている。でその本を手にして眺めていたら、通りがかった若い英国人が私の背中で、

「A good book for you.」

と言った。語尾をあげるようにしてそう言った。と思うと通り過ぎた。——

オクスフォード到着当時の私が走り書きした記録はここまでだ。それというのは、良い人脈につきあたった私はにわかに忙しくなって、下宿の些事などもはや書く暇もなくなってしまったからである。幸運のきっかけは故伊藤大一さんに会ったことだ。親しくして頂いた伊藤恵子夫人にこの文を読んでもらおうと、かの地での日本人とのつきあいの様をまず書き足したい。その貴重な鉱脈を伝ってゆくうちに、外国人学者たちとも私はつきあうようになったのである。

オクスフォードでの日本人とのつきあい

——私は東大勤務時代、日々の生活が似たような時間割の反復と感じたせいか、日記をつけるのをやめてしまった。惜しい事をした。すくなくとも海外勤務の時ぐらいはきちんと記録をつけるべきであった。不覚だったと思う。自分の生活の歴史も書かぬような怠け者は、歴史家の資格に欠ける。それでいま日記に代わり、材料を他の人に求めて書き足すことにする。——

村上秀徳元駐チリ大使は、一九七〇年当時は駒場の総合コースで私の演習に出席した学生だった。法学部卒業後農林省に入省、オクスフォードへ派遣された。氏は私の著作集に寄せた思い出にこう書いた。

「［平川］先生は私のオクスフォード留学中に一時同大学を訪問されていたことを後で知り、お会いできなくて残念に思ったことを覚えている。私に教えてくれたのは、先生の教え子の一人の女子学生塚本明子さんであったが、ある朝、女子寮に突然訪ねてこられた先生のことを非難がましくも自慢げに話していた」とある。

塚本さんは比較哲学専攻で、二年前にオクスフォードへ立ち寄ったとき、学生食堂で一緒に食事した。女性は言い寄られることに慣れているせいか、向いの学生とも隣の学生ともいかにも流暢に英語で受け答えしている。その応対が見事で、くやしいほどであった。今度来てみると、ポーランド亡命外交官の子息の数学者と親しくしていた。到着当初はそうとは知らず、ある夕方、塚本さんを寮まで送り届けたとき、門の前に彼氏が、腕を組んで夕空を睨むように見上げて突っ立っていた。そんなシルエットは思い浮かぶが、名前は忘れてしまった。塚本さんは東大教授を定年で辞した後は二人でポーランドで余生を送っている。

塚本さんが、伊藤大一恵子夫妻にも私が来たと話した。そして私に向い私の同級生の伊藤さんが私と会いたいと言っている、と告げた。ところが私には伊藤氏の記憶がはっきりしない。一高の理甲一組当時は、私はクラスよりも寮生活が中心で、あとは同じ中学出身の仲間とばかり付き合っていたから、当初北海道大学法学部伊藤教授と聞いて、新制東大文科一類でドイツ語を習った際の同級生かと思った。塚本さんに誘われて伊藤大一教授のお宅へうかがうと、プレンデルが演奏するレコードが聞えた。恵子夫人は音楽家で、すこ

ぶる進取の気象に富んでいた。そのお話で自閉症児に対する音楽療法なるものがあることも初めて知った。その療法を習得中らしい。私は感心もし、驚きもした。ミュージック・セラピーでは教える側がやさしい人柄であればこそ相手の閉じた心も開き、声も出て来る。恵子さんはもっと習いに行きたいのだろう。伊藤夫妻は外へ出てもっと交際もしたいのだろう。それで二人のお子さんのベビーシッターを塚本さんと私に頼んだのである。喜んで引き受けた。

大学進学時に文転した大一氏は岡義武教授について政治学を学び、すぐに東大法学部助手になった人である。車を持っていた。近郊のドライヴに誘われてハイ・ティーの時間を楽しんだこともある。ストラッドフォードへ『マクベス』を見に遠出したこともある。その時は私が電話で天井桟敷に近い安い席を予約した。観劇の際は予め（あらかじめ）テクストを読むと私は決めていたから、もうそれだけで忙しくなる。

上島建吉教授一家との英語会話

ある日、オクスフォードの市中で目の前で車が止まった。駒場の英語の同僚の上島建吉だ。偶然の出会いを喜び、上島一家を中華料理店に招いて一夕歓談した。その縁で私も伊藤さんの車でケンブリッジまで出かけて上島家で御馳走になった。その際、私が終始英語で喋ったから、「あなたは評判悪いですよ。英語を話さぬ家族がいるのに、平気で英語だけ使うのは無神経」と、帰国して何年も後に、英語教室の行方昭夫教授から注意された。「平川さん、あなたは外国語談話室で次々と質問するが、あれはあなたが同僚教師の外国語の力を試しているのだ、という噂があるのを御存知ですか」。そんな風に見られていたのか、といささか心外だった。確かにケンブリッジ行きのあの日、伊藤夫妻と私はすでにオクスフォードを出た時から、車中ずっと英語で話していた。英語の練習のことが強迫観念のように頭にあってのことで、そのような伊藤教授だからこそ、後年政策科学研究科教授として上手な英語で外国人留学生を教えもしたのだろう。

だが、その日、上島家に着いても英語で喋り続けた理由はやや違う。英国滞在一年になる上島家では子供たちが英語で話していた。これは、と思ってその場で調子を合わせたのである。後年、上島教授に「お子さんたちはいまも英語は話していますか」と聞いたら、「ケンブリッジで子供たちが話していたのをテープにとってある。しかし帰国してたちまち忘れてしまい、今はそのテープを聞かせても子供たちはわからない」という。惜しい気がした。海外帰国子女は週に一回二時間、外国語の環境で遊ばせると、外国語能力を維持できる。平川家では下の二人の娘は目白にあった外人ボランティアのクラスへ金曜午後、連れて行った。山手線の中で往きは日本語で話していた娘たちが、帰りは英語で話していた。

オクスフォードでの外国人とのつきあい

伊藤大一さんはすでに英国の学問世界にかなり入り込んでいるらしく、私はその余慶に与った（あずかった）。英国日本学会がオクスフォードで開かれると教えてくれたのも伊藤氏である。それに出席したことでルイ・アレン、ベン＝アミ・シロニー、などとの私の付き合いもまた始まったからである。

ルイ・アレン（一九二二－一九九一）はマンチェスター大学のフランス文学科出身だが、戦時中、英国で日本語の特訓を十八ヵ月受けた語学将校としてビルマ戦線に配属された。私はアレンが陸軍中野学校について、またその学校出の日本陸軍の将校がオーストラリア北岸にひそかに上陸した件について、講演するのを聴いたことがある。原稿なしで熱弁をふるった。BBC放送で活躍する学者とは彼の事かとすぐにわかった。

アレンは彼自身がインテリジェンスの将校であったから、中野学校出身者の活動に関心があったのである。そして有能な敵方であったF機関で知られる藤原岩市少佐と戦後知己となった。その縁だろう、オクスフォードで勉学中の藤原の甥の横山俊夫と親しかった。横山は先日、ダラムのアレンの家に泊ってきた、と言った。英国の生活に溶け込んでいる横山青年が羨ましく見えた（実は私たち夫婦も後年招かれて、ダラムの彼の家ダン・カウ・コテッジに泊ることとなるのであるが）。私の家庭教師に女子学生を二人紹介してくれたのは横山青年だが、四月一日、私は真顔でその一人のパメラに言った、「あなた知っていますか。バーバラの日本の友人が今朝、警察に逮捕されたのを」。まさか日本人教授が担ぐとは思わず彼女は浮足だった。人騒がせな悪戯をしたものだが、横山さんはそれを覚えていて、京都から令和四年四月三十日付きでこんな献辞のコピーと手紙とが届いた。一九七七年の私の英文献辞。

"Do you know Barbara's Japanese friend was arrested by the police?" So told I Pamela, this morning of All Fools' Day, 1977 at Oxford. With best wishes.

二〇二二年の横山教授の手紙。

拝復　先月下旬には、御著『昭和の大戦とあの東京裁判』をご恵送下さり忝く存じました。いくつかの章を拝読した限りですが、毅然とした文体に襟を正すことしきりでした。ライシャワー氏のステイト・クラフトぶりの描かれかたも、印象に残ります。じつは、当方、勤務先の一連の行事に没頭するばかりの日々が続いておりました。そのさなか、四月一日を迎えふと思い出すことがありました。はるか昔、オクスフォードで『和魂洋才の系譜』を頂いて、まことに時宜に叶う（？）辞を扉に添えていただいたことです。かのパメラさんのフルネームをこのたびの御本の注で知りました。そのおことばのコピーを添えまして、爾来のご芳情への謝意をあらたにする次第です。四十五年が経ちました。

英国の女性兵士

人間外地でも愚人節の日にこんな悪戯をやらかしている間は、精神が活発に働いている証拠だ。

そんな私はいろいろな席で質問を発したからだろう。ダラム大学でフランス文学を講じながら、英国日本学会の有力者（会長もつとめている）でもあるルイ・アレンとは、東大でフランス語教室に属しながら比較文化関係論を講じている私と、多くの点で問題関心が重なり、親しくなった(1)。Allen がユダヤ人で旧姓は Levy、それがカトリックに改宗した、などと教えてくれたのも伊藤さんである。そんなアレン氏は私が前に国際文化振興会の英文ビュルタンに発表した《The Yellow Peril and the White Peril: The Views of Anatole France》を読んでいた。人種的偏見に敏感なのである。

そのアレン氏は会田雄次『アーロン収容所』の英訳者でもあった。その英訳本 *Prisoner of the British* のカバーには、

「この本は奇妙な本である」

と書いてある。

「この本を奇妙だと言うあなたこそ奇妙だと思う」

と言うことで私たち二人の会話は始まった。するとアレン氏は共訳者の石黒英さんとも翻訳作業の途中で意見が分かれた、'We agree that we disagrees.' と言って別れた、とも話した。アレン氏の指摘のように会田氏の思い出には記憶違いも誇大解釈あるだろう。

(1)　ルイ・アレンの没後、編まれた遺著はLouis Allen, *War, Conflict and Security in Japan and Asia Pacific, 1941-52*, Global Oriental, 2011である。私が追憶文を書くよう依頼され、同書に《Louis Allen, A Historian Who Wanted to See Anglo-Japanese Hostilities from Both Sides》を寄稿したが、本来書くべき日本人の知己は、戦時中にビルマ戦線で対峙した「昨日の敵は今日の友」の元日本兵士の中にこそいるのではないか、と思った。しかし遺著の編者のIan Nish教授は私が適任者と考えたのであろう。

しかし英軍の女の兵士が日本人捕虜の存在など眼中になく、その前で平気で裸体でいた、などはあくまで事実だろう。参考までに『アーロン収容所』の英訳文の一節を引用する。――掃除に来る日本兵捕虜やビルマ人は兵舎であろうと便所であろうとノックせずに入るよう命じられていた。

One day as I entered the barracks to begin cleaning I was taken aback. A woman was standing completely naked before the mirror combing her hair. She turned round at the sound of the door opening but when she saw that it was only a Japanese soldier she resumed her position and continued combing her hair with complete indifference. There were a few more women in the room lying on their beds reading *Life* or some English magazines, but none of them took any notice. They remained exactly as they were. I swept the room and scrubbed the floor. The naked woman continued to comb and when she had finished she put on her underclothes, lay on her bed and began to smoke.

私は後に《クワイ川収容所やアーロン収容所を越えて》という一文も書き、東大を去る前の最後の年には「文学にあらわれた大東亜戦争と太平洋戦争」という演習で詳しく論じ、さらに《Prisoners in Burma》という英文にもまとめ、*Japan's Love-Hate Relationship with the West* に収めたので、ここではこれ以上触れず、余談のみを添えたい。

プリンストンにいたとき「教授連になにか勧める図書はないか」とジャンセンがいうから、*Prisoner of the British* の話をした。すると皆さんが読んで興奮した。次々と回し読みをはじめた。サロンに話題を提供して、これほど成功したためしはかつてなかった(2)。

会田氏の著書の中で私はルネサンス関係の歴史書はあまり読んでいない。第一高等学校の岩元禎先生のドイツ語教育は、ブルクハルトの『イタリア・ルネサンスの文化』などを読破する授業法であったと聞くが、私はそれより先にダンテ、ボッカッチョ、ヴァザーリなどを読む方がルネサンス理解の順序だと思っているからである。二番煎じの研究書より先に原典を読め、というのが私の方針だ。二番煎じの研究書と称するものを私はあまり重んじない。会田氏の尊重すべき一冊はあくまで『アーロン収容所』ではなかろうか。

オクスフォードで知り合った中には池田清・明史父子もいた。明史青年はイスラエルに留学中で、春休みオクスフォードへ遊びに来ていた。特記すべきはヘブライ大学のベン＝アミ・シロニー夫妻と私がこの地で知り合ったことだ。たまたま二・二六事件にふれた氏の論に目を通していたこともあり、夫妻からテムズ川上流の河畔にある店に夕食に招かれたからである。

私は学部を出てから助手になるまで十一年かかった。その間六年欧洲諸国で勉強した。外国の友人も多く、交際もした。しかし教授として食事に招かれたのは、その時が初めてであった（最後に六本木の国際文化会館で食事したのは池田明史学部長の招きでシロニー教授が東洋学園大学で講演したときだった。夫妻に招かれた時は葡萄酒は私が奢った）。こんな私的な回想は、アカデミックな歴史論議と一見無関係に見えようが、学問的社交の要領を心得ることの参考とはなるだろう。もっとも私の手の内を披露した『開国の作法』などの書物に対しては池田清教授から「鼻持ちならない」と評されたことがある。しかし私は自分がハーン関係を手はじめに自分の主著を英国の出版社から出すことを得たのは、私が彼の地の学者と知り合って学会にも招かれたからであろう。その際の平川の英語発表に価値を認め、蔭で書店主に私を推薦してくれた英国の学者がいたからに相違ない、と信じている。

不測の事態

短い英国滞在も終り、ヒースロー空港から北京空港経由の安い便で帰国の途についたが、イスラマバードで足止めを食らった。クーデターが発生し、外国の航空機はもはや当地から外へ飛行できない、という。空港の窓口では話がつかないから、飛行場長に直接談判した。カラチからなら日本行きの日航機その他があるだろうと首都までの国内便の席を世話してくれた。運賃を払わずに移動できたのは有難かったが、カラチに着くといけない。外国の航空機は上空をそのまま通過している。ここでも日本人グループ代表で私が飛行場長に面会を求めた。談判するうちに、一日遅れで、パキスタン航空で出国できると決まった時はほっとした。オクスフォード・ランゲージ・センターのノミナルの名義上の監督の私が、この時ほど研修生に頼りにされたことはない。飛行場長は空港近くのバンガローホテルも無料で斡旋してくれた。庭先にプールが見えたので、帳場から水着を借りて飛び込んだ。その私の姿を同じく水着姿のお茶の水大生が写真に取ってくれたが、平和そのものである。ちなみにパキスタンのブット首相（父）はこのクーデターで逮捕され、後に絞首刑となった。

春休み最後の日には帰宅する予定だったが、マニラ経由の帰国でのびてしまった。羽田からバス、タクシーを乗り継いで西原の家へ着いたのが、月曜午后一時五十分である。二時にはイタリア語初級の第一回の授業が始まる。タクシーを待たせて教科書を取りに家に駈けのぼると、小学五年生の長女が喘息の発作を起こして学校を休んで一人で留守番をしていた。安楽椅子に横になり毛布にくるまってゴホゴホ咳をしている。「節子、大丈夫か」「大丈夫」というから、そのまま駈け下りてタクシーで私は駒場の教室へ急行した。

歴史の恥部を見せられて

プリンストンの教授連が、歴史学も、社会学も、文学の人も *Prisoner of the British* を興がって笑ったが、私に向って直接感想を述べることはしなかった。裸の女の恥部を見せられて、仲間の男同士で笑っても、あらたまって感想を他人に述べるのは憚られるようなものである。それは英国の恥部を見せられて、身内の米国人の間では笑ったが、相手が日本人であると、なんと御挨拶していいか言葉に窮するようなものであったろう。

アレンは、あれは人種問題でなく階級問題だと言ったが、女兵士たちは上流の出ではない。それが一部貴族階級の態度を踏襲したのである。上流下流を問わず日本の女のよくなし得ることのない態度のように思われた。しかし言われてみると、日本でも女の客が裸のまま男に体を洗わすこともあった。昭和三十五年、法隆寺の近くの宿で母が湯をつかっている時、権助（ごんすけ）が現われて母の背中を流した。もちろんきちんと声をかけてから風呂場にはいった。明治の中流生まれの母はなれていたのか落着いていたが、すでに湯上りで、どてらでくつろいでいた大学生の私の方が驚いた。父は戦後、大阪へ出張する時は河内の親戚の家に泊ったが、そこの若い嫁が素裸で入ってき、背中を流してくれたときは、さすがに驚いた、と語ったこともある。

大学院の担当になってからは、年に一度、比較の大学院生たちと旅行した。秋田の田沢湖の山奥の温泉で、入口は男と女と別になっていたが、中は同じ風呂があり、女子学生が「きゃあ」と騒いだ。韓国の女子学生は同性でも一緒に入らない。男子学生は教師と一緒

（2）その時のプリンストンの教授談話室の雰囲気と似ていたのは、山本七平だかイザヤ・ベンダサンが日本で話題となった時の雰囲気である。新人評論家の登場で駒場の外国語教授談話室が色めき立った。山本が恩田木工の『日暮硯』を枕に日本人論を展開したからで、会田も山本も戦争体験を踏まえて日本人論を展開したところに共通性があった。

には入らない。そんな畏れ多いことはしてはならないのである。平川家にソウル大学の教授を泊めたとき、翌朝「風呂には入らずに外で体を洗わせていただきました」と御挨拶された。

しかし男女の風俗は急速に変わる。一九五〇代の半ば、パリの大学都市の英国館は右手は男子学生用、左手は女子学生用と入口と階段が二つに分かれており、そこを守衛夫婦が監視していた。男女共用は一階の入り口の大広間と地下のカフェテリアだけである。それが二十年後の一九七〇年代の半ば、オクスフォードの学寮の一部では訪問客が外から中へ直行できるように変わっていた。男女学生が同じ屋根の下に隣りあって住み、バス・ルームは共用になっている。

オクスフォード出の女子学生のキャサリーンは、シャワー室の扉を閉める限り共用でもいいが、日本では家族が湯を流さずに同じ風呂に入る、その入る順番は文化人類学のペッキング・オーダーとして興味深いが、自分は御免蒙ると言った。「サンソム夫人の『東京に暮す、1928-1936』には日本人と一緒に男女混浴の温泉につかる様が書かれていますよ。温泉が好きだったらしい」と言っても聞かない。私も第二次大戦前、まだ小学生のころ、伊豆で男女混浴の温泉につかった記憶はあるが、その際、湯舟の客に若い女は見かけなかった。

国歌斉唱

キャサリーンは送別会の席で、「英国は不景気で日本語で教職に就ける可能性はまずない。わたしは海軍入りを勧められている」という。すると何事も平気で口にするKが言った。「もう日英戦争はないでしょうが、もしあれば南洋でイギリス海軍の捕虜になって、暑い日にキャサリーン士官の部屋へ掃除に行きたい」

男子学生はどっと笑ったが、そして私も笑ったが、キャサリーンは笑わない。気まずくなりかけた雰囲気が気になった私がすぐ付け足した。「その部屋は風呂付で士官はのうのうと湯舟につかっているが泡だらけである。突然、捕虜のK二等兵が大きな声でGod Save the Queenを歌い出す。途端に女性士官ははっと湯舟で直立し、裸で挙手の礼をする」。これは、フランス人がイギリス人を笑い物にするゴーロワズリー（きわどい話）の一つで、おそらくダニノスの英仏国民性比較論で私は読んだのだろう。いまはどうか知らないが、戦後まだ十年の英国では映画の上映のあとにも国歌が流され、観客は全員起立を求められた。

それだからこんな不敬な話で、男女ともに笑えたのだ。私が、というか、時代が、まだ若かったのである。今の老いた英国では、映画館や劇場で閉幕時に国歌が流されることはもはやあるまい。エリザベス二世女王の逝去に際しGod Save the Queenが、そしてそのすぐ後にGod Save the Kingが吹奏されるのを聴いて外国人である私も懐かしさを覚えた。英国よ、末永かれ、と私も心の奥で願った。「神よ、女王を救い給え」、という言葉には「女王陛下万歳」よりも畏れ多い宗教的な感じがする。その女王様の長寿を祈る英国国歌に事かけて卑猥な冗語を弄するとは何事かとお叱りを受けそうだが、そんな事はない。私は英国のさる宮様の臨席の学会でこんな御挨拶を聴いた。

lとrの区別

一九八〇年春、シェフィールド大学の日本研究センターで開かれた学会に招かれたとき、晩餐会で、名誉会長の公爵夫人の傍らに私は着席した。漱石の師クレイグ先生について講演する私はその夜の賓客だったからである。遠くに先輩の鈴木孝夫教授の顔がみえ、自分がこんな高い席にいていいのか、という気がした。学長は理系の学者だったかに記憶するが、手短な歓迎スピーチにこんなきわどい話題をまじえた。「私が前の大学に勤めておりました時、日本人ご夫妻を夕食にお招きしようと妻がお電話しましたところ、奥さまが『残念ながらその日は主人のerection dayですから、折角のお招きですが、参上できません』とのお返事。妻は日本女性はこんな夫婦の事まで打明けるのかと驚きましたが、それはelection day学部長選挙の日のことでございました」。

話が終らぬうちから、lとrを区別できない日本人の事を承知の関係者がくすくす笑い出し、しまいに満堂が大爆笑に包まれた。「夫の勃起の日」と聞かされれば、誰しもどきっとするだろう。うら若い公爵夫人も頬をやや赤らめて穏やかに微笑した。話が失礼にあたるか否かは、語り手の人柄と語り口による。また聞き手の品位と気質にもよる(3)。

私についても打明けると、フランスにいた間はlとrの区別ができる、とずっと思っていた（フランス語ではrは嗽（うがい）をする時のように喉の奥で発音するからlと取り違えることはない）。それが英語圏で暮らして、自分もlとrの区別が聞く方も話す方も得意でない一人であることに気づかされた。'Bill, please.'と勘定を頼んだつもりでいたら、ビールが届けられたこともあるからである。それで東大の『教養学部報』に「知らない英語固有名詞のlとrは本学部の英語教授の大半も聞きわけることができないのが真相ではあるまいか」と書いて、それも事実とは思うが、そのときも顰蹙（ひんしゅく）を買った。

（3）　文学作品が卑猥か否かも語り手の人柄、聞き手の品位に左右される。ボッカッチョの『デカメロン』も昔は仏英の王室で子女の教育用に読まれた。それは、日本の皇室で『源氏物語』が読み継がれた様に似ている。今の日本には皇室の藩塀（はんぺい）というべき貴族のサークルがいなくなってしまったから、公式の席での色めいた話など御法度になったのではあるまいか。かつては『源氏物語』が下田歌子などの口から皇室関係の子女に親しく教えられたが、そのような時代はもはや二度と来ないのかもしれない。同じく立憲君主制の英国では、王室からいろいろ問題児も出るようだが、それは切り捨ててしまえば、王室はまた復元力が働くように英国の「皇室」はきちんとできているようである。英国は日本の君主制のように、か細く弱ることはないだろう。日本は早く皇室典範を改正し、旧宮家子孫の皇籍復帰を図るべきではなかろうか。

論考

「マエストロ尾高忠明」讃

編集者 大畑峰幸
Ohata Mineyuki

音楽演奏に備わる「教養」と「無教養」

私が尾高忠明さんの指揮に親しく接したのはもうずいぶん昔のことになる。1970年代の半ば、まだ中学生だったと思う。尾高さんはNHKテレビで東京フィルハーモニー交響楽団を指揮しながらクラシック音楽の魅力を解説する番組『音楽の広場』に黒柳徹子さんといっしょに出演していた。ただでさえ童顔の尾高さんはまだ30歳前、育ちの良い上品な坊ちゃんが楽しげに指揮する姿が印象的だった。

テレビを観てファンになった私が尾高忠明という指揮者にあらためて瞠目したのはそれから間もなく、高校時代のこと。ヴァイオリンを習っていた音楽好きの友人が「この尾高忠明って指揮者のドヴォルザークの8番、なかなかいいよ」と1本のカセットテープを貸してくれた。帰宅してすぐにカセットデッキに入れてみると、これが実に良い音楽だった。NHK交響楽団を指揮したものだったと思う。演奏は流れ出る湧水のように抒情的に歌われ、決め所の迫力も充分で、オーケストラを荒れるに任せる奔放さにも事欠かない。なにより、当時、聴きなれていたカラヤンとウィーン・フィルハーモニーのレコードのようにフォルムが堅牢で、「スタイルの良さ」が印象的だった。この「立ち姿の美しさ」は「本物感」に通ずるもので、当時の日本人指揮者には稀な資質だったように思う。

なぜ、尾高さんにそれほど「本物感」を強く感じさせられたのか？ 1974年の秋、小澤征爾が初めて札幌交響楽団を振るために札幌市と函館市を訪れたおり、私はその両方の演奏会を聴きに出かけている。メインはベルリオーズの『幻想交響曲』。よく撓う剣のように強靭なカンタービレで歌われた『幻想』は痛快で感動的だった。だが、小澤のスタイルは、あまりにも個性的で、ミュンシュともクリュイタンスともマルティノンともバーンステインとも違っていた。それだけでなく、どこか「据わりの良くない」異形のフォルムなのである。誤解を恐れずに言えば「ヘンテコな姿をした音楽」なのだ。この印象はその後、今に至るも消えることはない。ここは小澤征爾という稀代の指揮者の急所であるように思う。ひるがえって、尾高さんには一度としてそうした「違和感」を感じたことがない。音楽に「教養」が備わっている。小澤征爾の音楽は「無教養」なのだ。

「尾高忠明は素晴らしい若手指揮者である」という認識が刷り込まれた。それから間もなくして、辛口の評論家、宇野功芳氏が尾高さんの指揮したブルックナーを「若手指揮者からブルックナーでこれほどの感動を与えられると思わなかった」と絶賛する文章に出会った。たぶん9番だったと思う。さもありなん。当時私は膝を叩いた覚えがある。

あれから半世紀近い時間が流れ、76歳の尾高忠明さんは、押しも押されもしない「マエストロ」へと成熟の道を歩まれた。

指揮者への道

尾高忠明は、１９４７（昭和22）年11月8日、作曲家・指揮者である尾高尚忠（ひさただ）の次男として神奈川県鎌倉市に生まれる。兄は作曲家の尾高惇忠（あつただ）。父方の伯父の尾高朝雄は西田幾多郎門下の東京大学法学部教授だった。同じく伯父の尾高邦雄は東大文学教授。曾祖父の尾高惇忠は富岡製糸場の初代工場長を務めた明治期の実業家。実業家渋沢栄一は尾高さんの曾祖父であり、作曲家の諸井三郎・誠親子とも渋沢家を通じて縁戚関係にある。

尾高さんは、桐朋学園大学で齋藤秀雄に指揮を師事した。20代の早くからＮＨＫ交響楽団の指揮研究員を務め、ウィーン国立音楽大学に留学、名伯楽ハンス・スワロフスキーの薫陶を受けた。帰国後、特にＮＨＫ交響楽団とは数多く共演し、２０１０年から「正指揮者」の地位に就いている。１９７４年から長年にわたって東京フィルの常任指揮者を務め、現在は「桂冠指揮者」。１９９２年から、読売日本交響楽団の常任指揮者を6年間務め、現在は名誉客演指揮者となっている。

海外での活躍も目覚ましかった。１９８７年にＢＢＣウェールズ交響楽団首席指揮者（現・桂冠指揮者）に就任し、オーソドックスなレパートリーに優れた演奏を聴かせただけでなく、エルガー、ヴォーン・ウィリアムズ、ウォルトン、ブリテンなどイギリス音楽にも素晴らしい適性を示し、エリザベス女王から大英帝国勲章を受章、さらにエルガー協会からエルガー・メダルを授与されている。ロンドン交響楽団、ロンドン・フィルハーモニー、ＢＢＣ交響楽団（ロンドン）、バーミンガム市交響楽団、バンベルク交響楽団、ベルリン放送交響楽団、ロッテルダム・フィルハーモニー、ヘルシンキ・フィルハーモニー、オスロ・フィルハーモニー、ワルシャワ国立フィルハーモニーなど、世界各地の名門オケに客演している。

札幌交響楽団との長い蜜月

私は１９７０年代の少年時代を札幌市で過ごした。初めて聴いたプロのオーケストラは、だから札幌交響楽団だった。当時はペーター・シュヴァルツというドイツ人が音楽監督を務め、要所に東京のオーケストラから移籍してきた名人気質（かたぎ）の猛者たちを擁する伸び盛りの勢いがあった。余談だが、シュヴァルツはバンベルク交響楽団の首席チェロ奏者だった男で、全ドイツでもトップに挙げられるオーケストラ・プレーヤーだった。札幌交響楽団は彼が指揮者に転向して初めて手にするポストだった。シュヴァルツはこのオーケストラを心から愛し慈しんだ。

シュヴァルツが去った後、正指揮者を務めていた岩城宏之が１９７８年に音楽監督に就任する。１９８１年には、岩城に招かれる形で尾高さんの札幌交響楽団・正指揮者就任が決まり、共同作業が始まることになる。

私が初めて聴いた尾高さんと札響のコンサートは、たしか1971年2月。尾高さんが「民音指揮者コンクール」で2位になった記念に、室蘭市で『未完成』を振ったときのことだ。尾高さんはまだ学生のような初々しい風情の若者だった。本格的なコンサート、定期演奏会で最初に聴いたのは1975年の初夏のことである。アンドレ・ワッツをソリストに迎えたチャイコフスキー『ピアノ協奏曲』、そしてブラームスの交響曲第1番というプログラム。帰り道、友人と交わした「去年聴いたシュヴァルツのブラームス1番より良かったな」という会話を覚えているほど、思い出深い演奏会である。ショスタコーヴィチの交響曲第5番を初めて生で聴いたのも尾高さんの定期演奏会だった。その後、1981～86年に正指揮者を務めた時期が尾高さんの「第1期札幌交響楽団時代」といえる。

英国ウェールズでの成功を引っさげて、尾高さんの「第2期札響時代」が始まる。1998年に常任指揮者に就任、2004年からは音楽監督も兼務して、長い蜜月時代が続く。当時、新潮社という出版社のサラリーマンだった私は、尾高さんが定期演奏会に登場する日に合わせて休暇を取り札幌を訪れた。尾高さんの演奏会はそのほとんどすべてを聴いている。

少年時代には市民会館、厚生年金会館だったが、今や素晴らしい音響効果の「Kitara（キタラホール）」で尾高さんの札響サウンドが聴ける。そのどれもが素晴らしい聴体験だった。

白眉だったマーラー「9番」

2002年と2011年にそれぞれ完結した2度のベートーヴェン交響曲全曲演奏会は、尾高さんの手で、札響が聴かせたひとつの到達点だった。

2008年9月、ブリテンの歌劇『ピーター・グライムズ』の慟哭。

2013年、ブルックナー7番のアダージョには神韻縹緲とした空気が流れた。

2014年6月、ヴェルディ『レクイエム』の「リベラ・メ」には涙した。

同年10月、マーラー9番は、音楽への没入の深さと感情表現の激しさにおいて、尾高&札響の白眉といえる。

2015年10月、ブルックナー9番。「アダージョ」のコーダでは天国の門が開かれる思いがした。とにかく、尾高さんのブルックナーは素晴らしかった。この作曲家への傾倒が如何に深いか、びりびりと伝わってくる素晴らしい演奏だった。

この2013年から15年にかけて、尾高さんはシベリウスの交響曲全曲演奏にも挑戦している。私は、全曲を東京公演のサントリーホールで聴いたが、14年3月の4番と2番を取り上げた一夜が忘れがたい。4番の深い沈潜、2番の情熱の噴出には、大げさに言えば、音楽の持つ根源的な生命力に畏怖すら覚えた。シベリウスの2番が最もデモーニッシュに鳴り響くのを目の当たりにする思いだった。もし音源が残っているなら、ぜひCD化を望みたいものだ。

札幌交響楽団は尾高さんから実に大きく豊かな「音楽」を継承遺産として与えてもらった。札響も札幌市民も、もっとそのことを自覚して、尾高さんを大切にすべきであった。尾高さんは2015年に札響の音楽監督を退任し名誉音楽監督となったが、道産子の一聴衆として感謝しても感謝しきれない。彼に続いた2人の音楽監督が今一つ冴えないのは、尾高忠明があまりにも素晴らしかったからで、札響もこのところ指揮者には恵まれていない。良い指揮者は少ないし、偉大な指揮者となると希少なのである。

至高のブルックナーを目指して

札響を辞めた尾高さんは、大阪フィルハーモニー交響楽団の音楽監督に就任する。「ブルックナーのシンフォニーを振りたいから指揮者になった」と告白する尾高さんである。朝比奈隆という稀代の「ブルックナー指揮者」のDNAが宿る大阪フィルに、得難い「ブルックナー・サウンド」を聴いたとして不思議はない。実際、このコンビのブルックナーは美しい。このところ東京公演ではブルックナーとエルガーが連続して演奏されているが、そのどれもが尾高さんの「晩年様式」を印象付ける。

2024年1月には交響曲第6番を取り上げる。ブルックナーとしては異例の情熱――それはラテン的な情熱とさえ感じられる――溢れるこの花も実もあるシンフォニーを尾高さんがどう料理するか、私は今から楽しみにしている。

尾高さんが得意とするレパートリーでは、ブラームスとチャイコフスキーも忘れられない。大阪フィルとはすでに就任後すぐブラームス全曲演奏を行い、ライヴ録音が発売されているが、おそらく近いうちに再演されるのではないか。

チャイコフスキーの交響曲は、2022年に4番（NHK交響楽団）、5番（読売日本交響楽団）、6番《悲愴》（東京都交響楽団）を披露して、そのどれもがロマンティックな大演奏だった。

大阪フィルとも再度、チャイコフスキーの後期3大交響曲と『マンフレッド交響曲』を取り上げる日が遠からず来ることを期待している。

尾高さんの名盤あれこれ

ここで尾高さんが残している名盤CDをいくつかご紹介しておこう。

NHK交響楽団

ブルックナー：交響曲第8番、尾高尚忠：交響曲第1番（キングインターナショナル）

東京フィルハーモニー交響楽団

ドヴォルザーク：チェロ協奏曲（ソロはワルター・ノータス）、交響曲第8番（カメラータ・トウキョウ）

札幌交響楽団

ベートーヴェン：交響曲全集（2011年録音、フォンテック）
ブルックナー：交響曲第7番（フォンテック）
シベリウス：交響曲全集（フォンテック）
エルガー：交響曲第1番、弦楽セレナード（フォンテック）
武満徹：『乱』『波の盆』、細川俊夫『記憶の海へ　ヒロシマ・シンフォニー』（英国Chandos輸入盤）

大阪フィルハーモニー交響楽団

ブルックナー：交響曲第5番（EXTON）
ブルックナー：交響曲第8番（EXTON）
ブルックナー：交響曲第9番（EXTON）
ブラームス：交響曲全集（EXTON）

BBC国立ウェールズ交響楽団

ラフマニノフ：交響曲全集&ピアノ協奏曲全集（独奏者には巨匠ジョン・リル、Nimbus Records輸入盤）
グラズノフ：交響曲全集（BIS輸入盤）

ほかにも、今後、尾高さんの名盤は続々登場することだろう。特に札幌交響楽団にはキタラホールでのライヴ録音を発売して欲しい。できるだけ化粧せずに原音のまま世に出されんことを期待する。東京サントリーホール２０１４年のシベリウス交響曲第２番は必須（マスト）である。

そして、また札幌で

百聞は一聴に如かず。

尾高さんが指揮するコンサートをまだ体験していないクラシック音楽ファンの読者諸賢には、「ぜひ、聴いてみて。聴かずに人生を終えると、あなた、後悔しますよ」とお薦めしたい。そして札幌市民には、尾高さんが札響を振りに戻った時にはキタラホールにぜひ足を運ぶよう切に願いたい。

私の人生の中で最高のヴェルディ「レクイエム」の生演奏の体験は、カラヤンでもムーティでも、ましてやファビオ・ルイージなんかではなく、尾高忠明なのである。マーラー９番も、ブルックナー９番も然りなのだ。

いつまでも若々しいと感じてきた尾高さんも76歳。大病もされた。指揮者は長命だから、まだまだ聴けるとは思いたいが、これぱかりは分からない。

今、完熟の季節（とき）を迎えたマエストロ尾高忠明。

願わくば、これからも、そしていつまでも、東京と大阪だけではなく、あなたの第二の故郷札幌で、その素晴らしい尾高サウンドを鳴り響かせ続けていただきたい。心からそう願っています。

ベートーヴェン交響曲全集（fontec FOCD6023/7）２０１１年９月から12月にかけて、札幌交響楽団創立50周年を記念して「連続演奏会」が開催され、同時に録音された。「知情意」を兼ね備えた素晴らしい演奏ばかりだ。

シベリウス交響曲第２番、組曲「恋人」（fontec FOCD6040）尾高と札響は２０１３年から15年にかけて全曲を取り上げて録音した。２０１４年、東京公演での交響曲第２番は今も「語り草」になっている超弩級の名演奏でCD化が待たれる。

エルガー交響曲第１番、弦楽セレナード（fontec FOCD9579）本場イギリス仕込みの「尾高のエルガー」は、そのどれもが名盤だが、中でも札響との演奏は素晴らしい。尾高は世界で最も数多くこの交響曲を振ってきた指揮者である。

コラム

パクス・アメリカーナの黄昏

翻訳家
寺下滝郎
Terashita Takiro

一六二九年、英西戦争が膠着状態にあるなか、スペイン国王フェリペ四世は和平交渉の使者としてピーテル・パウル・ルーベンスを渡英させた。ルーベンスは『マルスからパクスを守るミネルヴァ』という絵画を描き、時のイングランド国王チャールズ一世に献呈する。『平和の寓意』とも呼ばれるその絵は、幼児（富の神プルトス）に自分の乳を搾り出して飲ませている婦人に背後から襲いかからんとする戦の神マルスや復讐の女神を、武装した知恵と戦の女神ミネルヴァが手に持つ盾で防ぎ追い払っている様子が実に躍動感のある筆致で描かれている。

ミネルヴァに守られたこの婦人こそ、平和と秩序を象徴する女神パクスであり（通説では豊穣の女神ケレスとされるが）、歴史的に覇権を握る国の名を付けて、「パクス・ロマーナ」「パクス・ブリタニカ」「パクス・アメリカーナ」と呼ばれている。そして、いままさに、パクス・アメリカーナが黄昏を迎えようとしている。

アメリカの政治学者マイケル・リンドは、ここ数十年間続いたグローバリゼーションが終わりを告げたと述べ、英誌『ニュー・ステイツマン』（二〇二三年九月一六日）に「パクス・アメリカーナ最期の日々――第二次冷戦はすでに始まっている。アメリカは勝てるのか」という論考を寄稿している。今回はこの論考を中心に、関連する他のリンドの論考も参照しつつ、大転換期にある世界の状況について改めて考えてみたい。

「マルスからパクスを守るミネルヴァ」©National Gallery, London

冷戦まで

米ソ冷戦期、〈覇権国アメリカは同盟国や友好国に軍事的保護と経済的サービスを片務的に提供した〉。軍事面では、拡大抑止戦略に基づき〈自国の保護国の領土への攻撃を自国への攻撃とみなす〉とともに、同盟国のためにシーレーン（海上輸送路）を防衛し、石油などの資源へのアクセスを確保した。経済面では、基軸通貨ドルを供給するとともに、世界最大の消費市場を開放した。

一九七〇年代から八〇年代にかけて、敗戦から回復した日本や西ドイツ（ドイツ連邦共和国）からの対米輸出が盛んになると、米国内の生産者のあいだで不満が高まった。しかし歴代アメリカ政府は〈冷戦同盟の結束を重視する国防総省や国務省の方針に従い、日本の重商主義的輸出奨励政策や西ドイツの産業政策を容認した〉。在外米軍基地とアメリカの外交政策にたいする同盟国の支持を獲得・維持するために、自国の製造業を犠牲にしたわけである。〈アメリカが戦争を製造し、日本とドイツが自動車を製造する〉。これが戦後パクス・アメリカーナの役割分担であった。

一九四五年以前、世界有数の保護主義の国であったアメリカは〈外国資本は誘致するが外国製品は排除する輸入代替政策をとっていた〉。しかし一九四〇年代のアメリカは〈第二次世界大戦で競争相手国の産業が壊滅的な打撃を受けたため、世界の製造業で一時的に優位に立った〉が、一八四〇年代のイギリスと同様、〈保護主義を捨て、改悛した罪人のごとき熱意をもって自由貿易に踏みだした〉。

ただ実際には、一九四〇年代から七〇年代までのアメリカ経済はほぼ自給自足（アウタルキー）の状態にあった。共産圏との冷戦真っ只中の時代、企業のオフショアリング（業務の海外移転）は容易ではなかった。〈一九四五年から約三〇年間は移民の流入も少なく、国内の自動車・鉄鋼分野で働く組織労働者は、労使間の平和を重視する政府の後押しを受け、高賃金と好待遇を引き出すことができた。ここに「フォーディズム」体制のもと、高賃金を得る男性の工業労働者とその家族を加えた大量の中流階級が史上初めて形成されたのである〉。

冷戦以後

冷戦の終結とともに、アメリカは戦略の見直しが求められた。レーガン政権で国連大使を務めたジーン・カークパトリックは、一九九〇年の『ナショナル・インタレスト』に「普通の時代の普通の国」と題する論文を寄稿し、「超大国の地位という怪しげな恩恵に見切りをつけ、類いまれな成功を収めた、開かれたアメリカ共和国にもどる」べきだと訴えた。日本、韓国、統一ドイツなどからの輸入に対処するために産業政策を求める声も強まった。

ビル・クリントン（民主）とジョージ・W・ブッシュ（共和）の政権は、冷戦期のパクス・アメリカーナを解消するどころか、むしろさらなる拡大へと突き進んだ。背景には、大国化した日本や統一ドイツがふたたび台頭してくることへの警戒心があった。日本はというと、〈輸出製造業に特化したアメリカの同盟国でありつづけることに満足していた〉。一方、〈NATOの東欧・バルカン半島への拡大は、ロシアの失地回復（レヴァンキズム）〈旧ソ連邦の復活〉を未然に防ぐとともに、旧ワルシャワ条約機構諸国を含む新たなミッテルオイローパ（中欧）へのドイツの勢力圏拡大を阻止する手段として一部で正当化された〉。

西側の中ロへの見方は対照的である。〈一九九〇年代のロシアは、NATOの拡大に抵抗できるほどの力はないと見くびられていた〉が、中国は〈軍事的脅威というよりも、巨大な市場として〉捉えられていた。もっと率直に言えば、〈欧米を拠点とする多国籍企業やそのサプライヤーにとって、低賃金で働き、組合に属さず、奴隷的に酷使できる労働力の供給源〉とみなされていたのである。

移民と雇用

冷戦後の欧米諸国では、〈雇用主、都市行政、人道的非営利団体からなる連合体が政府に働きかけ、各種カテゴリーの合法移民、難民、ゲストワーカー、許容された不法移民など、あらゆる種類の移民の受け入れを絶えず促進した。新自由主義の経済学者やリバタリアンのイデオローグたちは、オフショアリングによる脱工業化（産業空洞化）も、サービス業の下働きに従事させるための新たなプロレタリアートの輸入も、国内労働者の賃金や生活水準に大きな影響を及ぼすものではないと白々しく語った〉。

〈冷戦後の西側エリートたちは、テクノロジー主導の生産性向上ではなく、資産インフレと移民促進による人口成長という、長期的な生産性の向上につながらない経済成長戦略に頼った。富裕層の納税者や債券保有者が財政政策を拒否したため、中央銀行は富裕層によるトリクルダウン効果〔訳注　富裕層から低所得層へと富が徐々に滴り落ちること〕を期待して低金利に頼った。その結果、株主や不動産所有者、投機家が肥え太り、欧米では不動産バブルによって若者が家を持てなくなった〉。さらに〈ローエンド（低技能）サービス業の拡大、労働組合の加入率の低下、非熟練労働移民の大量流入によって、低賃金労働者が増加したため、労働力をテクノロジーで代替するインセンティブが低下した〉。

労使間の妥協が放棄されたことで、左右両派のポピュリストの反発が巻き起こった。ドナルド・トランプら右派のポピュリストは移民問題を重視し、バーニー・サンダースら左派のポピュリストは貿易自由化を非難する傾向が強い。結局のところ、グローバリゼーションという〝政策〟が国力の土台を掘り崩してしまったのである。

第二次冷戦へ

パクス・アメリカーナを世界に拡大する試みは、二〇〇八年には頓挫する。リンドは別の論考で、第二次冷戦が始まった年を二〇〇八年と指摘している（「第二次冷戦――成長の再考、起業家的国家の再検討」言論誌『タブレット・マガジン』二〇二三年一月四日）。それは、NATO加盟に動くジョージア（旧称グルジア）にロシアが侵攻した年であり、中国が人工衛星の破壊実験に成功した次の年である。

バラク・オバマ以降の政権も、パクス・アメリカーナ体制を強化しようとしてきた。〈オバマ政権は太平洋横断パートナーシップ（TPP）と大西洋横断貿易投資パートナーシップ（TTIP）という二つの失敗した貿易協定によって少なくとも一時的に中国を排除しつつ、アメリカと東アジア・ヨーロッパの同盟国をより緊密に統合する自由貿易圏の構築を図った。トランプはパクス・アメリカーナを解消しようとはしなかったが、対中経済関係の切り離し（デカップリング）を行う一方で、自由貿易を行う同盟国により多くの負担を求めた。さらに、同盟国や友好国から同意を引き出すための交渉の切り札として、自国の産業を犠牲にするという従来取られてきたやり方を拒否した。ジョー・バイデンは、オバマ的な同盟国への配慮とトランプ的な保護主義、産業政策とを大胆に組み合わせるアプローチを取っている〉。

第二次冷戦は第一次冷戦の焼き直しとはなるまい。中国は最盛期のソ連よりもはるかに強力な工業力と潜在的軍事力を持っているからである。他方、中ロは戦略的失策を犯している。ロシアのウクライナ侵攻は、スウェーデンとフィンランドのNATO加盟を助長し、欧米政府間を結束させた。中国の「戦狼」外交は、日本やインドの対米安全保障協力を緊密化させた。

新たな「パクス・〇〇」の時代は来ないかもしれない。リンドは多極化する世界を予想する。すなわち、北米・ヨーロッパ・東アジアにおけるアメリカ主導のブロック、中国やロシアなど修正主義勢力のブロック、そしてインドやブラジルなど「グローバルサウス」のブロックである。多極化した世界では、〈国家は独力で、あるいは軍事同盟の助けを借りて、自国の安全保障に配慮せざるをえない。そのため、軍事的に不可欠な製造業、原材料、エネルギー供給、労働力、消費市場などにおいて、単独とまでは言わずとも、ブロックや同盟のレベルで、自給自足戦略を取ることが不可欠となる〉（「リベラルな国際主義は失敗したが、多極化した世界で生きることはできる」『ニュー・ステイツマン』二〇二三年五月六日）。

私見を述べれば、リンドのいう三ブロックの鼎立にせよ、各ブロック内の結束が保たれるかは甚だ疑わしい。欧米各国、なかんずくアメリカ国内の分断・分裂状況は同盟関係の不安定要素となり、中ロも（旧ソ連時代からの歴史に鑑みれば）盤石な友好・協力関係が持続できるとは言いがたく、グローバルサウスも一枚岩ではない。そうなると各ブロックはまとまりを欠き、国際社会全体が無秩序で、混沌とした状態に陥る可能性が高い。いざ世界が無秩序に放り込まれたとき、ミネルヴァの知恵と戦う力を持たない国家は早晩消えゆくほかないであろう。

ハマースのイスラエル奇襲攻撃を受けて

本稿執筆後の一〇月七日、パレスチナ・ガザ地区の実効支配者ハマースによるイスラエルへの奇襲攻撃が行われた。政治哲学者のジョン・グレイは、『ニュー・ステイツマン』（二〇二三年一〇月二五日）に「大いなる破綻」と題する論考を寄せ、一〇・七を〈冷戦後秩序がついに瓦解した瞬間〉だとしている。来たるべき時代は、塹壕戦の末に〈ヨーロッパの自殺〉で終わる一九一四年以前のような諸帝国が角突き合わせる世界に突入する。〈第二次世界大戦後、アメリカはグローバル覇権国に上り詰めたが、いまやその終焉を迎えようとしている〉。ただし、後継覇権国は見当たらない。ポスト覇権国の世界は〈不安定性と危険性を孕みつつも完全な多極体制〉になるとグレイは述べている。

コラム

上のほうから来た人

現代詩作家 **荒川洋治** Arakawa Yoji

近松秋江

できるだけ多くの書物を読み、そこから選んで何かを書いてきたが、ある年齢を超えると目に入った書物だけを読み、それで感想をもつことがふえた。この形をとった場合、読んだものが面白ければよかったし、面白くなければ、しまったと思う。しまったと感じても他のものへ移るつもりはない。目に入ったもので、まかなうことになる。ただ長い間このような仕事をしているので、だいたい、いいものに当たる。というかそうであると自分で思うしかない。

近松秋江（ちかまつしゅうこう）（一八七六－一九四四）は、名作「別れたる妻に送る手紙」「黒髪」などが文庫に入る、私小説の極北とされる作家だ。ただ近松秋江は、各社の〈日本文学全集〉では、岩野泡鳴と合わせて一巻、あるいは宇野浩二と、あるいは葛西善蔵と一巻といった具合に扱われてきた。でも『日本文学全集14近松秋江集』（集英社・一九六九、豪華版・一九七四）は、近松秋江一人で一巻。多分、相席でないのは、この全集だけと思われる。貴重な書物ということになる。

この集英社の本でぼくは初めて「苦海（くかい）」という作品を読むことになった。「中央公論」一九三三年一二月号に発表したものだ。この「苦海」は、『近松秋江全集』第六巻（八木書店・一九九三）に収まるが、文学全集に収録される例は少ない。五七歳で書いた。

近松秋江は、さきほど挙げた「黒髪」などで、女性への未練をここまで書くかというほどに赤裸々に執念深くつづり、情痴小説の極致を示した。その面白さは格別。そのあたりのことは「忘れられる過去」で既に書いたので（『文学は実学である』みすず書房・他に収録）、ここではふれない。さてそれからの近松秋江は、どうなったか。あれほどさかんだった女性関係を卒業すると、かなりの年になって家庭をもち、すっかり家庭人になった。娘たちをかわいがり、そのようすを小説にした。『恋から愛へ』（春陽堂・一九二五）といった書名にもうかがえる。そのあと社会小説、歴史小説もてがけた。作風を一変させたのだ。でも家庭ものも、社会・歴史ものもさっぱり評判にならなかったので、大正期の花形作家も昭和初年代に入ると影が薄くなる。その時期に書いた作品の一つが「苦海」である。多くの人の目にとまったものとは思えない。

主人公・田原は、近松秋江自身と思われる。田原は、家庭人におさまったものの、執筆の仕事は次第に減り、保険の金も払えない。あちらこちらへ金策に出かける始末。ここで場面は変わり、田原家のなか。

まだ小さい、下のほうの娘が病気になった。大変な高熱だ。どの医師に診てもらうか。妻は、こまりはてる。女中と上の娘に、狩野医師のところに行かせたが、往診中なのか、留守。すると、上の子が「そこの江口さんの栄子さん、もう先（せん）に疫痢になって、交番の前の秋田さんに診（み）てもらって、よくなったんだ。あの秋田さんはどう、江口さんでは、いつも秋田さんよ」。そこで妻は、秋田医師に往診（医師が患者の家に出向いて診察）を頼みに行くと、秋田医師は「往って診てあげてもようございますが、お宅では、いつも狩野さんでしょう」と。手遅れになるといけないので、とお願いすると、「ああ、そうですか。……しかし、狩野さんに悪くはないですか」と秋田医師。

来診した秋田医師は、疫痢と診断。応急手当をしたあと、「いずれ狩野さんも、そのうち見えるでしょうから、狩野君によく診ておもらいになって、その上で御相談なすったらいいでしょうと思います。疫痢ということになると、警察へ届けでなければなりませんから」と言い残す。

そのあと、田原が帰宅。知らせを受けた狩野医師もやってくる。疫痢と診断されたと言うと、狩野医師は、「じゃ、僕が診たってしかたがない。ずっと秋田君に診てもらった方がいいだろう」。狩野医師は気を悪くしたらしい。田原の家族は狩野医師に長い間、診てもらってきたのだ。薬代もたまっているし。もちろん二人の医師は、このあと連絡をしあうし、病児に十分に向き合うのだが、当時は、このような医師とのやりとりが市井でよく見られた。病気になると病院へが原則だが、来診も一般的だった。「かくらんに町医ひた待つ草家かな」（杉田久女）の句も思い浮かぶ。また、どの先生に診てもらうかもデリケートな問題なので、頭を悩ます。「苦海」はそんな時代を背景にした私小説だ。家族と医師のようすは、終始リアルに描かれている。粘り強い筆法は、近松秋江が女性を描くときのものに近しい。でもこの小説には別の一面もある。

田原の妻は、下の娘のほうをかわいく思っていたらしい。はじめのほうに、こうある。「上の子が、もっと小さい時から、父親の方によけい馴ついて、ややもすれば、母親を批評的に見ようとするのに、小さい方は、そんなことは微塵もなく、母親が、どんな醜い容姿であろうとも、動作が粗野で言葉づかいが、ぞんざいであろうとも、そんなことは超越して母親というものを絶対、無条件に慕うていた」。下の子は、四〇度に近い高熱で、息も絶え絶えなのに、「お母ちゃん、どこへゆくの？」と泣き声で母親を呼ぶ。田原は、そのようすを見て、「生きている物が、最後のきわになっても発動する思慕の精神力の強さ！　人の生命はとうてい物質ばかりのものではない、精霊の力もまた大きい」と思う。そして最後につぶやく。「自分は何のために、何を楽しみに、何を目的に、この老境にまでみっともなく生きているのだ」「自分は上の子だけ一人つれて、あの母親と別になろう。それがまた彼女の本願であるかもしれぬ。そうでもするより、哀傷の気分を転換する良法はないだろう」。

こうして「空想と現実」が入り乱れたまま、小説は閉じられる。近松秋江はわが子の病気をきっかけに、自分という生き物の心臓までも止まるかのような精神の窮状を、目いっぱい表現したのだと思う。また、二人の娘と、伴侶への思いなどを見ていると、「女性」に対する近松年来の思いも影を落とす。

その後の年譜をたどると、「苦海」に描かれる下の子は、さいわい回復したようだ。

本書『近松秋江集』の平野謙の解説によると、近松秋江は晩年失明し、二人の娘（百合子、道子）に口述筆記をさせた。でもそれらが発表される機会はなかった。「そういう晩年の秋江のいたましいすがた」を、高見順が描いていると記す。以下はその高見順の発言。『座談会大正文学史』（岩波書店・一九六五）の一節が引用されている。

「しかし秋江さん自身というのはおかしな人だった。普通選挙反対論文を書いたりね、晩年になると『恋から愛へ』で、こんどは子どものほうが可愛いとか、よしゃいいのに歴史小説を書いたり、老醜をさらしちゃったからあれだけれども。私、大森にいたのですが、秋江さんはうちの上のほうにおられた。それでこんな小っちゃな可愛らしいお嬢さんをつれてよく散歩していたんですよ。戦前でしたがね。それが、戦争中のいつでしたか、なんかの会がありましてね、向こうから目が見えない老作家がくるんですよ、こんな大きなお嬢さんに肩を抱えられてくるんですね。あれはだれだいといったら秋江だというんです。僕はやっぱりそのとき秋江という人は光輝いていると思った。近松秋江というのは『恋から愛へ』なんてばかたらしいことを言って、ばかな、ぼけやがってと思ってたけれども」……。近松秋江は、晩年目が見えなくなる。高見順は、つづける。

「（……）貧乏して娘にすがってね、惨憺たる姿でなんかの会に出てこられる、それをみたとき「文士」というのはああいうもんだという気がしたな。芸術院会員なんかになって、勲章つけて上席かなんかに坐ってセキばらいしているよりも、この姿こそ大正文士としての最後の栄光だという気がしましたね」

若き高見順が見た、近松秋江最晩年の姿だ。文名がかすみ、心身が衰えても、しかるべき集まりには出席し、ありのままの自分の姿を見せる近松秋江。「最後の栄光」は、実質的には「悲惨」と呼ぶべきものだ。だが高見順はそこに偽りのない、大正文士の姿を見ているのだ。この高見順のことばを最後に配して、平野謙は、解説を結ぶ。

というわけで、ご心配をおかけしたが、「苦海」に登場する二人の女の子はすこやかに成長し、その一人は、道を歩く老父を支えた。胸にしみる光景である。大正文士の頂点に立った近松秋江の「栄光」は明らかだ。そしてそのあとの、みじめな情景も明らかである。その明らかな二つのものを、近松秋江は抱えた。晩年の悲惨は、秋江自身の責任であることはいうまでもない。自分の道を上手に歩けなかった。もう少しうまく気持ちを切り替えることができたら、世に稀な才能をもつ人だけに、それにふさわしい道筋をたどれたかもしれない。でもそうでなくてもいいのかもしれない。現代日本の大多数の作家には栄光がある。でもそれだけであり、悲惨さを味わうことはない。栄光と悲惨。その二つを経験したとき、文学者は真の文学者になるようにも思う。近松秋江は、光のなかにあっても、陰に置かれても、みずからを包み隠さずに生きた。生き通す姿を、後代に示した。

本が消える日！悪夢であって欲しい！

芦澤泰偉

フランクフルトブックフェア ©shutterstock

10号（Ⅰ期終了）は日本特集である。このコラムも日本の装幀を考えてみたい。

ドイツのフランクフルトで開催されているブックフェアに、装幀の仕事を始めて間もない頃に出かけた。旅行のついでにフェアに寄ったのではなく、ブックフェアを見るために先輩の菊地信義さんに誘われた。まずは会場の広さに度肝を抜かれた。もちろん世界の出版社が集まり、各社のブースが設置されるのだから広い会場だということは分かっていたが、こんな広い展示場をそれまで見たことがなかった。入り口に佇んで見ると各出版社のブースの何列かの横の列と縦の列、その縦の列の終わりのほうは霞んでいて見えなかった。そんな縦の列が何列もあるのだから、最初は怖気づいてしまったが、装幀の勉強のためだと意気込んで見始めた。最初は英語圏の国の巨大なブースに目がとまる。翻訳本や原作の映画化で知っている有名作家の新刊本が山積みになって並んでいた。広い英語圏で売られるのだから、何十万部の数が刷られているはずである。またその表紙は誰が見てもすぐに分かる主人公のイラストで、タイトルの金箔が輝いていた。世界のベストセラー本の派手な姿であった。しかし、一日、二日と見ていくうちに、立ち止まる時間が多くなったブースは、ヨーロッパの何処にあるのかも知らない小さな国の小さな出版社のブースであった。狭い場所に詩、文学や美術の美しい装幀本や凝った造りの本が並んでいた。本を手に取りじっと眺めていると、僕らが本の取引業者ではないと分かっていても、奥の棚から僕らの興味を引きそうな美しい本を出してきて見せてくれた。言葉は通じないが、うれしかったので、精一杯の笑顔を返した。小さな国ならではの出版文化への熱意を感じた。

はたして、近年のブックフェアはどうなっているのかは分からないが、日本の本の状況は、僕が装幀の仕事に就いた30数年前と比べると驚くべき変化をきたした。まずは本屋の数が少なくなった。代わりに広い駐車場がある大型書店の郊外店が増えたり、巨大な商業施設に大型書店が出店している。昔は繁華街に三、四軒の小さな本屋があり、高校時代は店員が気持ちよく応対してくれる本屋に、通学の帰りに毎日のように立ち寄った。新刊コーナーで新しい雑誌や本を手に取り、二階の専門書コーナーの文学や人文書の棚を眺め、何処に何の本が置かれているかも覚えていて、本の場所が移動していれば、元の場所に戻したりした。まるで店員のようであった。本屋は地方都市に住む本好きの高校生のオアシスであった。しかし、現在は駅前に一軒大型書店があるのみで、それも雑誌や漫画、文庫がメインの場所を占めていて、本来の本屋の魅力がなくなってきている。今の学生や社会人が本を買うのが、ネットからだけになってしまったせいかどうかは知らないが、本屋で買いたい本以外のジャンルの本を見ることも、本屋の魅力であり、そうした魅力を通して世界が拡がってゆくはずである。

本が売れないことをなげいても仕方がないが、本好きがこうじて装幀の仕事をしている者にとって、近い未来は本が消える社会状況になっている気がして不安でならない。その兆候はコンピュータの出現が一因かも知れない。デザイン作業に革命が起こって、作業の要を担っていた写植屋さんが一夜にして消えてしまった。そして文具店のデザインのコーナーも消えた。それまではT定規、三角定規、コンパス、デバイダー、ロットリング、ペーパーセメントは必需品であって、デザイナーは巧みにそれらを使いこなした。しかし、コンピュータの出現以来、デザイナーの手の技術はいらなくなった。コンピュータを使えば、誰でもデザインができる。カメラの世界でも同じ現象が起きた。携帯電話付属のカメラで十分に写せるし、カメラやフィルムが身近になくなった。

はたして本は残るのか？　僕が生きている間はおそらくなんとか残るにしても、本にとって最悪な社会変化を迎えるのかも知れない。いや、望ましくない変化は戦争、環境問題、資源、食料危機など、本だけの話に留まらない。ＳＦのような話になってしまったが！　せめて装幀ができる現在を大切にして、やっていくしかない。本好きな人が世に存在し、日本はまだ平和だからである。

装幀の話に戻るが、最近インターネットでアジアの国々の装幀を見る機会が多くなった。特に台湾、中国、韓国のデザイナーの仕事は素晴らしくなった。かつては日本のデザイナーの影響があったが、いまは各国が独自の発展をしている。また学生たちはみな本をよく読んでいる。それは自分の専門分野だけに留まらない。海外に留学する学生数も多く、これからは文化レベルで先進国入りしていく状況になりつつある。

僕が装幀した佐藤卓著『塑する思考』（2017年、新潮社刊）が台湾で翻訳出版された。台湾のデザイナーの王志宏さんが装幀を担当した。彼は僕の装幀を活かして、ワンポイントのアイディアを加えた。そのワンポイントとはタイトルの「塑する思考」の「する」を空押しにしたことだったが、漢字の国のデザイナーらしい素敵な装幀になった。自分のデザインを押しつけたりしないことができるのは、デザインの本質が分かっているからである。個を消して個を出していると僕は絶賛した。また佐藤卓さんは日本のトップクラスのグラフィックデザイナーであるのになぜご自分で装幀しなかったのか？ 自分の本を、自分で装幀すれば、どうしても謙虚なデザインになりがちだ。本は著者の手を離れて一人歩きするものである。佐藤さんはそのことを十分に分かってくれた。横尾忠則著『横尾忠則自伝』（1995年、文藝春秋刊）も装幀者は菊地信義さんであった。

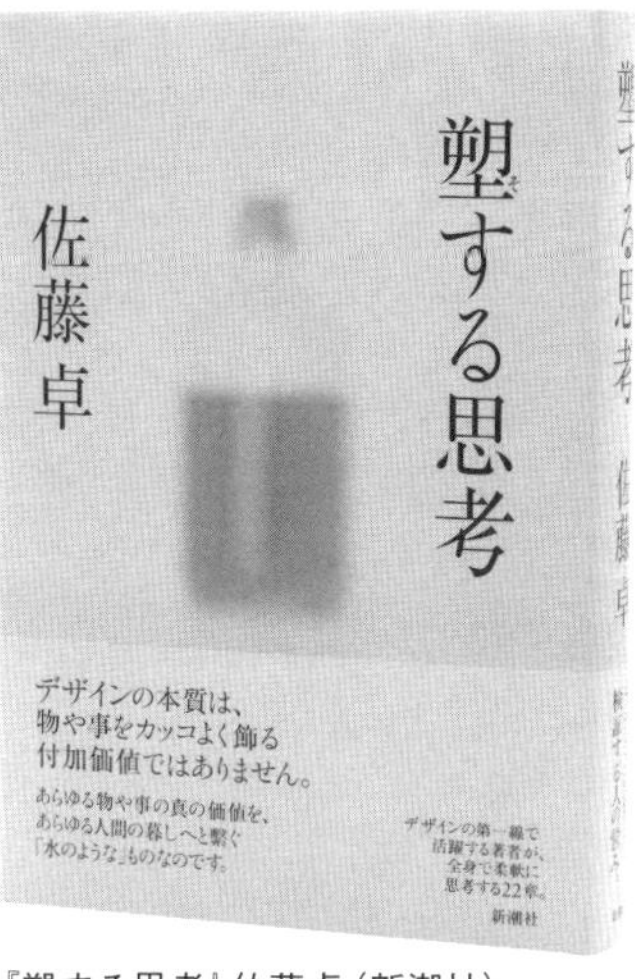

台湾で翻訳された『塑する思考』

『塑する思考』佐藤卓（新潮社）

ついでにもう一冊、佐藤卓さんの本で、僕が装幀した本を挙げると『マークの本』（2022年、紀伊國屋書店刊）がある。佐藤卓さんが今までに作ったマークを解説つきで載せている本で、佐藤さんのマークに対する考え方が分かり、マーク作りに関わるデザイナーや企業の広報課の人にはとても参考になると、大変評判だと聞いている。本文はマークが掲載されるのでオールカラーであるが、カバーは2色刷りで紙も装幀に使う紙のなかでは、ごく一般的なタント紙を使った。贅沢は一切してない装幀である。カバーのワンポイントにマークを使いたいが、どれか一社のマークを使うというわけにはいかない。ただ一点だけ使えるマークがあった。それは佐藤さんが企画した環境問題の展覧会に使った、水をテーマにしたマークであった。タイトルとマークと著者名をオペークの白で刷ったシンプルな装幀になった。この本は今年の「造本装幀コンクール」で入賞した。コンクールに出す本は豪華本であることが多い中で、このシンプルな本が入賞したことがとてもうれしかった。

日本の本で、世界で読まれている本はごく少数である。海外の本の翻訳は長い歴史がある。哲学から小説まで幅広く100年以上の時を経ている。日本にヨーロッパの近代主義を取り込むために翻訳は必要不可欠であった。またヨーロッパの哲学のほとんど全てが日本に紹介されて日本人はこれを学んできた。そして哲学の流行もヨーロッパに準じてきた。しかし日本の哲学はどうなっているのか？ 仏教や神道の影響はあったものの、日本の哲学としては高校時代に学ぶことはなかった。興味のある人は西洋哲学を齧り始めた。しかし近年、「日本とはなにか」との問いを目にすることが多くなってきた。「ひらく」の監修者の佐伯啓思さんや寄稿している論者はこの日本の哲学の在り方を追求している。僕にとっては理解することが難しい論も多かったが、この「ひらく」10冊は貴重な宝になっている。

重複するが、日本で出版される本は部数が少ない、売れっ子のエンターテイメントの本は別として、特に人文書の初刷りの部数の少なさに驚かざるを得ない。しかし、そんな出版界の状況に関係なく、装幀家になりたいという人は多くなった。やはりなにか、自分のアイデンティティを装幀に向けたいからではないかと思える。そして若い装幀家の刺激的な装幀を目にすることも多くなった。彼らの本の装幀に魅せられ、一冊でも多く本が売れて欲しい。

「本は文明の旗だ。当然美しくあらねばならない」恩地孝四郎の言葉と、アーティスト松澤宥の「人類よ 消滅しよう 行こう 行こう 反文明委員会」と書かれた垂れ幕を目に浮かべてこのコラムのしめくくりとしたい。

『マークの本』佐藤卓（紀伊國屋書店）

アウトドアスポーツの始まり

赤津孝夫

ティアードロップ（涙）型のデイパックは、日帰りハイキング用に生まれたバックパックで、日常生活の中でも愛用されています。

キャンプブーム

2020年初頭突然起こった新型コロナウイルス感染症COVID-19の世界的な流行（パンデミック）は、生活スタイルを変化させ行動制限により人々の移動の自由を奪いました。

人が集う過密を避け自然に向かう必然からか、キャンプブームが起こり、テントの生産が間に合わず抽選で販売するほどの加熱ぶりでした。もともとグループでワイワイ騒ぐスタイルがキャンプの主流でしたが、静かに一人で楽しむソロキャンプが注目されたのもコロナの影響です。世界中のあちこちで、多かれ少なかれこうしたアウトドアでの活動が活発になり、アウトドア用品が飛ぶように売れました。

学校も休みになり子供達が友達と遊ぶ機会がないことから、せめて家族だけでも自然に親しみ、焚き火を囲んだり、ブッシュクラフトを自分の子供に体験させようとする人が多かったためです。

気軽に乗れて移動できるエコな乗り物の自転車もツーリングに出掛けたり、公共交通機関での過密乗車を避ける意味で通勤や通学での利用が進み爆発的な需要が広まりました。

フランスのパリでは車の往来が激減する中、自転車専用レーンが作られ人々の自転車利用が進みました。

毎年、年度ごとに趣向を凝らした新モデルがメーカーから発表されるのですが、世界各国から注文が殺到することから現物が発売される2年から3年前の仮発注をメーカーが求める始末でした。

いずれにしてもコロナが収束しつつある中で、人々の静かな自然を求める姿は少なくなり、世界中で喧騒と争いが再び始まった今、一時的だった平和を懐かしく思います。

バックパッキングの旅

1965年ベトナム戦争に本格的に軍事介入して参戦したアメリカは、反米民族統一戦線とのジャングルでのゲリラ戦に徐々に苦戦する中で犠牲者も増え、やがて学生達による反戦運動が起こります。全米に広がった学生運動の高まりは、やがて世界的な学園紛争へと拡がり、パリの5月革命や日本の学園紛争へと影響していきました。

多くの若者が長髪でボロボロのジーンズを穿き従来の体制批判から、自由を求めて多くのカウンターカルチャーを誕生させました。

1968年に『ザ・ラスト・ホール・アース・カタログ』が出版されると、多くの若者に環境問題と自然保護を思い起こさせ、運動は盛り上がっていきます。

アップル創業者のスティーブ・ジョブズはスピーチの中で、この本に強く影響を受けたと語っています。最後に出版されたエピローグ版表4に載っていた“Stay Hungry”, “Stay Foolish” の名言はここからの引用です。

1969年7月、アメリカの宇宙船アポロ11号が打ち上げられ、アームストロングとオルドリンの二人の宇宙飛行士が人類初の月面着陸を果たします。

中判カメラのハッセルブラッドで撮影された月面からの美しい地球を初めて見た人々は、宇宙にたった一つしかない地球を大切にしなければと気付いたはずです。

限りある資源を大切にし大量生産大量消費を見直し、永続的に生活ができるエコロジーなシステムを考えることから自然を見つめるバックパッキングの運動が学生達から始まりました。自然を知り自然から学ぶバックパッキングの旅は、自然を敬いできる限り自然にダメージを与えないローインパクトを目指すもので、ソロが原則でバックパッカーと称されていました。

過酷な大自然を相手に自分の知識経験だけで立ち向かうには、従来品では十分ではなくなり、独自な新しい発想からユニークな物が生まれました。

自然の中で一人で生活しエコを体験するには、限られた道具で軽量コンパクトでなければならないので防寒着のダウンジャケット、1枚で防水と透湿を実現したGORE-TEX、ナイロンとコットンを組み合わせた60／40、生き残るために考え出されたサバイバルキット等があります。今では日常普通に使われている道具が、こうしたバックパッキングのムーブメントの中から生まれたのです。

アメリカのアウトドアブランドとして人気が高く今でも街中で親しまれているブランドの多くは、バックパッキングの盛り上がりの中で誕生しました。

こうした動きは、日本では故芦沢一洋氏の『バックパッキング入門』（1976年3月発行）によって、初めて紹介されました。

1892年アメリカで生まれた世界初の環境保護団体SIERRA CLUBのシエラカップは、バックパッカーのシンボルで今でもキャンパーに愛用されています。

同時に川の生態を知って、鱒などの魚類を毛鉤で釣るフライフィッシングも氏によって紹介されました。日本のアウトドアスポーツが、ここから始まったと言えます。

濃密な日本の自然

日本では英語のNatureもNaturalも自然と訳されますが、Natureの自然という概念は、西洋文化が入ってくるまでなかったと言います。自然を意識することなく日常当たり前に過ごしてきたからに違いありません。春桜が咲けば花見と称して宴を開き、夏は蛍狩りをし、秋は満月を祝い、冬になると収穫を終えた野菜で漬物を仕込むなど季節ごとに自然を愛でて一体になり生活が成り立ってきました。自然は征服するものでも搾取するものでもなく、共存してきたからではないでしょうか。

作物を植えたり園芸をする人であれば、誰でも、日本の雑草がいかに強いか知っています。年に3度も4度も草刈りをしないとたちまち雑草に覆われてしまい、収穫や花を見ることができません。

苦労して原野を開拓し田んぼや畑にした耕作地が日本各地に広がり、美しい田園風景を作っています。近頃田舎に行くと耕作放棄地が方々にありますが、手入れをしてないと原野と見分けがつかないほどです。やがて時間が経つと木が生えて森になっていきます。

里山に広がる裏山を歩いていると木が生い茂る森の中に石垣が現れますが、これも昔は作物を栽培するために苦労して開墾した畑か田んぼだったはずです。

日本の自然は濃密で強く何もせずに放置するとやがて自然に戻っていく力強さを持っています。

日本の自然の素晴らしさは日本にやってきた外国人に見出された場所が多く、北アルプス、上高地、軽井沢、野尻湖、中禅寺湖、六甲山など枚挙にいとまがないほどです。日本人は当たり前に思っている自然の豊かさですが、最近でも冬にはほぼ毎日パウダスノーが降る北海道のニセコや長野県の白馬など外国人スキーヤーに注目され世界的な人気になっている場所もあります。

厳しい自然をものともせず麗しく共存してきた日本人の自然観は、特別に意識することもなく自然と一体の生活を可能にしてきました。

アメリカから始まったバックパッキングからのアウトドアスポーツの流れは、日本に紹介され世界の中でもいち早く定着しました。誰もがアウトドアブランドのウエアーを着たり、通勤通学にデイパックを背負う習慣はすっかり日常生活の中で当たり前になっています。

昔から自然災害にめげず自然と共存共栄してきた日本人が、これからも山野を荒廃させることなく美しい自然を残していってほしいものです。

大判で分厚い『The Last Whole Earth Catalog』は250万部も売れて若者たちのバイブルとなり、その後のライフスタイルを変えた本です。

たばこ屋の近現代史

おなじみのあの店頭は、どうかたち作られたのか

どこも似ているたばこ屋の店頭

見慣れた景色も、その景色がかたち作られた歴史を知ると、違って見えてくることがある。たばこ屋といえば、通りに面したショーケース付のカウンターに、赤い「たばこ」の看板。なぜ日本のたばこ屋はどこも似たような外観をしているのか。

二月一七日から四月七日までの会期で、東京・墨田区のたばこと塩の博物館で開催する「たばこ屋大百科」展は、日本のたばこ屋がおなじみの外観になるまでの歴史をたどる展覧会である。

専売前夜のたばこ屋事情

日本のたばこ販売は、一九〇四年（明治三七）から一九八五年（昭和六〇）までの約八〇年間、国の専売制度の下に置かれていた。このことが、たばこ屋のあり方にも大きな影響を与えている。

専売制度が施行される以前には、製造と販売を兼ねた小規模なたばこ屋が多数を占めていた。こうした小規模な業者は、仕入れた葉たばこを刻み、きせるで吸うための刻みたばこを作って売っていた（図1）。その味は、葉たばこの産地によって、その年の葉たばこの出来によって、そして店ごとの調合や刻み方によって、さまざまであったことだろう。

一八九〇年代後半には企業合同が進み、業界の勢力図は変化しつつあったが、製造を大蔵省専売局のみが行えるとした一九〇四年の煙草専売法は、それ以上にたばこ販売のあり方を抜本的に変える出来事だった。たばこ屋は、専売局の作る決まった銘柄を、全国統一価格で販売するという商売に変わったのである。

専売局が売り方を指示した

たばこは当時需要の絶えない商品だった。それを価格競争なしに売れるという仕組みは、販売側にも安定した利益が見込めるというメリットがあった。ただし、この仕組みが軌道に載るには、制度が正しく遂行されなければならなかった。そのため専売局は販売店にさまざまな指示を出した。

一九〇四年、専売局は煙草売捌規則で定価表を目立つ場所に掲示することを義務づけた。さらに全国各地の専売局の販売官署が「煙草小売人指示事項」などと題された文書で販売方法を指示した。それらを見ていくと、売り場作りへの指示内容はほぼ共通していることがわかる。

第一に、所定の看板を目立つように掲げること。理由は定かでないが、範型とされた看板は当初から赤かった。

第二に、売り場は通りに面しており、他の商品からは独立していること。たばこ屋は、米、酒、塩など他の商売と兼業で営まれることが多かった。取扱銘柄や在庫、そして商品が定価で販売されていることが一覧できるよう、売り場が明確に区画されている必要があったのである。

第三に、品質保持に関する注意。店に日除けを設けること、商品はガラス瓶に入れることなど、細かな指示がなされた。

こうした指示に従うと、おのずと「あの店頭」に近づくことが想像されよう。しかし、現在見慣れた店頭と大きく異なる点がある。建築物としての店舗の形だ。

商店建築の変容

日本在来の商店建築である町屋造りでは、通りに面した空間は土間で、土間の向こうに座敷がある。客は座敷に上がるか、上がり框（かまち）に腰掛けるなどして、店員と話をしながら商品の出し入れをして買い物をした。いわゆる「座売り」である。

明治後期～大正期、欧米の店舗建築や店頭装飾がさ

図1

図2

図1：三代豊国「鬼門喜兵衛　土手のお六　百姓久作」1848年（嘉永元）
歌舞伎「於染久松色読販（おそめひさまつうきなのよみうり）」の一幕。鬼門の喜兵衛が本所小梅で営むたばこ屋を描いており、幕末江戸のたばこ屋のようすを伝えている。

図2：筒井道恵「煙草小売店の研究３（続）」より挿絵（『専売協会誌』116号）1922年（大正11）
小売店の経営について図版つきで解説した連載。この絵では、悪い例を挙げつつ、ストック棚も販売に効果のある陳列ができることを論じている。

かんに紹介され、専売局吏員向けの雑誌でも〝見せる陳列〟に関する研究論文が掲載された（図2）。とはいえ、座売りを前提にした町屋造りの建物を、欧米式の売り場へ仕立てるには不都合もある。大正期までの写真を見ると、町屋造りの店先にショーケースを置いた店舗が多く、とってつけたような印象を受ける（図3）。

皮肉にも、こうした状況を変える大きな契機となったのが関東大震災の惨劇だった。甚大な被害のあった京浜地域では、看板建築と呼ばれる、間口が狭くファサード全体を看板のように見立てた建築様式で、商店の再建が進んだ。看板建築は店頭に売り場カウンターを設置するにも適しており、関東を中心に店頭カウンターのあるたばこ屋が増加するきっかけとなった。

ショーケース付カウンターの普及

さらに専売制度の変更も店頭の変化を後押しした。一九三一年（昭和六）、専売局はそれまでの元売捌制を廃止した。元売捌制では、専売局は元売捌人と呼ばれる卸売業者に製品を卸し、小売人への卸しは元売捌人に委ねていたが、この変更により、専売局が小売人に直接製品を卸すようになった。しかし二〇万人近い小売人に、専売局が直接、製品配給や通達などを行うには困難が多かった。そこで専売局は地域別の小売人組合を整備した。販売用具も小売人組合で共同購入するようになったことで、同じ地域のたばこ屋が、同じ型のショーケース付カウンターを設置することにつながった。

またこの時期、専売局は百貨店等で「煙草展覧会」を開催し、専売事業やたばこ文化をPRしたが、そのなかで小売店の模範店を実物大模型で示すことも行われた。

こうした影響で、たばこ屋の店頭はより似通ったものになっていった（図4）。

「敏速・親切・丁寧」

戦後、焦土からの復興が進むなかで、たばこ屋では昭和初期よりコンパクトなショーケース付カウンターが普及した。高度経済成長期、たばこも文字どおり飛ぶように売れた。たばこ屋には、戦前から「敏速・親切・丁寧」が求められてきたが、せわしい時代に入り売り方にも一層の工夫が凝らされた（図5）。嗜好品の販売がスピード勝負とは一見味気ないが、そこには、たばこ屋が常連の好む銘柄を覚えておき、顔を見たらさっと出せるようにしておくという温かな配慮もあった。

展覧会のサブタイトル「あの店頭とその向こう側」には、通りの側から見てきた店頭を、売る側からとらえ返してみたいという意図を込めた。店頭の再現展示や、販売用具、店頭写真、店の経営書類などから、店頭の向こう側の人間模様にも思いを馳せていただけたらと考えている。

図3

図4

図5

図3：戸田包信編『煙草売捌人必携』より店頭写真 1909年（明治42）
播但地域（兵庫県）のたばこ元売捌人組合理事が作成した販売マニュアルに掲載。町屋造りの店舗に陳列棚を設置した、明治末〜大正期の典型的な店頭。
図4：相馬敏夫述・たばこ新聞社刊『煙草小売人営業指針』より店舗写真 1935年（昭和10）
東京地方専売局事業課長による販売マニュエルに掲載された、「標準型」とされたショーウィンドウと売り台。
図5：1962年（昭和37）に撮影された群馬県のたばこ屋の販売風景
早朝の通勤客を待たせないよう、「朝のたばこ」と題した朝限定の売り台を出して、販売をしている。

展覧会名：「たばこ屋大百科　あの店頭とその向こう側」
開催期間：2024年2月17日（土）〜2024年4月7日（日）
開催場所：たばこと塩の博物館 2階 特別展示室
住所：東京都墨田区横川1-16-3　**電話：**03-3622-8801
開催時間：10:00〜17:00（入館締切は16:30）　**休館日：**月曜
入館料：大人・大学生100円（50円）　小・中・高校生・満65歳以上 50円（20円）
＊（ ）は20名以上の団体料金
アクセス：東武鉄道「とうきょうスカイツリー駅」より 徒歩約10分、都営地下鉄「本所吾妻橋駅」より徒歩約10分、東京メトロ・都営地下鉄・京成電鉄「押上（スカイツリー前）駅」より徒歩約12分

著者紹介（五十音順）

荒川洋治　あらかわ・ようじ

現代詩作家。1949年福井県生まれ。早大卒。詩集『渡世』（第28回高見順賞）、『空中の茱萸』（第51回読売文学賞）、『心理』（第13回萩原朔太郎賞）、『北山十八間戸』（第8回鮎川信夫賞）、『荒川洋治全詩集』（思潮社）、エッセイ・評論集『忘れられる過去』（第20回講談社エッセイ賞）、『文芸時評という感想』（第5回小林秀雄賞）、『過去をもつ人』（第70回毎日出版文化賞書評賞）、『文学は実学である』。2019年恩賜賞・日本芸術院賞を受賞。日本芸術院会員。新刊に『文庫の読書』（中公文庫）、詩集『真珠』（気争社）。

会田弘継　あいだ・ひろつぐ

1951年埼玉県生まれ。共同通信社ジュネーブ支局長、ワシントン支局長、論説委員長などを経て2020年まで青山学院大学教授。現在は関西大学客員教授、共同通信客員論説委員などを務める。主な著書に『増補改訂版　追跡・アメリカの思想家たち』（中公文庫）『破綻するアメリカ』（岩波現代全書）『世界の知性が語る「特別な日本」』（新潮新書）など。訳書にラッセル・カーク『保守主義の精神』（中公選書）、フランシス・フクヤマ『政治の起源』『政治の衰退』（ともに講談社）、『リベラリズムへの不満』（新潮社）など。

泉麻人　いずみ・あさと

コラムニスト。1956年、東京生まれ。慶応大学卒業後、東京ニュース通信社入社、週刊TVガイド編集者などを経て1984年独立、以降、時事コラム、昭和風俗、東京をテーマにしたエッセイを多々執筆。主な著書に『冗談音楽の怪人三木鶏郎』『銀ぶら百年』『昭和50年代東京日記』などがある。ちなみに、マニアックに視聴していた石立鉄男ドラマについて、本格的な論考を執筆するのは今回が初めて。

鍵本優　かぎもと・ゆう

1976年生。大阪府出身。京都大学大学院文学研究科博士課程修了、博士（文学）。専攻は「自分」論、社会学、メディア論。現在、京都産業大学現代社会学部教授。『「近代的自我」の社会学――大杉栄・辻潤・正宗白鳥と大正期』（インパクト出版、2017年）、『多元化するゲーム文化と社会』（共著、ニューゲームズオーダー、2019年）など。

河崎環　かわさき・たまき

コラムニスト。1973年神奈川県出身。慶應義塾大学総合政策学部卒。子育て、政治経済、時事、カルチャーなど多岐に渡る分野で記事・コラム連載執筆を続ける。欧州2カ国（スイス、英国）での暮らしを経て帰国後、Webメディア、新聞雑誌、企業オウンドメディア、政府広報誌などに多数寄稿。ワイドショーなどのコメンテーターも務める。2019年より立教大学社会学部兼任講師、2022年よりTOKYO MX番組審議会委員。著書に『女子の生き様は顔に出る』、『オタク中年女子のすすめ ＃40女よ大志を抱け』（いずれもプレジデント社）。

亀山隆彦　かめやま・たかひこ

1979年、奈良県出身。龍谷大学大学院文学研究科博士後期課程修了。博士（文学）。米国仏教大学院博士研究員を経て、現在は、京都大学人と社会の未来研究院研究員、龍谷大学非常勤講師、同大学世界仏教文化研究センター研究員、上七軒文庫合同会社代表社員。専門は日本仏教学、密教学。著書に『日本仏教と論義』（共著、法藏館、2020年）、『中世禅籍叢刊別巻　中世禅への新視角　『中世禅籍叢刊』が開く世界』（共著、臨川書店、2019年）等がある。

黒鉄ヒロシ　くろがね・ひろし

1945年高知県生まれ。漫画家。1968年『山賊の唄が聞こえる』でデビュー。1997年『新選組』で文化庁メディア芸術祭マンガ部門大賞受賞、同じく第43回文藝春秋漫画賞を受賞。1998年『坂本龍馬』で第2回文化庁メディア芸術祭マンガ部門で大賞、2002年『赤兵衛』で第47回小学館漫画賞審査委員特別賞受賞。2004年紫綬褒章受章。共著に『ぱんぷくりん』、著書に『新・信長記』『ゴルフという病に効く薬はない』『千思万考』『韓中衰栄と武士道』『本能寺の変の変』『刀譚剣記』など。近著に『もののふ日本論』（幻冬舎新書）『Ten Pen Tea 天変地異』（ＰＨＰ研究所）。

下村智典　しもむら・とものり

1982年大阪府生まれ。上智大学外国語学部卒業。京都大学大学院人間・環境学研究科博士後期課程研究指導認定退学。現在、同志社大学嘱託講師、京都精華大学、京都文教大学非常勤講師。専門は社会思想、政治哲学。共著に『コモンズと公共空間』（昭和堂）。論文に「リチャード・ローティの正義論――「偶然性」と「支配」をめぐって」（『イギリス理想主義研究年報』第15号所収）など。

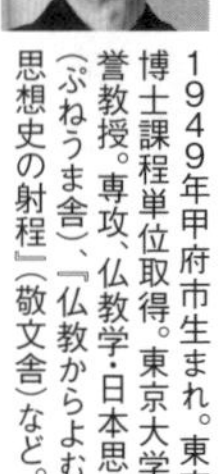

末木文美士　すえき・ふみひこ

1949年甲府市生まれ。東京大学大学院人文科学研究科博士課程単位取得。東京大学・国際日本文化研究センター名誉教授。専攻、仏教学・日本思想史。著書、『冥顕の哲学』1・2（ぷねうま舎）、『仏教からよむ古典文学』（角川選書）、『日本思想史の射程』（敬文舎）など。

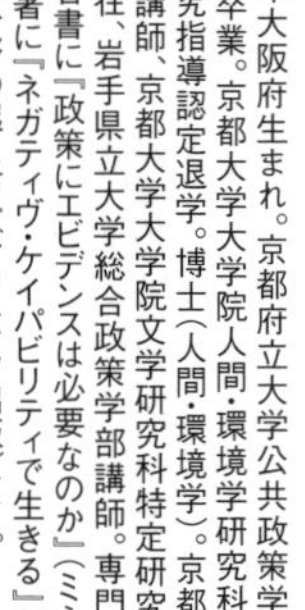

杉谷和哉　すぎたに・かずや

1990年大阪府生まれ。京都府立大学公共政策学部公共政策学科卒業。京都大学大学院人間・環境学研究科博士後期課程研究指導認定退学。博士（人間・環境学）。京都文教大学非常勤講師、京都大学大学院文学研究科特定研究員などを経て現在、岩手県立大学総合政策学部講師。専門は公共政策学。著書に『政策にエビデンスは必要なのか』（ミネルヴァ書房）、共著に『ネガティヴ・ケイパビリティで生きる』（さくら舎）、『専門分野の越え方』（ナカニシヤ出版）など。

施光恒　せ・てるひさ

71年福岡市生まれ。慶應義塾大学法学部卒業。同大学院法学研究科博士課程修了。現在、九州大学大学院比較社会文化研究院教授。政治哲学・政治理論専攻。著書に『リベラリズムの再生』『英語化は愚民化 日本の国力が地に落ちる』『本当に日本人は流されやすいのか』。編著に『ナショナリズムの政治学』『「知の加工学」事始め』。共著に『リベラル・ナショナリズム』の再検討』『成長なき時代の「国家」を構想する』『現代社会論のキーワード』『TPP 黒い条約』『まともな日本再生会議』など。

寺下滝郎　てらした・たきろう

翻訳家。昭和40年呉市生まれ。学習院大学法学部政治学科卒業。東洋英和女学院大学大学院社会科学研究科修了。訳書に、ウォルター・ラッセル・ミード著『神と黄金――イギリス、アメリカはなぜ近現代世界を支配できたのか』（青灯社、上下巻、平成26年）マイケル・リンド著『新しい階級闘争――大都市エリートから民主主義を守る』（東洋経済新報社、令和4年）ジョエル・コトキン『新しい封建制がやってくる――グローバル中流階級への警告』（東洋経済新報社、令和5年）、外交評論、外国人による日本論などの翻訳。

中野剛志　なかの・たけし

1971年生。1996年東京大学教養学部教養学科卒業、通商産業省（現・経済産業省）入省。2005年エディンバラ大学より博士号（政治理論）取得。主な著書に『日本思想史新論』『日本経済学新論』『富国と強兵』など多数。

西平 直　にしひら・ただし

1957年、甲府市生まれ。上智大学グリーフケア研究所教授・京都大学名誉教授。教育人間学、死生学、哲学。毎年ブータンに通う。『エリクソンの人間学』（東京大学出版会、1993）、『魂のライフサイクル』（東京大学出版会、1997）、『世阿弥の稽古哲学』（東京大学出版会、2009）、『無心のダイナミズム』（岩波現代全書、2014）、『誕生のインファンティア』（みすず書房、2015）、『ライフサイクルの哲学』（東京大学出版会、2019）、『稽古の思想』（春秋社、2019）、『修養の思想』（春秋社、2020）など。『養生の思想』（春秋社、2021）、『井筒俊彦と二重の見』（未来哲学研究所、2021）、『西田幾多郎と双面性』（未来哲学研究所、2021）

長谷川三千子　はせがわ・みちこ

昭和二十一年東京都生まれ。東京大学文学部哲学科卒業、同大学院博士課程中退。東京大学文学部助手などを経て、埼玉大学教授。平成二十三年退職、現在、同大学名誉教授。『からごころ——日本精神の逆説』（中公文庫）、『バベルの謎——ヤハウィストの冒険』（中公文庫、和辻哲郎文化賞）、『民主主義とは何なのか』（文春新書）、『神やぶれたまはず——昭和二十年八月十五日正午』（中公文庫）など。

平川祐弘　ひらかわ・すけひろ

1931年東京生まれ。東大教養学部教養学科卒。仏伊給費留学生。1964年東大大学院比較文学比較文化課程担当助手。1992年東大定年退官、名誉教授。毎月第二・第四土曜一時半読売カルチャー荻窪で『源氏物語』を原文とウェイリー訳を対照して講義中。著書『和魂洋才の系譜』（河出書房、博士論文）、『小泉八雲——西洋脱出の夢』（新潮社、サントリー学芸賞）、『ラフカディオ・ハーン——植民地化・キリスト教化・文明開化』（ミネルヴァ書房、和辻賞）、『米国大統領への手紙 市丸利之助伝』（以上は十八巻本勉誠出版の平川著作集で入手可能）、ほかに『天ハ自ラ助クルモノヲ助ク——中村正直と『西国立志編』』（名大出版会）、『内と外からの夏目漱石』（河出書房新社）、『竹山道雄と昭和の時代』（藤原書店）。翻訳、ダンテ『神曲』（河出書房新社、河出賞）、マンゾーニ『いいなづけ』（河出書房新社、読売文学賞）など。英文新著に*Ghostly Japan as Seen by Lafcadio Hearn*（勉誠出版、二〇二二年）。

藤本龍児　ふじもと・りゅうじ

1976年山口県生まれ。早稲田大学社会科学部卒業。京都大学大学院人間・環境学研究科博士課程修了。博士（人間・環境学）。社会哲学、宗教社会学専攻。同志社大学一神教学際研究センター特別研究員などを経て、現在、帝京大学文学部社会学科准教授。著書に『アメリカの公共宗教：多元社会における精神性』、『「ポスト・アメリカニズム」の世紀』。共著に『現代社会論のキーワード』『宗教と社会のフロンティア』『宗教と公共空間』『米国の対外政策に影響を与える国内的諸要因』など、共訳に『宗教概念の彼方へ』。

古田 亮　ふるた・りょう

東京藝術大学大学美術館教授。専門は近代日本美術史。東京国立博物館、東京国立近代美術館を経て現職。「琳派RIMPA」展、「揺らぐ近代」展（倫雅美術奨励賞受賞）、「夏目漱石の美術世界」展、「SOTATSU」展などを企画。著書に『俵屋宗達』（平凡社新書、サントリー学芸賞受賞）『視覚の日本美術史』（ミネルヴァ書房）、『特講　漱石の美術世界』（岩波書店）『日本画とは何か』（KADOKAWA）、『横山大観』（中公新書）など。

前田英樹　まえだ・ひでき

批評家。1951（昭和26）年、大阪生、奈良に育つ。中央大学仏文科卒。立教大学仏文科教授、同、現代心理学部映像身体学科教授を歴任。2017年、同大学名誉教授。著書に『沈黙するソシュール』『言語の闇をぬけて』『セザンヌ 画家のメチエ』『信徒 内村鑑三』『日本人の信仰心』『民俗と民藝』『ベルクソン哲学の遺言』『小津安二郎の喜び』『批評の魂』『保田與重郎の文学』などがある。

松岡正剛　まつおか・せいごう

1944年京都市生まれ。編集工学研究所所長、イシス編集学校校長。情報文化と情報技術をつなぐ研究開発に多数かかわるとともに、編集的世界観にもとづく日本文化研究に従事。おもな著書は『知の編集工学』『17歳のための世界と日本の見方』『連塾方法日本』『国家と「私」の行方』『にほんとニッポン』『日本文化の核心』文庫シリーズ『千夜千冊エディション』ほか多数。2000年に開始したブックナビゲーションサイト「千夜千冊」は2021年5月現在1770夜を突破（https://1000ya.isis.ne.jp）。

森 一郎　もり・いちろう

1962年埼玉県生まれ。東京大学大学院人文科学研究科博士課程中退。東京女子大学文理学部教授などを経て、現在、東北大学大学院情報科学研究科教授。専攻は、現代における哲学の可能性。著書に、『死と誕生』（和辻哲郎文化賞）、『死を超えるもの』『世代問題の再燃』『現代の危機と哲学』『ハイデガーと哲学の可能性』『核時代のテクノロジー論』『ポリスへの愛』『アーレントと革命の哲学』。訳書に、アーレント『活動的生』（日本翻訳文化賞）、ニーチェ『愉しい学問』、ハイデガー『技術とは何だろうか』ほか。

與那覇 潤　よなは・じゅん

1979年生、評論家。東京大学大学院博士課程修了、博士（学術）。2007年から公立大学准教授として日本近代史の教鞭をとった後、2017年に退職。講義録『中国化する日本』（文春文庫）、闘病記『知性は死なない』（同）など話題書多数。2020年、『心を病んだらいけないの？』（斎藤環と共著、新潮選書）で小林秀雄賞。最新刊は『ボードゲームで社会が変わる』（小野卓也と共著、河出新書）。

吉岡 洋　よしおか・ひろし

甲南大学、情報科学芸術大学院大学（IAMAS）、京都大学文学研究科教授を経て、現在京都芸術大学文明哲学研究所教授。主な著書に、『情報と生命』（新曜社、1993年）、『〈思想〉の現在形』（講談社、1997年）他。批評誌『ダイアテキスト（Diatxt.）』（京都芸術センター刊）編集長。『京都ビエンナーレ』（2003）、「岐阜おおがきビエンナーレ」（2006）総合ディレクター。日本学術会議会員。

★★

大畑峰幸　おおはた・みねゆき

1960年札幌市生まれ。編集者。慶應義塾大学文学部ドイツ文学科卒業。角川春樹事務所、新潮社などで、雑誌編集に携わり、佐伯啓思、山折哲雄、中野剛志、内山節、半藤一利、磯田道史、片岡義男、各氏を担当する。賞罰なし。

芦澤泰偉　あしざわ・たいい

静岡県出身の装幀家。第10回『毎日現代美術展』入選。1991年『思潮社と芦澤泰偉の装幀展』（王子製紙・銀座ペーパー・ギャラリー）、1996年『四・六の力　芦澤泰偉装幀展』（王子製紙・銀座ペーパー・ギャラリー）、2003年第37回造本装幀コンクール展で『武満徹全集』の装幀により経済産業大臣賞受賞。2005年第2回横浜トリエンナーレ（現代美術展）でアートディレクションを手がける。2018年、第49回講談社文化賞ブックデザイン賞受賞。

佐伯啓思　さえき・けいし

1949年奈良県生まれ。東京大学経済学部卒業。滋賀大学、京都大学大学院教授などを歴任。現在京都大学名誉教授、京都大学人と社会の未来研究院特任教授。著書に『隠された思考』（サントリー学芸賞）『「アメリカニズム」の終焉』（東畑記念賞）『現代日本のリベラリズム』（読売論壇賞）『倫理としてのナショナリズム』『日本の愛国心』『大転換』『現代文明論講義』『反・幸福論』『経済学の犯罪』『西田幾多郎』『さらば、民主主義』『経済成長主義への訣別』『「脱」戦後のすすめ』など。近著に『「保守」のゆくえ』（中公新書ラクレ）『死と生』（新潮新書）『異論のススメ 正論のススメ』（A&F出版）など。

赤津孝夫　あかつ・たかお

1947年長野県生まれ。日本大学芸術学部写真学科卒業。1977年アウトドア用品輸入卸業のA&F社創立、2013年出版事業を目的にA&F BOOKS設立。『スポーツナイフ大研究』（講談社）『アウトドア200の常識』（ソニーマガジン）『アウトドア・サバイバル・テクニック』（地球丸）の著書がある。

編集後記

『ひらく』も5年で10冊目を迎え、予定通り終わりになります。私がこの雑誌に参画した2年前の初夏、奈良市で行われた対談に同席したあと、佐伯啓思さん、芦澤さん、私の3人で食事した際に、佐伯さんは「10号でやめる」と明言されていました。

今の若い学者にはもう書き手がいないと言うのです。『ひらく』刊行の目的の一つが「まだ日の目を見ていない若い才能を発掘して、世に紹介する」というものでしたから、それが叶わないなら、たしかにイヤになるのも頷けます。

実際、お仕舞いの2年間に限っても、人文系アカデミズムで、これという若い才能には終に出会えませんでした。

これには、われわれ編集サイドにも責任があって、そうしたキラリと光る才能をシステマティックに探す態勢にも熱意にも欠けていたと内心では忸怩たるものがあります。

しかし、書き手が干上がっているのは20代30代の若手の学者に限った話ではありません。中堅の40代から50代に至るまで、まあ大方は似たような事情なのです。いったい昨今の人文系アカデミズムはどうしてこんなに詰まらなくなってしまったのか？ なぜ無意味な論調の低レベルな論文ばかりが出回るようになってしまったのか？

一般読者との乖離、読者の皆様が読んでも「何を書いているのか、何を書きたいのか、さっぱり分からない」というにとどまらず、才能ある学者から見ても奇妙奇天烈な言論ばかりだというのです。

『死は存在しない』（田坂広志著、光文社新書）という新書の売れ筋ランキングの上位に常連でいる本があります。著者の田坂氏は最先端の量子科学者だそうで、れっきとした物理学者が書いているという触れ込みです。しかし読んでみれば、どうってことのない内容でガッカリさせられます。『時間は存在しない』という本がカルロ・ロヴェッリという物理学者によってすでに書かれていますが「時間が存在しないなんて言われたら、お終いだよね」とまぜっかえしたくなる程度の話。だから「死がないとか言われたら、臍で茶を沸かすほかないよ。だって実際に死はあるじゃないですか」と言いたくもなるのです。

「時間」や「生と死」を物理学者がこねくり回すと、まったく取るに足らない言説でも妙な信頼性を勝ち得てしまう典型的な事例です。

そして2023年は、コロナ禍のその後、ウクライナ戦争、ユダヤ・ハマス戦争を前に、人文系アカデミズムが「保守」「リベラル」を問わず、自らダメダメなところを露呈した一年ともいえるでしょう。「政治的に正しい」ことを右顧左眄しながら、ああでもないこうでもないと無駄口をきくうちに、実感で市井を生きる本物のインテリたちの方が遥かに深く的確な言論を展開してきたといえるのです。一例を挙げるなら、エマニュエル・トッドと池上彰の対論『問題はロシアより、むしろアメリカだ 第三次世界大戦に突入した世界』（朝日新書）。一見大雑把に見える話の中にこそメルトダウンする世界の本質が鋭く捉えられていると感心させられます。トッドをタレント学者と軽んじ、池上を軽侮し、ひたすら重箱の隅を楊枝でほじくる日本の空虚な人文系アカデミズムはやがて消滅するでしょう。

近く今度こそ本物の強靭な知性が集い考える新たな雑誌で再会いたしましょう。

また会うその日まで、お元気で。

大畑峰幸

［裏表紙］イラストレーターJack Unruh
アウトドアスポーツをこよなく愛していたアメリカ人のJack Unruhは、野生動物と清流に棲息するトラウトが好きで数多くのイラストを描きました。環境に調和した生き物を知り尽くしていただけに、愛情が注がれた視点で時には躍動的にまた静かな佇まいの中で瞑想しているかのように見える動物がいます。惜しくも2016年に他界し奨学金を残し、母校のセントルイスにあるワシントン大学へ寄付されました。

ひらく⑩

2024年 1月30日　第1版発行

監修　佐伯啓思

発行人　赤津孝夫

発行所
株式会社 エイアンドエフ
〒160-0022
東京都新宿区新宿6丁目27番地56号　新宿スクエア
出版部 電話 03-4578-8885

プロデューサー&アートディレクション　芦澤泰偉

編集長　大畑峰幸

編集協力　先崎彰容
藤本龍児

本文デザイン　五十嵐 徹（芦澤泰偉事務所）
明石すみれ（芦澤泰偉事務所）
児崎雅淑（LiGHTHOUSE）

校正　尾澤 孝
宮野一世

製作協力　武田淳平

営業　北本 進
仲野 進

印刷・製本　株式会社シナノパブリッシングプレス

片岡義男氏「僕の昭和」は休載します。